해방정국의 풍경

解放

해방정국의 풍경
인물로 돌아보는 대한민국 현대사

政局

신복룡 지음

중앙books × The JoongAng Plus

3판 서문

세상 사람들은 왜 역사가 이리 요동치느냐고 푸념한다. 인류의 역사를 돌아보면 과거 50년 동안에 생성된 지식과 정보의 총량은 그 이전 전체 역사 동안에 축적된 지식과 정보의 총량과 같다고 한다. 그런데 지금은 지식과 정보가 폭주하여 그 주기가 훨씬 단축되는 것 같다. 이제 우리 세대는 식당에 가서 음식을 주문하거나 커피를 주문하는 것도 어렵게 되었다. 역사의 급격한 회전에 현기증을 느낀다.

그런 가운데서도 지금 한국에서 살고 있는 세대로서 가장 문명의 갈등과 충격을 느끼는 것은 아마도 우리 세대일 것이다. 문득 돌아보니 우리도 벌써 역사를 회고하고 증언을 남겨야 할 세대가 되었다. 일제 시대에 태어나 보니 엄마와 아버지는 나를 다쓰오(龍夫)라고 부르셨다. 세상을 겨우 알아들 만하니, 무슨 뜻인지도 모르지만, 해방이 되었다고 어수선했다. 해방이 감격스러운 것인지, 기쁜 것인지도 모른 채, 국민학교에 들어가 출석을 부르는데 이름이 복룡(福龍)이었다.

이 미군정 기간(1945~1948)은 사실상 1907년부터 1910년까지의 일본의 통감(統監) 정치보다 더 자유롭거나 주권적인 국가가 아니었다. 아마도 지금에 견준다면 미국에 사는 한국의 영주권자 정도였을 것이다. 나라도 없고, 국민도 없고(no man's land), 점령군 사령관이 총독과 다름없는 정치를 했다. 4대 강국의 "해방을 시켜주지만, 독립을 시키지 않는다"는 확고한 정책 밑에서 한국은 미국의 준식민지였다.

그러다가 대한민국이 수립되었으나 곧 한국전쟁이 일어났다. 바지저고리에 완장을 찬 청년들이 우리가 이제 해방이 되고 인민이 다스리는 나라가 되었다며, 운동장의 포플러 그늘에서 줄곧 "김일성 장군의 노래"만 가르치는데, 영문을 잘 알 수 없었다. 3개월쯤 "공화국 군대"(?)가 지배하더니 어느 날 문득 운동장에 지프와 트럭이 모여들고 인민군이 내렸다. 처음에는 겁에 질렸지만 조금 담대해지니 우리는 그들의 트럭을 쫓아가며 "기부 미 쪼꼬레"를 외쳤다. 이런 생활은 중공군이 참전했다가 물러난 그 혹독하고 무서운 "겨울 피난"(1·4후퇴)이 끝난 1952년 3월까지 계속되었다.

다시 대한민국의 국민이 되었다. 헤아려 보니 일본, 미군정, 대한민국, 이른바 "인민공화국"(북한), 미8군 사령관(UN군 사령관), 그리고 다시 대한민국이 다스리는 나라의 국민으로 돌아왔다. 통치권자(?)가 여섯 번 바뀌었다. 현대사에 이렇게 팔자가 드센 세대가 일찍이 없었다. 이 기간에 겪은 10년의 세월은 누구에게나 소설이었고, 밤새 이야기를 해도 한국전쟁의 전말에 대한 설명이 아직 끝나지 않았다.

대학에 와서 무슨 인연인지 한국 현대사를 공부하다 보니 문서만 보고 쓴 책상물림의 먹물들이 쓴 한국 현대사는 내가 겪은 것과 많이 달랐다. 그들의 저술은 문헌 연구이지만 나의 경험은 현장 체험(field research)이었다. 내가 커밍스(Bruce Cumings)의 글에 격정의 반박문(『교수신문』 2023. 10. 25.)을 쓴 것은 문서와 사실이 너무 달랐기 때문이었다. 그래서 헤로도토스(Herodotus)와 토인비(Arnold J. Toynbee)는 역사가에게 끝없이 묻는다. "그대는 그곳에 가 보았는가?" 그러자 미국 해군 제독 리하이 원수(William D. Leahy)는 『나도 그 자리에 있었다』(*I Was There*, 1950)는 회고록을 썼고, 러스크(Dean Rusk) 국무장관은 『내가 겪어본 바에 따르면』(*As I Saw It*, 1990)이라고 회고록의 이름을 붙였다.

대학에서 강의하고 글을 쓰다 보면 할 말이 있고, 못할 말(*The Untold Story*, Joseph Goulden, 1982)이 있다. 그것은 비학술적이거나 통속적이거나 아니면 치부(恥部)일 수 있기 때문이다. 그러나 역사에서 아날학파(Annales School)가 기여한 바가 있다. 소소한 이야기도 역사가 될 수 있고, 일상의 삶을 떠난 역사는 공허하다. 나의 역사학 공부에는 아날학파의 요소가 있다. 나만 아는 얘기와 내가 겪은 얘기가 있다. 내가 입 다물고 가면 역사에서 사라질 체험도 있다. 그것은 내가 대단해서도 아니고 유별난 체험자여서가 아니라, 그 시대의 사람들이 나와 느낌이 달랐기 때문에 간과했거나, 잊었거나, 체험하지 못한 부분이어서 글로 남기지 않았기 때문일 것이다. 나는 이 책에서 그런 얘기를 남기고 싶다.

내가 해방정국의 공부에 몰두하는 것은 대단한 고뇌의 결과도 아니고 이념의 경도나 편들기도 아니다. 그저 담담하고 소박한 소망, 곧 왜 해방정국은 파열했는가에 관한 질문일 뿐이다. 한국 5,000년 역사에서 망국과 일제, 해방 그리고 한국전쟁과 지금의 암울한 현실의 밑바닥에는 분단이라는 업장(*karma*)이 깔려 있다고 나는 확신하기에 염력(念力)도 없이 이 화두를 잡고 몇십 년을 보냈다.

기구한 세대의 상위 200만 명 가운데 하나로서 이제 기대 수명 82.7세를 지나며 남기고 싶은 이야기가 있다. 그 이야기들은 강의나 연구서에서 말할 수 없는 것들이다. 생각해보니, 한국 현대사의 비극은 결국 사람이 저지른 업보였고, 그 가운데 일부만을 우발이론(contingency theory)으로 메꿀 수 있다. 격동의 시대에 왜 이념과 체제와 강대국의 입김이 문제 되지 않았을까만, 그것은 종속변수였다. 어느 시대에나 사람이 독립변수였다. 사람들끼리 보대끼며 적대 세력의 비난과 체제 수호에 몰두하는 동안 동종 갈등, 곧 같은 진영의 갈등이 얼마나 심각했는가의 문제를 간과했다.

 이 책은 본디 내가 정년퇴직을 한 뒤 비교적 자유로운 분위기 속에서 해방정국사를 돌아보며 학술적인 면과 경험, 그리고 들은 바의 균형을 이루며 쓴 절반의 역사와 절반의 구술사로 2017년에 지식산업사에서 출판되었다. 그때 김경희 선생님께서 각별하게 도와주신 것을 늘 고맙게 생각하고 있다. 이번에 중앙일보 박장희 대표를 통해 더중앙플러스에 원고를 연재하며 중앙북스에서 3판을 출간하게 되었다. 나는 떠났지만 지식산업사도 앞으로도 건승하기를 바란다. 아울러 미증유의 폭염과 장마를 겪으며 이 책을 만드느라 고생하신 박정호 기획위원과 조한별 편집장에게도 깊은 감사의 말씀을 드린다.

2024년 8월 15일
신복룡

글머리에

　이 책은 본디 2015년에 광복 70주년을 맞아 『주간조선』에 연재되던 글이다. 연재는 처음부터 쉽지 않았다. 나는 좌우익 모두로부터 십자포화를 맞았다. 우익들은 나를 빨갱이라고 몰아붙였고, 좌익들은 보수 신문에 기생(寄生)한다고 댓글을 달았다. 결국 연재는 끝을 보지 못하고 17회로 마감했다. 대구 사건과 여순 사건, 제주 4·3사건, 그리고 김일성(金日成)의 항일 투쟁과 가짜 논쟁의 진위와 같은 민감한 문제를 다룰 무렵 『주간조선』 데스크로부터 나의 글이 『조선일보』의 입장과는 달리 다소 좌경의 색채를 보이고 있으니 용어들을 수정해 달라는 부탁을 받았다.
　나는 나의 논지를 수정하고 싶지 않았고, 글을 고치느니 연재를 중단하는 것이 좋겠다고 생각했다. 나는 사정하거나 변명하지 않았으며 거듭 감사하다고만 말했다. 데스크 책임자도 내 글에 대하여 애정과 보람을 가지고 도와주던 터라 매우 아쉽다는 위로의 말을 했다. 진심으로 말하건대 나는 조선일보사에 대하여 섭섭하거나 원망하는 마음을 추호도 가지고 있지 않다.

오히려 비록 도중에 게재가 중단되었다고는 하지만 나는 그들에게 마음 깊이 고마워하고 있다. 나는 다소 위험한(?) 나의 글을 실으면서 『조선일보』가 보수라는 사회의 평판으로부터 진일보하기를 진심으로 바랐고, 데스크의 의도도 그러했을 것이다. 그러나 너무 일찍 나의 꿈이 깨진 아쉬움에 며칠 동안 매우 심란했다. 일이 그렇게 되었지만 이미 25회를 작정하고 자료를 정리해둔 나로서는 게재의 중단이나 계속과 관계없이 전면 탈고를 한다는 계획에는 흔들림이 없었다.

그러던 터에 내 사정을 알게 된 인터넷 동호회 "마사모"("마르코글방을 사랑하는 사람들"의 모임)에서 속편을 연재하겠노라고 연락을 해왔다. 나는 무척 고마웠고, 행복했다. 이 자리를 빌려 마사모 회장 신우재(愼右宰) 선생(전 한국일보 기자, 청와대 대변인)과 글방 방장(房長) 김승웅(金勝雄) 선생(전 한국일보 파리/워싱턴 특파원)께 깊이 감사하며 그동안의 호의는 마음으로 갚기로 했다. 거기도 사람 사는 동네인지라 내 글로 말미암아 회장과 방장이 좀 부대꼈다고 들었다.

* * *

돌아보니 내가 한국 현대사를 공부하고 강의한 지도 어언 50년이 흘러가고 있다. 나로서 하고 싶었던 말이 없었던 것도 아니었다. 그리고 현대사의 이면에 들어갈수록 우리가 배운 것과 많이 다르다는 것도 알았다. 촘스키(Noam Chomsky)가 개탄한 바와 같이, "세상의 진실을 속속들이 알고 나면 우리는 늘 우울해진다."(*On Power and Ideology*, 1987, p. 51) 그러나 그것을 덮어두는 것은 지식인의 도리가 아니라고 나는 생각했다. 더욱이 미국 연방문서보관소(NARA)에서 공부하면서 채록한 1만

5,000쪽의 자료를 읽고 글을 쓰면서 그런 생각을 더욱 굳히게 되었다.

나는 본디 구한말의 정치(사상)사가 전공이었고, 구체적으로는 동학(東學)과 전봉준(全琫準)의 일생에 몰두해 있었다. 그러다가 미국 유학을 계기로 시좌(視座)가 현대사로 내려오기 시작했다. 크로체(B. Croce, 1955, p. 17)의 주장처럼, "역사는 어차피 현대사이다." 그것은 역사적 사실의 중요도 때문만이 아니라, 인간에게는 가까운 체험에 대한 회억(回憶)들이 더 절절하기 때문일 것이다.

그뿐 아니라 한국의 현대사는 유별나게 참혹했다는 것도 우리가 현대사를 주목하는 중요한 원인이 되었다. 어느 시대를 살았던 사람들이나 그들은 자기의 시대가 역사에서 가장 격동기였다고 느낀다. 삶의 방법과 시대적 배경이 각기 달랐겠지만 고구려·신라·백제의 각축 시대를 살았던 사람이나, 고려와 거란이나 몽골과의 전쟁, 조선조의 임진·병자호란의 시대를 살았던 사람들도 그런 생각을 했을 것이고, 현대사에 들어와 망국과 해방, 그리고 분단과 한국전쟁, IMF를 거치면서 사람들은 왜 세상이 이토록 힘들며, 왜 나의 시대에 이런 일이 일어났는지 원망했다.

그러나 슘페터(Joseph A. Schumpeter, 1950, p. 121)의 말을 빌리면, 인류가 살아가는 모습이야 5만 년 전이나 지금이나 본질적으로 다름이 없다. 역사를 움직이는 것은, 시류나 나라 사이의 역학관계도 중요하겠지만, 끝내는 사람의 결심이고 행위의 모둠이다. 역사주의자들은 역사의 흐름에 어떤 장엄한 예정 조화나 시대정신이 존재했고, 거기에는 일관된 교훈이 연면히 이어져 왔다고 말하지만, 뜻밖에도 역사는 단순하고 우발적이며, 인간의 오욕[色香聲味觸] 칠정[喜怒哀懼愛惡慾]의 범위를 크게 벗어나지 않는다. 일상에서 겪는 애환이나 부대낌이 철학이나 이상을 비웃는 경우는 허다하다.

이 책은 2001년에 출판한 나의 『한국분단사연구 : 1943-1953』을 저

본(底本)으로 삼아 그 책의 줄거리를 알기 쉬운 이야기 문체로 정리한 것이다. 따라서 통계가 다소 뒤늦은 것에 대하여 독자들의 양해를 얻고자 한다. 그렇다고 해서 이 책이 『한국분단사연구 : 1943-1953』의 축약판은 아니다. 오히려 이 책에서는 강단과 논문에서 차마 말할 수 없었던 비사(秘史)와 슬프고 아름답고 추악한 얘기를 털어놓을 수 있었다는 점에서 더 현실감이 있을 것이다. 역사가에게는 "사실을 사람 냄새 나게 설명하는 능력"(ability to humanize the situation, Hope E. May, 2015, p. 129)이 필요하다. 나는 칸트(I. Kant)처럼 글을 쓰고 싶지도 않았고 그렇게 쓸 자신도 없다.

이 책은 기본적으로 행태주의(behavioralism)를 중요한 도구로 삼아 해방정국을 살다 간 사람들의 인성과 개인적 체험 또는 환경이 어떻게 역사를 편직(編織)해 갔는가를 살펴보고자 한 것이다. 나는 『플루타르코스 영웅전』을 번역하면서, 역사의 거대한 사건이나 흐름보다는 인간의 일상생활에서 교훈을 배워야 한다는 그의 필치에 많은 영향을 받았다.

따라서 이 책은 역사학의 주류 논쟁에서 조금 비켜 서서 교과서나 연구서 또는 강의실에서 말할 수 없었던 해방정국의 모습을 담고 있다. 해방과 분단 80년을 맞는 지금의 상황에서 그 시대를 돌아보는 것은 그때나 이제나 역사는 크게 달라진 것이 없고 그래서 거울 앞에서 옷매무새를 고치려는 소망에 바탕을 두고 있다.

* * *

내가 한국사를 쓰면서 늘 선학들에게 미안하게 생각하는 것은 이른바 우리 학계에서 금과옥조(金科玉條)처럼 내세우는 "선행(先行) 연구"에 눈길을 주지 않았다는 점이다. 이는 그들의 연구가 대단치 않아서도 아니고, 그들의 연구에 동의하지 않아서도 아니다. 나는 다만 그들의 연구를 읽음으로써 내 생각이 이미 유행하고 있는 기존의 논리대로 고착하는 것에 대한 거부감이 있었다. 묘청(妙淸)과 신돈(辛旽)은 요승(妖僧)이었고, 김부식(金富軾)은 사대주의자였으며, 조선왕조는 억불숭유정책에 몰두했고, 주자학은 고루했으며, 한민족은 일제에 피어린 투쟁을 전개했다는 식의 몽환적 전제에 매몰되는 것이 나는 싫었다.

내가 그런 생각을 갖게 된 데에는 영국의 역사학자 스트래치(Lytton Strachey)의 글에서 영향을 받은 바가 크다. 그의 대표작인 『빅토리아시대의 명사들』(Eminent Victorians, 1918, p. vii) 서문에 나오는 명제에 따르면, "역사가의 첫 번째 필요 조건은 아무것도 모르는 상태에서 글을 시작하는 것이다."(... ignorance is the first requisite of the historian.) 그는 무슨 생각에서 그런 말을 했을까? 역사가는 기성의 이데올로기에 물든 책을 보지 않은 상태에서 새 사료로 공부를 시작하라는 뜻이 아니었을까? 백지 위에 그림을 그릴 때 채색이 더 선명한 이치와 같다.

나는 스스로가 이 시대 역사학의 우상파괴자(iconoclast)가 아닌가 하는 생각을 할 때가 많았다. 내가 본 한국 사학사(史學史)에는 허구가 너무 많기 때문이다. 그래서 『동아일보』에 연재했던 글을 『잘못 배운 한국사』라는 이름으로 출판했다. 한국의 역사학은 베이컨(Francis Bacon)이 말한 "동굴의 우상"(idola specus, Novum Organum, p. 109)에 갇혀 대롱을 통하여 세상을 보는 듯한 느낌을 받을 때가 많았다.

내가 이 책을 쓰면서 유념했던 또 다른 화두는, "우리에게 이데올로기는 무엇인가?"라는 질문이었다. 촘스키의 말처럼, "가진 무리들이 자기들이 누리고 있는 권력과 재화를 합리화하기 위한 모종의 합의"(노엄 촘스키, 『지식인의 자격』, 2024, p. 120)에 지나지 않는가? 해방으로부터 한국전쟁의 휴전에 이르기까지 10년 동안에 어림잡아 동족 300만 명이 무고하게 죽었다. 그리고 그 죽임과 주검에는 이데올로기라는 명분이 덧씌워졌지만, 나는 해방정국의 한국인들이 이데올로기를 진정으로 이해하고 있었던가에 대하여 의문을 가지고 있다. 한국의 학자들과 정치인들은 지나친 엄숙주의(rigorism)의 틀 안에 "이데올로기"라는 용어를 가두어 설명했다. 밥을 해결해주지 않는 이데올로기는 의미가 없다. 그래서 세종(世宗)은 "백성에게는 밥이 하늘이다"(食爲民天)라고 말했을 것이다.

    1985년이었던가? 청주보호감호소에서 만난 이인모(李仁模) 노인과 서준식(徐俊植) 씨, 그리고 전주교도소에서 만난 김성만(金聖萬) 씨의 형형한 눈빛을 나는 잊을 수가 없다. 우리 사회에서 흔히 미전향 장기수 또는 양심수로 불리던 그들은 나에게 이념을 버릴 수 없다고 단호하게 말했다. 그때 교정(矯正) 당국에서 나와 함께라면 자유롭게 전국을 여행하면서 바깥세상을 보고 올 수 있도록 허락하겠다고 제안했다. 그러나 서준식 씨는 단호히 거절하면서 이렇게 말했다.

    "자본주의의 썩은 모습을 보며 마음이 흔들리는 것을 바라지 않습니다."

    그리고 그는 철문 안으로 들어갔다. 대구에서 만난 전평(全評) 경상북도평의회 간사였던 이일재(李一宰) 씨는 뇌졸중의 몸으로 사경을 헤매면서도 자기의 소신을 굽히지 않았다. 나는 그들의 논리를 들으면서 "이념은 과연 무엇이기에 목숨을 거는가?"라는 생각을 여러 번 했다.

* * *

    나는 이 글을 쓰면서 내 가족, 특히 자식들에게 미안하다. 부끄러울 것도 없지만 자랑이랄 것도 없는 소작농의 아들로 태어나 나와 선대가 겪은 참담한 가족사를 털어놓으면서 "너의 아비와 할아버지는 그렇게 살았다"고 말하기가 주저되었다. 그러나 이제 내 나이 망구(望九)를 지나며 부끄러울 것도 없고, 숨길 것도 없다. 사실을 기록으로 남기고 싶다는 생각에서 썼지만, 나에게는 원통함이 너무 많다. 문득 되돌아보니 나도 벌써 현대사를 증언할 나이가 되었다. 그래서 더욱 글쓰기가 두렵고 무거워진다.

이 글을 쓰는 동안 귀찮고도 성가신 질문에 늘 즐거운 마음으로 조언하고 자료와 담론을 들려준 이화여자대학교 정병준(鄭秉峻) 교수와 한국학중앙연구원 이완범(李完範) 교수의 호의를 고맙게 생각한다. 아마도 이 두 교수는 한국 현대사에 관한 지식의 메모리 용량이 가장 큰 학자일 것이다. 그만큼 많이 공부했다는 뜻도 된다.

자주 만나 말씀을 들은 터는 아니지만 펜실베이니아대학교 이정식(李庭植) 교수님의 글에서 많은 가르침을 받았음을 감사하게 생각한다. 자료를 찾는 데 많은 고생을 마다하지 않은 후학 박성진(朴城進) 박사(지금은 한국학중앙연구원 선임연구원)에게 늘 마음의 빚이 있다.

글을 쓰면서 겪은 추억 가운데 하나 잊을 수 없는 것은 강호(江湖)에 의외로 고수가 많다는 점이다. 하남에서 농사를 짓는 이효영 선생이 오래 기억에 남고, 많은 자료를 보내 주신 것을 고맙게 생각한다. 김홍일(金弘壹) 장군의 비서였던 이경식(李京植) 선생의 말씀도 참고가 되었다. 많은 이면사를 기억하시는 분이었다.

서문을 쓰려니 앞으로 내가 몇 권의 책을 더 쓸 수 있으려나 하는 생각이 나를 우울하게 만든다. 몸이 좀 허약하기는 했지만 나는 늙어서도 글을 쓰는 데에는 어려움이 없을 것으로 생각했다. 그러나 그동안 시력이 떨어지고 병을 앓아 기억력마저 감퇴하면서 이제 내려놓아야[下心] 할 때가 가까워지는 것 같다. 굴원(屈原)의 「이소」(離騷, 시름)에 나오는 시구, 곧

"늙음이 점차 다가옴이여,
아름다운 이름을 남기지 못할까 두렵구나"

(老冉冉其將至兮 恐修名之不立)

라는 문장이 머릿속을 맴돌면서, 삶이 무상해진다.

　그동안 부족한 글을 읽어주신 독자들과 후학들에게 감사하고, 다시 만날 수 있기를 바라며.

2016년 추석날 쓰고
2024년 광복절을 앞두고 퇴고함

「글머리에」 참고 문헌

굴원(屈原) 「이소」(離騷, 시름)

『세종실록』 29년 4월 15일(병오)

촘스키(지음), 김성원·윤종은 옮김, 『지식인의 자격』(황소걸음, 2024)

Bacon, Francis, *Novum Organum : Great Books Series*(Chicago : Encyclopaedia Britanica, Inc., 1975)

Chomsky, Noam, *On Power and Ideology : The Managua Lectures*(Boston : South End Press, 1987)

Croce, Benedetto, *History as the Story of Liberty*(New York : Meridian Books, 1955)

May, Hope E., "To Stimulate Human Conscience and True Patriotism : The Virtues of Homer Hulbert," 헐버트박사기념사업회 주최 국제학술회의, 『헐버트의 한국 사랑과 독립 운동』(서울 : YMCA, 2015)

Moore, B., *Social Origins of Dictatorship and Democracy*(Boston : Beacon Press, 1967)

Strachey, Lytton, *Eminent Victorians*(New York : The Modern Library, 1918)

Schumpeter, Joseph A., *Capitalism, Socialism and Democracy*(New York : Harper & Brothers Publishers, 1950)

차례

3판 서문 · 5
글머리에 · 9

제1장 해방 : 망국의 책임을 묻지 않는 역사 · 20
제2장 제2차 세계대전 전시 회담 : 4대국 영수들의 꿈과 좌절 · 33
제3장 한반도 분단의 결정 과정 : 3성조정위원회의 젊은 장교들 · 48
제4장 신탁 통치 파동 : 돌아오지 않는 다리 · 61
제5장 중도파의 비극적 운명 : 송진우 · 72
제6장 장덕수의 소설 같은 삶 · 84
제7장 미소공동위원회 : 하지 장군의 꿈과 야망 · 92
제8장 여운형과 김규식의 꿈과 좌절(1) : 일제 시대와 해방정국 · 108
제9장 여운형과 김규식의 꿈과 좌절(2) : 좌우합작의 희생자들 · 119
제10장 이승만과 김구의 만남과 헤어짐(1) : 은원의 30년, 임시정부 · 133
제11장 이승만과 김구의 만남과 헤어짐(2) : 단독 정부를 둘러싼 갈등 · 154
제12장 백관수 : 한 애국자의 얼룩진 삶 · 169
제13장 친일 논쟁 : 그 떨쳐야 할 업장 · 183
제14장 박헌영 : 한 공산주의자의 사랑과 야망 · 203
제15장 김일성 신화의 진실(1) : 청년 마르크시스트의 탄생 · 231
제16장 세 번의 비극(1) : 대구 사건 · 249

제17장 남북 협상(1) : 김구와 김일성의 다른 계산 · 265

제18장 남북 협상(2) : 돌아오지 않은 사람, 홍명희 · 282

제19장 남북 협상(3) : 돌아오지 않은 사람, 백남운과 이극로 · 301

제20장 한숨 돌려 잠시 쉬어가는 이야기 · 311

제21장 세 번의 비극(2) : 제주 4·3 사건 · 320

제22장 세 번의 비극(3) : 여수·순천 사건 · 337

제23장 김일성 신화의 진실(2) : 한국전쟁 · 353

제24장 한국전쟁의 미스터리 : 미국의 함정이었나? · 369

제25장 맥아더 : '미국의 시저' · 387

제26장 자식을 가슴에 묻은 모택동 · 411

제27장 휴전 회담(1) : 후회하지 않는 전쟁은 없다 · 429

제28장 휴전 회담(2) : 밀사들의 막전 막후 · 447

제29장 휴전 회담(3) : 북방한계선(NLL)의 실체 · 463

제30장 죽산 조봉암의 해원 · 481

제31장 통일 논의를 둘러싼 허구들 · 502

제32장 무엇이 통일을 가로막는가? · 519

색인 · 535

1

해방
망국의 책임을 묻지 않는 역사

> "1910년에, 그 많은 인구를 거느리고
> 그토록 훌륭한 유산을 가진 한국이
> 그렇게 쉽게 멸망한 것은 기이한 일이다."
>
> ― 헨더슨(G. Henderson, 1978, p. 335)

      역사에서 수많은 흥망성쇠가 있었던 점을 생각한다면 대한제국의 멸망이라고 해서 남다를 것이 없다. 그러나 그것이 우리에게 아프게 다가오는 것은 그것이 역사이기에 앞서 우리의 경험 속에 기억되어 있고 그 잔혹성이 다른 어느 유형보다 심각했을 뿐만 아니라 그 가해자의 뉘우침이 없기 때문이다. 그렇다고 해서 일본의 잘못만을 탓할 수도 없다. 이제는 우리 자신을 돌아보는 성찰의 시간과 역사를 반성하며 자신의 실수를 고민해 보는 시간이 필요하다.

      거기에는 용기와 정직함 그리고 많은 고뇌가 따라야 할 것이다. 그것이 쉽지 않을 것이고 또 그러기에는 "불편한 진실"들이 많이 드러날 수 있다는 점이 가슴에 걸릴 것이다. 그러나 광복 80년이 가까워지는 지금에는 "경험으로서의 망국"을 "역사로서의 망국"으로 바꾸는 작업이 필요하다는 것이 이 글의 입장이다. 어찌 보면 누워서 침 뱉는 것처럼 보일 수도 있을 것이다.

      그러나 역사는 직실(直實)해야 하며 부끄러운 일(dark history)도 역사이다. 따라서 이를 언제까지 비켜 갈 수만도 없다. 한국 현대사가 정직하고 용기 있게 짚고 넘어가야 할 문제는 바로 망국에 관한 담론이다. 이 글이 그와 같은 문제 의식을 갖게 된 데에는 토인비(A. J. Toynbee)의 교훈에서 영향을 받았다. 그의 말에 따르면, "인류의 역사에는 26개 문명 가운데 16개 문명이 멸망했는데, 그 가운데 6개의 비서구 문명의 멸망은 모두 내재적 모순 때문이었다."(*A Study of History*, Vol. IV, 1973, pp. 1~3)

정조(正祖)의 시대가 끝나고 순·헌·철종(純憲哲宗)의 시대가 오면 조선은 이미 국가로서의 활력을 잃은 채 타성으로 연명하는 제국이었다. 부패로 말미암은 왕조의 피로와 민중의 지친 삶은 조국의 운명에 대한 연민을 많이 잃고 있었다. 지친 삶 앞에 벌어지고 있는 국가의 운명은 백성들에게 그리 절박하지 않았다. 밖으로부터의 일격이 아니더라도 스스로 지탱하기 어려운 국가의 공통된 특징은 암군(暗君)의 시대와 관료의 타락, 그리고 의욕을 잃은 민중의 지친 삶이 동시에 벌어지며 그 결과는 끝내 왕조의 멸망으로 이어진다. 이럴 경우에 외침(外侵)에 대한 저항력은 거의 무방비 상태일 수밖에 없었다.

1. 대롱 시각[管見]으로서의 중화주의

베이컨(F. Bacon)이 인간의 삶에서 경계해야 할 오견(誤見, *idola*)으로 지적한 것 가운데 가장 치명적인 것은 동굴의 우상(*idola specus*)이다. 인간이 정상적인 시야로 바라볼 수 있는 범위는 130° 전후이다. 그러나 대롱을 통해 세상을 바라볼 때 그가 볼 수 있는 시야는 아주 제한적일 수밖에 없다.

그렇게 옹색한 시야의 근본 원인은 곧 중화주의(中華主義)였다. 유구하고 장엄한 중국 문화 앞에서 망연자실함이 스스로의 정체성에 혼동을 일으킬 수 있다. 그러나 그 주체인 중국의 가치와 국력이 쇠퇴하고 있는 상황에서도 주자학의 세계에 자신을 가둔 것은 군주를 비롯한 지배 계급의 몽매 때문이었다. 그들은 마치 갈라파고스섬의 거북증후군을 앓고 있는 것 같았다.

이제 민중에게 중국은 더 이상 후원자(patron)가 아니었다. 일본을 그토록 미워했다지만 막상 청일전쟁이 일어나자 일본군을 위해 청군의 토벌에 길잡이가 되고 일본에 정보를 제공해준 것은 조선의 백성들이었다. 이제 중국인은 더 이상 강대국으로서의 존엄한 존재가 아니라 "대국 놈"이었고 "되놈"이었다. 한국인의 눈에 비친 중국은 탐욕에 찬 "비단장수 왕서방"에 지나지 않았으며 불결함과 수전노의 대명사였다.

그런데도 지배 계급은 여전히 중화주의에 안주하고 있었다. 그것은 마치 질딘(Theodore Zeldin)의 주장처럼, 벽내장(白內障)이 되어 세계사의 흐름을 보지 못하도록 민중의 눈을 흐릿하게 만들었다.(John Tosh, 1991, p. 21) 영토와 자원 수탈에 혈안이 된 서구제국주의의 동진(東進)과 거기에서 교훈을 얻은 일본이 정한론(征韓論)에 몰두하고 있을 적에도 조선 지식인의 사고는 중화주의를 벗어나고 있지 못했다. 실학(實學)이라는 계명지식인의 자각이 있었지만, 그들은 지배 계급과 민중을 설득할 만한 독자층을 확보하고 있지 못했다. 뒷날 되돌아보았을 때 그들은 선각자였을 뿐이지 그 시대에는 아무런 호소력을 갖지 못했다.

2. 서양인이 진단한 망국의 원인 : 부패

때는 1816년(순조 16년) 9월 초하루, 서해 5도 앞에 이양선 두 척이 나타났다. 호기심에 찬 주민이 구경을 나갔다. 코가 크고 눈이 파란 선원들이 배에서 내려 뭍에 올라오더니 손짓과 발짓으로 의사를 전달했다. 외국인에 대한 적의(敵意) 같은 것은 전혀 없었다. 이 배는 영국 동인도 회사 소속의 리라(Lyra)호와 알세스트(Alcest)호였다. 선장은 맥스웰(Murray Maxwell, 1775~1831) 대령과 홀(Basil Hall, 1788~1844)이었다.

맥스웰 대령(왼쪽)과 배질 홀 선장(오른쪽)

  홀은 그 일대의 해도를 그리고 그곳의 이름을 제임스 홀 군도(James Hall Group)라고 지었는데, 이는 자기 아버지의 이름을 딴 것이었다. 지금도 국제 해도에는 영문으로 그렇게 기록되어 있다. 일행은 남하하면서 서천 일대에 들러 비인(庇仁) 현감 이승렬(李升烈)과 마량진(馬梁鎭) 첨사(僉使) 조대복(趙大福)을 만나 즐겁게 술도 한잔 나누면서 선물까지 주고받은 다음 헤어졌다. (『순조실록』 16년[1816] 7월 병인조) 이들은 열흘 정도 서해안에 머물렀다. 홀은 귀국하여 『조선 서해 및 유구 탐사기』(1818; 신복룡(옮김), 2021)를 남겼다.

  홀이 동인도 회사로 귀임했다가 1817년 8월 희망봉을 거쳐 아프리카 서해안을 따라 북상할 때 항해사가 항로 앞에 섬이 나타났다고 보고했다. 해도를 살펴보니 그 섬은 세인트 헬레나(Saint Helena)였다. 홀 선장의 얼굴에 만감이 교차하는 듯했다. 그는 곧 배를 그 섬에 정박하도록 했다. 넓이라고 해야 200㎢도 안 되는 이 작은 섬에 홀이 그토록 감회에 젖은 것은 바로 그곳에 나폴레옹(Napoleon) 황제가 유배되어 있기 때문이었다. 나폴레옹은 단순히 유럽 역사의 한 인물로서가 아니라 홀에게는 남다른 인연이 있었다. 그의 아버지가 파리의 브리엔(Brienne) 유년

사관학교에 다닐 적에 나폴레옹은 그가 아끼던 후배였다.

비록 지금은 유폐되었다고는 하지만 이 희대의 영웅을 홀 선장은 정중한 예의로 알현했다. 나폴레옹은 그때까지 살아 있었던 아버지에 대한 안부며 항로를 물었다. 홀 선장은 자신이 지금 조선이라는 나라를 탐사하고 오는 길이라며 장죽과 통영갓의 그림을 보여 주면서 조선의 풍물을 소개했다. 기이한 조선의 토산품을 바라보며 나폴레옹이 조선이라는 나라에 사는 사람들의 인정과 풍속은 어떻더냐고 묻자 홀은 "이 나라는 평화를 사랑하는 선량한 민족으로 남의 나라를 쳐들어가 본 적이 없는 나라"라고 설명했다. 이 말을 들은 나폴레옹은 웃으며 이렇게 말했다.

"이 세상에 그렇게 선량한 민족도 있다더냐? 내가 다시 천하를 통일한 다음에는 반드시 그 나라를 찾아보리라."(문일평,『호암전집』(3), p. 98~99)

전쟁 영웅인 그에게는 평화를 사랑하는 민족이라는 말이 이상하게만 들렸을 것이다.

그 뒤로 80년이 흘러 비숍(Isabella B. Bishop, 1831~1904)이라는 영국의 여인이 조선 땅을 밟았다. 세관에서는 영국의 주교(bishop)가 온 줄로 알고 부산을 떨었지만, 여자임을 알고 놀랐다. 일본을 거쳐 조선에 들어온 그의 눈에 비친 조선의 모습은 불결하고 비참한 것이었다.

그가 가장 놀란 것은 관료들의 부패였다. 그는 이러고도 나라가 멸망하지 않은 것이 희한하게만 느껴졌다. 그러면서 조선은 희망이 없는 나라라는 인상을 받았다. 그는 동학농민혁명을 목격한 몇 사람 되지 않는 외국의 여행자로서 이 나라의 운명에 대하여 매우 비관적인 결론을 내리기에 이르렀다.

그러나 비숍은 조선을 떠나 시베리아 한

I. B. 비숍 여사

인촌을 찾아본 뒤로 자신의 판단이 잘못되었음을 깨달았다. 조선에 있는 한국인들이 가난한 것은 노동의 의욕과 생산성이 낮았기 때문이었다는 사실도 알았다. 왜 조선 사람의 노동 의지와 생산성은 그토록 낮은가? 결론은 부패한 관리의 수탈 때문이었다.

아무리 뼈 빠지게 일한다고 하더라도 어차피 내 것이 될 수 없다는 체념이 끝내 한국인을 가난으로 몰아넣었다는 것이다. 관리는 기생충이었다. 그래서 "한국인은 밖에 나가면 더 잘사는 민족"이라고 그는 진단했다. 그는 귀국하여 『조선과 그 이웃 나라들』(Korea and Her Neighbors, 1897; 신복룡(옮김), 2019)이라는 여행기를 남겼다.

위의 두 글의 행간에 어른거리는 그림자는 망국의 원인이 무엇일까를 은연중에 보여 주고 있다. 평화를 사랑한다는 것이 도덕론자의 눈에는 가치 있는 일일 수 있지만 국제 정치의 시각에서 보면 이상론일 뿐이다. 부패가 망국의 직접적인 이유는 되지 않을 수 있으나 그로 말미암은 민심의 이탈은 망국의 원인으로 맨 앞에 서 있는 화두이다.

3. 문민 우위의 원칙

많은 도덕론자의 호소에도 불구하고 역사는 전혀 평화롭지 않았다. 역사의 첫 장을 펼치자마자 우리는 인류 사회가 정복 전쟁으로 얼룩진 것을 보게 된다. "평화가 없는데도 사람들은 '평화롭다, 평화롭다!'고 말한다."(『구약성경』「예레미야서」 6 : 14) 유사 이래 지구상에는 1만 4,500회의 전쟁이 있었고 36억 명이 죽었다. (온창일, 2001, p. 21) 인류의 역사에서 전쟁이 없었던 순간은 모두 합쳐도 230년에 지나지 않았다.

그리고 제2차 세계대전 이후 현재까지 지구상에서 전쟁의 총성이 멎었던 순간은 단 하루도 없었다. (황병무, 2001, pp. 16~26) 그런 점에서 본다면 "전쟁은 또 다른 수단에 의한 정치"라는 프러시아 육군사관학교 교장 클라우제비츠(Carl von Clausewitz, 1976 p. 87) 장군의 말, 곧 "정치는 피 안 흘리는 전쟁이요, 전쟁은 피 흘리는 정치이다"라는 경구가 우리에게 많은 울림을 준다.

그 숱한 전화를 겪으면서도 유교 국가가 고집스럽게 문민 우위의 원칙을 지키려 한 것은 참으로 놀라운 일이다. 경상감사 이언적(李彦迪)이 우병사(右兵使) 김절(金軼)과 함께 배를 타고 김해로 간 일이 있었는데, 조식(曺植)이 그 말을 듣고서 질책했다.

"감사가 어찌 무지한 무부(武夫)와 더불어 같은 배를 탈 수 있겠는가?"『晦齋集』(13) 李全仁「關西問答錄」)

조선왕조를 통하여 잠시 재직한 이완(李浣)의 경우를 제외한다면, 무관이 병조판서를 지낸 일이 없고, 윤관(尹瓘)·서희(徐熙)·김부식(金富軾)·김종서(金宗瑞)를 비롯한 토벌 사령관은 모두 문관이었다. 탈레랑(Charles Maurice de Talleyrand)의 말을 빌리면, "전쟁은 너무 심각한 일이어서 군인들에게 맡겨둘 수 없다"(몽고메리, 1995, p. 31)고 한다. 문관이 전쟁을 맡는다고 해서 승리를 장담할 수 있는 것도 아니었다.

한국 전쟁사에서 임진왜란(壬辰倭亂)은 많은 교훈을 준다. 임진왜란이 끝난 뒤의 논공행상에서 작록(爵祿)을 받은 인물 가운데 어가(御駕)를 따른 내시를 비롯한 문관 중심의 호성공신(扈聖功臣)이 86명인 데 견주어 실제로 무공을 세운 선무공신(宣武功臣)은 18명에 지나지 않았고, 그 18명 가운데에도 문관의 수가 무관과 같았으며, 김천일(金千鎰)·고경명(高敬命)·송상현(宋象賢)·김덕령(金德齡)을 공훈에서 누락했다.

4. 공도정책(空島政策) : 바다를 잃어 나라를 잃었다

망국과 국방이라는 두 문제와 연결하여 지적할 수 있는 또 다른 문제는 조선조에서 섬의 주민을 소개(疏開)하고 해안을 황폐하게 만든 이른바 공도정책의 실수였다. 단종(端宗) 시대의 병조판서 조극관(趙克寬)의 상소(『단종실록』 원년(1453) 8월 을유조)에 따르면, 당시의 위정자들은 해안 방어를 포기하고 주민의 주거를 금지하는 것이 왜구(倭寇)의 유혹을 막고 모반자의 탈주를 막는 길이라고 생각했다. 적어도 7세기 이후로는 반도로서 삼면이 바다였던 해양 국가였고, 그것이 아니더라도 이미 장보고(張保皐)나 고려군의 일본 원정의 유산을 안고 있는 이 나라가 해상 방위를 소홀히 한 것이 망국과 무관하지 않다.

그러나 돌아보면 조선왕조에도 서학을 긍정적으로 받아들일 기회는 있었다. 이를테면 1653년에 네덜란드의 하멜(Hendrick Hamel) 일행이 표착했을 때 조정은 그들에게서 서양 기술을 배울 생각을 하지 않았다. 배가 표착하자 주민들이 먼저 한 일은 쇠붙이를 얻으려고 배를 태우는 작업이었다. 그들에게 문명의 이기(利器)에 대한 호기심은 없었다. 표류객 가운데에는 항해·제철·총포·화약·의학 등 온갖 기술자들이 있었음에도 그들이 한 일은 사대부 집에 불려가 인간 원숭이 놀이를 하거나 병영의 풀을 뽑고 도자기 가마에서 불을 지피는 것이었다.

그 당시가 효종(孝宗)의 북벌 준비 기간이었고, 그들이 훈련대에 소속되어 있었으며, 이미 표착해 있던 벨테브레이(Jan J. Weltevree, 朴淵)가 살아 있어 의사 소통이 가능했음에도 병기 기술을 배우려 하지 않은 것이 개탄스럽다. 똑같이 서양 표착선을 받아들인 일본이 그들로부터 서양의 과학 문명을 받아들여 난학(蘭學, Dutch Science)을 이룬 것과는 달리 우리는 그들의 효용도를 몰랐던 것이 민족의 운명을 갈랐다. (신복룡(옮김), 『하멜표류기』, 2021; 신복룡, 『서양인이 본 조선의 풍경』, 2022, *passim*)

미국을 움직인 100권의 책 가운데 하나인 머핸(Alfred Mahan)의 명저 『인류의 역사에 미친 해상권의 영향』(1889)에 따르면, 세계의 정복자 한니발(Hannibal)의 17년에 걸친 승리와 나폴레옹의 16년의 승리도 해전에서의 패배와 함께 공허한 것이 되었다. 해군 제독으로서의 머핸이 해상권을 주장한 것은 그렇다 하더라도 제2차 세계대전 무렵 아프리카에서 탱크전의 신화를 남긴 영국의 몽고메리(Bernard L. Montgomery, 1995, p. 135) 원수가 "결국 모든 역사에서 바다를 장악한 나라가 우세를 차지했다"고 고백한 것은 놀랍다. 튀르키에 앞바다에서 1.6km 떨어진 사모스(Samos)섬은 그리스 영토이다. 한강의 동작대교가 1.6km이다. 이것이 오스만튀르크의 쇠락을 웅변해준다.

앨프리드 머핸

여기에서 사태를 더욱 악화시킨 것이 돈 뱃사람에 대한 비하 심리이다. 전통적으로 우리 사회는 해안가 선원을 "뱃놈"이라고 불렀고 섬사람을 "섬놈"이라고 불렀다. 역사적으로 해양 민족이 민주적이고 농경민족이 과두(寡頭) 지배 체제에 더 익숙하다. 그러므로 지배 계급으로서는 거칠고 순종하지 않는 기질의 바닷사람들을 싫어하고 버겁게 여겼다. 이러한 세뇌 과정을 거쳐 우리에게는 자신도 모르게 공수증(恐水症, hydro-phobia)이 자리 잡았다.

『토정비결』을 비롯한 한국의 금기서에 "몇 월에는 물가에 가지 말라"는 말이 가장 많이 등장하는 것은 우연이 아니다. 외아들은 온천에 가면 안 된다는 속설 때문에 나는 가까운 수안보(水安堡)로 소풍을 갈 때면 결석해야 했다. 1950년 제2대 국회의원 선거 당시에 여천에서 대한민국당으로 출마한 황병규(黃炳珪) 후보의 선거 구호는 "섬놈은 사람도 아니냐?"였다. 그리고 그는 당선했다. (『민족문화대백과사전』(2020), 「황병규 조」)

신(神)이 국제 관계에 내린 가장 큰 저주는 화목한 이웃 나라가 없다는 사실이다. 더불어 살다 보면 나눔과 기쁨도 있겠지만 상처와 부채가 더 크게 기억된다. 한일관계도 그 범주를 벗어나지 않고 있다. 일본은 왜 그리 호전적이었을까? 몽테스키외(Baron de Montesquieu)의 『법의 정신』(Vol. II, Book XXIV, §14)에 따르면, 일본인에게는 종교적 죄의식이 없어 잔인하다고 한다. 죄의식이 없는 민족은 회개나 반성 또는 사과의 미덕을 모르고 산다. 위안부 문제이든 독도 문제이든, 한일관계사를 이해하는 데 근본적인 해답이 여기에 있다.

멀리 하야시 시헤이(林子平, 1738~1793)에서 발원하여 요시다 쇼인(吉田松陰, 1830~1859)을 거쳐 연면히 이어져 내려온 대륙론자들의 정한론(征韓論)은 일본 무사들의 전형적인 불만의 배출구였으며 생존의 활로였다. 요시다 쇼인이 국사범으로 목이 잘려 죽었을 때 선배들은 몸을 피해 도주했지만, 열여덟 살의 막내 이토 히로부미(伊藤博文, 1841~1909)는 목 잘린 스승의 시체를 껴안고 "제가 스승님의 뜻을 이루겠다"고 맹세했다. 정한론의 선봉에 서 있던 사이고 다카모리(西鄕隆盛, 1827~1877)는 자신의 조선 정벌론에 구실이 없다고 반대파가 지적하자 내각 회의에서 "내가 조선의 조정에 사신으로 가서 죽을 것이니 나의 죽음을 구실 삼아 조선을 침략하라"고 말했다.

다루이 도키치(樽井藤吉, 1850~1922)는 스스로 정한의 기틀을 마련하기로 결심하고 혼자서 쪽배(扁舟)를 타고 바다를 건너 한국의 다도해 부근의 무인도를 탐사하여 정한군(征韓軍)의 교두보를 마련하는 작업을 한 바 있었다. 일본 위정자들은 우치다 료헤이(內田良平)를 비롯한 청년 우익들을 동원했다. 이를테면, "검푸른 바다 현해탄(玄海灘)을 건너가자"는

하야시 시헤이(林子平), 요시다 쇼인(吉田松陰), 우치다 료헤이(內田良平)

취지로 결성된 현양사(玄洋社), "아마테라스 오미카미(天照大神)의 음우(陰佑)"를 입어 대사(大事)를 도모한다는 뜻으로 조직된 천우협(天佑俠), 그리고 "일본의 북쪽 국경이 적어도 흑룡강(黑龍江)까지 올라가야 한다"는 일념을 안고 있던 흑룡회(黑龍會) 등이 정부의 비호 아래 조직되었다.

그런 상황에서 조선왕조는 아무런 대비도 없었다. 군주주의 체제 아래에서 망국은 일차적으로 국왕을 비롯한 가까운 신하들의 책임이다.(『惺所覆瓿藁』(11) 論 兵論.) 그리고 그 시대를 함께 살았던 모든 사람이 종범(從犯)이다. 고종(高宗)이 명군이었느니 기울어가는 나라를 세우기 위해 혼신의 노력을 했다느니 하는 매명가(賣名家)들의 논리는 실소를 자아낸다.

그러나 지금 한국 현대사는 누구도 망국의 원인을 추궁하지 않는다. 기껏 거론되는 것이 이완용(李完用)을 비롯한 여남은 명의 친일파 군상들에 대한 팔매질이다. 이완용이 망국의 죄상으로부터 비켜 갈 수는 없지만 그가 아니었더라도 누군가는 그 역할을 했을 것이다. 결국 대한제국의 망국 원인은 외환(外患)보다 내인(內因)이 먼저이다. 멸망하지 않았으면 좋았을 나라가 멸망한 사례는 허다하다. 그러나 멸망할 수 없는 나라가 멸망한 사례는 역사에 없다.

제1장 참고 문헌

『구약성서』「창세기」;「예레미아서」

『단종실록』

『東亞先覺志士記傳』(東京 : 原書房, 1966)

몽고메리(Montgomery) 지음 / 승영조(옮김),『전쟁의 역사』(1)(책세상, 1995)

문일평,『호암전집』(3)(조광사, 1946)

『민족문화대백과사전』(한국학중앙연구원, 2020),「황병규 조」

『순조실록』

신복룡,『서양인이 본 조선의 풍경』(집문당, 2022)

신복룡,「한일관계의 역사적 배경과 현실 : 한국은 왜 일본에 멸망했는가?」,『한국정치사』(박영사, 2003)

온창일,『한민족전쟁사』(집문당, 2001)

황병무,『전쟁과 평화의 이해』(오름, 2001)

『晦齋集』

Bacon, F., *Novum Organum.*

Bishop, I. B., *Korea and Her Neighbors*(1897); 신복룡(옮김),『조선과 그 이웃 나라들』(집문당, 2019)

Chomsky, Noam, *On Power and Ideology*(Boston : South End Press, 1987)

Clausewitz, Carl von, On War(Princeton : Princeton University Press, 1976)

Hall, Basil, *Account of a Voyage of Discovery to the West Coast of Corea*(John Murray, 1818); 신복룡·정성자(옮김),『조선 서해 및 유구 탐사기』(집문당, 2019)

Hamel, H., *Narrative and Description of the Kingdom of Korea*; 신복룡(옮김),『하멜표류기』(집문당, 2019)

Henderson, Gregory, *Korea : Politics of the Vortex*(Cambridge : Harvard University, 1968)

Mahan, Alfred, *Influence of Sea Power upon History*(Englewood Cliffs : Prentice-Hall Inc., 1980)

Montesquieu, *The Spirit of the Laws*

Tosh, John, *The Pursuit of History*(London : Longman House, 1991)

Toynbee, Arnold J., *A Study of History*, Vol. IV(London : Oxford University Press, 1973)

2

제2차 세계대전 전시 회담

4대국 영수들의 꿈과 좌절

"그 여인의 죽음과 함께
나에게서 모든 연민은 사라졌다."
— 스탈린이 아내의 시체 앞에서

"한국을 해방시켜 줄 수는 있지만
독립을 시켜줄 수는 없다."
— 처칠

      1889년, 오스트리아의 한촌 브라우나우(Braunau)의 몰락한 귀족 쉬클그루버(Schicklgruber) 집안에 아돌프(Adolf)라는 소년이 태어났다. 무슨 연유였는지 그는 어머니의 성을 따랐다. 아이는 총명했고 잘생겼으며 친구들에게도 상냥했고 수줍음이 많았다. 목소리가 아름다워 교회 성가대에서도 인기가 높았다. 그의 꿈은 화가가 되는 것이었으며 재질도 있었다. 그러나 엄혹한 아버지는 아들의 꿈을 허락하지 않았다.
    1903년, 아버지가 죽자 그 소년은 성을 히틀러(Hitler)로 바꾸고 빈에 진출하여 그토록 바라던 빈예술학교에 입학했다. 졸업한 다음에는 출판사에서 삽화를 그리는 청년으로 행복하게 살았다. 그러나 영양 상태가 좋지 않던 그는 이때 고환결핵을 앓고 생식 기능을 잃는 비극을 맛보면서 삶의 광기가 시작되었다. 그에게 재롱떠는 어린 자식이라도 하나 있었더라면, 그가 그토록 잔혹하게 어린이를 죽일 수 있었을까?
    스물네 살에 뮌헨으로 이주한 히틀러는 제1차 세계대전이 일어나자 자원입대하여 부상을 겪고 전역하면서 철십자 무공훈장(Iron Cross)을

히틀러의 유화 "마리아와 아기 예수"(1913)

받았다. 이때부터 그는 화가로서의 꿈을 버리고 "위대한 독일"을 이루리라는 집념에 사로잡히게 되었다. 그는 혁명을 꿈꾸다가 5년 형을 받고 출옥하여 온갖 시련을 겪은 뒤 1934년에 집권하게 되었다. 히틀러는 결국 1939년 9월 제2차 세계대전을 일으켰다.

전쟁은 시도 때도 없이 일어나는 재앙이었고 히틀러가 폴란드를 침공할 때까지만 해도 유럽이나 미국의 지도자들은 늘 벌어지는 전쟁의 하나라고 생각했다. 그러나 1941년 6월, 소련에 선전 포고를 함으로써 전쟁이 확대되자 유럽의 지도자들은 문득 나폴레옹의 모스크바 침공을 연상하며 긴장하기 시작했다. 더욱이 진주만이 폭격을 겪고 프랑스가 점령되었을 때 열강의 지도자들은 자리를 함께하여 이 문제를 논의할 필요성을 느끼게 되었다.

우선 미국의 루스벨트(Franklin D. Roosevelt)와 영국의 처칠(W. Churchill), 그리고 중국의 장개석(蔣介石)이 만나는 데까지는 합의했지만, 장소가

1943년 카이로 회담(메나하우스 호텔). 왼쪽부터 장개석, 루스벨트, 처칠

마땅치 않았다. 처음에는 시칠리아 남쪽 휴양지 몰타(Malta)섬이 물망에 올랐다. 그러나 독일이 이를 감지하고 있었기 때문에 독일군의 공중 요격과 경호의 문제를 걱정한 유럽군 사련관 아이젠하워(D. D. Eisenhower) 장군의 권고에 따라 독일의 사정권을 벗어난 카이로에서 만나기로 했다. 시간은 1943년 11월 22일부터 26일까지 5일 동안이었다.

그런데 당연히 와야 할 스탈린(J. Stalin)에게 문제가 생겼다. 의사가 장거리 여행은 위험하다며 출국을 말렸기 때문이었다. 스탈린은 얼마나 아팠기에 그 중요한 회의에도 올 수 없었을까? 본디 그루지야(Georgia, 현 조지아) 태생인 스탈린은 홀어머니 밑에서 서럽게 크며 청년 시절에 신부가 되고자 신학대학에 입학했다. 세례명은 가정의 수호신인 성(聖)요셉(Joseph)이었다.

스탈린은 미성을 타고났으며 마마 흉터가 조금 남아 있기는 했지만, 호남아로 생겨 남녀를 가리지 않고 인기 높은 성가대의 스타였다. 그런 그가 레닌을 만났을 때 영혼의 구원보다는 당장 제정 러시아의 압제에 시달리는 농노의 해방이 먼저라고 생각하여 혁명에 심취했다.

스탈린에게는 케케(Keke Yekaterina)라고 하는 사랑하는 여인이 있었는데 티푸스를 앓고 있었다. 어느 날 스탈린이 레닌에게 보낼 보고서를 탈고하고 침대에 돌아와 보니 아내는 첫돌도 지나지 않은 아이를 껴안은 채 이미 숨을 거두었다. 그는 이때 이렇게 울부짖었다.

"나에게서 모든 연민은 사라졌다."

그리고 냉혹한 혁명가가 되었다. 그의 또 한 가지 문제는 독주를 폭음하는 것이었다. 절망과 술은 함께 간다. 카이로 회담 당시 그가 오지 않은 것은 아마도 심장질환의 악화 때문이었을 것이다.

1. 정치인의 건강

더구나 스탈린에게는 고소공포증과 광선기피증(photo-phobia)이 있었다. 이런 환자는 비행기를 타지 못하며, 사무실은 늘 어두컴컴하게 짙은 커튼을 드리우고 주로 밤에 일을 많이 한다. 고소공포증의 심층 심리는 불의의 사고로 말미암은 죽음의 두려움이다. 그들이 아무리 표독한 사람이라 하더라도 자기 손에 죽은 망령에 대한 무의식 속의 죄의식을 씻을 수 없었다.

건강 문제는 스탈린만의 문제가 아니었다. 잘 알려져 있듯이 소아마비 환자로서 휠체어를 타야 하는 루스벨트는 카이로에 이르렀을 때 이미 파김치가 되어 있었다. 처칠은 허우대는 멀쩡했지만, 그도 중증 환자였다. 비만에다가 줄담배가 이미 그의 심장과 기관지를 많이 손상하고 있었다. 그는 틈틈이 산소호흡기를 써야 했다.

장개석은 본디 강골의 무인 출신이어서 건강에는 문제가 없는 듯이 보였지만, 그에게는 마음의 병이 있었다. 세계 4강이라는 위용은 이미 내란으로 퇴색되고 카이로에서 남의 문제를 논의하기에는 나라 안의 일이 더 걱정스러웠다. 장개석이 더욱 마음고생을 하게 된 것은 중국을 야만의 나라로 취급하는 처칠의 냉대 때문이었다. 공식 회의가 아닌 사석에서 처칠은 루스벨트에게 투덜거렸다.

"저 되놈(chink)은 왜 왔소?"(W. Roger Louis, 1978, p. 424)

장개석도 그런 눈치를 잘 알고 있었다. 중국의 제자백가(諸子百家)에 통달했고 수많은 병서(兵書)를 읽은 그로서는 그들의 심중을 읽는 것이 어렵지 않았다. 이런 상황에서 그들은 전후 문제를 처리하면서 한국의 운명에 관해서는 깊은 관심이 없었다. 이 자리에서는 장개석만이 한국의 즉시 독립에 우호적이었다. 그러나 루스벨트는 장개석이 전후 한국에 영향력을 행사하려는 개인적인 욕망을 품었음을 간파하고 이를 반대했으며, 미국으로부터의 군사 원조의 빌미가 잡혀 있는 장개석도 한국의 조속한 독립을 끝까지 주장하지 못했다.

이 자리에서 루스벨트는 한국인은 아직 독립 정부를 수립하거나 유지할 수 없으므로 40년 동안 후견(tutelage)을 받아야 한다는 의견을 피력했다. 애초에 미국의 관리들이 한국의 신탁 통치를 논의하면서 "가능한 한 곧"(at the earliest possible moment)이라고 표현했었다. 그러나 한국의 독립을 그렇게까지 서두를 필요가 없다고 생각한 루스벨트는 "적절한 시기에"(at the proper moment)라고 표현했고, 이를 본 처칠은 문장이 마음에 들지 않는다며 "적절한 절차를 거쳐"(in due course)라고 수정함으로써 "한국인의 노예 상태를 유념하면서 적당한 절차를 거쳐 한국을 독립시킨다"는 최종 문안을 작성했다. (*FRUS : 1943 : The Conferences at Cairo and Teheran,* 1961, pp. 401~404)

2. 자존심을 버린 테헤란 회담

카이로 회담을 마쳤을 때 4대 강국의 핵심 멤버인 스탈린이 오지 않아 그의 동의를 얻지 못한 것을 어찌 해결할 것인가 하는 문제가 남았다. 그래서 처칠과 루스벨트와 장개석은 자기들 사이에 오고 간 이야기를 스탈린에게 전달하고 동의를 얻는 자리를 마련하고자 했다. 온몸이 괴로운 루스벨트는 가까운 지중해 어디에서 만나고 싶었지만, 스탈린은 비행기를 타지 않고 갈 수 있는 곳을 요구했다. 그래서 테헤란으로 장소가 결정되었다.

날짜는 카이로 회담이 끝나는 다음 늦인 1943년 11월 27일부터 12월 2일까지로 결정했다. 이 회담은 루스벨트와 처칠과 장개석으로서는 몹시 자존심 상하는 자리였다. 몸이 성치 않은 루스벨트로서는 이미 1만 1,000km를 비행기에서 시달렸는데, 회의가 끝나자마자 마치 보고라도 하려는 듯이 회의 다음 날 쭐레쭐레 스탈린을 만나러 가는 길이 유쾌했을 리가 없다.

1943년 테헤란 회담(스련대사관). 왼쪽부터 스탈린, 루스벨트, 처칠

장개석은 국내 사정이 어려워 테헤란으로 가지 않고 바로 귀국했다. 한 사람이 갔으면 될 일을 두 사람이 찾아가는 모양새가 말이 아니었다. 그러나 소련이 독일의 동부전선을 공격하고 극동에서 만주군을 공격하는 문제에 결정적인 열쇠를 쥐고 있는 상황에서 아쉬운 쪽은 영국과 미국이었으며, 스탈린은 그런 구도를 십분 즐기고 있었다.

이래저래 불만에 찬 루스벨트는 영국 때문에 마음고생을 했다. 그는 일찍이 윌슨(W. Wilson) 대통령 정부에서 해군성 차관을 지내면서 자유주의에 대한 정치 훈련을 받은 터라 영국의 식민 정책에 대한 혐오감에 젖어 있었다. 그는 8개월 전에 처칠과 회담을 하려고 카사블랑카에 간 적이 있는데, 그때 서아프리카와 모로코(Morocco)를 거쳐 회담 장소로 가면서 유럽의 제국주의가 남긴 악덕에 충격과 역겨움을 느꼈다.

그 뒤로 루스벨트는 피식민지 국가들의 독립을 심각하게 고려했다. 그럴 때면 처칠은 루스벨트가 영국을 조지 3세(George III, 1760~1820)의 시대로 보고 있다고 불평했다. 루스벨트가 신탁 통치를 주장할 때 처칠은 그것이 자신을 두고 비아냥거리는 것처럼 느끼면서, "영국이 죄인으로 참회하는 입장"이 되는 것을 견딜 수 없었다.

테헤란 회담에서 한국 문제가 거론될 때 스탈린은 주로 듣는 입장이었고, "동의는 하지만 약속할 수 없음"을 강조하면서 한국의 조속한 독립을 요구했다. 스탈린이 한국의 조속한 독립을 요구한 것은 한국에 대한 호의라기보다는 많은 식민지 동화 정책의 경험으로 북한에서의 인민위원회 작업을 미국보다 더 빨리 수행할 자신이 있었기 때문이었다.

미국은 한국의 신탁 통치 문제를 40년에서 5~10년으로 대폭 후퇴했다. 카이로 회담과 견주어 볼 때 식민지 해방을 주장하는 미국의 톤이 많이 누그러진 것을 보면서 처칠은 만찬 석상에서 "*eureka*"(바로 이거야)를 외쳤다. 이어서 그는 조지 6세(George VI)의 칼을 스탈린에게 선물하면서 "스탈린그라드를 위하여"라고 건배사를 외쳤다.

3. "해방은 시켜주되 독립은 시켜줄 수 없다"

얄타 회담에서는 더욱 두뇌 싸움이 치열했다. 1945년 1월 30일부터 2월 11일까지 흑해 연안 크림반도의 휴양지인 얄타는 스탈린에게 많은 홈 어드밴티지를 주었다. 회의는 그리스 식민지 시절에 지은 건물로서 제정 러시아 니콜라스 2세 황제의 여름 휴양지였던 리바디아궁(Livadia Palace)에서 개최되었다. 스탈린은 이번에도 기차를 타고 왔다. 누가 먼저 회의장에 들어갈지를 놓고 처음부터 티격태격했다.

루스벨트는 심장병이 악화하고 마비된 다리가 찬공기에 더욱 저려 모포로 무릎을 덮고 지겨운 표정으로 회의에 참석했다. 이 회담 뒤 두 달 만에 그가 죽은 것으로 보아 이미 이때 그는 병이 깊었다. 만찬 때면 처칠은 여전히 담배 연기를 뿜어대고 스탈린은 마치 기를 죽이려는 듯이 보드카를 즐겼다. 처칠은 비만과 고혈압으로 산소호흡기를 곁에 두고 앉아 있었다. 이번에는 처칠의 입김이 작용하여 장개석을 부르지도 않았다. 불렀어도 아마 오지 못했을 것이다. 중국의 불참은 그나마 한국을 위해 한마디 해줄 후원자가 사라졌다는 점에서 한국은 불운했다.

소련은 베를린 근교 65km까지 진격해 있는 터라 기세가 당당하고 느긋했다. 미국의 참모들이 볼 때 "소련이 자발적으로 할 수 있는 일은 없었고 우리가 부탁할 일만 남아 있었다." 다급한 쪽은 영국과 미국이었다. 미국으로서는 태평양 전쟁에 소련이 참전하는 문제와 국제연합(UN) 가입이 절박한 상태였다. 공식 회의가 없는 시간이면 스탈린은 넌지시 루스벨트에게 이렇게 말했다.

"저 사람(처칠) 빼고 우리 두 사람만이 할 얘기가 있소."

그럴 때면 루스벨트는 이렇게 대답하며 말을 막았다.

"그러면 저 친구가 우리를 죽이려 할 거요."(He will kill us. *FRUS : 1945 : The Conferences at Malta and Yalta,* 1955, p. 770)

처칠도 그런 분위기를 잘 알고 있었다. 그런 풀죽은 상황에서도 한국 문제만 나오면 처칠의 입장은 부정적이었다. 식민지 해방이 공론화될수록 식민지로 먹고사는 자신들의 입지가 좁아 드는 것을 처칠은 누구보다도 더 잘 알고 있었다. 영국의 기본적인 입장은 "해방은 시켜 줄 수 있지만 독립은 시켜줄 수 없다"는 것이었다.

그러한 주장을 이론적으로 뒷받침해준 것은 회담 이틀째인 1월 31일 자로 올라온 토인비(Arnold J. Toynbee)의 보고서였다. 옥스퍼드대학을 졸업하고 젊은 날에 영국 외무성 조사국의 연구원으로 재직하고 있던 그는 얄타 회담을 위해 준비한 정책 보고서「한국의 독립 능력 : 그 역사적 배경」("Korea's Capacity for Independence : Historical Background," UKFO Research Department, 1945; 신복룡(역),『한국분단보고서』(2), 2023, pp. 265~273)에서 "한국은 독립할 수 없는 나라"라는 견해를 분명히 밝혔고, 처칠은 그 보고서를 뒤적거리고 있었다.

루스벨트의 외교 양식에는 좀 특이한 부분이 있었다. 그는 모든 외교 문제를 혼자 처리했다. 그는 외교 문제에 관하여 부통령이나 국무장관의 의견을 묻지도 않았고 알려주지도 않았다. 그는 자신이 소련을 잘 다룰 수 있다는 순진함에 젖어 있었다. "개인 외교"(personal diplomacy)라고 하는 이 독특한 방식은 주변 참모들을 당황하게 했다. 얄타에 동행한 국무장관 스테티니어스(Edward Stettinius)는 한국 문제를 안중에도 두지 않았다. 처음으로 한국 문제를 토의하는 자리에 참석하여 "한국이 어디에 있는 나라요?"(Louis J. Halle, 1967, p. 202)라고 물었다.

미국 수뇌부는 불가사의한 일본의 공

아널드 토인비

격성에 대한 당혹감과 두려움에 싸여 있었다. 그들은 가미카제(神風)와 사이판에서 벌어지고 있던 자살의 절벽 사건을 이해할 수 없었고, 오키나와에 투입되었던 미군의 35%가 희생되었던 사실을 잊을 수가 없었다. 해상 전투는 승리할 수 있다 하더라도 지상군과의 전투에서 승리하려면 향후 8~10개월의 시간과 13개 사단(57만 명)의 병력이 필요하다고 판단했다.

극동에 산재한 일본군 640만~660만 명을 섬멸한다는 것은 불가능해 보였다. (Henry L. Stimson, 1947, p. 364) 더욱이 일본이 패전한 뒤에도 만주군은 항전할 것이라는 오판도 그들을 걱정스럽게 만들었다. 이제 미국으로서 희망을 거는 것은 극동에서의 소련의 참전이었지만 소련은 선뜻 응낙하지 않고 미적거렸다.

얄타에서의 회담은 공식적인 토의보다는 사사롭게 오고 간, 그래서 기록되지 않는 대화(unrecorded dialogue)가 더 유력하게 회의의 흐름을 이끌었다. 그래서 나온 것이 얄타 밀약설이다. 이른바 소련은 일본 점령에서 미국에 양보하고 그 대신 미국은 북한을 소련에 넘겨주었다는 논지의 추론은 확인되지 않는 음모설일 뿐이다. 귓속말로 하고 손가락으로 지도를 그리키며 한 말을 확인할 길은 없다. 그런 점에서 얄타 밀약설은 허구의 가능성이 높은 영구 미제일 뿐이다.

1997년 1월. 나는 흑해 크루즈 여행을 하면서 그 유명한 터키(현 튀르키예) 영화 "욜"(Yol, Street)의 이야기로 선장을 구슬려 멀리 얄타를 향하여 조금이라도 더 북쪽으로 올라갔다. "욜"은 터키의 반체제 인사인 일마즈 귀니(Yilmaz Güney)가 1982년에 옥중에서 스태프들에게 지시하면서 만든 문제작이다. 한국에도 "욜"을 아는 사람이 있느냐고 반색하며, 선장은 가는 데까지 가 보자며 북상했다. 만감이 스쳐 갔지만, 내 속을 알 턱이 없는 선장은 한국에 돌아가면 "터키에는 터키탕이 없다"는 말을 꼭 전해달라고 수다를 떨고 있었다.

4. 기형(奇形)의 포츠담 회담

포츠담 회담(Potsdam, 1945. 7. 6.~8. 1.)은 기이한 만남이었다. 장소가 소련이 점령한 독일 지역이었다는 점에서부터 소련의 입김이 크게 작용했다. 점령 지역의 국가 수반인 스탈린은 자신의 위상을 높이기에 충분했다. 처칠과 트루먼(H. Truman)이 "스탈린을 찾아가는 모습"이 된 것이다. 그보다 더 어이없는 사실은 트루먼의 입장이었다.

1945년 4월 12일, 허약했던 루스벨트가 과로로 갑작스럽게 세상을 떠났다. 얄타 회담의 여독이 그의 죽음을 앞당겼을 것이다. 부통령인 트루먼이 대통령 직책을 승계했다. 루스벨트가 그를 러닝메이트로 지명한 것은 그의 능력을 높이 평가해서가 아니라, 상대 당의 진보적이었던 왈라스(Henry Wallace) 후보의 도전을 견제하고자 우익적 분위기를 풍기는 트루먼이 필요했기 때문이었다.

부통령에 취임한 지 85일밖에 지나지 않은 상황에서 대통령에 취임한 트루먼은 미시시피강 서부 출신으로서는 최초의 대통령이었으며, 링컨(A. Lincoln) 이후 두 번째의 고졸 출신이어서 동부의 주류 사회에서 외면당했다. 철저한 개인 외교주의자였던 루스벨트가 죽기 직전까지 80여 일 동안에 트루먼을 만난 것은 단 두 번뿐이었으며, 그에게 아무런 정보도 주지 않았기 때문에 트루먼은 국정을 파악하고 있지 못한 상태였다.

트루먼이 포츠담에 간 것은 미국의 정책을 관철하려는 의지보다는 스탈린을 만나 그동안 전개되었던 정황을 듣고 싶었기 때문이었다. 이런 상황에서 회의를 진행하면서 7월 16일 국방장관 스팀슨(Henry Stimson)이 뉴멕시코주의 알라마고르도(Alamagordo)에서 원폭 실험에 성공했다고 트루먼에게 귀띔해 주었다. 그런데 트루먼은 원폭에 대한 지식이나 정보를 갖고 있지 않았다. 그는 원폭의 과학적 속성이나 위력을 알지 못

1945년 포츠담 회담에서 애틀리, 트루먼, 스탈린(왼쪽부터) 호헨촐레른(Hohenzollern) 공작의 저택에서.

했다. 안타까운 스팀슨은 이렇게 말했다.

"인류 역사상 가장 가공할 무기입니다."(most terrible weapon ever known in world history. Henry L. Stimson, pp. 376~378)

미국의 참모들은 원폭의 성공으로 소련에 대한 의존도를 낮출 수 있다고 판단했고, 여기에서 한반도에서의 4대국 신탁 통치 등 지나치게 영국·소련·중국에 양보한 정책을 수정하건서 미국 주도형의 분단 정책으로 선회했다.

그런 상황에서 더 어이없는 사건이 벌어졌다. 처칠이 포츠담 회담에 참석하고 있는 동안, 본국에서는 그의 노동당이 총선에 패배하여 수상 자리에서 물러나게 된 것이었다. "피와 땀과 눈물로 조국에 헌신하겠다"던 그의 공약도 허사가 되었다. 처칠은 7월 5일에 런던에서 출발했고, 그동안에 치른 선거에서 처칠이 승전의 여세를 몰아 재집권하리라

제2장 제2차 세계대전 전시 회담 : 4대국 영수들의 꿈과 좌절　　45

는 것을 의심하는 사람은 없었다.

그런데 7월 26일에 총선에서 패배하자 처칠은 회의를 하다 말고 짐을 쌌고 새로 취임한 애틀리(Clement Attlee) 수상이 서둘러 회담 대표로 참석했다. 영국의 체면이 말이 아니었다. 트루먼의 입장이 그렇고 영국 수상이 교체되는 상황에서 포츠담은 스탈린의 뜻대로 진행되었다. 그리고 미국과 이해가 맞아떨어지면서 한반도의 4국 지배는 2국 분단이라는 비극의 길로 흘러가게 되었다.

5. 역사에서의 허망함과 우연함

제2차 세계대전 때의 전시 회담과 한국의 문제를 살펴보노라면 역사에는 어떤 공의(公義)로운 법칙이 작용하고 있는지에 대한 확신보다는 역사의 우발성과 허망한 결말에 망연자실할 때가 많다. 역사에서 가정을 금물이라고 강변하면서도 "그러지 않았었더라면…" 하는 아쉬움은 여전히 남는다. 전시 회담에서의 한국의 운명은 "꼭 그렇게 될 수밖에 없었던" 어떤 필연보다는 우발적인 경우가 많았다.

그리고 그 이면에는 이성, 철학, 합리성과 같은 거대 담론보다는 너무도 인간적인 소승(小乘)과 애환이 크게 작용했음을 볼 수 있다. 그래서 역사학은 더 어렵고 예언의 가능성이 더욱 낮아진다. 그럼에도 불구하고, 공자(孔子)의 말씀처럼, "어디서 왔는지를 돌아보면 다가올 일을 알기 때문에"(告諸往 而知來者) 우리는 다시 역사책 앞으로 다가가지 않을 수 없다.

제2장 참고 문헌

『論語』

FRUS : 1943 : The Conferences at Cairo and Teheran(Washington, D.C. : USGPO, 1961)

FRUS : 1945 : The Conferences at Malta and Yalta(Washington, D.C. : USGPO, 1955)

Halle, Louis J., *The Cold War as History*(New York : Harper and Row, 1967)

Louis, W. Roger, *Imperialism at Bay*(London : Oxford University Press, 1978)

Stimson, Henry L., *On Active Service in Peace and War*(London : Hutchinson, 1947)

Toynbee, Arnold J., "Korea's Capacity for Independence : Historical Background,"(31 January 1945). UKFO Research Department, Registry No. FO 371/46468X/P05596; 신복룡(역), 『한국분단보고서』(2)(선인출판사, 2023)

3

한반도 분단의 결정 과정
3성조정위원회의 젊은 장교들

> "우리는 박사학위논문을 쓰지 않는다.
> 심사할 사람이 없기 때문이다.
> … 그리고 우리는 논문에 주(註)를 달지 않는다.
> 우리의 글은
> 남의 글을 참고하지 않았다."
>
> ― 로즈 스칼라의 전통
> (Dean Rusk, p. 30)

1900년대 초엽, 생산성이 미덕인 초기 자본주의 사회를 바라보며 많은 기대와 우려에 젖어 있던 학자들 가운데 대표적인 인물이 막스 베버(Max Weber)였다. 그는 자본주의 미래를 포기할 수는 없지만 앞으로 겪을 장애 요인을 예언하면서 『프로테스탄트 윤리와 자본주의의 정신』(1905)을 썼다. 막스 베버는 그 글에서 노동자의 과도한 요구, 훈련되지 않은 자유 의지의 질주, 그리고 자본가의 탐욕이 자본주의의 미래를 어둡게 할 것이라고 예언했다.(Chapt. 1, §2) 그는 특별히 세 번째 사항을 강조하면서 현대사에서 가장 위대하게 살다 간 자본가로 세실 로즈(Cecil J. Rhodes, 1853~1902)를 지칭했다.

1. 젊은 로즈 스칼라들의 야망과 오만

세실 로즈는 영국에서 목사의 아들로 출생하였으나 건강이 좋지 않아 옥스퍼드대학을 졸업한 뒤 습기가 적은 남아프리카로 이주했다. 그는 열렬한 식민지주의자로서 다이아몬드 광산에서 많은 돈을 벌어 한

국가를 건설하여 자기 이름을 따 로디지아(Rhodesia)라 짓고 로즈대학(Rhodes University)을 설립하여 국가에 헌납했다. 국가의 면적이 39만㎢였다. 남한의 4배가 넘는다. 지금은 그 나라를 짐바브웨(Zimbabwe)라 부른다.

로즈는 죽을 때 유산 600만 파운드로 로즈장학재단(Rhodes Scholar Foundation)을 만들어, 영연방과 지난날의 영연방이었던 국가 및 독일에서 뛰어난 젊은이를 뽑아 옥스퍼드대학에 유학시키라는 유언을 남기고 그 경영을 최고의 유태계 은행 가문인 로스차일드(Nathan Rothschild)에게 맡겼다. (1977년까지 여학생은 응모 자격이 없었다) 그를 극찬하는 역사학자들은 그를 "남아프리카의 워싱턴"이라고 부르기도 한다. 물론 로즈에게는 많은 검은 역사도 있다.

미국의 공황기인 1930년대, 야망 찬 젊은이들이 꿈을 안고 로즈 스칼라에 도전했다. 그들 가운데 조지 링컨(George A. Lincoln, 1907~1975), 찰스 본스틸(Charles H. Bonesteel III, 1909~1977), 그리고 딘 러스크(Dean

세실 로즈

Rusk, 1909~1994)가 있었다. 링컨은 1929년에 육군사관학교를 졸업하고 전쟁성 작전국 전략정책팀(Strategy and Policy Group)에 배속되어 마셜(George C. Marshall) 장군의 작전 참모로 일하다가 1929년에서 1933년까지 로즈 스칼라로 옥스퍼드대학에서 철학과 정치경제학을 전공하고 귀국했다.

한국전쟁 당시 8군 사령관을 지낸 테일러(Maxwell D. Taylor) 장군이 회고담에서 링컨은 '미국 역사상 가장 명석한 장군 가운데 하나였다"(Amos A. Jordan(ed.), 1967, p. 6)고 기록한 것을 보면 그가 유능한 군인이었음에 틀림이 없다. 그는 귀국하여 전쟁성 차관 매클로이(John McCloy)의 부관으로 활약하다가 1945년에 준장으로 승진했다.

본스틸은 명문 장군 가문에서 출생하여 이미 소년 시절에 미국에서 가장 촉망 받는 보이스카우트 회원이었다. 육군사관학교를 졸업(1931~1935)한 그는 진득이라는 별명을 얻은 것으로 보아 그의 성격을 미루어 짐작할 수 있다. 그는 육사를 졸업하자 곧 르즈 스칼라로 뽑혀 옥스퍼드대학에 유학했다. 제2차 세계대전 당시에는 유럽전구에서 활약했다.

조지 링컨, 찰스 본스틸, 딘 러스크(왼쪽부터)

조지아주 출신인 러스크는 아일랜드 이민의 후손으로 할머니는 밀가루 포대로 남편의 바지를 지어 입힐 정도로 가난하고 근검했다. 아버지는 목사였으나 목소리에 문제가 생겨 우편배달부로 전업했고 어머니는 교사였다. 러스크는 노스캐롤라이나의 데이빗슨대학(Davidson University)에서 정치학을 전공하며 학군 장교(ROTC) 훈련을 받았다. 미국 동부 최고의 명문인 이 대학은 "가난뱅이의 프린스턴대학"(poor Princeton)이라는 평판을 들었으며 로즈 스칼라를 33명 배출했다는 것을 긍지로 삼고 있었다.

러스크는 1931~1934년에 로즈 장학생이 되어 옥스퍼드대학에서 철학과 정치경제학을 공부했는데 늘 수업이 시작되기 15~20분 앞서 교실에 들어가 교수가 들어오기를 기다렸다. 별명이 엘리야(Elijah)였던 그는 한때 목사가 되고 싶은 생각도 가졌다. 졸업식에서 세실 평화상(Cecil Peace Prize)을 받은 그는 대단한 자부심을 가지고 귀국했다. 귀국한 뒤 러스크는 버클리대학교 로스쿨에서 공부한 다음 밀스 칼리지(Mills College)의 교수로 근무했다.

제2차 세계대전이 일어나자 러스크는 1940년에 대위로 다시 입대하여 인도-버마-중국전구에서 복무하다가 전쟁성으로 전보되어 정보국(G-2)을 창설하고, 작전국 참모과장(Deputy Chief of Staff)으로 활약했다. 이때 그는 윗선으로부터 "인도차이나반도가 중국 북쪽에 있는지 남쪽에 있는지를 알아보는 정도"의 일을 했다고 자신의 회고록(*As I Saw It*, 1990, p. 101)에서 투덜거리고 있다.

스스로 수재라는 자부심을 품고 있던 로즈 스칼라는 박사학위논문을 쓰지 않는 전통이 있었다. 그들의 말에 따르면 "우리의 논문을 심사할 만한 인물이 없기 때문"이었다. 그들은 또한 논문을 써도, 플라톤(Platon)과 아리스토텔레스(Aristoteles)가 그랬듯이, 각주(footnote)를 달지 않았다. "우리는 남의 글을 읽고 그를 참고하여 쓰는 것이 아니라 우리의 창의로 글을 쓰는 것이며, 우리의 주장이 곧 학설"이었다. 그들은 자기들이 "괴벽스럽고 까칠한"(offbeat and eccentric) 인물들임을 잘 알고 있었다.

이들의 위상을 좀 더 알 수 있도록 후일담을 첨가한다면, 링컨은 종전과 더불어 육군사관학교로 돌아가 사회과학부장을 역임했으며, 미국사람으로서는 희한하게도 주변 사람들이 그의 『링컨회갑기념논문집』 (*Issue of National Security in the 1970's : Essays Presented to Colonel George A. Lincoln on His Sixtieth Birthday*, New York : Frederick A. Praeger, Publishers, 1967)을 출판했는데, 전직 대통령 아이젠하워(D. D. Eisenhower)가 장군의 자격으로 기고한 것이 눈길을 끈다. (아이젠하워는 대통령에서 물러난 뒤 지난날의 원수의 격위로 복귀했다.) 링컨이 1975년에 죽었을 때 현직 대통령 포드(Gerald Ford)가 조사(弔辭)를 발표했다

본스틸은 그 뒤 무운을 떨쳐 육군 대장으로 승진하여 1966~1969년에 주한 UN군 사령관 겸 미8군 사령관을 역임한 바로 그 인물이다. 딘 러스크는 한국전쟁 뒤에 록펠러재단 이사장으로 근무하다가 봉급이 1/25로 깎이는 것을 감수하면서 국무장관에 발탁되어 1961년부터 1969년까지 존 F. 케네디와 린든 B. 존슨 대통령 내각에서 8년 동안 "이 세상에서 가장 훌륭한 직업"을 즐겼다. 그 정도의 손실을 감수하면서도 그 자리로 간 것을 보면 그의 권력 의지가 어떠했는지를 알 수 있다.

러스크는 재임 때에도 동네 공동세탁소에 가서 아주머니들과 25센트 동전을 넣으며 세탁했다. 은퇴할 때는 소득세 신고 자료와 지인들의 연락처가 담긴 수첩만 들고 나왔다. 정계에서 은퇴한 뒤에는 조지아대학(Georgia University)에서 강의했다. 그는 부부 가운데 한 사람은 살아남아 자식들을 돌보아야 한다면서 평생 아내와 한 비행기를 타지 않을 만큼 섬세한 사람이었다. (*As I Saw It*, pp. 21~23)

제2차 세계대전이 일어나고 하와이가 피격되자 트루먼(H. Truman) 대통령은 1944년 11월 29일, 전시 작전의 효율과 속도를 높이고자 국무

성(State Department)과 전쟁성(War Department)과 해군성(Navy Department)에서 중견 엘리트 관료를 차출하여 3성조정위원회(State-War-Navy Coordinating Committee)라는 비상 기구를 설립하여 그 첫 글자를 따서 SWNCC(swiŋk)라고 불렀다. 장소는 지금 백악관의 비서실로 쓰고 있는 별채에 두었다.

2. 운명의 1945년 8월 11일 02시

3성조정위원회의 구성을 보면, 위원장은 국무성 대표인 던(James C. Dunn, Acting Secretary of State)이었고, 전쟁성 대표인 매클로이(Assistant Secretary of War), 해군성 대표인 바드(Ralph A. Bard, Under-Secretary of Navy)가 위원이었다. 던은 유럽 외교가에서 잔뼈가 굵은 직업 외교관이었다.

매클로이는 하버드대학 출신으로 지금 CIA의 전신인 해외전략국(OSS)을 창설하고, 국가안보회의(NSC)의 책임을 맡고 있는 실세로서 뛰어난 전략가였다. 바드는 전직 은행가로서 해군성에 투신하여 차관의 직책을 맡고 있는 원폭 전문가였다. 이 협의체가 전시에 필요했던 모임이라는 점을 고려한다면 여기에서 군부의 입김이 강하게 작용했으리라는 것은 충분히 납득할 수 있는 일이다.

세 부서에서 유능한 인재를 차출하다 보니 로즈 스칼라들을 중심으로 3성조정위원회가 조직되었고, 비슷한 시기에 옥스퍼드대학에서 공부한 같은 또래의 링컨과 본스틸과 러스크가 자연스럽게 한자리에 모이게 되었다. 학자로서 편한 길을 갈 수도 있었던 러스크가 군문에 뛰어든 것은 그 나름의 야망이 있었기 때문이었다. 3성조정위원회는 대통령과 가까운 거리에 있으면서 어느 부서보다도 영향력이 큰 조직으로 성장했다.

이제 30대 중반의 청년 장교들은 경륜보다는 투지와 야망, 그리고 조국을 위해 봉사한다는 자부심으로 무장되어 있었기 때문에 하늘처럼 높은 장군이나 사령관을 그리 높이 평가하지도 않아 마찰을 빚는 경우도 있었다. 그러나 그런 마찰과는 관계없이 대통령의 막중한 신뢰를 받으면서 그들은 전쟁의 큰 틀을 짜고 있었다.

한국 문제와 관련하여 그들에게 부여된 명령은 이른바 맥아더 사령부가 수행해야 할「일반 명령 제1호」(General Order No. One)를 작성하는 일이었다. 시국이 그렇다 보니 그들은 사무실에서 기숙했다. 1945년 8월 11일 새벽 2시, 링컨 소장은 책상 위에 다리를 걸치고『뉴욕타임스』(NYT)를 읽고 있었다. 그때 의장인 던으로부터 소련군이 한반도에서 남진한다는 사실과 이에 대한 대응책을 강구하라는 지시를 받았다.

3성조정위원회에서 그린 분할 지도(1945. 8. 11.)

링컨은 다시 본스틸 대령에게 전화를 걸어 서울과 인천이 포함되는 선에서 남북을 분할하여 일본군의 항복을 받을 수 있는 군사상의 분계선을 그으라고 지시했다. 본스틸은 서가를 뒤져 조선의 지도를 찾았으나 마땅한 지도가 없어 고민하다가 『내셔널 지오그래픽』(National Geographic)에서 만든 벽걸이 지도를 보고 30분 동안 궁리 끝에 푸른 잉크로 서울과 인천이 포함되는 38°선을 그어 링컨 소장에게 보고했다.

미국 국무성의 전사(戰史) 학자인 손더스키(Michael C. Sandusky)의 기록에 따르면, 본스틸은 링컨으로부터 지시받고 극동의 지도를 바라보며 38°에서 분할하기로 결심하기까지 "10초의 시간이 걸렸다."(America's Parallel, 1983, p. 226) 그는 허둥대며 급작스러운 작업(crash operation)으로 일을 마치고 이를 링컨에게 보고했다.

이 분할안은 합동참모본부(JCS)와 3성조정위원회를 거쳐 3성(三省) 장관인 번스(James Byrnes) 국무장관, 스팀슨(H. Stimson) 전쟁성 장관, 포리스틸(J. V. Forrestal) 해군성 장관을 거쳐 대통령에게 보고되었으며, 이것이 최종적으로 맥아더 사령관에게 전달되었다. 이상의 기록 가운데 그 복잡하고 방대한 「일반 명령 제1호」의 초안(草案)을 30분 만에 작성했다는 대목이 미덥지 않다. 그토록 중요한 문서가 단시간에 작성되었다는 것은 그것이 이미 사전에 구상되어 있었거나 작성되어 있었음을 의미할 수도 있다.

그런데 러스크는 나와의 서면 인터뷰(1986)와 그의 『회고록』(p. 124)에서도 그날 밤에 벽걸이 지도를 보고 서울과 인천이 포함되는 선을 고민하다가 38°가 눈에 띄어 그 선을 분단선으로 삼았다고 답변했는데, 그것은 사실과 다르다. 왜냐하면 지도에서 보는 바와 같이 문제의 『내셔널 지오그래픽』 지도는 너무 작아 위도(緯度)가 1° 단위로 그려져 있는 것이 아니라 10° 단위로 그려져 있어서 38°선이 나타나 있지 않기 때문이다.

3. 너무 낮게 내려온 분단의 비극성

그렇다면 여기에 하나의 원초적인 의문이 있다. 한반도를 분할하면서 왜 하필이면 38°선이었을까? 분단선이 39°만 되었더라도 김일성(金日成)은 한국전쟁의 개전을 결심하지 못했을 것이기 때문에 이 질문은 중요하다.

이 문제는 1945년 7월의 포츠담 회담까지 거슬러 올라간다. 이 회의에서 수뇌 회담을 마치고 실무 회담(7월 26일)으로 미국의 참모총장 마셜(George C. Marshall)과 소련의 참모총장 안토노프(A. B. Antonov)의 회담이 있었는데 이 회담을 위해 미리 제시된 회의 안건으로 2일 전에 동해안의 해상 작전지역의 기점(起點)으로 38°선이 제시된 바 있다.

이때 마셜은 작전국장 헐(John E. Hull)에게 미국과 소련의 분계선을 검토하도록 지시했고, 이에 따라 헐은 한국 지도를 놓고 검토한 결과 서울과 2대 항구인 부산과 인천이 포함되는 분할선을 구상했다.

인천을 중시한 이유 가운데 하나는 그곳에 미군 포로수용소가 있었기 때문이었다.(Roy E. Appleman, 1961, pp. 2~3) 헐의 부하였던 링컨은 포츠담에 머물면서 헐의 지시에 따라 한반도 분할선의 획정 작업에 참여한 바 있었기 때문에 그가 귀국하여 3성조정위원회의 전쟁성 측 대표로 작업할 당시 헐 국장의 지시를 유념했을 것이다.

이와 같이 38°선의 분할안이 확정되자 합동기획참모국(Joint Planners Staff : JPS)의 가드너(M. B. Gardner) 제독은 39°까지 분할선을 북상시켜야 한다고 주장했고, 40°까지 북상해야 한다는 주장도 제기되었다. 그러나 링컨 소장은 "소련이 그 제안을 받아들이지도 않을 뿐만 아니라 현실적으로 짧은 시간 안에 미군을 38°까지 북진시킬 수도 없다"는 이유를 들어 39°선을 반대했다. 일개 육군 소장의 목소리가 해군 수뇌부의 의견을 압도했다.

이와 같은 과정을 거쳐 분단이 확정된 다음 미국은 소련이 이를 선선히 응낙한 데 놀랐고, 소련은 위도가 그토록 남쪽으로 내려간 데 놀랐다. 사실상 소련군의 남한 진주 계획도에 따르면, 그들은 일본의 나남 19사단과 용산 20사단의 작전 경계선인 38°45′ 이남의 진주를 고려하지 않았다.

그런데 3성조정위원회의 38°선의 배경에 관하여 달리 주장하는 인물이 있다. 당시 국무성 정책기획참모국의 요원이었던 마셜(Charles B. Marshall)이 나와의 면담에서 들려준 증언에 따르면, 포츠담 회담에서 소련의 안토노프 장군과 미국의 마셜 장군이 합의한 작전 관할 영역은 동해에서의 잠수함 작전 영역을 고려하여 북쪽의 사할린과 북부 홋카이도의 중간 지점인 소야해협(宗谷海峽, La Perouse)에서 시작하여 남쪽으로 포물선을 그리고 내려오면서 동해를 지나 한반도 동해안에 닿게 하되 소련은 그 선의 북쪽에서, 미국은 그 남쪽에서 작전을 전개하도록 합의했다는 것이다.

여기에서 중요한 것은 지도의 기하학적 설명이다. 통상적으로 지도를 긋는다면 왼쪽에서 시작하여 오른쪽으로 긋는다. 그러나 38°는 그렇지 않고 동해안에서 그어진 선이 좌향으로 한반도를 지나 서해까지 연장한 것이었다. 따라서 마셜은 러스크가 자신이 분할선을 결정했다고 주장하는 것은 공명심에 지나지 않는 것이며, 아무리 전시라고 할지라도 미국의 그토록 중대한 국가 이익이 두 명의 영관 장교에 의해 결정될 정도로 조직이 허술하지는 않다고 나에게 말했다.

마셜은 위도에 따른 분할은 해상이나 대평원에서나 있을 수 있는 일이며, 육지에서는 강이나 산의 능선 또는 기존의 행정 구역에 따르는 것이 통례라고 주장한다.

38° 분할의 피해 당사자인 우리로서는 회한이 많다. 우리의 의사와 관계없이 도마 위의 생선처럼 잘린 것도 슬프거니와 거기에 투영된 청년 장교들의 오만과 경솔함이 원망스럽다. 역사를 돌아보면 지식을 갖

추지 못한 오만은 무모하고 남에게 상처를 준다. 한국 분단의 과정을 보노라면 그런 느낌이 더욱 가슴에 와 닿는다.

제3장 참고 문헌

신복룡 편, 『한국분단사자료집』(II), (III-2)(원주문화사, 1991)

Appleman, Roy, *U.S.Army in the Korean War : South to the Naktong, North to the Yalu*(Washington, D. C. : OCMH at Department of Army, 1961)

Hoag, C. L., *American Military Government in Korea : War Policy and the First Year of Occupation, 1941-1946*(Washington, D. C. : Unpublished Draft Manuscript, OCMH, Department of Army, 1970); 신복룡·김원덕(옮김), 『한국분단보고서』(1) (선인출판사, 2023)

Jordan, Amos A. (ed), *Issue of National Security in the 1970's : Essays Presented to Colonel George A. Lincoln on His Sixtieth Birthday*(New York : Frederick A. Praeger, 1967)

Rusk, Dean, *As I Saw It*(New York : W. W. Norton, 1990)

Sandusky, Michael C., *America's Parallel*(Alexandria : Old Dominion Press, 1983)

4

신탁 통치 파동
돌아오지 않는 다리

> "미국이 한국을 '계륵'(鷄肋 : hot potato)으로
> 표현한 것과는 달리
> 소련에게 한국은 철갑상어알(caviar)이었다."
>
> ― 타이어(Charles W. Thayer, 1952)

     1921년 7월, 무장 투쟁으로 독립이 이루어질 희망이 없던 암울한 망명 시절, 임시 정부 대통령 이승만(李承晚)은 느닷없이 "한국을 국제연맹의 위임 통치 아래 두고자 한다"는 의견을 미국 대통령 윌슨(W. Wilson)에게 제시했다. 정치적 감각이 발달한 사람이었으니 많이 생각한 일이었고, 지난날 은사였던 윌슨에게 허물없이 보낸 편지였지만 그 파장은 엄청나게 컸다. 통신 시설이 정교하지 않던 그 무렵에 그의 청원은 "이승만이 대한민국을 미국의 위임 통치에 두려고 청원했다"고 부풀려 전달되었다.

 국내외에서 알 만한 위치에 있던 지도자들도 그렇게 알고 그를 탄핵하여 대통령에서 파면했다. (1925) 이승만으로서는 이 사건이 평생 지울 수 없는 한(恨)이 되었으며, 국내 민족주의자들에게는 위임 통치라는 말만 들어도 반민족주의로 들리는 분위기가 형성되었다. 국제연맹이 비록 윌슨의 노력으로 만들어진 것이라고는 하지만 미국조차도 연맹의 회원국이 되지 못한 상황에서 이승만의 처신은 적절하지 않은 것이었지만 사정을 자세히 알아보지도 않고, 정치인에게 사형 선고에 해당하

는 탄핵 파면을 한 김구(金九)에게도 실수가 있었다.

1. 신탁 통치 파동의 시말

흔히들 역사는 그 당시 상황의 필연이었다고 생각한다. 그러면서도 지나간 역사를 파헤치는 중요한 이유는, 그 당시에 여러 가지의 길을 선택할 수 있었음에도 하필이면 가장 비극적이었던 길을 걸은 데 대한 회한(悔恨) 때문이다. 그래서 실패한 역사에 대한 또 다른 가설을 설정해 보는 것은 결코 의미 없는 일만은 아니다. 치욕과 실패의 역사에 담긴 교훈이 후대에 더욱 값진 것이며, "역사란 윤회하는 것"이라는 이론 (Arnold J. Toynbee)이 정확한 것이라면, 더욱 그렇다.

그 한 사례로 해방정국사에서 신탁 통치 문제를 거론하는 것은, 이 사건이 좌우익의 적대 행위의 시발점이었고 이때 남긴 상처는 통일의 가능성을 체념하게 했으며 끝내 분단의 고착화로 가는 원인을 제공했기 때문이다. 찬탁과 반탁의 투쟁은 "돌아오지 않는 다리"의 길목이었다.

1945년 12월 26일, 교회를 다니지 않는 사람이라 하더라도 마음이 느슨해진 크리스마스 다음 날, 모스크바 3상 회의에서 한국에 신탁 통치의 실시를 결정했다는 방송이 흘러나왔다. 미국[J. Byrnes], 소련[V. M. Molotov], 영국[A. Eden]의 외상들이 모인 모스크바 3상 회의에서 거론한 신탁 통치안이 한국에 전달되었을 때 그 내용은 구체적이지도 않은 채, "신탁 통치"라는 용어와 "5년"이라는 기한만이 크게 들렸다. 이틀 뒤에 고등판무관(High Commissioner)이 5년 동안 한국을 통치한다는 사실을 발표하자 한국인들은 정신이 번쩍 드는 충격을 받았다.

그 당시의 국민 정서란 혁명적 격정(Jacobin mentality)이었다. 완전 자주 독립에 대한 조급한 기대감, 이성의 마비와 이로 말미암은 전략의 부재, 억압된 잠재의식의 폭발, 속도 조절의 실패, 적과 동지의 이분법적

인간관계, 지난날의 비극에 대한 추궁과 복수심, 신분 상승에 대한 욕구, 영웅심, 격렬한 몸짓과 웅변, 잃어버린 재산을 되찾고 싶은 욕구, 이러한 현상의 총화로 나타나는 분파주의로 나라는 자제하기 어려운 혼란에 빠져들었다.

군정청 여론조사에 따르면 남한 인구의 92%가 반탁이라는 것이 드러났다. (『동아일보』 1947. 3. 25.) 당시의 표현을 빌리면, 한국인들에게 신탁 통치란 "무례한 친절"이고, "정치적 도살"(屠殺)이며, "국제적 살인"이자 "모욕"이고, "목구멍에 걸린 가시"와 같았다.

2. 스팀슨이라는 인물의 구상

그렇다면 미국은 왜 신탁 통치를 결정했을까? 그 배후에는 필리핀에서의 미국의 경험을 들 수 있다. 루스벨트(FDR) 대통령은 1945년 2월 8일 얄타 회담에서 스탈린(J. Stalin)을 만나 "필리핀에서의 경험에 비추어 보건대 한국의 경우에는 20~30년의 신탁 통치가 필요하다"고 말했다. 그러나 루스벨트의 그와 같은 판단은 그 자신의 결정이 아니라 그 배후에 있던 전쟁성 장관 스팀슨(Henry L. Stimson)의 아이디어에 따른 것이었다. 스팀슨은 하버드대학 로스쿨 출신의 고위 관리로서 제1차 세계대전과 제2차 세계대전을 거치면서 장관직을 수행한 유일한 인물이었다.

스팀슨은 태프트(W. H. Taft) 대통령 내각에서 전쟁성 장관을 역임했고 (1911~1913), 쿨리지(C. Coolidge) 대통령 당시에는 니카라과 내전 조정관을

헨리 스팀슨

역임했으며(1927), 후버(H. C. Hoover) 대통령 내각에서는 국무장관(1929~1933)을 역임했다가 루스벨트에 의해 전시 내각의 전쟁성 장관(1940~1945)으로 다시 기용된 인물이었다. 보필한 대통령이 여섯 명이었을 정도로 관운도 좋은 사람이었다.

국무장관을 지낸 인물이 오랜 시간이 흐른 뒤에 그보다 한 급 아래인 전쟁성 장관을 맡는다는 것은 전시라는 점을 고려하더라도 이례적인 일이었다. 그의 경력 가운데 눈에 띄는 것은 쿨리지 대통령 내각에서 3년 동안(1927~1929) 필리핀 총독을 역임했다는 사실이었다. 그는 미국의 역사에서 식민지에 대한 경험과 이론을 갖춘 흔치 않은 인물이었다. 그뿐만 아니라 스팀슨은 루스벨트의 지령에 따라 핵 개발에 깊숙이 관여한 무기 전문가였다. 그가 종전 무렵 전쟁성 장관을 지낼 때 미국의 병력은 1,300만 명이었고 국방비는 예산의 1/3을 차지했는데, 이는 미국 역사에서 가장 높은 수치였다. 그는 대일 전투의 강경한 매파였다.

1944~1945년에 이미 연간 200만 톤의 폭탄을 일본에 투하한 바 있을 뿐만 아니라, 1944년 11월 24일에 도쿄 근교에 대한 B-29 111대의 폭격이 결코 원폭 피해에 못지않았음에도 불구하고 일본이 항복하지 않았다는 사실은 미국이 과연 무력으로 일본을 항복시킬 수 있을까 하는 의심에 사로잡히게 했다. 그러던 터에 트루먼이 포츠담 회담을 마친 뒤 아우구스타(Augusta)호를 타고 귀국하던 8월 6일 육군 전략공군단 스파츠(Carl Spaatz) 장군이 히로시마(廣島) 조선소에 원폭을 투하했다. 그리고 예상치 않게 일본이 쉽게 항복하자 미국은 한반도를 4대국이 나누어 지배하려던 구상을 둘이 나누어 지배하는 것으로 바꾸었다.

소련의 입장은 복잡하고 음험했다. 루스벨트는 일본의 붕괴, 프랑스와 영국의 쇠퇴로 말미암아 생기게 될 힘의 공백을 미국이 홀로 채울 수 없는 상황에서 미국보다 "한 수 아래"인 소련을 전후의 동반자로 고무시키려고 노력했다. 한국은 미국이 소련에 줄 수 있는 당근이었다. 그러나 미국은 "기다리는 게임"에서 소련에 지고 있었다. 미국이 한국을 "계륵"(鷄肋 : hot potato, *FRUS : 1947*, Vol. VI, p. 637)으로 표현한 것과는 달리 소련에게 한국은 철갑상어알(caviar : Charles W. Thayer, 1952, *passim*)이었다.

당시의 정황으로 미루어 볼 때 한국의 신탁 통치는 처음부터 안 될 일이라는 점을 소련은 잘 알고 있었다. 그러면서도 소련이 신탁 통치를 묵인한 것은 종전과 더불어 북한에서의 신속한 소비에트화를 자신했기 때문이었다. 그러다가 남한에서 강대국에 대한 비난이 강렬하게 들끓자 소련은 자신이 의미했던 것은 신탁 통치가 아니라 "지원"을 의미하는 것이라고 해명했다.

영국의 입장은 더 교활했다. 극동에서 영국의 이익에 도움이 될 수만 있다면 한국이 중국의 종속국이 되든, 일본의 식민지가 되든, 소련의 먹이가 되든, 그것은 그리 중요한 것이 아니었다. 이 석양의 늙은 제국은 양자강(揚子江) 남쪽에서 자신의 이익만 챙길 수 있으면 그것으로 충분했다. 따라서 전후 처리 문제를 논의하는 회의석상에서 영국 외무성 극동국의 훌드(L. H. Fould)가 "한국은 영국 왕실 근위병의 유골만 한 가치도 없는 나라"라고 거침없이 말했다. ("Fould to S. Bennett"[24 July 1945], *Korea*, UKFO Research Department)

중국은 애초 한국의 신탁 통치를 바라지 않았다. 한국인들로서는 불쾌한 일이지만, 그들은 한국을 "품 안의 자식"처럼 생각했다. 그러나 중국은 국제무대에서 한국의 입장을 대변할 만큼 여유롭지 않았다. 장개석(蔣介石)은 처음에 4대 강국의 하나로 카이로에 참석했다는 사실만으로도 과분했고 즐거운 일이었지만 내전의 상황이 그러한 즐거움을 빼앗아 갔다. 그는 국공내전에서 자신을 도와줄 수 있는 미국의 비위를 건드릴 입장이 아니었으며, 그나마 나중에는 불러주지도 않았다.

3. 한 병 안에 든 전갈들처럼 싸우다

한반도에 5년 동안 신탁 통치를 한다는 뉴스가 들어왔을 때 국내 정치 세력들은 폭탄을 맞은 것처럼 혼란에 빠졌다. 그 가운데에서도 김구(金九)의 행동과 언어가 가장 격렬했다. 그의 논리에 따르면, 신탁 통치는 독립을 염원하는 한국인들의 의지에 배치될 뿐만 아니라 제2차 세계 대전 동안 제시된 미국의 공약과 다르고, UN 헌장에 부합하지 않으며, 극동의 평화를 위협한다는 것이었다. (RG 332, Boxes 29 & 65, WNRC) 26년 동안 바람결에 밥을 먹고 이슬에 잠잔[風餐露宿] 원로 애국지사로서는 충분히 그렇게 주장할 만한 사안이었다.

1945년 12월 29일, 김구는 임정 동지들을 모아 놓고 반탁 운동을 독려하면서 미국과 소련의 군정에서 일하는 관리들이 사임하고 국민적 파업을 실행할 것을 요청했다. 미국이 그를 "민간인"으로 생각한 것과는 달리 그는 아직 자신이 임정의 수반이라는 소명감에 젖어 있었다. 이러한 견해 차이가 김구와 미군정의 관계를 어렵게 만들었다.

김구가 질주하자 미국은 그가 쿠데타를 일으키려는 것으로 인식했고 그를 꺾어야 한다고 판단했다. 하지(John R. Hodge)는 김구를 잡아다가 짓이겨(crush) 놓았다. 이에 대하여 김구는 하지에게 모든 요원과 함께 한국을 떠나지 않으면 자신이 자살하겠다고 응수했고, 하지는 김구에게 "당신이 나를 배신하면 죽여 버리겠다"고 말했다. (C. L. Hoag, 1970, p. 291)

같은 우익이면서도 이승만의 입장은 미묘했다. 그는 독립촉성중앙협의회[獨促]를 통하여 "하지는 신탁 통치라는 무거운 멍에로 우리를 구속하고 있고, 미국과 소련은 우리를 노예로 만들려는 음모를 꾸미고 있다"고 비난하는 등 반탁의 입장에 선 것은 사실이지만, 우익을 결속시키려는 수단으로 신탁 통치의 문제를 이용했다. 그는 김구를 중심으로 반탁이 전개되는 정국에서 자신의 입지가 위축되는 위기를 느끼고 있었다. 이승만은 반탁 운동을 전개함으로써 애국심을 과시하는 기회로 삼고자 했다.

신탁 통치 논쟁에서 태풍의 눈은 박헌영(朴憲永)이었다. 그의 계산은 우왕좌왕했다. 12월 30일까지만 해도 박헌영은 반탁의 견해를 분명히 밝혔다. 그러다가 이듬해 1월 2일이 되자 조선공산당을 필두로 좌익들은 일제히 찬탁으로 돌아섰다. 모스크바 3상 결정은 민주주의 발전에서 또 한 걸음의 진보라고 그는 설명했다. 또한 러시아어판의 모스크바 결정문에 따르면, 한국에 실시되는 것은 신탁 통치(Trusteeship)가 아니라 한국민의 정치적·경제적·사회적 발전을 돕고 지원하는 것(Опека, opeka)이라고 그는 설명했다.

신탁 통치 반대 시위대

문제의 핵심은 처음에 반탁을 했던 박헌영이 왜 1946년 새해에 갑자기 찬탁으로 노선을 바꿨는가 하는 점이다. 이 문제를 가장 고민한 인물은 민주주의민족전선[民戰] 사무국장 이강국(李康國)이었다. 그는 "미국으로부터 우리에게 들어온 통신에 오해가 있어 처음에는 반대했었다"고 변명했다. (이강국, 1946, pp. 94~96)

그러나 조선공산당 경기도당의 박일원(朴馹遠)과 소련의 연해주군관구사령부 군사회의 정치국 7호과(대민 담당) 과장으로서 해방 직후에 소련군 치스차코프(Ivan M. Chistiakov) 사령관의 정치 장교였던 메클레르(Gregory K. Mekler) 중좌(중령)와 노동당 대남사업부 부부장이었던 서용규(徐容奎)의 증언에 따르면, 박헌영은 1945년 연말부터 이듬해 정초 이틀 동안 은밀히 평양을 방문하여 찬탁의 지령을 받았다고 한다. (중앙일보 특별취재반, 1992, pp. 106, 188) 박헌영은 평양으로 올라가 "큰형님"(big brother)의 지시를 받고 노선을 바꾼 것이 분명하다. 그들의 증언이 아니더라도 1946년 1월 3일 자로 작성된 조선공산당 북조선분국 책임 비서의 찬탁 지지 지령도 발견되었다.

이때 조선공산당으로서는 더욱 난감한 일이 벌어졌다. 곧 1월 8일 신문 기자회견 석상에서 박헌영은 "조선은 향후 5년 동안 소련 1국의 신탁 통치를 원하며 신탁 통치가 끝난 다음에는 10~20년 동안 소련의 연방으로 존속하기를 희망한다"고 발언한 것이다. (UP, Jan. 15, 1946) 이것으로 남한에서 박헌영의 정치 생명은 끝난 것이나 다름이 없었다. 조선공산당의 찬탁에 대한 역풍은 예상보다 심각했다.

이제는 "레닌(V. Lenin)이 와도 설득이 안 되는 상황"이 벌어졌다. "우리가 읽은 『타스』(TASS) 통신의 소련어판을 보고서야 신탁 통치의 진의를 알았다"느니, 모스크바의 결정은 신탁 통치가 아니라 "협력"이라느니 하는 변명은 공산주의자들의 입장을 점점 더 수렁으로 몰고 갈 뿐이었다. 그가 처음부터 찬탁을 했었더라도 문제가 되었을 터인데 하물며 반탁을 하다가 평양을 다녀온 뒤 찬탁으로 바뀌었으니 어느 모로 보더라도 그의 변신은 합리적이지 않았다.

신탁 통치의 논쟁에는 우리에게 물러설 수 없는 허구가 있다. 신탁 통치 논쟁에서 찬탁은 용공이며, 반탁은 우국적이라는 논리이다. 그러나 그러한 논리가 타당하게 성립되는 것은 아니다. 반탁은 감정에 치우친 결론이며 찬탁은 이론에 입각한 결론이었다는 주장도 합당하지 않다. 찬탁을 했더라면 공산화가 되었을 것이라는 우익의 논리나, 분단을 모면했으리라는 좌익의 주장도 논거가 빈약하다.

찬탁이든 반탁이든 그들은 모두가 이성적이지도 않았으며 우국적이지도 않았다. 그들에게 조국의 운명을 뛰어넘을 투철한 이념이 있었던 것도 아니었다. 그들은 다만 소리(小利)와 향후 자신의 운명이 어찌 될 것인가에 몰두했다. 그들은 가슴과 타산(打算)으로 살았지, 지혜로 살지 않았다. 그들은 격정에 휘말린 민중을 설득하여 찬탁이든 반탁이든 어느 한쪽으로 국론을 통일하도록 노력했어야 한다.

제4장 참고 문헌

『동아일보』 1947. 3. 25.

이강국, 「3상 회담 결정에 대하여」, 『민주주의 조선의 건설』(조선인민보사, 1946)

"Fould to S. Bennett"(24 July 1945), *Korea*, Public Record Office, UKFO Research Department, Registry No. FO 4702/1394/23

FRUS : 1947, Vol. VI, *The Far East*(Washington, D. C. : USGPO, 1976)

Goodrich, Leland M., *Korea : A Study of U.S. Policy in the United Nations*(New York : Council on Foreign Relations, 1956)

Hoag, C. L., *American Military Government in Korea : War Policy and the First Year of Occupation, 1941-1946*(Washington, D. C. : Unpublished Draft Manuscript, OCMH, Department of Army, 1970); 신복룡·김원덕(역), 『한국분단보고서』(1)(선인출판사, 2023)

Thayer, Charles W., *Hands across the Caviar*(Philadelphia : J. B. Lippincott Co., 1952)

Tosh, John, *The Pursuit of History*(London : Longman House, 1991)

Trusteeship : Third Draft, 1945, RG 332, Boxes 29 & 65(Suitland : WNRC); 신복룡·김원덕(역), 「신탁통치보고서」, 『한국분단보고서』(2)(선인출판사, 2023)

U. S. Congress Committee on Foreign Affairs, *Soviet Diplomacy and Negotiating Behavior : Emerging New Context for U.S. Diplomacy,* House Document No. 96-238(Washington, D. C. : Library of Congress, 1979)

UP, Jan. 15, 1946.

5

중도파의 비극적 운명

송진우(宋鎭禹)

> "신의 존재가 영원하듯이
> 조국을 위해 목숨을 바친 사람들도
> 영원할 것입니다."
> ― 페리클레스의 「전몰장병 위령 연설」에서
> (투키디데스, 『펠로폰네소스 전쟁사』 II, § 34~46)

지금으로부터 50여 년 전인 1970년대, 30대인 나는 『전봉준(全琫準) 평전』을 집필하고자 호남 땅을 헤매고 있었다. 시골 버스마저 없던 시절이기는 하지만 "역사가는 현장에 가야 훌륭한 영감을 얻을 수 있다"는 헤로도토스(Herocotus)의 가르침에 따라 전봉준이 태어난 곳에서부터 시작하여 그가 살다가 일생을 마친 곳까지 모두를 답사했다. 그러는 데에 15년의 세월이 흘렀다.

1. 역사가는 현장에 서보아야 한다

전봉준 생애의 최후 장면을 찾아 헤매던 가운데, 나는 그가 전남 장성(長城) 백양사(白羊寺)에서 마지막 이틀 밤을 지낸 다음 순창 피로리에서 관군에게 체포되었다는 기록에 따라 1981년 10월, 초겨울 밤비를 맞으며 백양사를 찾아갔다. 종무 스님을 찾아뵙고 전봉준의 마지막 밤에 관한 흔적이라도 찾고 싶어서 왔노라는 말과 함께 하룻밤을 재워줄 수 있느냐고 말씀드렸더니 그 스님은 퉁명스럽게 대답했다.

"오늘은 신도들의 법회가 있어 재워줄 방은 없고, 전봉준이 마지막 밤을 지낸 곳은 백양사가 아니라 이곳에서 2km 떨어진 백양사의 말사(末寺) 청류암(淸流庵)이니 그곳을 찾아가 보시오."

그나마 청류암 이야기를 들려준 것만으로도 고마웠다. 나는 할 수 없이 이 밤중에 읍내 약수리로 나와 여관 냉방에서 밤을 지새우고, 이튿날 아침에 큰길에 나가 지나가는 촌로에게 전봉준 장군이 마지막 밤을 지냈다는 청류암을 찾아가는 길을 물었더니, 그분이 이렇게 말했다.

"그 이야기라면 건넛마을 가인리(佳仁里)에 사시는 이형옥(李衡玉) 어른을 찾아가 여쭈어보면 자세히 가르쳐 줄 거요."

나는 서둘러 그 어른 댁을 찾아갔더니 마침 댁에 계셨다. 1894년생이셨으니 그 무렵에 벌써 87세의 고령이셨다. 찾아뵌 연유를 말씀드렸더니 한동안 말씀을 못 하다가, 감격스러운 듯 이렇게 말씀하셨다.

"누군가 전봉준 장군의 마지막 행적을 물으러 찾아오는 사람이 있으려나, 기다린 지 70년이 되었다오."

그분은 이제 한 촌로였지만 어린 시절에는 석하(石霞)라는 법명을 받

이형옥(李衡玉) 옹

고 청류암의 승려 생활을 했다고 한다. 그 어른은 몸소 청류암까지 나를 안내하겠다고 하시면서 부서진 우산대를 지팡이 삼아 앞장을 서셨다. 그러나 마음뿐, 300m를 가지 못하고 그 자리에 앉아 더 이상 따라갈 수 없으니 이리저리로 잘 살펴보고 오라고 말씀하시면서, 그곳에는 전봉준 장군의 친필 암각서가 두 곳 있으니 그것도 잘 찾아서 사진도 찍으라고 말씀하셨다.

나는 9순에 가까운 노인을 산중에 남겨두고 칡넝쿨을 헤치며 겨우 청류암을 찾을 수 있었다. 노령산맥 끝자락의 서출동류(西出東流 : 서쪽에서 발원하여 동쪽으로 흘러가는 甘泉水)의 명당에 자리 잡은 청류암은 참으로 명승지였다. 나는 사진을 찍고 노인 걱정에 서둘러 내려와 함께 모시고 돌아오면서 많은 증언을 들었다. 혹시 막차를 놓치면 고생할까 걱정스러워 서둘러 작별 인사를 드리고 서울로 올라왔다.

서울에 올라와 전봉준의 암각 글씨 사진을 현상해 보니 그 기쁨이 이루 말할 수 없었다. 그러나 암각 글씨가 있는 줄을 모르고 갔던 터라 탁본을 떠오지 못한 것이 그리 아쉬울 수가 없었다. 그래서 탁본에 능숙한 학생 다섯 명을 데리고 한 달 만에 다시 청류암을 찾아갔다.

이형옥 옹은 이렇게 빨리 다시 만날 줄을 몰랐다며 몹시 기뻐했다. 나는 전봉준 글씨의 탁본을 뜨러 학생 여럿을 데리고 왔다는 말씀과 함께 작업 시간도 걸리고 먼 길에 왔으니 청류암에서 하룻밤을 머물 수 있도록 허락해 달라고 부탁 말씀을 드렸더니, 여부가 있느냐고 하시면서 탁본에 쓸 양동이와 사다리를 빌려 주셨다. 내가 일행과 함께 청류암으로 올라가는데 이형옥 어른이 내 뒤꼭지를 향하여 이렇게 말씀하셨다.

"잠은 오른쪽 끝 방에서 주무시구려."

나는 그 방이 좀 더 깨끗하고 따뜻해서 하시는 말씀이려니 생각하고 별 뜻 없이 여기면서 그러겠노라고 대답하고 청류암으로 올라갔다. 절벽에 전봉준이 쓴 "청류동"(淸流洞)이라는 글씨와 약수터에 쓴 "남천감로"(南泉甘露)라는 글씨를 탁본한 다음 이튿날 다시 가인리로 내려와 이형옥 선생께 작별의 인사를 드리러 들어갔다.

글씨를 바라보시는 노인의 모습이 그리 감격적일 수가 없었다. 글씨를 다 보신 어른께서 나에게 물으셨다.

"내가 왜 어제 오른쪽 끝 방에서 자라고 말했는지 궁금하지 않쑤?"

내가 연유를 여쭈니 그분이 이렇게 대답하셨다.

"그 방이 바로 고하(古下) 송진우(宋鎭禹) 선생이 망국의 한을 품고 젊은 날에 구국의 방략을 고민하며 공부하시던 방이라우."

나는 깜짝 놀라며, 여쭈었다.

"일부 전기(傳記)에는 고하가 백양사에서 젊은 날에 공부한 적이 있다고 짧게 기록되어 있을 뿐입니다."

"청류암으로 올라가려니 어쩔 수 없이 백양사에 들르기야 했을 것이고 청류암이 백양사의 말사였으니 하기 쉬운 말로 백양사에서 공부했다고 말했겠지만, 고하가 백양사에서 공부한 적은 없고 바로 그 청류암이 청년 시절 그의 마음의 고향이었다우."

"그렇다면 그때가 어느 무렵이었습니까?"

"을사조약이 체결된 직후였으니까 아마 1906년 초가 아니었던가 생각되우. 그때 내 나이가 열세 살이었고 선생의 나이가 열일곱 살 무렵이

청류암

었을 거요. 내가 시봉(侍奉)을 했다우."

2. 청류암의 추억

이형옥 선생의 증언에 따르면 고하는 그리 오래 청류암에 머문 것은 아니었다고 한다. 청류암의 동자승으로 12년의 세월이 지난 1921년 무렵에 이형옥 선생은 일본으로 유학하여 메이지대학(明治大學)에서 공부하다가 곧 청류암으로 돌아와 다시 승려 생활을 시작했다.

그 무렵 건장한 청년이 된 고하가 청류암을 다시 찾아왔는데 몇몇 젊은이들을 데리고 왔다고 한다. 그들은 요사채 한 방을 빌려 비분강개한 목소리로 조국의 미래를 토론했는데 요즘 말로 하자면 수련회를 왔던 것이 아닌가 여겨진다. 그 뒤에도 고하는 몇 번 더 청류암을 찾아왔다고 한다.

그러던 어느 해에는 한 헌헌장부가 청류암으로 고하를 찾아왔더란다. 둘이 어찌나 반가워하던지 얼싸안고 방으로 들어가 밤늦도록 이야기를 나누었다. 이형옥 선생이 물심부름이랑 이런저런 일로 들락거리며 두 분이 말씀하시는 것을 들어보니, "망국" "독립" "청년 학생" "교육" 그리고 "학교가 잘 되어야 할 텐데…"라는 이야기들이 오고 가는데, 이런저런 말끝에 고하가 그 손님에게 말했다.

"앞으로 장 군(張君)이 할 일이 많소"
나는 귀가 번쩍 뜨여,
"그 장 군이라는 분은 누구시던가요?"
"그 손님이 하산한 다음에 누구인가 여쭤봤더니 설산(雪山) 장덕수(張德秀)

고하 송진우

선생입디다."

이 심산유곡의 청류암에 한국 현대사의 이런 비화도 있었나 싶어 나는 가슴이 먹먹했다. 작별 인사를 마치고 돌아서는데 이형옥 선생께서 논두렁에서 우산대 지팡이에 의지한 채 내 뒤에 대고 이렇게 말씀하셨다.

"이 이야기가 세상에 기록으로 남을 수 있도록 신 박사가 글을 써주시구려."

이상의 이야기를 모자이크로 짜 맞추어 보면, 고하는 젊은 날에 나라 잃은 설움을 견디기 어려울 때면 청류암을 찾아와 마음을 추슬렀던 것으로 보인다. 그가 얼마나 불심(佛心)이 깊었는지 여부는 내가 알 수 없으나 이곳이 그의 마음의 의지처였던 것은 사실인 듯하다. 아울러 장덕수가 미국에서 박사학위를 받고 귀국한 것이 1934년이니까 그가 고하를 찾아간 시기도 그 무렵 어느 때일 것으로 생각된다. 학교 걱정을 한 것은 아마도 보성전문학교(普成專門學校)의 운영과 교수직으로 가는 문제를 언급한 것으로 보인다.

그 무렵 이미 고하는 이웃 마을에 살았던 청년들, 이를테면 자신보다 한 살 아래인 인촌(仁村) 김성수(金性洙)와 한 살 위인 근촌(芹村) 백관수(白寬洙), 그리고 세 살 위인 가인(街人) 김병로(金炳魯)와 또한 자별한 사이였으니 그들도 청류암에 왕래가 있지 않았을까 추정된다.

3. 해방정국에서의 한민당

한국 민족운동사에서 차지하는 『동아일보』, 보성전문학교, 그리고 그 당시로서는 생각하지 않았겠지만, 뒷날 해방정국을 주도한 한민당의 뿌리는 그 무렵 청류암 멤버들이 주축이 아니었던가, 나는 생각하고 있다. 역사란 "실제로 있었던 사건의 기록"(History is a record of what really happened)인데, 혹시 고하의 생애나 사상을 글로 남기고자 하는 후학들이 있다면 그의 "청류암 시절"을 꼭 유념하여 역사의 공백기를 채워 주기 바란다.

고하의 생애를 논의하면서 해방정국에서 신탁 통치 파동과 고하, 그리고 그 무렵 이 땅에서 온건파 중도 노선으로 산다는 것이 얼마나 힘들고 위험했는가에 관한 이야기를 빼어놓을 수 없다. 잘 알려진 바와 같이, 1945년 12월 26일 모스크바 3상 회의에서 한국에 5년에 걸친 신탁 통치를 결의하고 그 소식이 한국에 알려진 것은 12월 27일이었다.

그러나 27일에 한국의 정치인들은 그 결의를 분명히 이해하지 못한 상태에서 하루 동안 어수선한 분위기에서 우왕좌왕하다가, 28일에 이르러서야 김구(金九)를 필두로 한 임정 세력과 국내파 민족진영 그리고 좌익의 대표들이 경교장(京橋莊)에 모여 반탁 투쟁을 결의했다. 여기에서 좌익도 처음에는 신탁 통치 반대 노선을 분명히 했다.(『동아일보』 1945. 12. 30.)

경교장의 모임에는 고하도 참석했다. 누구도 반탁에 대한 이의를 제기할 수 없을 정도로 분위기는 격앙되어 있었다. 그런 상황에서 오직 고하만이 이렇게 말했다.

"원론적으로 신탁 통치를 반대하지만, 아직 모스크바 3상 회의의 결정문을 읽어보지도 못한 상황에서 이와 같은 흥분된 방법으로 회의를 이끌어가는 것은 미국과 군정을 적으로 몰 수 있으므로 좀 더 냉정하게 사태를 논의합시다."

그러나 그의 그런 의견은 분노의 고성이 오가는 분위기에서 아무런 호소력이 없었다. 그리고 이튿날이 되자 서울의 정가에서는 고하가 신탁 통치에 찬성했다는 소문이 나돌기 시작했다. 후세의 역사가들이 안타깝게 회한을 느끼는 점은 바로 고하와 같은 신중한 지식인들, 이를테면 정치적 노선으로 볼 때 온건 중도 노선의 지도자들에게는 설 땅이 없고 오히려 광야에 홀로 선 사람처럼 외롭게 소신을 지탱하다가 끝내 비운을 겪어야 했다는 것이다.

바라다트(Leon P. Baradat) 이론에 따르면, 이데올로기의 유형으로 볼 때 중도 온건은 이념이 아니라 기질(氣質, temper)의 문제라고 한다. 그들은 질주하지도 않고 고함치지 않으며 극단에 치우치지 않고 중용(中庸)을 지키는 성품의 인물이라고 한다. 그렇다고 해서 그들에게 주관적인 생각이 없는 것도 아니었다. 냉철한 현실 인식과 탄탄한 논리, 그리고 자신의 신념에 대한 확신을 가졌다는 점에서 그들은 그 시대의 중심적 가치를 가진 사람들이었다.

그럼에도 불구하고 그들에게는 자기 지탱력이라는 점에서 몇 가지 약점을 가지고 있었다. 온건파들은 대중에 대한 낯가림이 심하며, 그로 말미암아 그들을 적극적으로 설득하고자 다가가는 의지를 선천적으로 가지고 있지 못했으며, 자신을 보호하는 능력, 이를테면 살아남는 지혜라는 점에서 소홀했다.

4. 이 땅에서 중도파로 산다는 것

그런 점에서는 설산이나 김규식(金奎植)의 경우에도 마찬가지였다. 그 시대는 참으로 위험했다. 격동기에는 사회적 모순의 총화(總和)로 나타나는 분파주의 등 개인적으로나 집단적으로 자제하기 어려운 혼란에 빠질 수 있다. 이럴 경우에 정치인에게는 순교자적 애국심 못지않게 살아남는 지혜가 필요했지만, 그들은 이 점을 소홀히 했다. 그것은 방심일 수도 있고 순진함일 수도 있다. 몽양(夢陽)의 경우에는 아마도 인간적인 오만이었을 것이다.

우리는 해방정국의 갈등을 설명하면서 좌우익의 갈등이 비극을 낳았다고 말하지만 나는 생각이 좀 다르다. 내가 주목하는 것은 좌익 내부의 갈등과 우익 내부의 갈등이 좌우익 사이의 갈등보다 더 심각했고 더 적의(敵意)에 차 있었으며 잔혹했는데, 이것이 오히려 해방정국을 더욱 비극의 길로 돌아갔다는 점이다. 몽양의 경우를 제외한다면 해방정국의 희생자들 가운데 대부분은 이념이 다른 적대 세력의 손에 희생된 것이 아니라, 우익은 우익의 손에 죽었고 좌익은 좌익의 손에 죽었다.

왜 이런 일이 일어났을까? 그 이유는 간단하다. 같은 이데올로기 집단 안에서도 중도 온건 노선을 배신이나 변절 또는 기회주의자로 보려는 극단적 도그마와 성숙하지 않은 이념에 사로잡혀 있었기 때문이었다. 이런 점에서 해방정국에서 이념이나 노선의 문제는 당사자들이나 후세의 사가들에 의해 과장된 것이라고 나는 생각한다. 그러므로 난마와 같은 해방정국에서 "신탁 통치의 문제를 가슴으로만 생각하지 말고 냉정과 이성으로 지혜롭게 고민하자"고 주장하던 고하나 설산이나 몽양은 좌우의 십자포화로 말미암아 희생되었다.

신탁 통치 파동이 일어난 지 단 이틀 만인 12월 30일 새벽에 진상을 알아보거나 당사자에게 소명의 기회도 주어지지 않은 채 고하가 흉탄에 쓰러진 것은, 그 시대의 정서가 이성이나 우국적 고민보다는 얼마나 성급하고 충동적이었으며 광기와 무지에 사로잡혀 있었던가를 잘 보여주는 사실이다.

그뿐만 아니라 이 땅에 중도 온건파가 설 자리가 없었다는 점이 그 뒤의 비극, 곧 분단과 전쟁으로 이어졌다. 어느 시대의 역사를 보더라도 온건 중도파가 박해받는 사회의 말로는 비극적이었다. 그를 죽인 자객들의 논리에 따르면 "반탁의 반대는 찬탁"이라는 것이었지만 그 논리는 맞지 않는 것이다.

그때로부터 80년의 세월이 흘렀다. 그 시간은 길 수도 있고, 짧을 수도 있다. 그러나 내가 공부한 바에 따르면, 역사가 진보하기에는 80년의 세월이 그리 길지 않았다. 아시다시피 그때의 갈등과 모순은 지금의 시대에도 여전히 지속하고 있으며, "역사는 과연 진보하는 것인가?" 하는 회의(懷疑)에 빠질 때가 있다. 그러나 희망을 버리기에는 우리의 과거의 아픈 경험이 너무 아깝다.

역사란 결국 어제보다 오늘이 낫고, 오늘보다 내일이 좋아지리라는 희망의 푯대이다. 다른 나라, 다른 시대였더라면 3세기에 걸칠 비극을 한 세기에 체험한 국가의 원로들이 때로는 후손들을 나무라고 때로는 보듬으면서 이 시대의 분열과 적의(敵意)의 아픔을 극복하는 데 힘써주시기를 바란다. 아울러 이럴 때일수록 고하가 남긴 정치적 유산이 우리에게 남겨준 가르침을 반추해보는 기회가 되기를 진심으로 바란다.

제5장 참고 문헌

김학준, 『고하 송진우 평전』(동아일보사, 1990)
고하선생전기편찬위원회, 『고하 송진우 선생전』(동아일보사, 1965)
『동아일보』1945. 12. 30.
Baradat, Leon P., *Political Ideologies*(Englewood Cliffs : Prentice Hall, 1994); 신복룡 외(옮김), 『현대정치사상사』(평민사, 2005)
Herodotus, *History*.
Thucydides, *The Peloponnesian War*.

증언 :

이형옥(李衡鈺 : 1894년생) : 청류암(淸流庵) 신도, 전남 장성군 북하면 가인리

후기 :
이 장은 송진우 선생 탄생 126주년 기념 추모 강연(국립서울현충원, 2016. 5. 9.)을 이 책의 형식에 맞게 다시 구성한 것임.

6

장덕수(張德秀)의
소설 같은 삶

> "지식인은
> 그 시대의 민중이 앓고 있는
> 열병을 치료해 줄
> 해열제(키니네)의 역할을 해야 한다."
>
> — 니시 아마네(西周)

신탁 통치 논쟁에서 가장 아까운 것은 극우의 반탁과 극좌의 찬탁 사이에서 묻힌 중도파 인물들의 목소리였다. 그 무렵에 미국의 의중과 소련의 동화정책에 대해 최소한의 견식과 국제적 감각을 가진 사람들은 이 문제로 극우와 극좌로 나뉘어 국론이 분열되는 게 결코 국가의 장래를 위해 도움이 되지 않는다는 것을 잘 알고 있었다.

신탁 통치가 발표된 지 사흘 만인 1945년 12월 30일에 동아일보 사장 송진우(宋鎭禹)는 반탁의 견해를 분명히 밝히면서도 "좀 더 고민한 다음에 결정해야 한다"고 말했다는 이유로 첫 희생자가 되었다. 이제 암살은 해방정국에서 '문제를 푸는 한 방법'으로 우익을 유혹했다. 그런 상황에서 더 큰 빌미를 제공한 것이 곧 설산(雪山) 장덕수(張德秀·1894~1947) 암살 사건이다.

1. 불우한 수재의 입신

장덕수는 황해도 재령의 가난한 집안에서 태어났다. 어려서 아버지를 여의고 홀어머니 밑에서 많은 서러움을 겪었다. 그런 신산(辛酸)한 삶에서도 그는 급사(給仕) 등을 지내며 어린 시절을 보내다 1911년 9월 강의 통신문으로 조선총독부에서 시행하는 판임문관시험(判任文官試驗)에 합격하였다. 그러나 그는 임용에 응하지 않고 1912년, 18세의 나이에 일본 와세다대학으로 유학을 떠났다. 그는 전 일본 대학생 웅변대회에서 우승하고 2등으로 대학을 졸업할 정도로 우수했다.

도쿄 유학 시절부터 장덕수는 잘생긴 얼굴에 유려한 언변으로 남녀 모두에게 인기가 높았다. 탁월한 언변에 견주어 말은 늘 신중했다. 어느 사석에서 이 분야를 공부하는 동학(同學)들이 노변 한담을 하다가 "해방정국에서 누가 가장 미남이었나?"라는 논란이 벌어졌다. 내가 숨도 안 쉬고 "백남운(白南雲)이다"라고 대답했더니 곁에 있던 다른 교수가 "장덕수다"라고 주장했다. 나는 그의 주장을 반박하지 않았다. 그럴 수 있다고 생각했기 때문이었다.

일본 유학 시절에 장덕수는 자신의 호를 설산(雪山)이라 지었다. 기독교 신자였으니 부처님이 6년 동안 고행하신 설산에서 따온 것 같지는 않다. "눈밭에 던져진 조국"의 운명이나 아니면 자신의 고난을 그렇게 표현했을 것이다. 이 무렵에 장덕수는 이름의 발음이 중국공산당의 아버지로서 도쿄에 머물던 진독수(陳獨秀)와 비슷하여 공산주의자로 오해를 받는 일이 빈번했다.

3·1운동 당시에는 일본의 2·8선언 책임자와 국내 세력의 연락책을 맡았다가 전남 신안 하의도에서 유형 생활을 했다. 이때 일본의 초청을 받은 여운형이 굳이 장덕수를 통역으로 데려가겠노라

설산 장덕수

고 주장하여 그는 방면되었다. 이때 그는 이미 두각을 나타내고 있었다. 귀국한 그는 26세의 어린 나이(1920)에 『동아일보』 주필을 맡아 탁월한 창간사의 필자로 문명(文名)을 얻었다.

2. 미국서 경제학 박사, 두 번의 사랑

장덕수는 29세의 나이에 미국 유학길에 올랐다. 1936년 그는 컬럼비아대학에서 『영국의 산업화 정책』으로 경제학 박사학위를 받았다. 장덕수는 이때 한 여인을 만났다. 장덕수가 서른두 살, 그 여인이 스물 여섯 살이었다. 우아하고 달덩어리처럼 귀티 있게 생겨 뒷날 스스로 "우월"(又月)이라는 호를 즐겼는데, 아마도 "우월"(優越)의 발음을 빌린 것이 아닌가 싶다. 그 여인은 상처를 안고 있기는 했지만, 장덕수와는 매우 가까운 사이가 되었다. 남들은 그들이 사랑에 빠졌고 곧 결혼할 것으로 생각했다.

그런데 어느 날 그 여학생이 후배라며 한 여학생을 장덕수에게 소개했다. 그 여인은 앞의 여인과 분위기가 전혀 다르게 미모를 갖추고 재치있고 적극적이었으며 장덕수와 같은 서북 출신으로 목사의 딸이었다. 남녀의 사연을 속속들이 알 수 없지만, 결국 장덕수는 그 후배 여인과 결혼했다. 앞의 여인은 상처를 입고 평생을 독신으로 살았다.

한때 우리 사회에 "내 이름을 묻지 마세요"라는 노랫말이 있었다. 먼저 여인은 귀국하여 이화여자대학교 총장이 되었고 뒤에 만나 장덕수의 아내가 된 여인은 경기여자고등학교 교장이 되어 한국 여성 교육의 쌍벽을 이루며 한 시대를 풍미하는 교육자로 후대에 이름을 남겼으니 이름을 물어 무엇하겠는가?

귀국한 장덕수는 곧 보성전문학교 교수가 되어 김성수(金性洙)와 고락을 함께했다. 이때 그는 "학교를 지키기 위한 노력"으로 총독부에 협조했다는 비난을 받았다. 이때 학병 지지를 위해 찾아온 조병창(造兵廠) 책임자 채병덕(蔡秉德) 소좌를 그가 만난 것도 악연이었다. 그와 일본 정부 사이에 어떤 암묵적 동의가 있었다고 사람들은 의심했다. "암묵적 동의"라는 용어를 쓴 것은 『동아일보』가 복간된 지 한 달 만에 언론계의 거물들을 중심으로 하는 시국강연반이 결성되었고 장덕수가 거기에 가담했기 때문이다. (이에 대한 자세산 기술은 제12장 백관수 편에 실려 있다.)

3. 김성수와 함께 한민당 이끌어

그러나 그보다 더 심각한 문제는 1937년 7월 30일 경성군사후원연맹의 창립이었다. 총독 미나미 지로는 지나사변(중일전쟁)의 긴박함을 절감하고 "황군(皇軍)의 사기를 진작하며, 입대자 가족의 취업과 위문·송영(送迎) 행사를 독려한다"는 차원에서 방응모·백관수·오긍선(吳兢善)·장덕수 등 당대 지식인 24명으로 연맹을 구성하니 이에 조선의 유력한 81개 단체가 가담했다. (『동아일보』 1937. 7. 31.) 이에 관해서는 그들도 어떤 할 말이 있었을 것이다. 그러나 그것은 훼절이었음에 틀림없다.

그때 장덕수가 순응해야 했는지 아니면 순국자가 되어야 했는지의 문제는 당사자가 아니면 그 고통을 이해하기 쉽지 않았을 것이다. 차라리 일제시대에 부러지는 아픔을 각오하고 동아일보사가 몰락하는 길을 선택하는 길이 옳았는지, 아니면 살아서 그나마 민족지로 명맥을 유지하는 것이 옳았는지에 대해서는 당사자와 주변인의 인식이 다를 수 있다.

해방과 더불어 장덕수는 김성수와 함께 한민당을 이끌면서 외교부장과 정치부장을 맡았다. 장덕수도 신탁 통치 논쟁의 소용돌이를 피해 갈 수는 없었다. 적과 동지로 나누는 이분법적 선택의 기로에서 그도 당연히 반탁 진영에 서리라고 사람들은 믿었다. 그러나 그는 모스크바 3상

결정을 받아들여야 한다고 주장했다.

　엄밀히 말해 모스크바 의정서를 받아들인다는 것과 신탁 통치를 받아들인다는 것에는 차이가 있었다. 그는 미소공위에 적극 참여하여 민족의 의지를 스스로 밝히고 운명을 결정해야 한다는 뜻으로 그런 말을 했다. 그러나 온혹한 우익적 분위기 속에서 장덕수의 논리는 아무런 반향을 불러일으키지 못했다. 극우의 격정은 그가 찬탁했다고 몰아붙였고, 그런 그를 용서하지 않고 1947년 12월 2일에 사살했다. 그는 쉰세 네 살의 생일을 닷새 앞두고 세상을 떠났다.

　그날따라 눈이 많이 흩날렸다. 자객은 박광옥(朴光玉) 경사였고, 한독당원 김석황(金錫璜), 연희대학교 학생 배희범(裵熙範)·최중하(崔重夏, 崔書勉)·박정덕(朴鼎悳)이 연루되었다.(『동아일보』·『경향신문』1948. 4. 23.) 미국에서 함께 고락을 나눈 한민당 상임위원 허정(許政)은 장덕수가 정부 수립의 중요한 시기에 떠난 것을 애통히 여기며 빈소에서 울먹였다. 남편을 잃은 그의 아내는 눈을 좋아하던 그를 생각하며 제기동의 자택 당호(堂號)를 청설장(聽雪莊)으로 지었다. 눈이 오는 것을 귀로 듣고자 했던 그의 시심(詩心)이 애틋하고 놀랍다. 그는 남편이 건넌방에서 타자기를 치는 환청이 들릴 때면 제바스티안 바흐(J. S. Bach)의 "G선상의 아리아"를 들으며 슬픔을 삭였다. (이경남,『설산 장덕수』, 1991)

　찬탁은 매국이요, 반탁은 애국이라는 논리도 부질없는 소리이다.

4. 누가 장덕수를 죽였나?

　민중이 이성을 잃고 감정적으로 찬탁과 반탁의 소용돌이에 휘말릴 때 지도자들은 그들에게 역사의 갈 길을 옳게 제시해야 할 의무가 있었다. 일본 막부 시대의 지식인 니시 아마네(西周)의 충고처럼 "지식인은 그 시대의 민중이 앓고 있는 열병을 치료해 줄 해열제(키니네)의 역할을 해야" 하는데 당시 해방정국의 지도자들은 그 소명을 감당하지 않았다. 정치인이 민중이 하자는 대로 하다가는 그들과 함께 죽고 그들을 거스르다가는 그들 손에 죽는다는 것이 신탁 통치 파동의 교훈이다.

장덕수의 암살에 대해 군정과 이승만은 김구에게 혐의를 두었다. 한독당원이자 김구의 수족이었던 김석황이 연루되었기 때문이다. 수도경찰청장 장택상(張澤相)은 한독당 요인들을 연행하여 심문하는 한편 그들의 집회를 금지했다. 김구는 1948년 3월 12일과 15일, 두 번 군율재판(軍律裁判, 군법회의)에 소환되어 살인 교사를 집요하게 추궁당했으며(『조선일보』1948. 3. 14.), 그 과정에서 말단 형사로부터 온갖 수모를 겪었다.

지금 일부 김구를 숭모하는 사람은 "이승만이 김구를 죽였다"고 내놓고 말하고 있고, 이에 질세라 이승만 측에서는 "김구가 장덕수와 여운형을 죽인 것"으로 믿고 있다. 이 진실을 밝히기는 그리 쉽지 않다. 그러나 한 가지 분명한 것은 암살의 배후란 본디 희미하며, 이와 같은 갈등과 마찰이 서로에게는 상처를 주며 누군가에겐 기쁨을 줄 수 있다는 사실이다. 여기에서 덮어야 한다.

제6장 참고 문헌

『경향신문』1948. 4. 23.

니시 아마네(西周), 「非學者職分論」, 『明六雜誌：日本思想史ハンドブック』(東京：新書館, 20C8)

『동아일보』1947. 3. 25./ 1948. 4. 23.

이경남, 『설산 장덕수』(동아일보사, 1991)

장택상, 「창랑유고」, 『자유의 혼』(대구: 영남대학교. 1793)

Trusteeship: Third Draft, 1945, RG 332, Boxes 29 & 65(Suitland : WNRC); 「신탁통치보고서」, 선복룡·김원덕(역), 『한국분단보고서』(선인, 2023)

7

미소공동위원회

하지 장군의 꿈과 야망

> "민주주의란 어차피
> 돈(treasure)과 피(blood)와 눈물(tear)로
> 이루어지는 것이므로
> 그것은 한국인이 치러야 할 대가이다."
>
> — 하지(J. Hodge)

　　　　　　　　　꼭 같은 사물을 놓고서도 생각에 따라 실체가 많이 바뀔 수 있다. 한국 현대사의 논쟁 가운데 미소공동위원회가 바로 그렇다. 1945년 12월 26일에 발표된 모스크바 3상 회의의 결정문은 조선에서의 임시 정부의 수립(제1조), 미소공동위원회의 개최(제2조), 신탁 통치의 협의(제3조), 2주일 안에 미소공위의 개최(제4조)로 구성되어 있다. "조선민주주의 임시 정부와 신탁 통치를 협의한다"고 되어 있지 어디에도 신탁 통치를 곧 "실시한다"는 대목이 없다.

　그럼에도 불구하고 한국인들에게는 "5년의 신탁 통치"라는 단어만 크게 들렸다. 그리고 그러한 구상을 내세운 미국에 대한 원망이 분출했다. 이후로 한국의 이념 논쟁은 "미국을 어떻게 인식하느냐?"라는 어이없는 질문의 대답 과정에서 좌우익이 적과 동지로 갈라섰다. 그리고 그 중심에는 하지(John Reed Hodge)라는 한 무장(武將)이 있었다.

1. 고아원 출신에서 육군 대장으로

미국 일리노이주 골콘다(Golconda)라는 마을의 한 고아원에 존(John)이라는 소년이 들어왔다. 1893년 6월 12일에 출생했다는 기록이 있을 뿐 부모가 누구인지, 정작 이름이 무엇인지도 확실하지 않았다. 존(요한)이야 흔한 세례명이라 하지만, 눈에 띄는 것은 그의 중간 이름(middle name)이 Reed(갈대)였는데, 성격이 거칠어서 유순해지기를 바라는 마음에서 그렇게 지었는지 아니면 천성이 본디 유순했는지 이름을 지어준 보모(保姆)의 심중을 알 길이 없다. 성은 하지(Hodge)였다.

성장한 소년은 교사가 되고 싶어 남(南)일리노이사범학교를 졸업했지만, 교사가 되지 않고 다시 일리노이주립대학에 진학하여 건축학을 공부했다. 대학을 마친 그는 군인이 되기로 결심하고, 1917년 포트 셰리단(Fort Sheridan)에 입소하여 학군단(ROTC) 훈련을 마친 다음 소위로 임관되어 제1차 세계대전 당시에는 주로 프랑스와 룩셈부르크에서 활동했다.

종전과 함께 귀국한 하지는 1921년에 미시시피주립대학 학군단 교관으로 군사학을 강의했으며, 육군보병학교(조지아), 육군참모대학(메릴랜드), 육군대학(펜실베이니아), 전술비행학교(앨라배마) 과정을 수료할 만큼 군인으로서의 역량을 키우는 데 노력했다. 그는 1942년에 준장으로, 1944년 필리핀에서 전투할 때 소장으로 진급하여 아메리컬사단(Americal Division)의 사단장으로 부임했다. "아메리컬사단"이라 함은 칼레도니아(Caledonia)에서 미국이 창설한

존 R. 하지 중장

사단이라는 뜻이다.

이때 하지는 남경(南京) 학살의 주역인 일본군 6사단을 격파하고 다치어 상이기장(傷痍記章, Purple Heart)을 받았으며, 1945년에 오키나와에서 중장으로 승진하여 일본군 점령 아래에 있는 도서들의 탈환을 위해 편성된 24군단장이 되었다. 제2차 세계대전이 끝난 뒤에 그는 노스캐롤라이나에 주둔하고 있는 5군단장으로 전보되었다가 한국전쟁 당시에는 육군 3군사령관을 맡았다. 1952년에 대장으로 진급한 그는 육군 지상군사령관을 끝으로 1953년에 퇴역하여 1963년에 워싱턴에서 별세했다.

하지는 전형적인 무골로서 전쟁을 잘 아는 인물이었다. 지휘관으로서의 냉철한 판단력을 갖추고 전선에서 항상 병사들과 행사를 함께 함으로써 부하들의 신임을 받았다. 그는 정글 전투의 권위자였다. 그가 제일 싫어하는 것은 장발(長髮)이어서 자기 머리를 짧게 깎았을 뿐만 아니라 병사들에게도 6cm 이상의 머리 길이를 허락하지 않았다.

하지는 유언비어를 엄중히 경계했으며, 장교는 병사의 이름을 일일이 기억해야 한다고 말했다. 오자(吳子)는 부하의 종기에서 고름을 빨아 충성을 얻어냈지만, 하늘같은 장군이 자신의 이름을 기억하고 있을 때 그 졸병의 기분이 어떠하리라는 것은 알 만하다. 그런 성품으로 그는 "군인 중의 군인"(Soldier's Soldier)이자 "태평양의 패튼"(Patton of the Pacific)이라는 명성을 들었다. 그는 14개의 무공훈장을 받았다.(L. Hoag, 1970, pp. 87~88; 차상철, 1995, pp. 460~461)

2. 한반도로의 진주와 점령

하지는 1945년 9월 9일에 9만 1,800명의 병력을 이끌고 인천에 상륙했다. 하루 앞서 9월 8일에 인천항에 미군의 선발대가 입항하자 미군을 환영하려고 인천보안대원과 조선노동조합원 등이 연합국 깃발을 들고 행진하였다. 이때 질서 유지라는 이유로 일본 경찰이 발포하여 노동조합 위원장 권평근(權平根)과 이석우(李錫雨)가 즉사했고, 중상자와 경상자 10명이 발생했다. 이 사건을 두고 그때나 지금의 좌익들은 "미군이 인천에 상륙하면서 양민을 학살했다"고 비난했다.(小谷益次郎,「仁川撤收誌」, p. 249;『매일신보』1945. 9. 12.)

　항복 문서의 서명은 9월 9일 오후 3시 45분, 총독부 제1회의실에서 거행되었다. 미국 측에서는 7함대 사령관 킨케이드(T. C. Kinkaid) 제독과 하지 중장이 서명했고, 일본 측에서는 총독 아베 노부유키(阿部信行)와 고츠키 요시오(上月良夫) 제17방면군 사령관, 야마구치 기이치(山口儀一) 진해경비사령관이 참석했다. 아베 총독은 육군대신과 총리대신을 지낸 전형적인 무장이어서 하지는 그에게 적대감과 함께 무인으로서의 동류의식을 느꼈던 것으로 보인다. 그러한 사실은 항복 문서에 조인했음에도 불구하고 하지가 여전히 아베 총독에게 직무 수행을 허락한 데에서 잘 나타나고 있다.

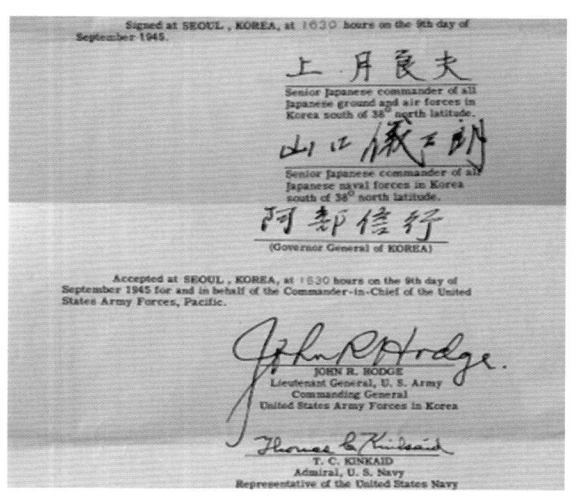

조선 주차 일본군의 항복 문서

아베는 9월 12일이 되어서야 해임되었다. 그는 조선을 떠나면서, "나는 반드시 다시 돌아온다. 조선이 나라 구실을 제대로 하려면 100년이 걸릴 것이다"라는 말을 남겼다는 후일담이 있으나 확인되지는 않는다. 애초 하지는 정부의 인계를 순조롭게 진행하고자 아베 총독을 공직에 그대로 있게 한 다음 어느 정도 시간이 흐른 뒤에 교체하려고 했으나, 한국인의 정서가 이를 허락하지 않았다.

하지의 진주와 점령 정책을 둘러싸고 "소련군은 해방자였고 미군은 점령군이었다"는 주장이 좌파들에 의해 제기된 적이 있으나, 정확히 말하자면 남북한 모두 점령군 사령관(Commanding General of the Occupational Army)이었다. 다만 태평양사령부가 한국의 국민에게 보내는 "포고령 제1호"가 고압적이었고, 북한에 진주한 제25군 사령관 치스차코프(Ivan M. Chistiakov)의 호소문이 노회한 정치군인답게 "우호적"이었기 때문에 나타난 현상이었다. 커밍스(B. Cumings)와 같은 수정주의자들은 하지가 "미숙한 냉전의 전사"(a premature cold warrior)였다고 비난했지만(차상철, p. 460) 강골(强骨)의 군인이 우익적 사고에 젖었다는 것이 허물이 될 수는 없으며, 점령군의 사령관이라고 해서 그가 우리의 적이었다는 논리가 성립되는 것도 아니다.

군정은 당시 한국의 국제법적 지위를 한국이라는 "국가가 존재하지 않았고 국민이 없는 땅(no-man's land)이며 정부가 없는 진공 상태(governmental vacuum)"라고 파악하고 있었다.(Ernst Fraenkel, pp. 2, 8, 신복룡·김원덕(역),『한국분단보고서』(2), p. 435) 이러한 인식에 기초한 미국의 군부는 세련되지 않은 몇 명의 정치 장교들로 한국의 군사적 지배가 가능하리라고 판단했다. 하지는 신생 독립 국가의 점령사령관으로서 국가 창설이라고 하는 역사적 과업에 소명 의식과 선의의 의지를 갖추고 있었던 군인이었지만, 초기의 군정은 많은 문제점을 안고 있었다.

군정이 겪은 가장 큰 애로는 그들이 한국의 실정에 대한 아무런 정보도 가지고 있지 않았다는 점이다. 전쟁성이 작성한 『지리부도 : 한국편』 (*Terrain Handbook : Korea*, 1945)이 전부였고, 한말과 일제 시대에 활약한 선교사들이나 그 자제들만이 한국어를 이해하고 있었다. 군정 요원으로서 뒷날 조지타운대학의 교수가 된 맥도널드(Donald MacDonald)는 "한국에 상륙할 때 도쿄에서 아마도 『브리태니커』라고 기억되는 어느 백과사전에 실린 한국 관계 항목을 얻어 한국으로 오는 비행기에서 읽었다"고 나에게 증언해 주었다.

이 당시의 미국의 대한(對韓) 인식은 70여 년 전의 신미양요(辛未洋擾, 1871)의 그것에 견주어 더 나아진 것이 없었다. 얼마 뒤 한국전쟁 때 출병에 앞서 정훈 교관은 건국한 지 180년밖에 안 된 국가의 장교 주제에 "한국은 미국에 비하여 900년 뒤떨어진 야만국"이라고 일러준 것이 실상이었다. (Bruce Cumings, 1981, p. xxviii) 미국은 "한국이라는 나라야말로 독립할 자격이 없고, 무리하게 독립한다면 한국의 정치 상황은 200년 전으로 되돌아갈 것"이라고 믿고 있었다. 미국의 저명한 기자였던 돈 오버도퍼(Don Oberdorfer)의 기록(*The Two Koreas*, 2001, p. 7)에 따르면, 그들은 일본에 주둔하고 있던 미군들이 두려워하는 단어로서 —*ea*로 끝나는 세 가지가 있는데, diarrho*ea*(설사), gonorrh*ea*(임질), Kor*ea*(한국)가 그것이라고 말했다.

하지가 겪는 어려움은 언어의 장벽에 따른 의사소통의 문제와 이로 말미암은 오해였다. 한국인이 읽을 "포고령"이 일본어로 씌어졌다는 것은 그 당시의 정황을 잘 설명해 준다. 언어의 오해로 빚어진 대표적 사건이 곧 "고양이 파동"이었다. 이 사건의 내막은 일본인이 행정과 산업의 현장에서 모두 떠나고 이에 대치될 만한 인물로는 친일 부역자들밖에 없는 1945년 11월의 상황에서 한국인의 정서를 잘 알고 있던 하지의 고민에서 비롯되었다.

하지로서는 현재의 일본인과, 한국인의 반대편에 서서 일했던 부일 협력 경찰 가운데에서 관리를 선발하는 것이 마음 내키지 않았다. 한국인들은 이러한 부일 협력자들을 일본인과 똑같이 "고양이 같은 종족"(the same breed to cats)으로 여기고 있다고 그는 푸념했다. 정확히 말하면 "한국인들이" 친일파를 고양이처럼 여긴다는 뜻이었다. 그런데 이승만은 "하지 장군이 한국인을 가리켜 일본인과 똑같이 고양이 같은 종족들이라고 말했다"고 비난하면서, "내가 (귀국에서) 빨리 돌아가 하지를 혼내주겠다"고 말했다.

이승만은 귀국하여 진상을 알아본 뒤 와전된 것을 알고 사과했지만, 한번 잘못 전달된 하지의 누명은 쉽게 벗겨지지 않았다.(C. L. Hoag, 1970, p. 187; Mark Gayn, 1848, p. 359) 이때부터 소통의 어려움을 절감한 하지는 영어 사용자를 선호했고, 마침내는 영어를 구사할 수 있는 한민당(韓民黨) 계열을 중용함으로써 이른바 통역정치(government of, for, and by interpreters)라는 오명을 남겼다.

3. 미소공동위원회의 진행

모스크바 3상 회의 결정에 따라서 예비회담(1946. 1. 16.~2. 6.)을 거쳐 미소공동위원회 1차 회의(3. 20.~5. 9.)가 덕수궁에서 열렸다. 미국 측 대표단장인 아널드(A. Arnold) 소장과 소련 대표단장인 슈티코프(T. Shtykov) 상장이 공동 의장을 맡았다. 아널드는 육사 출신으로서 육군 풋볼팀의 센터와 가드로 활약했고 임관해서는 육사 풋볼팀의 코치를 맡았으며, 예일(Yale)대학의 학군단 단장을 거친 엘리트 장성이었다.

회의는 미국의 용맹한 매파와 "총도 쏘아본 적이 없는 소련의 정치 군인"의 지모의 싸움이었다. 젊은 장군 슈티코프는 서른아홉 살의 나이로 열혈한이었고, 아널드는 그보다 열여덟 살이 많은 쉰일곱 살의 노장으로서 주먹으로 탁자를 짚은 채 "내가 겪은 33년의 군대 경험에 따르면…"

이라는 식으로 슈티코프의 기를 죽이려 했다.

그러나 결과적으로 한국에 대한 정책을 수행하면서 미국은 소련에 견주어 세련되지도 못했고 정치적이지도 못했다. 회담은 임시 정부의 구성과 신탁 통치 문제에 대한 협상 대상으로 누구를 초청할 것인가의 문제에 대한 견해 차이를 좁히지 못하고 결렬되었다. 1차 미소공위가 결렬되었을 때 하지는 "운명에 대한 냉소적인 체념"을 느꼈다고 술회했다.

1년여의 휴회 기간(1946. 5. 10.~1947. 5. 20.)을 거쳐 2차 회의(1947. 5. 21.~10. 18.)가 속개했을 때도 미국과 소련은 다시 협상 상대로 초청할 한국의 정당·사회단체의 대표 문제로 격돌했다. "공동 성명 제11호"의 합의에 따라서 협의 대상 단체의 접수가 시작되었다. 남한에서 협상 대상자로 신청한 정당·사회단체들은 모두 463개나 되었으며, 그들이 주장하는 회원 수는 모두 7,000만 명이었다.

당시 한국의 인구는 2,500만 명이었다.(『조선일보』 1947. 7. 13.) 1946년 말 현재 남한의 인구가 1,930만 명이었다는 사실, 그리고 정당·사회단체에 가입할 수 있는 성인 인구가 통상 전체 인구의 40%를 넘지 못한다는 사실을 감안할 때 760만 명의 성인 인구가 가입한 회원 수가 7,000만 명에 이른다는 사실은, 모든 성인이 9번 정당·사회단체에 가입했음을 의미하는 것으로서 비록 허수(虛數)를 고려하더라도 도무지 있을 수 없는 현상이었다. 여기에 여성 참여의 비율이 매우 낮았다는 점을 고려하면 허수의 정도는 다시 두 배로 높아진다.

이러한 과열 현상은 소련이 보기에 우익의 "몸집 불리기" 같았다. 소련 대표단은 모스크바의 결정에 반대하는 사람은 동시에 한국에서의 민주주의도 또한 반대하는 무리이므로 초청 대상에서 배제되어야 한다고 주장했고, 미국은 결사의 자유를 내세우면서 모스크바 결정에 반대했더라도 협상 대상이 될 수 있다고 내세웠는데 이 점에서는 미국의 논리가 허약했다. 그리고 결사의 자유라는 명분만으로 마장동 우시장 대

하지 미군정 사령관(왼쪽)과 슈티코프 미소공동위원회 소련 대표

표까지 나서서 임시 정부의 구성과 통일을 논의하겠다고 우긴 것은 온당한 요구가 아니었다.

이와 같은 분파 상황과 논리를 넘어서는 무리한 요구를 바라보면서 소련이나 미국 모두가 미소공동위원회는 처음부터 되지 않을 일을 위해 애쓰고 있다고 생각했다. 미소공위가 실패한 뒤 하지 중장은 이런 말을 남겼다.

"우리는 영원히 분리된 남한[단정]을 지향하는 일을 할 수도 있을 것이다. 그것은 이미 기정의 사실이다. 나는 소련이 그들의 지역을 매우 강력하게 공산화하고 있기 때문에 우리가 두 지역을 결합할 수 있다고 확신할 수가 없다. 내전을 치르지 않고 두 지역의 결합을 달성하기는 어려운 일이다."(신복룡 (편), 『한국분단사자료집』III-2), 1991, p. 29)

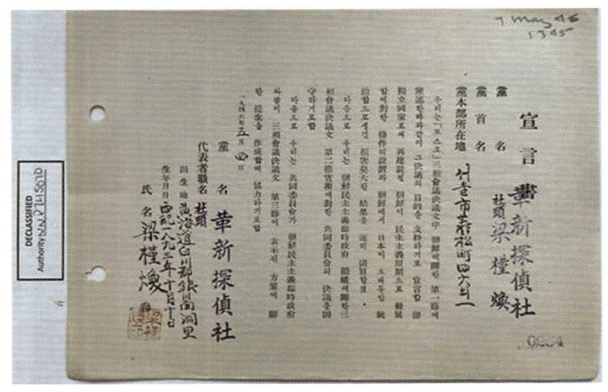

양근환(梁槿煥)의 미소공위 참가 신청서

그는 한국 문제가 이런 방향으로 흘러간다면 한국을 재건하는 어느 단계에서 처절한 피의 대결[동족상잔]이 일어나리라고 확신했다.

4. 누가 판을 깼을까?

애초에 미소공위가 개최되었을 때만 해도 그 주도자나 한국민에게는 일말의 희망과 기대감이 있었을 것이다. 그러나 그 꿈은 이뤄지지 않았다. 우리는 여기에서 이 글의 결론으로 누가 판을 깼는가를 묻지 않을 수 없다.

첫째, 한국인의 자주적 통일 역량, 특히 당시 지도층의 정치적 미숙을 지적하지 않을 수 없다. 당시의 국내 정치 세력은 통일된 임시 정부의 수립을 우선했어야 함에도 불구하고, 이에 대한 거족적 합의를 하지 못했다. 우익들은 미군과 제휴하여 남한에서 장악한 주도권을 고수하고자 자율 정부 수립이라는 명분 아래 신탁 통치 반대를 내세웠으며, 좌파들의 찬탁 진영의 경우는 북한에서 소련군의 후원 아래 장악한 정치 기반을 확대하고자 북한식의 개혁을 남한에도 실시하려 했다.

미소공동위원회 양국 대표들. 왼쪽부터 슈티코프, 하지, 브라운(2차 회의 미국 대표)

둘째, 미소공위의 초청 대상 선정에서 미국은 논리적 무리를 저질렀다. 미국으로서는 소련이 민전(民戰)을 통해 한국을 지배하려는 전략에 자신들이 밀리고 있다고 생각했기 때문에 협상 대상 선정에서 무리한 논리를 펼 수밖에 없었다. 이때는 시기적으로 트루먼 독트린(Truman Doctrine, 1947. 3.)과 맞물려가던 시기였기 때문에 미국이 소련을 적성(敵性)으로 상대했다는 점도 문제를 어렵게 만들었다. 동유럽에서 소련의 팽창주의에 쓰라린 경험을 하고 있었을 뿐만 아니라 북한의 소비에트화 작업이 끝났고 과도 정부를 수립하면 좌익의 승리가 완연한 상황에서, 미국은 위험한 임시 정부의 수립보다는 남한만이라도 반공 정부를 수립하는 것이 유리하다고 판정했다.

셋째, 미국의 정책 수행 과정에서 국무성과 현지의 미군정 사이의 의사소통에 많은 문제점이 있었다. 전체적인 정책 원칙에서 볼 때, 국무성과 군정청이 서로의 입장을 충분히 인식했느냐에 대해서는 의심의 여지가 있다. 적어도 마셜(George Marshall)이 이끌던 시기의 국무성은 미·소의 교섭을 방해할지도 모를 어떠한 행동이나 정책 제시를 회피하고 싶어 했다. 정부의 외교 정책 부서로서 국무성은 한국을 광범위한 세계적 목적에 따라 검토했다. 그러나 군정, 특히 하지 장군은 처음부터 한국 주재 소련 대표를 다루던 경험을 통하여 소련의 목적이 미국과 다르고, 소련이 미국의 목적을 타도하고자 의도적으로 비협조적인 태도를 취하고 있다고 확신했다.

넷째, 소련의 입장에서는 위성 국가의 필요성이 증대함에 따라서 4대국 신탁 통치의 불리함을 감수할 필요가 없었다. 애초 소련은 분할 지배를 공공연히 요구할 수도 없었고 미국의 1국 지배를 방관할 수도 없는 상황에서 이익의 분점(分占, sharing)을 구상했으나, 미국의 우경화와 북한에서의 소비에트화 성공에 자신을 얻어 신탁 통치로부터 분할 점령으로 선회하기 시작했다. 소련으로서는 한국의 통일을 서둘러야 할 이유가 없었다. 그들에게는 1/4에서 1/2의 지분으로 이익이 증가하는 것을 마다할 이유가 없었다.

5. 하지의 역사적 평가

병사들은 자신들을 평안하게 해 준 장군보다 자기들과 고락을 함께한 장군에게 더 애정을 느낀다.(『플루타르코스 영웅전』) 그러한 공적은 정글전 때의 이야기이다. 하지는 한 신생 국가의 창설을 맡았을 때 너무 암담했다. 그는 자신의 조국과 한국을 사랑했으나 군인의 길과 정치인의 길은 다를 수밖에 없었다.

점령사령관 하지의 눈으로 볼 때 유능한 사람은 대부분이 우익이라는 사실은 "서글픈 일"(sad thing)이었다. 이를테면 이승만과 같은 우익의 지도자가 하지를 용공 분자로 몰고 김구(金九)가 비타협적 극우로 정국을 이끌어가고자 하는 모습을 보면서 그는 자신에게 부과된 과업이 이루어질 수 없는 일이라는 비관과 함께 자신을 사령관에서 해임해 달라고 본국 정부에 요청했다. (Paul C. McGrath, 1953, p. 64; 신복룡·김원덕(역), 『한국분단보고서(2), p. 100)

그러나 하지가 한 군인으로서 유능한 인물이었다는 것과 한 신생국의 총독과 같은 점령사령관으로서의 업두 수행 능력에 대한 평가는 달라질 수밖에 없다. 그는 헌신적이고 성실했다. 그는 정글 전쟁의 십자포화에서는 살아날 수 있었음에도, 한국의 좌익과 우익의 십자포화 속에서는 고전을 피할 수가 없었다.

하지는 "자신이 겪어본 인종들 가운데에서 정치적 성향이 가장 심한 민족"인 한국인들을 다루는 일이야말로 그가 일생에 겪었던 "최악의 일"(the worst job)이라고 푸념했다. 그는 한국을 떠나면서 "내가 만약 정부의 명령을 받지 않는 민간인의 신분이었다면 연봉 100만 달러를 준다 해도 그 자리를 맡지 않았을 것"이라고 당시의 심경을 토로했다. ("MacArthur to the JCS"(16 December 1945), *FRUS : 1945*, Vol. VI, p. 1146; Robert Smith, 1952, pp. 96~97)

"하지는 우리에게 누구인가?"라는 처음의 물음으로 돌아가서 살펴본다면, 그는 투철한 무인이었지 행정가는 아니었으며, 맥아더와 같은 정치적 감각을 가진 인물도 아니었다. 그런 점에서 패전국의 식민지를 처리하면서 점령군 사령관을 최고 통치권자로 임명하는 미국식의 군정 통치가 과연 현명한 방법이었는가에 대한 반성이 제기될 수 있다.

한국 해방정국의 문제는 외교관과 개혁가가 다루어야 할 성격의 것이었음에도 불구하고, 미국은 외교 훈련을 받지 못하고 사회 개혁을 불신하는 군인들에게 그 과업을 맡겨버렸다. 그는 군단 참모 회의와 내각 회의를 혼동했다. 지금에 와서 이런 얘기를 한들 무슨 소용이 있을까마는, 한국전쟁이 일어났을 때 미국은 하지를 UN군 사령관으로 임명하는 것이 가장 지혜로운 선택이었을 것이다.

그렇다고 해서 이러한 견해가 하지 개인에 대한 비난이나 책임 추궁으로 돌아가는 것은 문제의 본질을 벗어나는 것이다. 어쨌든 그는 군인으로서 자신의 임무에 충실했고, 신생 독립국가에 대한 연민과 선의의 책임감을 가지고 있는 인물이었음이 틀림없다. 따라서 그를 군림하는 억압자로 평가하는 것은 옳지 않다. 그는 군인으로서 자신에게 맡겨진 직무에 최선을 다했을 뿐이다.

하지와 미군정이 한국사에 남긴 교훈은 무엇일까? 문득 한(漢) 고조(高祖) 유방(劉邦)을 도와 천하를 통일하는 데 공을 세운 책사(策士)로서 대부(大夫)의 지위에 오른 육고(陸賈)의 충고가 생각난다. 한 고조가 제위에 오른 뒤에 자신이 이룩한 무공을 뽐내자 육고는 이렇게 간언했다.

"말을 타고 전쟁터에서 천하를 얻었다 하더라도 어찌 말 위에서 천하를 다스릴 수 있겠습니까?"(馬上得之 寧可以馬上治乎"『사기』「육고열전」)

미국의 정책 결정자들이 이 고사를 읽고 납득했더라면 그들은 과연 한국 문제를 어떻게 처리했을까 하는 여운이 남는다.

제7장 참고 문헌

『사기』「육고(陸賈)열전」

신복룡(편), 『한국분단사자료집』(II), (III-2)(원주둔화사, 1991)

신복룡·김원덕(역), 『한국분단보고서』(2)(선인, 2023)

『조선일보』1947. 7. 13.

차상철, 「존 하지(John R. Hodge)와 미군정 3년」, 『東方學志』(89/90)(연세대학교 국학연구원, 1995)

Cumings, Bruce, *The Origins of the Korean War*, I(Princetor : Princeton University Press, 1981)

Oberdorfer, Don, *The Two Koreas*(New York : Basic Books, 2001)

Fraenkel, Ernst, "Structure of United States Army Military Government"(22 May 1948), RG 332, Box 21(WNRC); 신복룡·김원덕(옮김), 『한국분단보고서』(2)(선인, 2003)

FRUS : 1945, Vol. VI, *The British Commonwealth, The Far East*(Washington, D. C. : USGPO, 1969)

Gayn, Mark, *Japan Diary*(New York : William Sloane Associates, 1948)

Hoag, C. L., *American Military Government in Korea : War Policy and the First Year of Occupation, 1941-1946*(Unpublished Draft Manuscript, OCMH, Department of Army, 1970); 신복룡·김원덕(옮김), 『한국분단보고서』(1)(선인, 1992)

McGrath, Paul C., *U.S. Army in the Korean Conflict*(Suitland : WNRC, 1953, Unpublished Manuscript, RG 407); 신복룡·김원덕(옮김), 『한국분단보고서』(2)(선인, 2003)

Smith, Robert, *MacArthur in Korea : The Naked Emperor*(New York : Simon and Schuster, 1982)

Terrain Handbook : Korea(Washington, D. C. : Military Intelligence Division, War Department, 1945)

8

여운형과 김규식의 꿈과 좌절(1)

일제 시대와 해방정국

"여운형은 대단한 능력의 소유자이다."

— 하지 사령관

"여운형은 죽어 마땅하다."

— 김창숙

1. 간고했던 소년 김규식

1886년 어느 녘에, 미국인 선교사 언더우드(Horace G. Underwood)가 경영하는 고아원에 한 남자가 자기의 조카라며 대여섯 살 된 아이를 데리고 와 맡아줄 수 없느냐고 애원했다. 아이는 작고 이미 병색이 짙었다. 그러나 고아원의 규칙에 따르면 4세 아래 어린이만 받을 수 있어 그 아이는 거절당하고 돌아갔다. 며칠이 지나 언더우드는 그 아이의 병이 깊어졌다는 말을 듣고 수소문하여 찾아보니 이미 몸이 말이 아니었다. 그는 아이를 고아원으로 데려와 병을 간호하고, 규칙에 맞지 않지만, 그 아이를 맡아 키우기로 했다. 아이의 이름을 요한(John)이라 짓고 키워보니 머리가 명석했다.

그는 본디 가난하고 병든 고아가 아니었다. 아이의 이름은 김규식(金奎植)으로 기록에는 1881년생으로 되어 있었다. 그의 아버지는 동래부(東萊府)에 근무하던 김지성(金智性)이라는 유생이었는데, 개항을 반대하는 상소를 올렸다가 유배를 간 탓에 소년은 느닷없이 고아가 된 것이었다. 김지성의 생애를 연구한 정병준(鄭秉峻, 이화여대)의 논문 「김규식의 부친 김용원(金鏞元)의 가계와 생애」(『한국근현대사연구』, (73) 2016)에 따르면, 김지성의 이름은 김용원으로서 본디 도화서(圖畵署)의 화원(畵員)이었는데 수신사를 따라 일본에 갔다가 금은세공과 사진술을 배워 온 지식인이었다.

인생을 살면서 가장 큰 행운은 의인을 만나는 것인데 김규식과 언더우드의 만남이 바로 그런 것이었다. 언더우드는 총명한 소년을 몹시 사랑했고 그의 장래를 생각하여 미국 버지니아에 있는 로어노크(Roanoke) 대학에 유학을 보냈다. 그는 이때 의친왕(義親王) 이강공(李堈公)과 함께 공부했다. 김규식은 1903년에 그 학교를 3등으로 졸업하면서 영예로운 졸업생 연설을 했다. 1904년에 귀국한 김규식은 언더우드의 곁에 머물면서 새문안교회의 집사와 YMCA의 교사로 믿음의 생활을 했다.

2. 해방정국의 풍운아 여운형

장수한 사람의 일생을 살펴보면, 하루에 만나서 말을 걸어본 사람이 7세 이전에는 5명, 학생 시절 20년 동안에는 20명, 청장년기 40년 동안에는 30명, 은퇴한 뒤 15년 동안의 노년에는 5명 정도 된다. 그러면 한 생애 80년 동안에 60만 명 정도와 말을 나누는데, 대부분은 부모·부부·친구·동료·자식과 중복된다. 국회의원에 출마해 시장통에서 악수한 것을 빼면, 우리가 일생에 인연을 맺는 사람은 5,000명 남짓이다.

그들 가운데에는 처음 만나 인상 좋고, 어쩌면 내 편이 될 것만 같고, 함께 가고 싶은 사람이 흔치 않지만, 가끔은 있다. 인품 좋고, 부티 나고, 말 통하고, 언변 좋고, 사회적 위치도 번듯하고, 인상도 좋은 사람을 만나는 것은 행운이다. 한국의 현대사에 그런 인물이 있었느냐고 묻는다면 나는 여운형(呂運亨)을 꼽고 싶다. 그는 경기도 양평 대지주의 아들로서 인물 좋고, 언변 좋고, 인상 좋고, 호감 가는 인상에 사람을 끄는 매력이 있었다. 신언서판(身言書判)에 빠질 것이 없었다.

그런데 그렇게 인상 좋은 사람을 겪어보고 나면, 그 사람은 나에게만 그런 것이 아니라 모든 사람에게 비슷한 인상을 주고 있다. 이것은 큰 미덕이며 장점이 될 수 있으나 그가 어느 순간에 그 인상 좋던 내 친구인지 아니면 이제는 내 적군의 동지인지 구분이 잘되지 않는 때가 온다. 그는 자신이 그 '포커판의 조커'라고 생각할지 모르지만, 그에게는 그때가 바로 가장 위험한 시기이다. 그때는 어디에서 총알이 날아올지 모른다. 여운형이 바로 그랬다.

여운형은 1886년, 경기도 양평의 몰락한 지주의 아들로 태어났다. 어머니가 용이 하늘로 올라가는 태몽을 꾸었다 하여 소년은 훗날 호를 몽양(夢陽)이라 지었다. 태몽이란 아이에 대한 어머니의 소망이 회상성 기억 조작(retrospective falsification : 사실이 아니었음에도 그랬으면 좋았을 것이라는 회상에 오래 젖다 보면 실제로 그랬던 것처럼 기억이 고정되는 심리 현상)으로 나타나는 경우도 있다. 어머니는 성격이 엄격하고 담대한 분이었으며 호승심(好勝心)이 남다르게 강했다. 부친은 전형적인 소론(少論) 가문의 양반으로 조부의 형제와 부친의 형제가 모두 동학도(東學徒)였다.(이만규, 1947, pp. 2~5)

인간은 자기의 의사와 관계없이 이어지는 운명적인 존재다. 여기에서 운명이라 함은 불가(佛家)의 표현으로는 인연이며, 달리 말하면 "만남"이다. 인간의 운명을 결정하는 만남은 첫째가 부모이고, 둘째는 저학년 때의 담임선생님이고, 셋째는 청소년기에 학교에서 만난 또래(친구)이다.(Sidney Verba, 1969) 이러한 만남은 나의 선택 사항이 아니었다. 여운형의 경우에, 부모를 잘 만난 것, 배재학당에 입학한 것, 당시 한국의 예레미야라고 숭앙받던 상동교회(尙洞敎會)의 전덕기(全德基) 목사를 만난 것이 모두 그의 일생을 결정지어주는 인연이 되었다.

젊은 날의 여운형은 목사가 되고 싶었다. 그가 바라던 대로 목사가 되었더라도 부흥선교사로 크게 성공했을 것이다. 그러나 그는 신학의 길을 가지 않고 교사가 되기로 결심했다. 이러한 심적 변화는 망국과 관련이 있다. 그는 교육이 기도보다 조선 독립을 위해 더 필요하다고 판단했던 것 같다. 여운형은 14세 때(1900)에 배재학당(培材學堂)에 입학하여 공부하다가 민영환(閔泳煥)이 창설한 흥화학당(興化學堂)에서 3년을 수료했고, 이어 대한제국 학부(學部)에서 설립한 우정학당(郵政學堂)에 들어가 2년 동안 공부했다. 22세 때(1908)에 부친의 3년 상을 치른 뒤에는 빚 받을 문서와 노비 문서를 불살라 버렸다.(이만규, pp. 7~8) 그것만으로도 그는 상찬받을 만한 인물이었다.

여운형은 1907~1908년에 서울 승동(勝洞)예배당에서 성경을 공부했다. 그 무렵 그는 미국인 선교사 곽안련(郭安蓮 : Charles A. Clark)의 조사(助事) 일을 했다. 여운형은 그의 도움을 받아 자기 집에 사립 기독 광동학교(廣東學校)를 설립했다. 25세 때 여운형은 승동예배당 전도사가 되어 기독교를 설교하는 한편, 평양장로신학교에서 2년 과정을 수료했다. 전국적 금연(禁煙)운동이 일어났을 적에 그는 단연·국채 보상(斷煙國債報償) 기성회를 조직하고 각지를 돌아다니며 강연했다.

그러던 차에 황성신문 사장 남궁억(南宮檍)의 권고로 강릉 초당의숙(草堂義塾) 교사로 부임해 영어와 역사·지리를 가르쳤다. 초당의숙은 지금의 강릉 경포대 숲속에 있는 작은 마을 초당동에 있던 민족학교였다. 강릉의 지사(志士) 최돈철(崔燉徹)이 초당의숙을 세웠다. 지금은 관광객이 그런 역사적 유서도 모르고 두부만 먹고 나오는 바로 그 마을이다. 초당두부는 한국에서 유일하게 바닷물을 간수로 써 맛이 독특하다.

우연이라고 하기에는 기이하게도 초당의숙은 중국의 강유위(康有爲)가 망국의 역사를 슬퍼하며 청년을 깨우치고자 세운 학교와 이름이 같아, 여운형도 그런 점에 많은 감화를 받았다. 여운형은 이곳에서 그리 오래 있지 않았다. 그는 수업하면서 단군 연호를 쓴 것이 화근이 되어 강원도 학무국으로부터 압력을 받아 본의 아니게 강릉을 떠났다. 여운형은 평양으로 올라가 평양신학교에 입학해 2년을 마쳤으나 목사 안수를 받지 않았다 심화(心火)를 다스릴 수 없었기 때문인지 아니면 망국에 대한 울분 때문인지는 알 수 없다.

1914년, 제1차 세계대전이 발발하자 여운형은 가산을 정리하고 총독부 외사국장 고마쓰 미도리(小松綠)의 스개장을 얻어 신학을 공부할 목적으로 중국으로 건너갔지만, 생각을 바꾸어 1914년 가을에 남경(南京)의 금릉대학(金陵大學) 영문과에 입학하여 3년 동안 수업을 받았으나 졸업하지는 못했다. 유학을 떠나면서 하필이면 총독부 관리의 소개장을 들고 가야만 했는가의 문제는 평생 그를 따라다니는 업장이 되었다.

1919년 8월 무렵에 일본의 척식(拓殖)대신 고가 렌노스케(古賀廉之助)가 여운형을 도쿄(東京)로 초청하였다. 이때 여운형은 데이고쿠(帝國) 호텔에서 내외 신문 기자와 명사 500명에게 조선 독립의 절대 필요를 주장하는 연설을 했고, 이어서 일본 정가 거물들이 식민지에서 온 33세의 청년을 환대했다.

이러한 대접은 그의 능력에 대한 일본의 평가를 가늠하는 척도가 될 수는 있었지만, 뒷날 그의 운신에 짐이 되었다. 사람들은 그가 그때 회유당했을 것이라고 생각했다. 이런저런 미덥지 못한 행보로 민족진영으로부터 소외되던 여운형의 상해 시절은 평탄하지 않았다. 중국에서 그의 행보는 무척 부산했다. 상해 복단대학(復旦大學)에서 축구단장을 지낼 만큼 그는 마당발이었다. 그가 뒷날 해방과 더불어 초대 조선체육회장을 지낸 것도 우연이 아니었다.

3. 중도파의 성격과 운명

나는 충청북도 괴산(槐山)에서 태어났다. 그리 멀지 않은 곳에 느티울[槐江]이라는 강이 있었는데 그곳에서는 이쪽 강변에서 저쪽 강변으로 날아가던 꿩이 물에 빠져 죽는 일이 가끔 있었다. 강폭은 넓지 않았지만, 강물 위를 날던 꿩은 거리가 멀다고 생각한 나머지 마음을 바꿔 되돌아가다가 빠져 죽었다. 꿩이 그냥 날아갔더라면 능히 강을 건널 수 있었을 것이다. 마을의 어른들이 죽은 꿩을 가리키며 이렇게 말씀하셨다.

"인생도 또한 저러하니라."

한국 현대사에서 중도파를 논의하면서 위와 같은 개인적인 체험을 소개하는 것은 김규식이나 여운형과 같은 중도파가 기본적으로 강력한 자기 지탱력을 필요로 했으면서도 그들은 결국 그 꿩이 그랬던 것처럼 "멈칫거리다가" 일을 그르치는 일이 허다했기 때문이다. 신생 국가의 건설 과정에 나타나는 진보와 보수의 갈림길에서 중요한 가치는 "지나치지도 않고 부족하지도 않음"[中庸]이다.

몽양 여운형

우사 김규식

그러기에 공자(孔子)께서도 말씀하시기를, "모름지기 그 중심을 잡으라"(『論語』堯曰篇 : "允執厥中") 했고, 아리스토텔레스(Aristoteles)도 중용(mean)을 최고의 미덕으로 칭송했다. 진보주의자들의 입장에서 보면 중용은 비겁할 수도 있고 보수주의자들의 입장에서 보면 회색분자이거나 기회주의자로 보일 수도 있다. 정치적 정향(定向)으로 볼 때 중도 노선은 세상을 바라보는 지혜도 가지고 있고 역사가 어느 방향으로 나가야 하는가를 알아볼 안목도 가지고 있지만 질주(疾走)하고 싶지 않을 뿐이다.

해방정국의 격렬한 몸부림 속에서 한국인 6,671명을 대상으로 하여 좌우익 4명의 지도자에 대한 지지도를 조사한 결과 이승만 29%, 김구 11%, 김규식 10%, 여운형 10%의 지지를 얻고 있었는데(『동아일보』1946. 7. 23.), 여기에서 중도파인 김규식과 여운형의 지지율이 의외로 높다는 사실이 눈길을 끈다. 중도파를 대표하는 김규식과 여운형의 행보를 살펴보면 그들은 더 고뇌에 찼고 행적은 더욱 간고했다.

격동기의 정치적 양상은 "질주"이다. 그것이 오른쪽으로 치닫든 왼쪽으로 치닫든, 격정의 소음 속에서 민중에게 호소하려면 먼저 크게 외칠 수밖에 없다. 그런 상황에서도 사태를 관망하며, 야심을 버리지 않고 처신을 조심하는 무리가 있는데, 해방정국에서 그들을 중도파라 부른다. 온건파(Moderate)라는 용어는 들어봤지만, 중도파(Middle-of-the-Road)라는 용어에 생소했던 미군정은 저들이 "왔다 갔다 하는 무리"(wobbler)인가 의심하면서 곱지 않은 시선을 보냈다. 우선 미국인들이 보기에 저들이 "빨갱이"(pinko)인지 "퍼랭이"(blue)인지 구별하기가 어려웠다. 낮에 보면 퍼랭이 같고 밤에 보면 빨갱이 같기도 하고, 그 반대이기도 했다.

정치사상사의 이론에 따르면 중도파는 "이념이 아니라 타고난 기질(氣質)"이라고 분석한다.(Leon P. Baradat) 그들이 이념 앞에서 중도를 지키겠다는 확신에서 처신하는 것이 아니라, 성품이 좀 어정쩡하다는 것이다. 그렇기에 어찌 보면 중심을 잡고 소신이 있는 인물처럼 보이기도

하지만 달리 보면 회색분자(gray area)로 보여 정치적 소용돌이 속에서 십자포화를 맞기에 딱 좋은 무리다. 생사가 그토록 위험하고 기약할 수 없는 처지다. 우익과 좌익은 서로 저들이 자기편인 줄 알았지만, 그것이 사실이 아닐 때는 내 편으로 만들려고 애쓰다가 결국에는 그것이 뜻대로 되지 않자 암살로 관계를 청산한다.

김규식과 여운형이 연대감을 다진 것은 아마도 1922년에 모스크바에서 개최된 극동피압박민족회의에서의 회동이었을 것이다. 이때 한국의 좌파 52명이 참가하였는데 김규식과 여운형은 함께 주석단에 선출되었다. 이때 그들은 레닌(V. I. Lenin)을 만나 그의 카리스마에 대한 경외감과 공산주의에 대한 의구심 사이에서 고민했다. 이 자리에서 레닌은 한국이 언젠가는 공산주의를 지향해야 하지만 지금은 민족주의에 몰두할 때라고 지적했고, 한국의 대표들은 이에 깊이 공감했다.

그 무렵 그 회의를 취재한 미국의 르포 기자 에번스(Ernestein Evans)가 김규식을 면담한 기록("Looking East from Moscow," *Asia*, Vol. 22, No. 12, Dec. 1922, p. 1011)에 따르면, 그들은 합방으로부터 3·1운동에 이르기까지 미국이 한국에게 보여 준 정책에 실망한 나머지 이제 마지막 희망은 러시아밖에 없다고 체념했는데, 그 모습이 "조금은 슬퍼 보였다"(little sadly)고 한다. 여운형은 이 무렵 마르크스주의에 심취하면서 한국인 최초로 『공산당 선언』을 번역하고 중국공산당에 가입하여 스스로 마르크시스트임을 자임했다.

그러던 여운형이 임정과 정면으로 충돌한 것은 임시 정부 헌법을 제정하면서 멸망한 구황실(舊皇室)을 어떻게 대우할 것이냐 하는 견해 차이 때문이었다. 공화주의에 대한 개명 의식이 익숙하지 않았고 심지어는 왕정복고[復辟]의 성격을 띠고 있었던 임정 요인들이 멸망한 왕조에 대한 연민(憐憫)을 가질 수 있었다 하더라도, 여운형은 황실 우대를 법 조문에 넣으려는 주장을 받아들일 수 없었다. 결국 이 문제는 「대한민국 임시 헌장」 제8조에 "대한민국은 구황실을 우대함"이라고 명기하는 것으로 일단락되었지만, 여운형으로서는 이 사실을 끝까지 용납할 수가 없었다.

그런데 임정과 여운형의 불편한 관계에 관한 색다른 주장이 있다. 임정 의정원 부의장이었던 김창숙(金昌淑)의 증언에 따르면, 여운형은 상해 일본영사관의 밀정이었다는 것이며 구체적으로 그 상대역은 아오키(靑木)라고 지칭했다. 김구(金九)가 이를 알고 여운형을 불러 문책했을 때 그는 "작은 정보를 주고 큰 정보를 얻으려 했다"고 대답했지만, 임정 세력은 그 말을 믿지 않았다. 혈기에 찬 청년 단원들이 여운형을 죽이려 하자 그는 상해를 떠났다. 김창숙은 그 기록의 말미에 "여운형은 죽어 마땅한 사람"이라고 썼다.(『金昌淑文存』, 1994, pp. 244~245)

제8장 참고 문헌

『金昌淑文存』(성균관대학교출판부, 1994)

『論語』

『동아일보』1939. 11. 11. / 1946. 7. 23.

신복룡 편,『한국분단사자료집(II)』(원주문화사, 1991)

이만규,『여운형선생투쟁사』(민주문화사, 1947)

이정식,『김규식의 생애』(신구문화사, 1974)

정병준,『몽양 여운형 평전』(한울, 1995)

정병준,「김규식의 부친 김용원(金鏞元)의 가계와 생애」,『한국근현대사연구』(73), 한울, 2016)

『주한미군사』(HUSAFIK) I-V, II/2(돌베개, 1988)

Hoag, C. L., *American Military Government in Korea : War Policy and the First Year of Occupation, 1941-1946*(Unpublished Draft Manuscript, OCMH, Department of Army, 1970); 신복룡·김원덕(역),『한국분단보고서』(1)(선인, 2023)

Mark Gayn, *Japan Diary*(New York : William Sloane Associates, 1948)

"The Passing of Ryu Woon Hyung," The USAFIK XXIV Corps, Historical Section, 1947, RG 332, Box 22 & 29(WNRC, Suitland); 신복룡(역),「여운형 암살 보고서」,『한국분단보고서』(3)(선인 : 2023)

9

여운형과 김규식의 꿈과 좌절(2)
좌우합작의 희생자들

> "김규식은
> 정치를 하지 않았어야 할 분이다."
> — 이정식

　　　　　　해방정국에서의 삶이 누구인들 격동이 아니었을까마는 정치인들에게는 더욱 그러했다. 모두 곧 국회의원이 될 것 같았고, 저 위에 있는 사람들에게는 대권이 손에 잡힐 듯했다. 그 가운데 야망이라는 점에서는 단연 여운형의 꿈이 가장 컸고, 그런 난세에 꿈을 접었으면서도 잠재의식의 저 밑바닥에서는 "나라고 안 될 이유가 없지 않은가?"라는 가냘픈 꿈을 가지고 겸손한 마음으로 장래를 지켜보던 사람이 곧 김규식이었다. 난세는 사람들의 심성을 들뜨게 한다.

　1945년 9월 8일에 미군정사령관 하지(John R. Hodge)가 인천에 상륙해 입성하고 보니 상황이 좀 막막했다. 야전에서 뼈가 굵은 그에게 정무 감각이 있는 것도 아니고, 정부로부터 구체적인 지시도 없이 한국 주재 관동군의 항복을 받으라는 지침만 있을 뿐이었다. 다행히 언더우드 가문(Underwoods)과 윔스(C. Weems) 등 한국에서 선교 활동을 하던 미국인과 그 자손들의 도움을 받을 수 있을 뿐이었다. 한국인으로서는 이승만의 이름을 들어봤지만 만난 적이 없었다.

　이런 상황에서 아베 노부유키(阿部信行)가 항복하기에 앞서 자신의 안전 귀국을 위해 접촉한 인물이 여운형이었고, 여운형도 국내파 민족 지도자의 선봉에 서 있던 자신이 당연히 수권 세력이라는 자부심으로 무대에 등장한 때였다. 하지로서는 선택의 여지가 없이 여운형이 눈에 띠었고, 또 그가 접근할 수 있는 인물이라고는 여운형밖에 없었다. 그렇다고 그를 찾아가거나 부를 입장도 아니었다. 이것은 누구의 의지와 상관없이 상황이 그러했고, 그런 점에서 여운형은 운이 좋은 위치에 있었을 뿐이다.

하지가 크게 여운형은 우선 불편 없이 대화가 가능했고, 능력도 있어 보이고 개방적이며 신생 국가의 비전을 제시하는 데 막힘이 없어, 이 사람이야말로 "거물"(man of immense possibility, RG 332, Box 39, NARA)이라고 점을 찍었다. 훗날 마음이 바뀌기야 했지만, 한국에 진주해 처음 여운형을 본 하지는 이 사람이라면 신생 국가의 지도자가 될 만하다고 판단했다.

미국은 자신이 신탁 통치를 구상한 원죄가 있었기에 한 병 안에서 "전갈처럼 싸우는 좌우익"(B. Cumings)을 바라보며 극우와 극좌를 정국에서 배제하는 문제를 심각하게 고려하다 보니, 버릴 카드 같았던 여운형과 김규식을 다시 정가의 전면에 등장시켰다. 미군정이 내세운 구상은 중도파를 동원해 극좌와 극우의 갈등을 초극하고 싶었다. 그러나 여기에서 군정은 한국의 정가에 대해 기본적으로 착각, 혹은 오해하고 있었다. 다름이 아니라 해방정국의 갈등은 좌우익의 갈등보다 우익 내부의 갈등과 좌익 내부의 갈등이 더 치열했는데 미군정은 이 현실을 간과했다. 이와 비슷하게 해방 이후 한국 재계의 싸움도 경쟁 업체와의 싸움보다 형제의 난이 더 치열하고 잔혹했다.

그런데 미국이 보기에 인민당 여운형은 도덕적 용기가 없고, 공산주의자들과 은밀히 연루되어 있었지만 기반이 약해 조선공산당 박헌영과 대적할 수 없는 인물이었다. 여운형으로서도 미국은 자기가 박헌영을 거세해 주기를 바라고 있는 것처럼 보였다. 미국은 우선 여운형에 대한 박헌영의 태클을 막아주어야겠다고 판단했다. 미군정은 조선공산당이 주도한 조선정판사 위폐 사건을 이용하면서 여운형 자신이 박헌영과 협조나 우호 관계를 유지할 것이 아니라 투쟁해야 한다는 점을 그에게 분명히 전달하고, 앞으로 합작 운동을 지원하겠노라고 말했다.(신복룡(역),「여운형 암살 보고서」)

다시 상황을 판단한 아베는 정무총감 엔도 류사쿠(遠藤柳作)를 여운형에게 보내어 수권을 교섭했다. 기다리고 있던 여운형은 그 제안을 받아들이면서 정치범 석방, 식량 확보, 치안 위임, 청년 조직 보호, 노동 조건 등을 제안해 서로 합의에 이르렀다. 여운형은 지식인의 목소리를 대변할 뿐만 아니라 정국 안정의 핵심이며, 지식인의 가운데를 파고들 수 있는 인물이어서, 입지를 위협받고 있는 좌익과 우익 모두로부터 질시와 공포의 대상이 되었다고 미군정은 판단했다. 그럼에도 군정청의 정세분석가들은 당시 여운형의 인민당이 현실 정국, 특히 민주의원에 참여하지 않는다면 한국의 "인민에 의한 통치 기구는 사산(死産)될 것"이라고 지적할 만큼 그의 역량을 높이 평가하고 있었다.(*HUSAFIK*, Part II, Chapt. II)

그래서 하지가 여운형을 군정청 고문으로 초청했더니 "내가 주인이니 그대가 나의 고문이 되어야지, 주인인 내가 그대의 고문이 될 수는 없다"며 고문직을 거절했다. 군정청 주변에서 한자리 얻으려고 기신거리던 사람들과는 모습이 달랐고, 이 점에서 그는 비범했으며, 이런 점이 오히려 하지의 관심을 끌었다. 그러나 미국으로서는 한국을 반공의 보루로 삼아야 한다는 명제 앞에 여운형을 선택한다는 것은 마음 내키지 않는 일이었다. 그는 어디로 튈지 모르는 럭비공과 같았다.

제2차 세계대전의 종전이 임박한 것을 감지한 총독부 요인들에게 가장 긴요한 것은 한국인들의 보복을 모면하고 무사히 귀국하는 것이었다. 이에 총독 아베 노부유키는 정무총감 엔도 류사쿠를 여운형에게 보내어 정권 인수를 교섭한 바, 여운형은 이를 수락했다. 문제는 아베 총독이 여운형과 일본인의 무사 귀국을 교섭하면서 "맨입으로" 하지 않았다는 점이다. 미 군정청은 이때 여운형이 아베로부터 2,000만 엔을 받았다는 기록을 남겼다. (신복룡 편, 『한국분단사자료집(II)』, 1991, p. 138; 신복룡(역), 「여운형 암살보고서」, 2023, pp. 217~218)

1945년 8월 당시 금 1돈(3.75g)의 시중 가격은 473엔이었고(한국은행 물가통계국 물가통계팀, 『주요물가지표』, 1999, p. 220), 현재(2023) 금 1돈의 가격이 34만 6,000원인 것을 비교한다면 당시 엔화의 현 시세는 1엔 : 732원으로서, 2,000만 엔은 현재의 146억 원에 해당한다. 현재 한국의 금 시세가 비정상적이라는 점을 고려한다면 이 환산에는 문제가 있을 수 있다.

물론 여운형과 그를 옹호하는 사람들은 이를 부인했다. 금전 수수설에 관한 정보를 가지고 있었던 하지 사령관은 여운형을 불러 어르고 겁을 주기도 했다. 강직했던 하지는 여운형이 그 돈을 받은 것이 탐탁지 않았다. 물론 여운형의 유족과 그를 숭모하는 무리는 이와 같은 거래를 지금도 부인하고 있지만, 하지 문서에는 당시 상황이 구체적으로 적시되어 있어 이를 믿고 안 믿고는 역사가의 판단에 달려 있다. 이 사건은 뒷날 그의 독립유공자공적심사에 중요 논란이 되어 결국 2등급으로 하향 조정되었다.

그러면서도 여전히 미군정은 여운형의 "곡예"가 미덥지 못했다. 여운형을 둘러싸고 있는 공산주의자들로부터 그를 격리하는 작업이 필요하다고 생각했다. 여운형에 대한 불신을 심층 심리에 깔고 있던 정치 고문 버치(L. Bersch)와 군정 대변인 굿펠로(P. Goodfellow) 대령은 여운형에게 먼저 공산당과의 관계를 단절하라고 설득하고, 아베 총독에게 2,000만 엔을 받았다는 사실을 우리도 잘 알고 있다고 은근히 내비치면서, 그의 동지들을 시켜 그가 인민당을 떠나도록 압력을 넣었다.

그럼에도 여운형의 곡에는 멈추지 않았다. 그는 일방에 의한 남북통일이 지탱될 수도 없으려니와 그것이 내란으로 확전하리라는 우려를 마음에 담고 있었기 때문에 북한 지도자와의 연계에도 많은 신경을 썼다. 그는 평양을 방문해 김두봉(金枓奉)·김일성(金日成)을 만나 민족 통일을 목표로 하는 좌우 합작 문제를 비롯해 3당 합당 문제, 입법 기관 문제를 논의하고 돌아왔다.(『한성일보』 1946. 10. 4.) 그는 평양에서 돌아온 뒤에 북한의 지도자들에게 사실을 알리고 조언을 받았으며, 또 수시로 방북을 시도했다.(『쉬띄꼬프 일기』)

1946년 4월 말이 되어 하지와 굿펠로 대령과 버치 중위는 이런 정황을 인지하자 여운형의 "수족을 자르고" 인민당을 황폐화하도록 그쪽 무리를 설득하고, 그들이 인민당을 떠나 새로운 정당을 만들도록 유도했다. 그 결과 여운형의 동생 여운홍(呂運弘)이 "다루기 쉬운 후보 선수들"(a handful second stringers)을 데리고 인민당을 떠났다.(C. L. Hoag) 미소공동위원회가 끝내 결렬된 1946년 5월 8일에 여운홍은 "출발 당시부터 인민당은 공산주의자들에 의해 교란되고 오도되었으므로 더 이상 인민당의 목적을 위해 일할 수 없다"는 성명서를 남기고 형의 당을 탈당했다. 이로써 혈육이자 참모를 잃은 여운형은 심리적으로 무너지기 시작했다. 여운형이 미국으로부터 버림받았다는 사실은 우익들이 그를 죽이는 데 걸릴 것이 없다는 암시가 되었다.

결과적으로 여운홍의 주도로 1946년 8월 3일 "애국적 좌익들"이 사회민주당(社會民主黨)을 구성했다. 굿펠로가 마련한 10만 원을 정치 자금으로 받은 여운홍은 이를 창당 자금으로 썼다. 사회민주당이 가장 번창했을 때 5,000명에 지나지 않았고 정당으로서의 우위를 장악한 적이 없었지만, 그는 박헌영과 여운형의 사이를 갈라놓고 형과 인민당을 공산주의자들의 지배에서 벗어나게 함으로써 미국을 위해 값을 치렀다.

그럼에도 하지로서는 여운형을 정국에서 배제할 수 없다는 데 애로가 있었다. 해방정국에서 임정 봉대(奉戴)의 문제가 대두되자 여운형과 임정의 갈등은 더욱 날카로워졌다. 그는 독립운동 세력의 대동단결을 주장하면서도 군정이 임정만을 법통으로 여기려는 처사를 인정하지 않았기 때문에 임정 요인 환영식을 거행하는 것도 반대했다. 그 이유를 그는 이렇게 설명했다.

"해외에는 미주·연안(延安)·시베리아·만주 등 여러 곳에 혁명 단체가 있고 그 생도 더 많이 했지만, 임정은 안전지대로 몸을 피하여 공을 쌓은 단체로 혁명가가 섞이지 않은 정권이다."

우익들은 아마도 이때 강렬한 살의를 느꼈을 것이다. 미군정으로서는 여운형의 문제가 뜨거운 감자였다. 극우로 치닫는 우익으로서 정국을 이끌어 갈 수 없다는 판단은 하지가 더욱 여운형을 쳐다보게 했다.

그렇다고 해서 여운형을 전적으로 신뢰할 수도 없다는 데 하지의 애로가 있었다. 여운형의 인민공화국을 그대로 방치한다면 한국의 공산화는 시간문제라고 확신한 하지는 맥아더(Douglas MacArthur)에게 보내는 보고서에서 이렇게 지적했다.

"인민공화국은 한국에서 가장 강력한 공산주의 지지 단체이며 소련과 관계를 맺고 있다. 여운형은 분명히 소련의 꼭두각시이다. 상당수의 좌익이 인민공화국에 포함되었다."

하지는 자신의 행동이 한국의 공산주의자들에 대한 전쟁 선포로 인식되어 무질서가 유발되고 빨갱이나 그들의 신문들로부터 정치적 차별이라는 비난을 받더라도 인공을 정면으로 공격하는 것이 옳다고 판단했다. ("Activities of Left-wing Korean Political Parties," pp. 9~10; 신복룡(역), 「좌익 정당 실태보고서」, pp. 173f) 그러한 고민의 결과로 얻은 결론은 여운형을 좌익으로부터 떼어놓는 것이었다. 이를 위해 1946년 봄·여름 동안 미군정은 여운형을 공산주의자들로부터 "이유"(離乳)시키느라 바빴다. 그런 뒤에 김규식의 카운터 파트로 그를 선정하여 좌우 합작을 추진함으로써 좌익을 약화하고, 한국의 반공화에 이용하려 했다.

여운형으로서도 미군정의 그와 같은 구도를 마다할 이유가 없었다. 그는 해방정국에서 나름의 야심과 소명 의식을 가지고 있었고, 좌익에 몸담은 사람으로서 좌익을 장악하지 못한 채 우익에 "양다리를 걸치고 있는"(straddling) 상황에서 미군정의 제안은 기쁘고도 바라던 일이었다. 그는 이 기회에 자신이 박헌영(朴憲永)을 압도함으로써 좌익의 주도권을 잡고 정국의 중심으로 부상할 수 있으리라고 계산했다.

그 무렵 남한 좌익 3당인 인민당의 여운형, 신민당의 백남운(白南雲), 조선공산당의 박헌영이 각기 다른 정치적 계산에 맞물려 3당 합당을 추진하기에 이르렀다. 좌익의 연대는 우익은 물론 군정을 긴장시키기에 충분한 것이었다. 그러나 여운형은 미군정의 정치 공작으로 자금이 고갈되고, 더욱이 아우인 여운홍과 140명의 당원이 인민당을 탈당하여 사회민주당을 결성함으로써 좌익 통합의 꿈을 이루지 못했다. 여운형은 조직적 두뇌를 가진 훌륭한 참모를 만났더라면 큰일을 할 수 있는 인물이었다. 그러나 그를 가까이서 보필하던 동지이자 혈육인 여운홍이 곁을 떠났을 때 그는 인생의 비애와 허무함에 싸여 물리적으로나 정신적으로 급격히 무너졌다. 혈육은 돈을 넘지 못했다.

김규식의 심중을 읽기란 여운형 읽기보다 훨씬 쉽다. 그는 자신의 약점을 잘 알고 있었고, 그렇게 권력지향적인 인물은 아니었지만 극우와 극좌가 배제된 상태에서 여운형마저 낙마가 확실한 상황이라면 자기가 수권자가 되지 말라는 법도 없다고 판단했다. 처음부터 정치 투쟁에 마음이 내키지 않았던 김규식은 정국 구도의 중심 인물로 부상함으로써 의욕을 보이면서 행보도 빨랐다. 그는 남한 정치를 대표하는 어떤 대의기구를 설립해 자기가 중심적인 역할을 맡고 싶어 했다.

김규식은 이런 기관을 통해 좌우익 사이에 개재되어 있는 이해(利害)와 감정을 초월한 의견을 수렴함으로써 미소공동위원회의 재개에 노력하고 완전한 임정이 수립될 때까지 군정에 협력하려 했다. 그는 좌우 어느 쪽 하나만으로 임시정부를 구성하는 일은 처음부터 반대했다. 이는 김규식이 과분한 권력욕을 가졌느냐의 문제와는 전혀 다르게 인간의 원초적인 권력지향 문제이기 때문에 그를 비난할 이유는 아니다. 그는 해방정국에서 마음 상하는 일은 있었지만, 민주의원의 의원으로서 행복한 삶을 살았다.

5. 그릇에 넘치게 물을 담으려 했던 버치

이런 상황에서 좌익을 다루는 공작을 맡은 사람이 곧 하지의 정치 고문인 버치(Leonard M. Bertsch) 중위였다. 오하이오주 애크런(Akron) 출신으로 1946년 초에 소위로 부임한 그는 비록 계급은 낮았으나 군정청 안에서 가장 우수한 정치 군인이었다.(www.ancestry.com/Bertsch) 그는 하버드대학 법대에서 석사학위를 받았고, 매사추세츠의 홀리 크로스(Holy Cross)대학에서 철학박사 학위를 받았다. 그는 기억력이 비상했고 문필이 뛰어났으며 형세 판단이 빨랐다. 버치는 자신이 한 신생 국가의 창설 과정에서 "미국의 시대"(American Century)에 태어난 마키아벨리(N. Machiavelli)인 그것처럼 여기고 있었다. (Mark Gayn, 1948, pp. 351, 354)

1973년에 커밍스(B. Cumings)가 버치를 만났을 때 "나는 세계에서 가장 높이 올라간 중위"(the highest ranking first lieutenant in the world)라고 그는 말했다. (B. Cumings, 1990, p. 534, note 169) 겸손이라는 것과는 담을 쌓

사람이었다. 교만은 천천히 자살하는 독약임을 그는 몰랐다. 정병준의 기록(『몽양 여운형 평전』, 1995, pp. 245~246)에 따르면, 그는 한국에서 자동차도 많지 않던 그 시절, 1년 동안에 교통 법규를 여덟 번이나 위반했다. 한국을 그만큼 우습게 보았다.

귀국한 버치는 변호사 자격마저 정지당한 채 한국에서 벌였던 많은 정치 공작을 가슴에 묻고 평범한 시민으로 삶을 마감했다. 그는 재주는 넘쳤으나 덕이 부족[才勝薄德]한 사람으로 그릇에 넘치게 물을 담으려 했다. 한국의 원로 정객들은 1910년생인, 아들 또래의 그를 보며 시큰둥했다.

여운형은 해방정국에서 가장 정확한 현실 인식과 판단을 갖춘 인물이었다. 그러나 정확한 판단이 정확한 실천(praxis)을 수반하는 것은 아니다. 돈이나 혈육과 같은 소승적 욕망이 이상이나 조국을 비웃는 역사적 사례는 허다하다.

버치 중위

여운형은 인간적인 허점을 가지고 있었다. 독립 투쟁 경력과 기반, 천부적인 정치 감각과 대중을 사로잡는 웅변, 영어 구사력, 친화력 등으로 그는 해방정국의 유력한 지도자로 각인되기에 충분한 인물이었다. 그러나 그는 공명심이 강했고, 허장성세했으며, 조직적이지 못하고 어수선한 성품의 소유자였다.

더구나 여운형이 이중적이고 기회주의적이라는 평가를 받을 수 있는 처사를 보인 것이 지도자들 사이에 불신을 증폭시켰다. 이로 말미암아 그는 해방정국에서 다섯 차례의 저격을 겪었고 끝내 마지막 테러(1947. 7. 19.)에서 살아남지 못했다.

6. 정치를 하지 말았어야 할 김규식

인성의 면에서 본다면, 김규식은 정세를 빨리 판단하면서도 행동에는 미온적이었다. 그는 성격상 대중 앞에서 외치는 것을 싫어했고, 그런 정치인들을 경멸했다. 입법의원 당시에 그는 동료 의원들을 학생 나무라듯 했다. 회의에서는 이치를 따지고 기지와 유머로 듣는 사람을 황홀케 하는 선비형의 지식인이었지만, 대중 앞에 서서 외칠 수도 없었으며, 다른 지도자들이나 대중을 설득하고자 하는 의욕도 없었다.

성품이라는 견지에서 보면 김규식은 정치를 해서는 안 될 사람이었다. 그는 훌륭한 장로님이자 교수로 남았으면 좋았을 사람이다. 그는 불우한 유년기를 거치면서 열등감에 빠져 있었고, 자기가 남보다 열등하지 않다는 것을 증명하여야 할 심리적인 부담을 느꼈다. 그는 허약했다. 그는 1919년에 뇌종양에 걸려 미국으로 건너가 수술을 받았으나 그 후유증으로 간질 증세를 보여 평생 고생했다. (이정식, 1974, pp. 59, 74)

이때 그의 머리에 혹이 생겼는데 이에 상심한 그는 자신의 호를 "튀어나온 사람"이라는 자학적인 뜻으로 우사(尤士-尤史)라고 지었다. 혹부리 영감이라는 뜻이다. 이정식(李庭植, 펜실베이니아대학)의 증언에 따르면, 그는 만성 위장병을 앓아 외식을 하지 못하고 죽을 싸 들고 다녔다. 그는 평소에 "나에게 무슨 병이 있느냐고 묻지 말고 없는 병이 무엇이냐고 물어라"고 말했다. 군정청은 김규식의 이름을 Kim Kiu Sickly라고 표기했다. (Mark Gayn, p. 356)

좌우합작의 최고 결정자는 하지였지만 실무 총책은 버치 중위였다. 그는 김규식에게 호의적이었다. 김규식도 군정에 늘 호의적이었다. 김규식이 젊은 날에 한때 몸담았던 좌익에 끝내 머물지 않고 우경화하여 친미 노선을 밟은 것은 유년기에 겪은 미국적 오리엔테이션 때문이었다. 1946년 3월, 김규식은 미소공동위원회에 파견될 민주의원 대표로 선정되었다. 이승만도 자신이 좌익과 마주 앉아 담론한다는 사실에 부담을 느껴 김규식을 지지했고, 이는 사태에 영향을 미쳤다. 그러나 김규식은 이승만이 끝내 자신을 정치적으로 배신하리라는 것도 잘 알고 있었다. (이정식)

김규식은 정치적 야망과는 별개로, 자신이 좌우합작의 중심 인물로 내정된 것을 마음 내켜 하지 않았다. 그는 신탁 통치 논쟁의 극한 상황에서 합작의 가능성이 희박하다는 점을 잘 알고 있었고, 미소공위의 결렬을 바라보면서 좌우익의 협조를 이미 체념했으며, 조선공산당을 설득할 자신도 없었다. 그러나 누군가가 해야 할 과업이었고 미 군정에서 그가 해주기를 원했기 때문에 합작에 참여했다.(『송남헌 회고록』)

그러나 무엇보다도 중요한 것은 해방정국과 같은 격동기의 시대적 흐름은 중도파의 존재를 인정하지 않았다는 점이다. 좌우합작이란 처음부터 되지 않을 일이었다. 중도파는 좌우익 모두의 적이었으며 그러한 극한 상황에서 여운형은 비극적인 최후를 맞이했고, 허약한 김규식이 스스로 무너지면서 좌우합작도 그것으로 막을 내렸다. 결국 좌우합작은 버치의 허영심과 여운형의 공명심이 빚은 해프닝이었다. 그들의 머릿속에는 아마도 중국에서 벌어진 국공합작(國共合作)의 환영(幻影)이 어른거렸겠지만, 두 나라의 역사 상황은 그 결절점(結節點)을 찾아주지 못했다.

제9장 참고 문헌

『金昌淑文存』(성균관대학교출판부, 1994)

『論語』

『동아일보』1939. 11. 11. / 1946. 7. 23.

신복룡 편, 『한국분단사자료집(II)』(원주문화사, 1991)

이만규, 『여운형선생투쟁사』(민주문화사, 1947)

이정식, 『김규식의 생애』(신구문화사, 1974)

정병준, 『몽양 여운형 평전』(한울, 1995)

정병준, 「김규식의 부친 김용원(金鏞元)의 가계와 생애」, 『한국근현대사연구』(73), 한울, 2016)

『주한미군사』(*HUSAFIK*) I-V, II/2(돌베개, 1988)

한국은행 물가통계국 물가통계팀, 『주요물가지표』, 1999, p. 220)

"Activities of Left-wing Korean Political Parties," RG 332, Box 27(WNRC); 신복룡(역), 「좌익 정당 실태보고서」, 『한국분단보고서』(3)(선인 : 2023)

Cumings, Bruce, *Origins of the Korean War*, I(Princeton University Press, 1990)

Evans, Ernestine, "Looking East from Moscow," *Asia*, Vol. 22, No. 12(December/1922); 신복룡(역), 「모스크바에서 본 동방 : 1921-1922년의 극동피압박민족회의 참관기」, 『한국민족운동사연구』(72)(한국민족운동사학회, 2012)

Hoag, C. L., *American Military Government in Korea : War Policy and the First Year of Occupation, 1941-1946*(Unpublished Draft Manuscript, OCMH, Department of Army, 1970); 신복룡·김원덕(역), 『한국분단보고서』(1)(선인, 2023)

Mark Gayn, *Japan Diary*(New York : William Sloane Associates, 1948)

"The Passing of Ryu Woon Hyung," The USAFIK XXIV Corps, Historical Section, 1947, RG 332, Box 22 & 29(WNRC, Suitland); 신복룡(역), 「여운형 암살 보고서」, 『한국분단보고서』(3)(선인 : 2023)

www.ancestry.com(L. Bertsch)

10

이승만과 김구의 만남과 헤어짐(1)

은원(恩怨)의 30년, 임시정부

"당신이 오늘의 그 위치에 오르기까지
작용한 세 가지 요소는
첫째는 타고난 운명(fortune)이고,
둘째는 베푼 덕망(virtue)이며,
셋째는 역사가 부르는 순간(calling)에
그 자리에 있었는가?
하는 점이다."

― 마키아벨리

1. 삶에서 운명이 차지하는 힘

1980년대 초, 나는 마키아벨리(N. Machiavelli)를 강의하면서 교재가 마땅치 않아 아예 『군주론』의 원문으로 가르치다가 이럭저럭 초고를 정리하여 번역·주석하여 출판했다. 애초의 의도는 강의용이었지만, 내용에 감동하는 바도 있고, 기존 번역판도 마음에 차지 않았기 때문이었다. 마키아벨리가 메디치 전하에게 상소하는 글 가운데 "위대한 궁수는 과녁보다 조금 높게 겨냥하여 시위를 당깁니다"라는 말에 나는 깊이 감동했고 젊은이들에게 주는 교훈에 빠지지 않았다.

그다음으로 마키아벨리는 메디치에게 충언하면서 "전하께서 오늘의 그 위치에 오르기까지 세 가지 요소가 작용했는데, 첫째는 타고난 운명(fortune)이고, 둘째는 전하가 이제까지 남긴 덕망(virtue)이고, 셋째는 역사가 부르는 순간(calling)에 전하는 그 자리에 있었는가? 하는 점입니다"라는 대목에서 자지러지는 듯한 느낌을 받았다. 역사학자 토인비(A. J. Toynbee)는 이 세 가지를 합쳐 업장(業障·*karma*)이라는 용어를 썼다.

이승만(李承晩, 1875~1965)과 김구(金九, 1876~1949)를 논의하는 글머리에 이 대목을 소개하는 것은, 두 사람의 일생도 마키아벨리의 이 명제에서 벗어나지 못했기 때문이었다. 이승만은 황해도 평산(平山)에서 출생했다. 가문은 양녕대군(讓寧大君)의 후손으로서, 태몽에 용(龍)을 보았기 때문에 승룡(承龍)이라 초명(初名)을 지었다는데 여기에서 용을 잇는다 함은 왕가의 후손에 대한 긍지를 담고 있다. 이승만은 왕족이라는 우월감으로 독선적인 태도를 보이곤 했다. 그는 자신이 왕실의 후손임을 강조함으로써 멸망한 왕조에 대한 민중의 전근대적 연민에 호소했다.

손세일(孫世一)의 증언(『이승만과 김구』, 1977, pp. 4~6)에 따르면, 이승만은 평소에 "왕손"이니 "나의 백성들"이니 하는 용어를 즐겨 썼고, 천연스럽게 "과인(寡人)이 …" 등의 용어를 썼다고 한다. 나도 들었다. 그것은 별 뜻 없이 나온 실언이 아니라 그의 진심이었을 것이며, 그의 행보가 어떠했든 간에 그가 유교적 권위주의에 얼마나 깊이 매몰되어 있었던가를 잘 나타내 주고 있다.

여인과의 만남이라는 점에서는 두 사람이 모두 박복했다. 이승만은 1890년 박(朴)씨와 결혼하여 아들[泰山]을 두었으나, 1904년 8월에 출감한 이승만은 11월에 도미하여 하와이와 로스앤젤레스를 거쳐 워싱턴에 도착했다. 이 무렵에 그의 아들 태산이 뒤따라 왔으나 곧 죽었다. 아내를 데려가지 않고 아들을 데려갔다는 사실이 매우 상징적이다. 그가 그의 아들을 데리고 간 것으로 보면 아예 미국에 정착하기로 작심하고 떠났다고 볼 수 있다. 그런데 자식을 데려가면서 왜 아내를 두고 갔을까? 그는 기독교의 표피 속에 살고 있음에도 불구하고 유교의 기처(棄妻, 아내를 버림) 의식에서 벗어나지 못했다. 아내 박씨는 수절하다가 한국전쟁 때 신설동에서 북한군에 납치되었다.

이승만은 그곳에서 조지 워싱턴대학을 졸업했으며(1907), 컬럼비아대학과 유니온신학교에서 강의를 들었고, 하버드대학에서 석사학위를 받은 뒤, 프린스턴대학에서《미국이 주도하는 중립》(Neutrality as Influenced by the United States, 1910)이라는 논문으로 박사학위를 받았다. 그 학력은 미국인들도 쌓기 어려울 만큼 화려하다. 이때 그는 당시 프린스턴대학 총장이었던 윌슨(W. Wilson)을 만나 후의(厚誼)를 입었는데 이것이 그 뒤 그의 국제 정치 인식에 커다란 영향을 미쳤을 것으로 보인다.

김구는 황해도 해주에서 경주 김씨(敬順王의 33대 손)로 태어났다. 그는 조선조 역신(逆臣)인 김자점(金自點)의 후손으로서, 멸문의 화를 피해 해주(海州)에 숨어들어간 가문의 후손이었다. 그가 역신의 후손이었다는 사실은 그의 일생을 지배하는 외상(trauma)이 되었고, 왕손을 자처하는 이승만과의 관계에서 늘 주눅 들게 만들었으며, 이승만도 의도적으로 그 상처를 건드림으로써 김구를 제압하려 했다.

해방정국에서 사회당 부녀부장으로 활약한 김선(金善, 민주의원 의원)의 회고록에 따르면 이승만은 김구를 가리켜, "그저 곡괭이 들고 나가 부수는 일이나 할 사람"이라고 비하했다.(『내가 겪은 해방과 분단』, 2001, pp. 147~148) 평산과 해주가 그리 멀지 않은 같은 황해도 땅이라는 점이 그들을 묶어주는 끈이 된 것은 사실이지만, 이러한 연고가 한 살 아래인 김구가 그를 깍듯이 '형님'으로 대접하게 만들었으며, 이런 인연이 늘 김구로 하여금 한 수 지고 들어가게 만들었다.

김구는 근대 교육을 받지 못하고 서당에서 한학을 공부한 것이 전부이다. 그리고 『마의상서』(麻衣相書)를 통해서 자신의 관상이 좋지 않음을 알고 심상(心相)의 중요성을 깨달아 항상 마음 좋은 사람이 되려고 노력했다. 그가 『마의상서』를 읽었다는 것은 두 가지 점에서 놀라운데, 첫째는 그 어려운 한문을 해득할 만큼 한학이 깊었다는 점이고, 둘째는 자신의 비운을 읽었다는 점이다. 김구는 아마도 『마의상서』에서 "좁은 이마가 밑으로 내려오면서 광대뼈[上顎骨]가 튀어나오고 다시 하관이 빠른 얼굴은 운이 비색(否塞)하며 아내의 운이 나쁘다[荊妻之相]"는 대목에 낙담한 것 같다. 그러고 보니 김구처럼 바늘라우유형의 얼굴을 가진 국가원수 세 사람[김구·박정희·노무현]은 모두 비극적인 최후를 맞이했다. 그런 아픔 탓인지, 김구의 신분적·학문적인 열등감은 왕족 출신인 이승만의 우월감이나 엘리트 의식과 견주어 좋은 대조가 된다.

김구는 18세가 되던 1894년에 "상놈으로 태어난 것이 한이 되어" 동학(東學)에 입도했다. 이것은 그가 당시까지만 해도 민족이니 국운이니 하는 대승적인 문제보다는 자기 구원의 소승적인 문제에서부터 신앙생활을 했음을 보여준다. 그 뒤로 그는 국사범으로 중형을 받고 수형하다가 인천 감옥을 탈옥하여 도피 생활을 하면서 중이 되었다. 그가 승려 생활을 한 것은 1898년 가을부터 다음 해 가을까지였다. 도피하다가 하동 쌍계사(雙磎寺)에 들른 것이 그가 불교와 인연을 맺게 된 최초의 계기였다. 그 후 김구는 갑사(甲寺)에 들렀다가 다시 "구경삼아" 공주 마곡사(麻谷寺)를 찾아가 승려가 되었다. 김구가 노승 하은당(荷隱堂)의 설득으로 하룻밤을 생각한 끝에 중이 된 것은 불교의 오묘한 뜻에 감동되었다거나 아니던 해탈을 맛보고자 하는 불심이 있었던 때문도 아니다. 다만 쫓기던 몸이 불사의 아늑함에 입도를 작심한 것이어서 현실도피적인 의미가 있다. 그는 원종(圓宗)이라는 법명을 받고 승려 생활을 하면서도 비승비속(非僧非俗)의 심화(心火)를 가슴속에 감추고 살았다.

종교적 방황을 겪던 김구는 교회(勝洞敎會)를 다녔고, 다시 며느리 안미생(安美生, 안중근의 조카딸)과 주치의인 성모병원 박병래(朴秉來) 박사의 영향으로 천주교에도 가까이했다. 그는 만년에 서대문교회에서 삶을 마감했으나 그의 뜻과 관계없이 베드로라는 이름으로 천주교의 대세(代洗)를 받고 눈을 감았다. 아내의 세례명이 줄리아(遵禮)였다는 점도 예사롭지 않다. 이와 같은 종교적 편력은 보는 이에 따라 방황일 수도 있고, 그의 개방적 성격을 보여주는 것이라고 좋게 말할 수도 있지만 결국 그는 종교에 정착하지 못한 보헤미안이자 아노미적인 인물이었다.

여인과의 만남이라는 점에서 이승만이나 김구는 모두 박복한 사람이었다.

이승만은 1933년 스위스에서 오스트리아 출신의 이혼녀 프란체스카 도너를 만나 재혼했다. 그는 당시 영어 통역사였다. 이승만이 58세요, 프란체스카가 33세 때였다. 우리는 그 여인을 '호주댁'이라고 불렀다. 오스트리아와 오스트레일리아를 구분하지 못하던 시절의 우극(寓劇)이었다. 김용옥(金容沃)이 어느 글에서 입에 담을 수 없는 용어로 프란체스카를 험담했다. 이는 이승만이 친일파이든 독재자이든 관계없이 용납할 수 없는 일이라고 분개한 나는 형법 308조의 사자명예훼손죄에 따른 고소를 기념사업회와 함께 논의했으나 공소시효 3년이 지나 수포가 되었다.

김구는 네 번 파혼 끝에 결혼했으니 그 또한 기구했다. 처음에는 안중근의 누이와 혼담이 오갔으나 안중근의 아버지 안태훈의 반대로 혼사가 이뤄지지 않았다. 그 뒤 김구는 안창호의 여동생 안신호와 사랑하며 결혼까지 약속했으나 안창호는 그들의 결혼을 반대하여 동생을 양주삼 목사에게 시집을 보냈다. 『백범일지』에 그 안타까움이 절절하게 그려져 있다. 왜 두 가문에서 김구와의 혼인을 반대했는지를 말하기는 불편하다.

모택동이 당대의 지식인이자 스승인 양창제의 딸 양개혜를 사랑했으나 아버지의 반대로 둘이 고향을 버렸고, 마르크스가 자기를 아껴주던 이웃의 백작 베스트팔렌의 딸 예니를 사랑했으나 그 또한 장인의 반대로 사랑이 이뤄질 수 없자 야반도주했던 것과 꼭 같이, 김구도 처가의 반대로 사랑이 이뤄지지 않았으나 야반도주하지는 않았다. 그 두 장인감은 왜 김구를 사위로 맞지 않았을까? 양창제나 베스트팔렌의 경우처럼, "저 젊은이가 장래 유망한 청년이기는 하지만 내 사위는 아니다"라고 판단했을 것이다.

이승만과 김구의 젊은 날의 만남을 정리하자면, 처음에 마키아벨리가 말한 운명일 수도 있고, 우리 식으로 표현하자면 인연이 아닐 수도 있다. 그러나 그들의 불행한 관계가 그들만의 일로 끝나지 않고 30년 뒤에 민족의 비극으로 연결되었다는 점이 더 아프다.

2. 임정에서 만남과 헤어짐

이제까지의 3·1운동사 연구는 민족 정기와 진압 과정에 매몰되었다는 생각이 든다. 물론 그런 측면이 있지만 달리 보면, 경제적 민족주의로서의 자본주의에 대한 개명, 공화주의, 동양 평화, 그리고 그 총화로서의 독립 문제 등을 광범위하게 담은 3·1운동은 매우 복잡다기한 측면을 담고 있다. 위의 폭풍이 지나간 다음 당대 지식인들은 다소 허무한 심경으로 자신들의 행위에 대한 회한에 젖었다. 지식인들에게는 그 시대의 아픔에 대한 우울한 기억(hypochondria)이 있다.(A. Marshall) 무저항 투쟁은 옳았나? 그렇게 민중을 이끈 지도부의 판단에는 오류가 없었나? 우리는 과연 일본으로부터 독립할 역량을 갖췄나? 하는 회한은 민족 정기를 드높였다는 것만으로 덮어둘 수 없는 문제였다.

당시 인구는 1,700만 남짓했는데, 그 가운데 103만 명 정도가 시위에 참여했다. 전 국민의 6.1%에도 미치지 않았다. 장기 후유증으로 사망한 숫자를 어떻게 계산하느냐에 따라 다르지만 940명 정도가 죽음을 겪었으니, 우리가 피상적으로 "2,000만 동포가 모두 일어났다"는 표현은 여염의 이야기일 수 있다. 반면에 전국 220개 군현 가운데 211개소(96%)에서 봉기했으니, 그런 면에서는 거족적이었다고 말할 수 있다.(국사편찬위원회 DB)

당사자나 유족들에게는 미안한 표현이지만 결국 3·1운동은 그 최종 목표인 독립을 쟁취하지 못한 미완의 혁명이라는 사실이 지식인들을 괴롭혔다. 왜 한국의 시민혁명은 좌절됐나? 일제의 통치는 "헌병 정치/병영 정치"(garrison state)라는 독특한 형태였다. 식민지 통치의 모델인 영국의 자치 정책과도 다르고, 오랜 시간에 걸쳐 냄비 속의 개구리 죽이듯 하는 중국의 동화 정책과도 다른 모습이었다. 또한 일본은 도서(島嶼) 민족으로서의 폐쇄공포증이 마치 우리에 갇힌 맹수 같았으며, 종교적 죄의식이 없는 민족(몽테스키외『법의 정신』)이어서 피식민지 국가의 저항을 용서하지 않았다.

한국의 지식인들은 결국 "이 길이 아니었다"는 판단과 함께 조국을 떠나 만주로, 상해(上海)로, 미국으로 갔다. 1919년 무렵 조국을 떠난 애국지사들은 대략 상해에만 500여 명에 이르렀는데, 그 가운데 120명 정도가 이런저런 이름으로 임시정부에 참여했다. 이후 만주 일대 다수의 지식인이 상해에 합류함으로써 젊은 유학생이 많았던 도쿄보다 상해에서 애국단체의 응집이 이루어졌다. 당시 한국의 일본 유학생은 대략 800명에 이르렀다. 선도적인 역할은 여운형(呂運亨)과 장덕수(張德秀)가 맡았다. 비교적 이른 시기인 1914년에 중국으로 간 여운형은 1917년에 상해에 정착했고, 장덕수도 같은 해에 상해에 도착했다. 이어 1919년 이동녕과 김구가 합류하면서 임시정부(임정)의 기초가 마련됐다.

그들은 1919년 4월 10일 상해 프랑스 조계에서 29명이 모여 임시의정원을 구성했다. 의정원 의장에는 이동녕(李東寧), 부의장에 손정도(孫貞道), 국무원 국무총리에 이승만(李承晩)을 추대하고 내무총장 안창호(安昌浩), 외무총장 김규식(金奎植), 군무총장 이동휘(李東輝), 재무총장 최재형(崔在亨), 법무총장 이시영(李始榮), 교통총장 문창범(文昌範), 국무원 비서장 조소앙(趙素昂)을 임명했다. 김구(金九)는 격이 낮은 경무국장에 취임했다.

김구는 3·1운동이 실패하는 모습을 보면서 상해로 건너가 임시 정부에 가담했다. 그 무렵에 이승만은 미국에 있으면서 임정의 국무총리로

당선되었다. 그런데 이승만은 그 직함이 마음에 들지 않는다는 이유로 미국에서 자신을 대통령(President)으로 불러 말썽이 되었다. 이 분규는 결국 임시헌법에서 국무총리를 대통령으로 조문을 바꾸는 것으로 해결되었지만 출발부터 임정과 이승만이 삐걱거리는 원인이 되었다.

1919년 9월 6일에 대통령으로 당선된 뒤에도 이승만은 주로 미국의 필라델피아에 머물면서 외교를 펴고 있었다. 1920년 12월이 되어서야 상해로 건너간 이승만은 대통령에 취임하여 3개월 동안 머물다가 미국으로 돌아가 너무 오래 상해에 귀임하지 않았다. 그가 임시 정부를 외면하고 미주에 머물면서 대통령으로 자칭했다는 사실은 단순한 직무 이탈이 아니라 상해 임정보다는 한성(漢城) 정부를 법통으로 생각하고 있는 듯한 인상을 줌으로써 임정 요인들을 불쾌하게 만들었다.

애초 이승만이 상해 임정 의정원에서 두표 1표를 제외한 만장일치로 대통령에 당선되었을 때만 해도 그가 미국에 머무르고 있다는 사실은 부러움의 대상이 되어 대통령으로 당선되는 데에 중요한 인자가 된 점도 있다. 반대로 그것이 꺼림의 대상이 되었던 것도 사실이다. 이러한 점을 우려한 임시의정원에서는 아예 "대통령이 자신의 임의대로 직책을 함부로 떠나는 일이 없도록" 헌법으로 못을 박았다.(『대한민국 임시헌법』, 1919. 9. 11. 제16조) 대통령의 출타를 헌법에 규정하는 이 희극은 당시 임정과 이승만의 불편한 관계를 극명하게 보여 준다. 법리로 따진다면 이승만이 미국에 오래 머물며 상해로 돌아오지 않은 것은 실정법상 국헌(國憲)을 문란하게 한 죄에 해당하는 일이었다.

이런 상황에서 이승만과 김구가 갈등하게 된 첫 번째 사건은 통속적이게도 돈 문제였다. 이승만이 상해에서 대통령의 직무를 수행한 3개월 동안 임정이 그에게 가장 기대했던 것은 독립운동 자금의 문제였다. 이승만도 그 문제에 관해서는 책임질 수 있다는 언질을 주었다. 하와이 교포와 미국 동부 교포들의 헌금이 있었으나 "푼돈" 정도에 그쳤고, 이승만 자신도 생활이 여유롭지 않았다.(서재필의 증언) 그가 임정을 도와준 것은 공식적으로 200달러가 전부였다. 구매력을 기준으로 볼 때 그때의 1달러는 지금의 한화 2만 원 정도이다. 이것은 이승만이 임정을 홀대해서가 아니라 실은 그 자신도 어려운 삶을 살고 있어 임정을 재정적으로 도와줄 형편이 아니었기 때문이었다.

이와 같은 곤궁한 상황에서 레닌이 그 틈새를 타고 1921년 임정에 60만 루블을 지원했다. 그러나 이것은 축복이 아니라 화근이 됐다. 그 당시 루블 대 달러의 환율을 1 대 1이었으니 60만 루블은 큰돈이었다. 그런데 신생 국가인 러시아의 화폐는 태환지폐가 아니었기 때문에 임정은 60만 루블을 금괴로 받았다. 그 무게가 너무 무거워 20만 루블만 금괴로 받아 상해로 반입했으며 잔금은 모스크바은행에 예치했다. 그 금괴를 둘러싼 추문과 분규가 살인으로 번져 상해 임정이 분열하는 일차적 계기가 되었고, 엉뚱하게 이승만에 대한 원성이 고조됐다.(『김철수 회고록』) 이처럼 정치인이 너무 가난하면 바로 살 수 없다.

이래저래 이승만과 임정의 사이가 껄끄럽던 터에 일이 안 되느라고 이른바 이승만의 위임 통치 파동이 일어났다. 이승만은 미국에서 외교 우선주의에 따라 활동하던 시기에 지난날의 은사이자 당시 미국의 대통령이 된 윌슨에게 "국제연맹이 한국을 위임 통치해줄 것"을 요청한 적이 있었다. 무슨 대단한 격식을 차려 요청한 것도 아니고 "그저 말이나 한번 붙여 보자"라는 식이었다. 이는 임정은 물론 재미한인대표자회의와 사전 연락 없이 그가 단독으로 벌인 행동으로서, 국제연맹에 의한 위임 통치가 일본 지배를 벗어날 수 있는 길이라고 판단했던 것이다.

이와 같은 위임 통치 요구설은 알 만한 위치에 있는 사람들에게도 잘못 전달되어 분노를 일으켰다. 이를테면 김창숙(金昌淑)·신숙(申潚)·신채호(申采浩)도 그렇게 오해했고 심지어 미국에 있는 사람들도 미국에 위임 통치를 청원한 것으로 알고 강경문(姜卿文) 외 53명이 "성토문"까지 발표할 정도였다. 국무총리 서리였던 김구의 생각도 다르지 않았다.

윌슨이 국제연맹 창설자이기는 하지만 이승만이 미국도 가맹국이 아닌 국제연맹의 위임 통치를 윌슨에게 요청한 것은 사려 깊은 정책이 아니었다. 이것이 "미국에 위임 통치를 요구했다"고 와전되어 임정은 이승만을 탄핵해 해임시켰다. (1925. 4. 30.) 이승만으로서는 평생의 한(恨)으로 가슴에 맺혔고, 그 해독이 신생 공화국의 탄생에까지 번져 어두운 그림자를 뻗쳤다.

인간에게는 인연이랄지, 운명이랄지, 인간의 능력이나 소망을 초월하는 어떤 존재가 있는 것 같다. 한 시대를 함께 살아가면서 성격이 같아야 할 이유는 없지만, 인연이 아닌 경우가 있다. 예컨대 김구는 지나가는 일본 낭인(浪人) 쯔시다 조스케(土田讓亮)를 보자 근거도 없이 그가 민비(閔妃)를 죽였다고 여겨 칼로 쳐 죽이고 그 피로 얼굴을 씻으며 "국모 보수(報讎)"를 외쳤다. 반면에 당시 이승만은 필라델피아의 레스토랑에서 덜 익어 핏빛이 도는 스테이크를 꺼릴 정도였다.

또 김구는 조직도 없고, 자금도 없고, 민중적 지지 기반도 없이 이국땅에서 풍찬노숙하며 순교자적 소명감에 걸마단기로 적장을 향해 달려드는 테러리즘을 선호했고, 이승만은 워싱턴에서 윌슨과 마주 앉아 우아하게 외교우선주의로 세상을 논의하고 있었으니 두 사람은 달라도 너무 달랐다.

두 사람이 서로의 장점을 합하고 단점을 극복하며 조국의 내일을 풀어 갔더라면 민족의 비극을 비켜 갈 수도 있었을 것이다. 가슴으로 살아온, 그래서 때로는 냉혈하고 전략 개념이 부족했던 김구에게는 순수함이 있었다. 그런가 하면 이지(理智)로 살아간 이승만에게는 차가운 판단력이 있었으니 어쩌면 두 사람은 잘 맞는 궁합이었을 수도 있으나 하늘은 그들의 합작을 허락하지 않았다. 후대의 우리로서는 어쩌면 그것도 국운이려니 체념하고 그 시대를 반추하며 지금의 교훈으로 삼을 수밖에 없다.

3. 테러리즘과 외교우선주의의 갈등

이승만과 김구는 현실 인식에서도 많은 차이를 보였다. 김구는 테러리즘(terrorism)에 몰두하고 있었다. 엄혹한 식민지 지배 아래에서 성숙한 민중의 육성이 불가능하다는 제약, 3·1운동의 경우에서 볼 수 있듯이 민중적 지지 기반이 취약하여 민중 봉기나 지지에 의한 국가 건설이 불가능하다는 점, 그리고 위와 같이 민중주의를 체념한 결과 윤봉길(尹奉吉)이나 이봉창(李奉昌)의 경우처럼 순교자적 희생정신으로 무장된 개별적 테러리스트에 의한 효과에 대한 기대감이 그를 테러리즘에 몰두하게 했다.

그런데 오늘의 우리 사회에서, 더욱이 김구를 숭모하는 무리 가운데 이 테러리즘이라는 용어에 과민한 반응을 보이는 이들이 있다. 그와 같은 오해나 비난을 피하고자 테러리즘을 학술적으로 정의하자면, "자금이나 훈련이 부족하고 적군의 엄혹한 탄압으로 말미암아 정규적이고도 조직적인 투쟁이 불가능한 상황에서 순교자적 우국심으로 무장된 개별적 투사가 단독의 힘으로 적군에게 무장 공격을 감행함으로써 자신의 명분과 기개를 드높이고 적군에게 공포를 불러일으키는 투쟁 방법"을 뜻한다.

아마도 한국 독립운동사를 전공하는 학자들 사이에서는 "의열 투쟁"이라는 용어를 선호하는 것 같은데 본질적으로 큰 차이가 있는 것 같지는 않다. 테러리즘에 대한 알레르기는 아마도 중동의 이슬람이나 팔레스타인에 대한 연상 심리의 결과가 아닌가 여겨진다.

김구가 테러리즘에 몰두한 것과는 달리 이승만의 노선은 외교우선주의였다. 이승만은 향후 한국 사회에 미국이 미칠 정치적 영향을 정확히 간파하고 있었다. 따라서 그의 친미주의 밑바닥에는 미국에 대한 호의적 이해와 함께 친미가 그의 정치적 생존과 부합한다는 이중성이 공존하고 있었다. 그래서 "한국의 독립은 외교에 있다"는 것이 그의 독립운동의 방략이었다.

폭력적인 방법은 승리를 쟁취할 수도 없을 뿐만 아니라, 이승만의 정치 고문이었던 올리버(Robert T. Oliver)의 증언에 따르면, 무장 투쟁은 한국에 대한 탄압을 가중할 뿐이라고 생각한 나머지 이승만은 광복군(光復軍)의 창설즈차도 반대했다. (Robert T. Oliver, 1960, p. 151) 서구 정치의 현장에서 술수와 전략을 체득한 이승만의 생각과 처신이 김구의 그것과 달랐던 것은 단순히 노선의 차이를 넘어 두 사람의 인간적인 유대마저도 멀어지게 만들었다는 점에서 불행한 일이었다. 이승만은 이러저러한 부대낌을 겪으면서 임정 세력에 대하여 분명히 혐오감을 가지고 있었다.

그러한 감정의 연속선 위에서 해방이 되자 이승만은 임정 세력이 해체되어야 한다고 생각했다. 그런데도 자신이 임정과 "별개의 조직이라는 낭설이 두려워" 이를 내색할 수가 없었다. 그는 독립촉성중앙협의회에서 "이 말은 밖에 나가서는 말들 마시오. …… 내 생각으로는 임정을 해산하지 않으면 안 됩니다"(『독립촉성중앙협의회록』(1/1), *mimeo*)라고 말했다.

4. 우리에게 해방은 무엇이었나?

우리는 "해방의 감격"이라는 말을 자주 쓰지만 1945년 8월 15일 정오에 한국인의 삶에는 큰 동요가 없었고, 서민들은 영문을 몰라 덤덤했다. "일본 사람들이 떠난다"는 정도로 알고 있었다. "감격"이란 단어는 소설적 분위기에서 하는 말이었다. 옥중에서 석방되는 우국지사들의 벅찬 감회와 만세 소리만 크게 들렸다. 사랑하는 사람을 잃었을 때 당장은 먹먹하고 슬픔도 제대로 느끼지 못하다가 삼우제(三虞祭)를 마치고

집에 돌아왔을 때 설움과 아픔이 북받치듯이, 사나흘이 지난 다음에야 해방의 감격이 피부에 닿고 그때부터 시민들은 거리로 뛰쳐나왔다.

역사를 살다 간 사람들은 모두 자기가 가장 불행한 격동기를 살았다고 자학하는 경향이 있다는 점을 감안하더라도, 우리 세대는 참으로 기구했다. 해방정국에서 민중의 심리 상태는 이성이 마비되고 반사적으로 감성이 강화되며, 논리보다는 격정적 웅변에 호소했다. 35년에 걸친 식민지 지배로부터의 해방은 타협보다는 투쟁을 선호하게 했고, 그러한 상황에서는 대화보다 "거리의 정치"가 더 유효했다. 기존의 정치적 기반이 없는 선동가형 정치인들로서는 이러한 혁명의 심리를 이용해 대중 조작이나 대중 조직 또는 대중 동원 등의 방법으로 가장 손쉽고도 유리하게 권력에 접근할 수 있는 방편을 마련할 수 있었다.

해방정국의 국민 정서는 혼돈의 민족주의 방향으로 흘렀다. 해방의 기쁨과 완전 독립에 대한 조급한 기대감, 전환기의 격정, 영웅숭배론적인 군중심리와 지도자층에 팽배하던 우국적 구세주의, 웅변가 중심의 확성기 정치, 망국과 압제에 대한 복수심, 적산(敵産) 불하를 둘러싼 일확천금의 기대, 자유 등이 한데 뒤섞였다. 해방정국에서 민족주의는 하나의 유행이자 미덕이었다. 이럴 경우에 나타나는 이념적 정향은 민중주의다.

미국이나 소련이 한국의 해방에 대해 가지고 있던 공통된 정책은 "해방이 곧 독립을 의미하는 것이 아니다"는 점이었다. 이는 한국인이 꿈에도 생각하지 못했던 일이고 남북한 모두에 준식민지적 군사 점령이 실시됐을 때 남북한 지도자들은 당황하고 절망하며 저항했지만 소용없는 일이었다. 남한의 경우, 지배자가 미군정사령관이었다는 점에서 여느 세력보다도 이승만의 입지가 유리하고 유력했다. 미국으로서도 어차피 "통역정치"를 수행할 수밖에 없는 상황에서 의사소통이 안 되는 김구보다 이승만을 선호한 것도 이상할 것이 없다.

이 점에서 김구는 큰 착각을 하고 있었다. 군정에 대한 이해도 부족했거니와 아직도 임시정부 주석의 권위와 직함과 직인은 여전히 유효하다고 여겼기 때문에 망설임 없이 임정의 국무회의를 이어갔다. 이런 장면을 보면서 하지 미군정사령관은 김구가 정무적 감각을 전혀 갖추지 못했을 뿐만 아니라 세상 돌아가는 것을 모르는 정치인이라 판단했고, 이런 점이 "말이 통하는" 이승만에게로 더욱 편향하게 만들었다.

임정의 법통을 누가 이어받았는가의 문제에 대해서는 이승만과 김구가 모두 할 말이 있었다. 김구는 당장 임정 직인을 가지고 입국했으니 자신이 수권자라고 생각했지만, 국제적으로 정부 승인을 받지 못한 상황에서 임정의 초대 대통령이자 친미주의자였던 이승만은 미국이 지배하고 있는 정국에서 당연히 자신이 법통이라고 생각했다. 임시정부에서 한독당(한국독립당)으로 이어지는 김구의 환국 세력과 독립촉성중앙협의회에서 한민당(한국민주당)으로 이어지는 이승만 사이의 암투는 간헐적인 만남과 헤어짐을 거듭했다.

1948년 9월 30일에 이승만은 대통령 자격으로 최초로 국회에서 시정연설을 했다. 그가 국회에 입장하고 보니 앉을 자리가 없어 서서 기다렸다. 어디 앉을 자리가 없나 기웃거리는데 어느 의원이 눈을 부라리며 일갈했다.

"어디서 감히 행정부 사람이 의회에 와서 자리에 앉을 생각을 하느냐?"

그 말에 이승만은 무안해 서서 기다리다가 연설을 마치고 돌아섰다. (김승웅;『자료대한민국사 8』, 1948. 9. 30.) 그때 그의 나이가 일흔셋이었다. 그 국회의원도 어지간히 무지막지한 사람이었지만, 당시 국내 민족주의자와 중국계 민족주의자가 다수를 이루고 있었던 의회가 이승만에 대해 느끼고 있던 반감이 어느 정도였던가를 잘 보여주는 사건이었다.

해방정국을 읽는 학자들의 보편적인 오해와 실수는 해방정국의 갈등을 좌우익의 대결이라는 구도로 설명하려 했다는 점이다. 그러나 이는 해방정국뿐만 아니라 인간의 심성을 근본적으로 오해한 것이다. 사막에서 전갈은 방울뱀을 만났을 때보다 동종의 전갈을 만났을 때 더 치열하게 싸운다. 이종(異種) 사이의 싸움에는 불리하다 싶은 쪽이 도주하지만, 동종의 싸움에는 물러남 없이 죽음으로 끝난다.

임정을 둘러싼 이러한 갈등은 1947년에도 누그러지지 않았다. 예컨대 이승만의 의중을 잘 알고 있었던 경무부장 조병옥(趙炳玉)은 1947년 5월 15일, 대전(大田)에서 이른바 임정봉대추진위원회 주최로 열릴 예정이었던 6도(道)대표대회를 주최 단체와 목적이 불법적이라는 이유로 군정장관의 명령으로 집회를 금지했으며, 수도경찰청장 장택상(張澤相)은 임정봉대추진위원회의 해산을 명령했다. 이것이 다시 김구에게 상처를 주었다.

그러나 이승만과 김구가 화목하지 않았던 것을 곧장 두 사람의 권력 투쟁으로 보는 것은 잘못이며, 특히 김구의 뜻을 오해하는 것이다. 김구는 임정 수반을 지냈고, 애국 전선에서 열렬한 삶을 산 것은 사실이지만 그에게는 권력 의지가 엷었다. 그러나 달리 생각하면 국가 수반에게 권력 의지가 엷다는 것은 정치학의 입장에서 보면 흠결이 될 수 있다. 그뿐만 아니라 김구는 정치적 감각이나 술수를 타고난 사람도 아니고 그런 것에 마음을 쓰지도 않았다. 그런 점에서 그는 담백한 인물이었다. 그 점이 오히려 군정 당국자들을 당혹하게 만들었다. 그는 "형님의 뜻대로"라는 겸손함과 금도를 지켰고, 이승만과의 관계에서 늘 한 발 비켜서 있었다. 군정은 김구에 대한 민중의 애정과 그의 비중을 잘 알고 있었다. 그러나 그의 고집스러움은 늘 군정을 어렵게 만들었다.

이를테면 김구는 1945년 11월 23일, 개인 자격으로 임정 요인들과 함께 미군 수송기 편으로 귀국했다. 귀국에 앞서 김구는 임정의 법통을 내세우면서, 미국 육군 아시아전구사령관 웨드마이어(A. C. Wedemeyer) 장군에게 임정 요인은 귀국 후 미국 헌병의 보호를 받지 않을 것과 입국 후의 치안 유지는 임정이 맡을 것이며, 임정이 군대를 편성할 것이고,

군정은 임정의 정치 활동에 간섭하지 말 것을 요구했다. 점령군으로 진주하는 미국의 지휘 책임자에게 이런 요구를 하는 것을 들으며 웨드마이어로서는 기가 막힐 일이었고, 김구가 사태를 너무 모른다고 생각하면서 김구와 정치적 상담을 하는 것에 의미를 두지 않으려 했다. 미국이 보기에 김구는 정치적 감각이 전혀 없거나 어두운 인물이었다.

하지는 다소 난감했다. 눈길을 돌려 보니 이승만이 보였다. 하지가 보기에 그도 건국의 아버지로 손색이 없었다. 그러나 그는 너무 고집스럽고(stubborn), 왕실의 후손이라는 자부심이 너무 권위주의적이어서 프랑스혁명 전야의 부르봉(Bourbon) 왕조 후손처럼 보여 민주주의를 건설하는 데 적임자라는 믿음이 가지 않았다. 문민 우위의 원칙을 중시하던 이승만이 하지를 바라보는 눈길이나, 정글전의 맹장인 하지(John R. Hodge)가 이승만을 바라보는 눈길은 서로 그리 곱지 않았다. 그들이 건국 초기부터 우호적이었다는 보수적 시각은 사실과 다르다. 하지는 이승만이나 김구는 젊은 세대에게 길을 열어주고 "조속하고 우아하게"(quickly and gracefully) 무대에서 사라져야 할 인물이라고 생각했다. (RG 218 : Leahy File, NARA)

하지가 판단하기에 이승만이 미래의 과도 정부에 필수적이거나 바람직하지는 않았다. 이승만에 대한 한국민의 인식은 군정의 후광이 안겨 준 허상(虛像)이라고 하지는 판단하고 있었다. 하지는 이승만에 관하여 다음과 같은 기록을 남겼다.

"그의 치경적인 약점은 정적과의 타협 능력을 갖추고 있지 않았다는 점이다. 그는 남들이 자신을 위해 일하는 것만 생각했지, 자신이 남들과 더불어 일하는 것을 생각하지는 않았기 때문에 정치적으로 외로운 사람이다. 한국인은 그의 직책을 사랑하는 것이지 그 자신을 사랑하는 것이 아니었다."("Dr. Syng Man Rhee's Political Background", RG

332, Box 39, WNRC)

이렇게 판단하고 있는 군정으로서는 김구나 이승만의 무리에 호의를 보일 수 없었다. 미국이 생각할 때 그들은 "끝까지 버틸 사람들"(diehard)이었다. 그들과 같은 극우 세력으로 정국(政局)을 운영한다면 중도파는 공산당과 협력하여 세력을 확장할 위험이 있다는 점도 깊이 고려했다. 그러므로 이승만이 유용한 시기는 지났으며, 한국의 정치 무대에서 "모양 좋게"(gently) 사라져야 한다고 하지는 판단했다.(C. L. Hoag, 1970, pp. 451~452; 신복룡·김원덕, 『한국분단보고서(1)』, pp. 417~418)

그 무렵 한국의 정치적 논쟁에서 태풍의 중심권에 있었던 인사들이 정치 무대에서 사라진다면, 미국과 소련의 협상뿐만 아니라 남한의 여러 파벌 사이의 협상도 촉진될 것이라는 군정의 계산도 작용했다. 그러나 아무리 우익을 경원했다 하더라도 정치적 입장의 선악을 떠나서 김구와 이승만을 배제한 채 정국을 운영할 수 있으리라는 미군정의 구상은 순진한 것이었다.

4. 혁명의용군 사건

이승만의 그와 같은 권력 의지가 가장 잘 나타난 것이 곧 최능진(崔能鎭) 사건이다. 평남 강서(江西) 출신인 그는 미국 스프링필드대학(Springfield University)을 졸업한 지식인으로서 일제 치하에서는 독립운동을 하다가 감옥 생활을 했고, 해방이 되자 경무국 수사과장에 취임하여 당시의 친일적 분위기 속에서 양식과 능력 있는 경찰로 중망을 받고 있었다.

문제는 최능진이 조병옥과의 의견 충돌로 본의 아니게 강제 퇴임하고 이에 대해 강력하게 저항했다는 점이었다. 이승만이 최능진을 그토록 증오한 이면에는 건국 초기의 국가 주석 추대 운동에서 최능진이 서재필(徐載弼)을 지지했다는 사사로운 감정이 개재되어 있었다.

그런데 최능진은 이승만에 대한 저항으로 1948년의 5·10 총선거에서 이승만에게 맞서 동대문 갑구에서 출마했다. 무투표 당선을 바랐던 이승만 계열은 최능진의 사퇴가 뜻대로 이뤄지지 않자 서북청년회를 시켜 등록 마지막 날에 그의 서류를 탈취했고, 최능진 측에서 가까스로 다시 서류를 꾸며 등록을 마쳤을 때는 추천인의 도장이 위조라는 이유로 후보 등록이 취소됨으로써 결국 이승만이 무투표로 당선되었다.

거기에서 멈추지 않고 최능진에 대한 억압은 끝내 혁명의용군 사건으로 비화했다. 죄목은 정부 전복 음모였다. 최능진은 전(前) 여수·순천 주둔 14연대장으로 김구의 열렬한 추종자였던 오동기(吳東起)와 더불어 러시아의 10월 혁명 기념일에 서울로 진격하여 정부를 전복할 계획을 했다는 것이다.(『동아일보』1949. 1. 23.)

이승만 세력은 김구와 최능진을 단일 사건으로 타진(打盡)하고자 했다. 그러나 실제로 오동기와 최능진은 얼굴도 모르는 사이였다. 1948년의 상황에서 세계 최강의 미군이 주둔하고 있는데 저 멀리 땅끝 마을인 여수·순천에서 연대 병력을 이끌고 서울로 진주하여 정부를 전복한다는 것은 소설 같은 이야기였다.

최능진은 복역을 마치고 출옥했다가 다시 체포되어 한국전쟁 시기에 고등군법회의에서 내란 및 이적죄로 대구에서 처형되었다. 이 드라마의 연출자는 김창룡(金昌龍)이었다. 최능진의 생애를 추적하여 연구한 안진(전남대학교 교수)의 증언에 따르면, 최능진은 죽으면서 자손들

최능진

에게 "내 원수를 갚으려 하지 말라"는 유언을 남겼다고 한다. (안진, 1996, pp. 245~269)

역사란 때로는 기묘하고도 소설보다 더 소설적일 때가 있다. 최능진은 곧 현대사에 자주 입에 오르내린 정수장학회장 최필립(2013년에 사망)과 최만립의 아버지이다. 여수·순천 사건이 어디까지 사실이고 어디까지가 왜곡이든 간에 그 사건에 연루된 박정희(朴正熙)와 최능진의 자녀들이 다시 손을 잡고 현대사를 편직(編織)해 나간 이야기를 얘기하기란 불편하지만, 역사란 그렇게 퍼즐 맞추기처럼 엮어져 갔다. 그 수많은 사연을 가슴에 묻은 채 아무 기록도 남기지 않고 하나둘씩 증인들이 사라지는 것이 안타깝다.

제10장 참고 문헌

「김선(金善) 회고록」, 『내가 겪은 해방과 분단』(성남 : 한국학중앙연구원, 2001)

『대한민국 임시 헌법』, 1919.

도진순(주해), 『백범일지』(돌베개, 1997)

『독립촉성중앙협의회록』 *mimeo*(np, nd)

손세일, 『이승만과 김구』(일조각, 1977)

안진, 『미군정기 억압 기구 연구』(새길, 1996)

이승만, 『독립 정신』(태평양출판사, 1954)

정병준, 『우남 이승만 연구』(역사비평사, 2005)

Hoag, C. L., *American Military Government in Korea : War Policy and the First Year of Occupation, 1941-1946*(Unpublished Draft Manuscript, OCMH, Department of Army, 1970); 신복룡·김원덕(역), 『한국분단브고서』(1)(선인, 2023)

Hook, Sydney, *Hero in History : Myth, Power or Moral Ideal?*(Stanford : Hoover Institute at Stanford University, 1978)

Oliver, Robert T., *Syngman Rhee : The Man Behind the Myth*(New York : Dodd Mead, 1960)

Toynbee, Arnold J., *Surviving the Future*(London : Oxford University Press, 1971); 홍사중(옮김), 『대화』(삼성문화재단, 1974)

11

이승만과 김구의 만남과 헤어짐(2)
단독 정부를 둘러싼 갈등

> "정치인은 죽는 일에도
> 나라에 도움이 되어야 한다.
> 하물며 살아 있음에랴."
> — 플루타르코스(Plutarch)

우리가 젊은 날 혼기(婚期)에 이르렀을 때 부모님들은 이렇게 말씀하셨다.

"좋은 만남이란 성격이 같은 사람끼리의 인연을 뜻하는 것이 아니다. 부부가 너무 닮으면 못산다. 성격이 다른 만남이 좋은 배필이다."

그런데 50년을 부부로 살고 보니 문득 그 다른 성격이 닮아 있음을 알고 놀라지 않을 수가 없다. 이 이치가 어디 부부 관계뿐이겠는가? 정치적 동지도 마찬가지일 것이며 이승만과 김구의 경우에 더욱 그런 생각이 든다. 끓는 가슴을 안고 격정의 삶을 산 김구와 이지적인 이승만의 만남이 좋은 동지였는지 아니면 잘못된 만남이었는지를 평가하기란 쉽지 않다.

비극적 식민지 시대에는 적군의 모습이 너무도 뚜렷했고 엄혹했기 때문에 그 앞에서 두 사람의 개인 감정은 적군에 대한 증오심보다 뒷순위여서 허물이나 섭섭함을 덮을 수 있었다. 그러나 해방되고 눈앞에 과실(果實)이 나타났을 때 그들은 본능적으르 서로를 경계하는 경쟁자로 천천히 닮아가고 있었다. 권력에 대한 의지는 이승만이 더 강렬했기 때문에 처음에는 김구가 "형님"이 하자는 대로 따라가는 듯했으나, 거듭되는 앙금과 불신은 결국 그들을 갈라서게 했다. 그 첫 번째로 부딪친 문제가 곧 단독 정부의 수립을 둘러싼 이견이었다.

1. 단독 정부 수립의 문제

1946년 6월 3일, 이승만은 유세차 정읍(井邑)에 들러 시국 강연하면서 남한만의 단독 정부 수립의 가능성을 언급했다. 생각과 지략이 깊은 사람이니 불쑥 한 말은 아니며 여러 가지 계산이 깔려 있었을 것이다. 당시의 정서가 독립과 조속한 통일 정부의 수립이었다는 점을 고려한다면 그런 발언은 용기가 필요한 일이었고, 보는 이에 따라서는 무모하거나 위험하다고 여길 수도 있었다. 이승만은 왜 그런 모험을 했을까?

먼저 짚이는 것은 그가 단정론을 제기한 시기가 미소공동위원회의 결렬 시점과 일치한다는 점이다. 미소공동위원회의 결렬은 미국이 신탁 통치 정책을 포기하고 새로운 한반도 정책을 모색하도록 하는 계기를 제공했다. 미소공동위원회가 실패하자 미국은 타협에 의한 통일을 체념했다. 이런 점에서는 이승만도 같은 생각이었다.

또 한 가지, 당시 국민에게 희망을 주고 있던 좌우 합작에 대하여 이승만은 불안을 느끼고 있었다. 여러 가지 정황으로 볼 때 미국은 애초 정국 운영의 주도적인 인물로서 김규식(金奎植)을 고려했던 것으로 보인다. 기존의 신탁 통치 정책 대신에 새로운 정책을 모색하는 전환기에 미군정이 김규식·여운형(呂運亨)과 좌우 합작을 추진했다는 것은 미군정의 향후 정국 구상과 관련하여 중요한 시사점을 주었다.

이럴 무렵에 침묵을 지키고 있던 이승만이 단정론을 주장하고 나선 것은 정국 운영의 기선을 제압하려는 의도를 담고 있었다. 그는 단정론을 제기함으로써 미군정이 추진하는 좌우 합작에 의한 정국 구도를 분쇄하고 자신이 주도하는 정국으로의 전환을 시도했다. 당시 북한에 인민위원회가 정착된 상황에서 총선이 현실적으로 불가능하다면, 대안은 단정일 수밖에 없다고 이승만은 판단했다. 적어도 그는 한반도 전역의 소비에트화보다는 남한만이라도 이를 막아야 한다는 일종의 소명감을 가지고 있었다. 이승만의 이와 같은 판단은 미국과 교감이 이뤄지고 있었다. 이승만이 미국 국무부와 미군정 일각에서 검토했던 단정안을 입수했을 가능성은 충분히 있다. 워싱턴에는 그를 지원해주던 인사들이 있었고, 이들의 도움으로 이승만은 워싱턴의 사정을 잘 알고 있었기 때문이었다.

단정 문제에 관해 이승만이 고민하지 않은 것은 아니다. 단정 자체가 분단의 영구화로 가는 길이라면 그것이 자신의 업보가 되리라는 것을 이승만이 계산하지 않았을 리가 없다. 그러나 그러한 죄책감은 그의 정치적 판단과 권력 의지에 묻히고 말았다. 그뿐만 아니라 이러한 일련의 정치 공세 속에서 그는 자신이 김구로부터 추월당하고 있다는 의식에 사로잡혀 있었다.

그래서 이승만은 우익이 뭉쳐야 한다면서 자신이 초당적으로 활동할 것이니 김구도 한독당을 탈당하는 것이 바람직하다고 권고했다. 1947년 11월 30일과 12월 1일에 이승만과 김구의 회담이 있고 난 뒤에 이승만의 제안으로 양쪽의 합작은 급속히 추진되었다. 양측 대표는 12월 2일 모임을 갖고, '국민의회 의원선거법에 따라 조속한 기한 안에 자율적으로 총선거를 실시하되 UN 감시단의 선거가 우리의 뜻에 일치할 때는 이에 협조할 것'을 결의했다. 그 동기가 순수했던 김구는 젊은 당원들의 강력한 반대에도 불구하고 한독당의 당수를 사퇴할 것을 공언했다.

그러나 이승만은 통합을 추진해 놓고 한민당이 그 대오에서 빠짐으로써 결과적으로 한독당·국민당·신한민족당만의 합당이 이뤄졌다. 그

이승만과 김구(1947. 7. 15. 창덕궁).
이승만보다 김구를 더 우위에 놓으려는 카메라맨의 의도가 역력하다.

뒤의 추이를 보면 김구의 당수 사퇴를 권고한 이승만의 의도에는 깊은 계산이 담겨 있었다. 결국 이승만은 동반 자살을 가장하고 자신만이 살아남는 방법을 택하였다. 단정론의 등장과 함께 분단의 고착화 등 민족적 비극의 가능성을 절감했던 김구는 이승만에게 견주어 더 순박한 이상에 젖어 있었다. 결국 김구가 이끄는 국민회의(國民會議)와 이승만이 이끌던 한국민족대표자대회(韓國民族代表者大會)의 통합이 무산되었고 결과적으로 이승만에 대한 김구의 배신감만 커졌다.

2. 단정 반대의 논리

이 무렵에 김구가 주장한 단정 반대의 논리를 들어보면, 단정은 38°선을 국제적으로 합법화하는 결과를 초래할 것이고, 북한의 단정을 유발함으로써 분단의 고착화를 가져올 것이며, 통일 정부를 이룰 희망이 없다고 해서 단정이 차선일 수는 없으니 남북 협상을 통해서 통일 정부를 수립해야 한다는 것이었다.(『경향신문』1947. 12. 4.)

그런데 김구의 단정 반대론에도 원초적인 문제점이 있었다. 그것은 다름이 아니라 그가 처음부터 단정 반대로 일관한 것은 아니라는 점이다. 김구는 애초 우익 세력을 결집해 단정을 더욱 통일적으로 전개하려고 조직한 민족통일총본부에 부총재로 취임함으로써 이승만의 단정 노선을 지지하는 입장을 보여 주었다. 김구가 이승만의 정읍 발언 직후에 단정 반대를 분명히 한 것은 사실이지만, 미소공동위원회가 결렬된 뒤에는 단정론이 고조되는 가운데 중간파 정당들과 한국독립당이 결합하여 정당협의회를 결성하고 단정을 지지하는 입장을 피력했다. 그러한 예로서, 김구는 1947년 11월 30일에 이화장(梨花莊)으로 이승만을 방문하여 요담한 다음 이승만이 주장하는 단독 정부 수립 견해에 완전 의견 일치를 보았다고 발표했다.(『조선일보』1947. 12. 2.)

그렇다면 김구가 애초에 이승만의 생각에 따라서 단정론을 지지하다가 통일지상주의로 노선을 바꾼 이유는 무엇일까? 그것은 고뇌에 찬 이념적 판단이었을까, 아니면 다른 인간적인 이유가 있었을까? 앞서 말한 김구와 이승만의 합당 약속이 깨진 것이 일차적 계기였다. 이를 계기로 김구는 이제까지의 단정 동의와는 달리 단독 정부의 수립에 반대하는 성명을 발표했다.(『조선일보』1947. 12. 23.)

그런 상황에서 더 큰 빌미를 제일 먼저 제공한 것이 곧 장덕수(張德秀) 암살 사건(1947. 12. 4.)이다. 장덕수는 친일의 허물을 안고 있는 사람이었지만 아까운 사람이었다. 이 암살에 대해 군정과 이승만은 김구에게 혐의를 두었다. 수도경찰청장 장택상(張澤相)은 한독당 요인들을 연행하여 심문하는 한편 그들의 집회를 금지했다. 이러한 계제에 김구는 1948년 3월 12일과 15일, 두 번 검찰에 소환되어 살인 교사를 집요하게 추궁당했으며, 그 과정에서 말단 형사로부터 온갖 수모를 겪었다.(『조선일보』1948. 3. 14.)

비록 임시 정부였다고는 하지만 한 나라의 수반이었던 김구는 그때 겪은 일이 너무도 부끄럽고 원통하여 남들에게 이야기도 못 했다. 그는 이번 일은 "형님"이 장택상을 시켜 한 일이라고 판단하고 이제 한민당이나 이승만과 더는 같은 배를 타지 않겠다고 결심했다. 김구의 이러한 입장 변화는 이승만의 단정 의지에 대한 반사 행동이었다. 이념은 애증을 뛰어넘지 못했다.

단정론과 통일론으로 국론이 분열되고 좌우익이 모두 피로해 있을 무렵, 정국의 흐름은 이승만에게 유리하게 흘러가고 있었다. 역설적으로 1948년에 제주 4·3사건은 이승만에게 새로운 정치적 기회를 제공해 주었다. 이 사건으로 그는 국회 내의 구도를 우파 대 좌파의 대결로 변경시킴으로써 국회에 대한 지배력을 강화할 수 있게 되었다. 곧 제주 4·3사건은 한민당이 체제를 둘러싼 이승만과의 연대를 강화하도록 해주었고, 이로써 힘이 실린 이승만은 단정을 더 강력하게 추진할 수 있었다.

이승만의 단정론을 옹호하는 입장인 김영명(金永明, 한림대학교)은 "과연 통일 정부는 민주 정부보다 당연히 앞서는 가치인가?"(1998, pp. 109~110)라고 물으면서 "당시 우익 주도의 대한민국이 건설되지 않았다면 한반도 전체가 공산화되었을 가능성은 매우 높았다"라고 주장한다. 따라서 "남한의 단정 수립은 어느 정도 불가피했고, 어떤 의미에서는 바람직하기까지 했는지도 모른다."

물론 단정의 가치는 민주적 통일 정부의 수립에는 견줄 수 없지만, 당시 한반도에서 민주적 통일 정부가 수립될 수 있었다는 믿음은 지나친 이상론이며, 우리에게 고통과 비극을 안겨 준 단정 수립은 최악을 피하려는 차악(次惡, second worst choice)의 선택이었다고 김영명은 주장하고 있다. 그러자 김용호(金容浩, 인하대학교)는 그것이 차악이 아니라 차선(次善, second best choice)이었다고 사사롭게 나에게 주장했다. 그것이 차선이었는지 아니면 차악이었는지의 의미상 차이는 미묘하다. 단정론으로 악화한 이승만과 김구의 애증은 보이게, 보이지 않게 그 뒤의 정국 풍향에 많은 그늘자를 남겼다.

3. 죽음이 갈라놓은 역사적 평가

어떤 인물에 대한 역사적 평가를 하려면 생전의 업적이 일차적으로 근거가 되어야 함에도 불구하고 현실은 그렇지 못하다는 데 인물사 연구의 한계와 어려움이 있다. 서글프지만 통속적으로 말하면 "자식이 출세하여 조상을 빛으로 키우는 일"이 허다하며, 어떤 사건의 연루자로서 마지막 생존자도 살아남았다는 것이 자기중심적 논지로 변질하여 역사를 왜곡하는 경우도 많다. 벼슬이 높아지면 역사적 평가가 달라진다. 그런데 그러한 조건보다도 더 역사적 평가에 영향을 미치는 것은 그의 죽음의 모습이다.

1949년 6월 26일, 현역 군인 안두희(安斗熙) 소위는 전투에 나가면 생사를 기약할 수 없으므로 마지막으로 "선생님을 뵈러 왔다"며 경교장으로 김구를 찾아가 그에게 4발의 총탄을 쏘았다. 그는 1961년 진상규명위원회 간사 김용희에게 붙잡혀 경찰에 넘겨졌으나 공소시효 소멸로 풀려나고, 1965년에는 자객의 칼에 찔리기도 했다.

그 뒤 안두희는 약 10년 동안 안영준이라는 가명으로 은신하여 군납업에 종사했으나, 1987년 3월 민족정기구현회장 권중희(權重熙)에게 마포구청 앞에서 발각되어 몽둥이를 맞으면서 다시 세인의 주목을 받게 되었다. 안두희는 이어서 1991년과 1993년에 권중희로부터 몇 차례에 걸친 응징을 겪었는데, 그 과정에서 김구 묘소를 참배하기도 하였다.

1994년에 안두희는 국회 법사위 산하 김구선생암살진상조사소위원회에서 증인으로 조사를 받았으나 끝내 배후를 밝히지 못했다. 1996년 10월 23일 그는 인천의 자택에서 박기서(朴琦緖)에게 피살되었다. 박기서는 평소 가장 존경하는 김구의 살해범이 안두희라는 것을 알고는 크게 분노하여 그의 집을 찾아가 뇌졸중의 노인을 몽둥이로 때려죽였다. 그 당시 언론들은 "역사의 심판에는 시효가 없다"고 설명했다. 박기서는 살인죄로 3년 형을 선고받았으나 3·1절 특사로 사면되었고 당시 안두희를 때려죽인 몽둥이에 쓰인 문구는 "정의봉"(正義棒)이었다. 사회는 그를 의인으로 부르고 있다. 권중희는 2007년에 세상을 떠나 마석의 민족민주열사의 묘에 묻혔다.

김구를 추앙하는 사람들은 그렇게라도 안두희를 죽인 것이 민족정기를 살리는 길이었다고 말하지만, 치매에 걸린 팔순 노인을 몽둥이로 때려죽인 것이 민주 국가에서 온당한 응징이었는지에 대해서는 다른 의

안두희

견이 있을 수 있다. 고대 그리스의 장군 알키비아데스(Alkibiades)가 스승 소크라테스(Socrates)를 찾아가 정치를 하고 싶다고 말하자 소크라테스는 제자에게 이런 말을 했다.

"너 자신을 먼저 알아야 한다. 그리고 정치인은 몸에 해독제를 지니고 다녀야 한다."(신복룡(역), 『플루타르코스영웅전』「알키비아데스전」)

김구는 "너 자신을 알라"는 말을 실천한 인물이지만 해독제를 준비하지 못하고 비운의 최후를 맞이했다.

안두희는 옥중에서 아버지에게 바치는 글의 형식으로 일기를 써 『시역(弑逆)의 고민』(1955)이라는 이름으로 회고록을 출판했다. 그가 자신의 처사를 "시역"이라고 표현한 것이 특이하다. 그는 이 글에서 그날 경교장을 찾아가 전보(轉補) 인사를 드리려 했는데 김약수(金若水)에 관한 이야기를 나누던 가운데 의견 충돌이 일어났고, 김구가 격노하여 벼루와 책을 던지는 바람에 자신도 분노하여 "만민이 추앙하는 국부"를 쏘았다고 술회했다.

김구를 추종하는 사람들이 그토록 듣고 싶었던 배후의 이야기는 물론 없다. 김구의 추종자들은 이승만이 그를 죽였다고 확신하고 있다. 안두희는 종신형을 받고 수형 1년 8개월 만인 1951년 2월에 석방되었으며 다시 2년 뒤에 복권되어 군수 사업으로 성공했다는 점에서 그의 암살 배후에 어떤 음모가 있었으리라고 추정할 만한 근거는 충분하다. 안두희가 법정에 들어설 때 수갑도 차지 않고 포승으로 묶이지도 않았으며, 마치 경찰을 호위병처럼 데리고 들어오는 모습을 본 사람들은 그 뒤에 권력의 그림자를 느꼈을 것이다.

더욱이 세월이 흐른 뒤 정병준(이화여대)이 "안두희는 미국 CIA의 요원이었다"는 글(『한국전쟁』, p. 9)을 발표함으로써 한국의 우익과 미국은 더욱 의심을 받았다. 그러나 암살의 경우에 명시적 지시가 하달되는 경우는 드물며, 은유(隱喩)와 이심전심으로 전달되는 것이기 때문에 그 배후를 밝힌다는 것은 현실적으로 어렵다. 대명천지의 댈러스에서 암살된 케네디(JFK) 대통령이나 몇백 명이 지켜보는 마닐라 공항에서 피살된 필리핀의 아키노(Benigno Aquino) 상원의원, 그리고 100만 명이 지켜보는 가운데 사살된 킹(Martin L. King) 목사의 경우와 마찬가지이다. 하물며 그토록 어지러운 난세에 일어난 암살의 배후에 대해서는 다만 심증만이 있을 뿐이다.

이승만의 죽음에 대한 평가는 좀 더 쉽다. 오래 사는 것[壽]이 오복 가운데 첫째라고 하지만 오래 산 것이 욕이 되었다.[壽則多辱] 그리스의 현자(賢者) 솔론(Solon)의 말에 따르면 "독재자의 자리가 마음에 끌리는 곳이기는 하지만 그곳에는 내려오는 길이 없다." 그의 말로가 그의 뜻이 아니라 그 밑에 있던 사람들이 "나쁜 ×"이었다고 변명하겠지만, 아첨을 물리치는 것도 정치인의 중요한 덕목이다. 그러기에 시인 이형기는 「낙화」(1963)에서 이렇게 읊었다.

가야 할 때가 언제인가를
분명히 알고 가는 이의 뒷모습은
얼마나 아름다운가?

물론 통치자가 자신의 정치적 과오로 정권에서 스스로 물러난 사례도 역사에 드물고 이승만이 부상한 학생들을 문병하고 그의 후손이 희생자의 묘소를 찾아가 사죄한 것으로 이승만 자신과 그 후손은 할 일을 다했다고 말할 수 있다. 이승만으로서도 할 말이 있었을 것이다. 전 국회의장 이재형(李載瀅)이 하와이의 요양병원을 찾아갔을 때 이미 실어증에 걸린 이승만은 말을 못 하고 분노의 표정을 지으며 주먹을 쥐고 부르르 떠는데, 얼마나 한에 사무쳤던지 손톱이 손바닥을 찔러 피가 흐르더라는 글을 남겼다. (이범준, 「나와 운경」, 1997, p. 204)

4·19혁명 당시 서울에서는 동국대·건국대·고려대가 선봉에 서서 청와대로 나아가 희생자가 가장 많았다. 2023년에 이르러서야 건국대에서 4·19혁명 기념탑을 세우면서 과분하게도 나에게 그 비명(碑銘)을 부탁했다. 그래서 나는 다음과 같이 써주었다.

1960년 4월 19일 오전 10시,
건국대학교 학생들이 독재에 항거를 시작했다.
누구인들 청춘을 즐기고 싶지 않았으며,
누구인들 부모가 그립지 않았으며,
누구인들 목숨이 소중하지 않았으며,
누구인들 죽음이 두렵지 않았으랴!
그러나 그들은 조국의 제단에 몸을 던져 자유를 지켰으니,
길손이여.
이 역사 앞에 옷깃을 여밀지어다.

2023년 4월
건국대학교 민주혁명 4·19회
건국대학교 석좌교수 신복룡

영화 『건국전쟁』(2024)의 한 대사에 따르면, "이승만이 민주주의자였기 때문에 혁명이 일어났다"고 한다. 역사의 평가가 그렇게 바뀐다면 나는 위 비명에서 독재라는 말을 지워야 하나? 나는 그럴 뜻이 없다. 역사에는 모든 정치인이 과오와 함께 공업을 이루었다. 그렇다고 해서 공덕이 과오를 덮지는 않는다. 흔히 하는 말로 "공칠과삼"(功七過三)이라 하

더라도 산술적으로 과오가 묻히지는 않는다. 그가 민주주의자였다면 수유리에 묻힌 150명의 젊은 영혼은 누가 위로할 수 있을까? 그들에 대한 진혼제라 할지, 씻김굿은 아직 끝나지 않았다. 아첨꾼들이 자기의 동상을 세우고자 할 때 지각 있는 사람이라면 먼저 자신의 행적과 업적을 돌아보았어야 한다. 플루타르코스(Plutarch)의 말처럼 "권력은 가장 매혹적인 수의(壽衣)였다."

나라면, 지금 이승만이나 김구의 숭모자들이 해야 할 일은 내가 법통이니, 누가 누구를 죽였는지를 두고 다툴 것이 아니라 그 양쪽 후손들이 먼저 화해하고 좌익에 대해 항거하는 것이다. 이승만과 김구의 기일에 서로 초대장을 보내고 그 답례로 조화를 들고 찾아가는 모습을 보고 싶다. 애국가도 못 부르겠고, 태극기도 군국주의 유산이라며 한반도 깃발을 흔드는 무리가 백범기념관을 찾아왔을 때 "우리 선생님은 이토록 좌우로부터 존경을 받는다"고 자찬할 것이 아니라 그들을 꾸짖어 돌려보냈어야 한다.

한국 민족운동사에서 비극은 이러한 대조적이고도 상호보완적인 두 가지 타입의 민족 지도자들이 화목하지 못했다는 데 있다. 중화민국 건국의 주역이었던 진립부(陳立夫)가 김구를 겪어본 다음 "김구는 인화로써 정국을 영도하기에는 부족한 점이 있는 인물이었다"고 아쉬워한 대목(『한국독립운동사자료집』: 진립부 편, 1983, 122쪽)이 여운을 남긴다.

이승만에게 더 큰 실수가 있었다고 해서 김구가 천수를 누리고 그의 경륜을 폈더라면 한국의 민주주의는 더 밝았고 분단을 막았으리라는 논리가 성립되는 것은 아니다. 김구의 『백범일지』는 감동을 주고 이승만의 『일본 내막기』(*Japan Inside Out*, 1941)는 지혜를 준다. 그러므로 『백범일지』는 가슴으로 읽는 책이며, 『일본 내막기』는 머리로 읽는 책이다. 『백범일지』의 시좌(視座)는 임시 정부에 머물러 있고, 『일본 내막기』는 바깥세상을 바라보고 있다.

김구는 그 노회(老獪)함에서 이승만을 따를 수 없었을 뿐만 아니라, 그가 설령 이승만을 이겼다고 하더라도 그의 걱정이 한국의 민주주의를 보장해 줄 수 있었다고 보기는 어렵다. 그들의 승부는 이미 예정된 것이었고 운명적이었다. 가슴으로 살아온, 그래서 때로는 낭만적이었고 전략 개념이 부족했던 김구에게는 순수함이 있었다. 그러나 역사를 돌아보면 가슴으로 살다 간 사람이 머리로 산 사람을 이긴 사례가 없다.

이제 와서 이승만과 김구의 "키재기"가 후손에게까지 확대되어 그 후손들 사이에 임시정부가 수립된 1919년 4월 13일이 건국이냐, 아니면 대한민국이 출범한 1948년 8월 15일이 건국이냐 하는 엉뚱한 문제로 비화했다. 어느 쪽이냐의 문제를 떠나 "한 나라의 역사에 건국절이 없고 국부(國父)가 없는 나라가 세계사에 어디 있는가?"(이인호)라는 주장은 맞다. 그러나 이로 말미암아 국론이 분열되는 상황에서 그 투쟁을 고집할 것인가에 대해서는 다른 의견이 있을 수 있다.

이 문제에 대한 나의 입장은, 한국사를 민족사로 보고자 한다면 1919년 설을 주장하는 것이 맞고, 국가사로 보려는 입장에서는 1948년 설이 맞다. 따라서 국제사회에서 정치의 최고 단위가 국가라는 점에서 국가사로 보는 것이 온당하며, 국토와 국민과 주권도 없는 1919년을 국가사로 보기에는 국제법 논리에 허점이 있다. 이 문제가 끝까지 평행선을 긋는다면 통일의 날까지 이 문제를 유보하는 것도 한 방법이다.

제11장 참고 문헌

김구, 『백범일지』(국사원, 1947)

김승웅, 『모든 사라진 것들을 위하여』(김영사, 2007)

김영명, 「남한의 정치적 동태와 미군정」, 『한국 현대사의 재인식』(1)(한국정신문화연구원, 1998)

안두희, 『시역(弑逆)의 고민』(학예사, 1955)

이범준, 「나와 운경」, 『운경 이재형선생평전』(서울 : 삼신각, 1997)

이승만, 『일본 내막기』(*Japan Inside Out*, 1941)

『이형기 시집』: 「낙화」; 정재찬 지음, 『시를 잊은 그대에게』(Humanitas, 2015)

『자료대한민국사』(8)(국사편찬위원회, 1998)

정병준, 『한국전쟁』(돌베개, 2006)

『조선일보』

한국정신문화연구원(편), 『한국독립운동사자료집』(박영사, 1983)

Life

Plutarch's Lives, Solon; Alkibiades; Fabinius; Cato the Elder; Otho; 신복룡(역), 『플루타르코스영웅전』(을유문화사, 2021)

12

백관수(白寬洙)

한 애국자의 얼룩진 삶

> "한 나라의 흥망성쇠에는
> 필부에게도 책임이 있다."
> (天下興亡 匹夫有責)"
>
> — 고염무(顧炎武)

시대가 아픔을 겪으면 가장 고통스러운 사람들은 그 시대의 지식인들이다. 어쩌다가 나라가 이렇게 되었는가에 대한 자책감, 그 격동의 시기에 나는 무슨 잘못을 저질렀는가에 대한 반성, 그리고 이를 극복하는 방략에 대한 고민과 그런 상황에서 발생하는 적과 동지의 인간관계에서 어떻게 처신해야 하는가? 나는 어느 길에 서야 하는가? 등의 문제가 중첩되어 있다. 이럴 경우에 그 지식인이 겪는 또 다른 고민은 도덕적 양심과 현실의 괴리감, 여러 가지 판단 가운데에서 어떤 것을 선택해야 하는가의 문제들이 함께 하고 있다.

이와 같은 시대의 아픔은 그 시대를 살아가는 사람들만의 문제뿐만 아니라 그 시대를 공부하는 사람들에게도 많은 부담을 준다. 그래서 "난세에 글 읽은 값 하며 살기가 참으로 어렵다."(황현, "難作人間識字人") 더욱이 현대 인물사를 공부할 경우 사건에 관계된 사람들이 아직 생존해 있고 그 유족들의 자존(自尊)과 상처가 얽혀 있어 필자에게 큰 부담을 준다.

인물사의 연구는 애초에 "용비어천가"(龍飛御天歌)를 쓰기로 작정하는 경우이거나 아니면 이른바 춘추대의(春秋大義)라는 이름 아래 "붓으로 죽이기"[筆誅]로 작정한 외삽법(外揷法)의 작품이거나 그 둘 가운데 하나인데 그 어느 쪽도 공의로운 필법은 아니다. 그렇다고 해서 양비론(兩非論)이나 양시론(兩是論)에 빠지면 곧 회색분자의 낙인이 찍히기 때문에 상당한 내공 없이는 중용의 글을 쓰기 어렵다.

이와 관련하여 한국 현대사에서 근촌 백관수는 매우 미묘하고도 접근하기 어려운 인물이다. 수원 백씨 명문거족으로 휴암(休菴) 백인걸(白仁傑)의 후손이라는 명망과 호남 출신으로서 일제 시대 민족 언론의 총수라는 미묘한 위치와 한민당 중진으로서의 입지, 그리고 기독교적 오리엔테이션의 문제 등이 매우 복잡하게 얽혀 있는 인물이어서 그 전체상을 그리는 데 그리 녹록하지 않은 어려움이 있다.

더욱이 백관수에 관한 글을 쓰면서 겪는 어려움은 그가 남긴 글이 적다는 점이다. 한시(漢詩) 몇 편 말고는 단 두 편의 글이 보일 뿐이고, 연구서도 윤재근이 쓴 그의 전기(『芹村 白寬洙』, 동아일보사, 1996) 한 편과 그의 입장을 옹변(擁辯)하는 논문 한 편이 있을 뿐이다. 이는 일제 시대나

백관수의 생가(전라북도 고창군 성내면 생근리)

해방정국에서 그의 입지가 중요하지 않아서가 아니라 "피해 가고 싶은 주제"였기 때문일 것이다.

백관수의 생애를 이야기하면서 마주치게 되는 가장 큰 고민은 그가 겪어야 했던 식민지 지식인의 고뇌, 곧 애국적 열정과 현실 사이에서 그가 체험하고 행동한 바를 어떻게 평가해야 하는가의 문제이다. 어려서는 한말 유학의 대가 간재(艮齋) 전우(田愚)의 문하에서 유학에 깊이 심취했다.

중앙학교를 졸업한 뒤 그는 경성법률전수학교에서 수학하면서 YMCA에서 활동한 다양한 학습과 체험은 그 시대 청년 지식인들이 흔히 겪을 수 있는 길은 아니었다. 이 과정에서 백관수(1889년생)가 만난 동향의 형제나 다름없는 동년배인 김성수(金性洙 : 1891년생)와 김병로(金炳魯 : 1887년생), 송진우(宋鎭禹 : 1890년생) 그리고 문중의 족하(足下)였던 백남운(白南雲 : 1895년생)과의 운명적 만남이 그의 생애에 큰 전기를 마련해 주었다.

1. 2·8 독립선언

이와 같은 인연 말고도 젊은이의 운명이 정해지는 결정적인 요인은 속지주의(屬地主義)의 성격이 짙다. 곧 백관수의 청년 시절의 도쿄(東京) 유학은 생애의 방향을 결정짓는 중요한 계기였다. 식민지 고국보다 먼저 서구의 지식과 흐름을 읽을 수 있다는 여건은 그를 가슴보다는 머리로 고뇌하는 우국 청년으로 만들기에 충분했고, 그 결과로 나타난 것이 곧 2·8 독립선언의 주역 역할이었다.

2·8선언 당시 적국의 수도에서 자신의 자취방을 모의와 유인물 인쇄의 장소로 제공하고 독립선언문을 낭독한 것으로 말미암아 징역 9개월의 수형을 마치고 나온 그는 이미 한 민족주의자로 변신해 있었다. 메이

지대학(明治大學)을 졸업하고 1921년에 귀국했을 때는 그를 필요로 하는 곳도 많았고, 또 그가 해야 할 일도 많았다.

백관수가 물산장려운동을 그의 첫 활동으로 선택한 데에는 일본 유학생 출신들이 보편적으로 가지고 있었던 투쟁 노선에서 크게 벗어나지 않았다. 물론 일본에서도 박열(朴烈 : 1923)이나 이봉창(李奉昌 : 1932)과 같은 순교자적 무장 투쟁이 없었던 것은 아니지만, 일본 유학생들의 보편적 인식은 젊은이로서의 기개(氣槪)보다는 일본에 비추어 조국의 국력이 열악하다는 현실 인식에 바탕을 두고 있었다. 이 무렵에 그들이 심취한 논리는 사회진화론이었다.

이러한 판단에 기초하여 백관수가 귀국하면서 활동한 작업 가운데 하나가 곧 연정회(研政會) 사건이었다. 명월관에서 연정회가 비밀리에 결성된 것은 1924년 1월이었다. 참석자는 『동아일보』의 김성수·송진우·최원순(崔元淳), 안창호(安昌浩) 계열의 김동원(金東元)·이승훈(李昇

2·8 독립선언서

薰)·조만식(曺晩植), 그리고 박승빈(朴勝彬)·신석우(申錫雨)·안재홍(安在鴻)·이종린(李鍾麟)이었다.

이들이 추구하는 바는 민족 노선을 자치(自治)로 전환하는 문제였다. 이들 가운데 이광수(李光洙)가 1924년 1월 2일부터 5회에 걸쳐 『동아일보』에 발표한 「민족적 경륜」에서 향후의 민족 운동 조직은 "조선 내에서 [법률에] 허용되는 범위 안에서 하나의 큰 정치적 결사를 조직한다"는 내용(『高等警察要史』, 1934, p. 45)이 특히 좌파 민족주의자들로부터 격렬한 저항을 받았다. 1925년에 이르면 연정회와 태평양문제연구회가 조선사정연구회로 재편되면서 백관수도 여기에 가입했다. 1926년 가을엔 김준연(金俊淵)·박희도(朴熙道)·최남선(崔南善)·현위건(玄偉健)이 여기에 가담했다.

독립에 대한 열망과 일본에 대한 적개심 등의 민족 정서를 고려할 때 그러한 연성(軟性) 투쟁이 논란을 불러일으킨 것은 당연했다. 이광수를

2·8 독립선언의 주역들. 가운데 줄 왼쪽부터 : 최팔용·윤창석·김철수·백관수·서춘·김도연·송계백

비롯한 『동아일보』의 필진은 연정회를 지지하는 논지를 폈지만, 여기에 김준연과 안재홍이 반발했다. 그들은 사이토 마코토(齋藤實)의 정치 참모 아베 요시미아(阿部充家)가 그 배후에 있다고 의심하고, 이를 두고 명제세(明濟世)를 중심으로 하는 민흥회(民興會)가 그들을 비난함으로써 연정회는 사실상 모습을 갖추지도 못한 채 좌절되었다. 그러나 그들은 뒷날 신간회의 모태를 이루었다. (윤재근, 『芹村 白寬洙』, pp. 132~133)

크게 보아 대일 항쟁노선에서 외교우선주의로 분류될 수 있는 자치론은 좌파 계열이나 재만·재중 투쟁 노선과는 달리 패배주의요 순응주의라는 비난을 받는 것이 그 당시의 분위기였다. 그리고 훗날 "친일파 청산"을 외치는 구리의 공격에 쉽게 노출되었다. 그렇다면 왜 대륙의 독립운동가들은 두장 투쟁을 선호했고, 일본과 미국에서 활약한 독립운동가들은 외교우선주의 또는 자치운동에 몰두했을까? 그것은 그들이 활동하고 있던 공간적 감각의 차이였을 것이다.

이러한 상황에서 1936년 8월 9일에 『동아일보』의 일장기(日章旗) 말소 사건이 발생했다. 이 사건이 주는 의미는 복합적이다. 먼저 민족의 기상(氣像)이라는 점에서 이보다 더 드높은 필화 사건은 없었다. 그러나 달리 보면 이 사건으로 일본의 대조선 정책은 더욱 엄혹한 반동의 시대로 접어들었다.

이 사건과 함께 『동아일보』는 정간 조치를 받았다. 정간 조치를 받은 지 9개월이 지난 이듬해 1937년 5월 31일에 백관수는 『동아일보』 사장에 취임했다. 정간 기간에 이뤄진 그의 취임에는 정간 해제를 둘러싼 일본의 암묵적 동의가 있었으리라고 추정할 수 있고, 그가 사장으로 취임한 지 4일 뒤에 『동아일보』가 복간 처분을 받았다는 점에서 어떤 시사점(示唆點)이 있다.

2. 식민지 지식인의 존재 구속성

위에서 "암묵적 동의"라는 위험한 용어를 쓴 것은 『동아일보』가 복간된 지 한 달 만에 언론계의 거물들을 중심으로 하는 시국강연반이 결성되었기 때문이다. 중일전쟁이 일어난 직후인 1937년 7월 15일에 미나미 지로(南次郎) 총독의 지시로 총독부 학무국 산하 기관으로 시국강연반이 구성되었다.

그 구성원을 보면, 권상로(權相老, 불교계), 이돈화(李敦化, 천도교계), 이종린(천도교), 최린(崔麟, 천도교), 신흥우(申興雨, 충북), 백관수(전북), 김성수(전북), 현상윤(玄相允, 강원), 박희도(평남), 윤치호(尹致昊, 평남), 양주삼(梁柱三, 감리교), 방응모(方應謨, 경기), 장덕수(張德秀, 황해), 현준호(玄俊鎬, 전남) 등 당대 최고 지식인 80명의 명단이 발표되었다. 그리고 그날 학무국장 도미나가 후미이치(富永文一)는 언론인 30명을 따로 불러 각별히 협조하라고 지시했다.(『동아일보』1937. 7. 17.)

강연회는 1937년 7월 20일에 경성사범 강당에서 이각종(李覺鍾, 대동민우회)의 강연을 필두로 경성여고보에서 윤치호와 서춘(徐椿)의 강연이 있었고,(『동아일보』1937. 7. 21.) 중추원 참의 9명이 36곳에서 강연회를 가졌다. 그 뒤 백관수는 1937년 9월 초에 경기도의 양평·가평 담당 연사로 배정된 사실이 확인되고 있으나,(『동아일보』1937. 9. 2.; 9. 3.) 그가 시국 강연에 참석한 사실은 확인되지 않는다.

백관수의 지인들은 그가 웅변가 스타일이 아닌 매우 어눌한 사람이었고 대중 앞에 나타나기를 좋아하는 성품이 아니었다고 한다. 그 전후 사정이 어쨌거나 백관수가 시국 강연회의 명단에 포함되었다는 것은 그에게 허물이 될 수 있다. 그렇지만 『동아일보』가 차라리 자폭하는 일이 있었더라도 그런 일은 없었어야 한다는 주장과 그렇게 해서라도 두 개밖에 없던 민족 언론을 살려야 한다는 주장 사이의 차이는 친일과 애국의 문제가 아니라 현실 판단의 문제였을 것이다.

그러나 그보다 더 심각한 문제는 1937년 7월 30일 경성군사후원연맹의 창립이었다. 총독 미나미 지로는 지나사변(중일전쟁)의 긴박함을 절감하고 "황군의 사기를 진작하며, 입대자 가족의 취업과 위문, 그리고 송영(送迎) 행사를 독려한다"는 차원에서 방응모, 백관수, 오긍선(吳兢善) 등 당대 지식인 24명으로 연맹을 구성하고 조선의 유력한 81개 단체가 가담했다.(『동아일보』1937. 7. 31.) 그토록 엄혹했던 시절, 적국의 수도에서 독립선언서를 읽은 30세 청년의 기개가 왜 그렇게 쉽게 꺾였을까? 당사자들로서는 분명히 밝히고 싶은 말이 있었을 터이지만 이것이 씻기 어려운 허물이 되었다.

3. 우익의 길을 가는 빈농의 후예

해방정국을 보는 시각과 이념의 문제는 매우 복잡하게 얽혀 있었다. 당시의 정당·사회단체를 크게 나누어 보면, 이승만·김구·김성수를 중심으로 하는 우파와, 여운형과 김규식을 중심으로 하는 중도 세력, 박헌영·김일성·김두봉·무정(武亭)을 중심으로 하는 공산주의 세력으로 분류할 수 있다. 이들 가운데 정치적 스펙트럼으로 보아 백관수는 신간회 우파에 속하는 인물이었다.

호남의 여느 지식인과는 달리 소농의 아들로서 가난을 경험한 그가 우파 부르주아 계열의 한민당과 같은 길을 간 것은 김성수를 중심으로 하는 인간적 인연 때문이었다. 근대 민주주의란 결국 자본주의를 터전으로 하는 제도라는 것이 그의 생각이었다. 그러면서 그가 가장 아꼈던 족친(族親) 백남운과 같이 좌파의 길을 가지 않은 것은 좀 특이한 일이었다.

해방정국에서 백관수의 행적은 1945년 8월 28일, 여운형의 건준(建

準)에 대한 대항 세력으로 원세훈(元世勳)의 고려민주당과 합류하여 조선민족당(朝鮮民族黨)을 창당하는 것으로 시작된다. 여기에 김병로, 이인(李仁), 나용균(羅容均) 등이 참여했다. 그의 신분으로 보아 좌파들로부터 유혹을 받을 수도 있었던 상황에서 좌파에 대한 거부감을 가진 것은 이념의 문제에 더하여 건국준비위원회에서 박헌영을 중심으로 하는 정치적 술수에 대한 실망 때문이었을 것이다.

백관수는 곧이어 1945년 9월 16일 한민당 창당에 합류했다. 백관수는 그 뒤로 미 군정청 비상국민회의 정무 최고위원으로 활동하다가 그 승계 기관인 민주의원을 거쳐 남조선 입법위원이 되었다. 이 무렵 그는 임시의장 자격으로 UN 감시 아래 남한 단독 선거를 결의하는 데 결정적인 역할을 했다.

백관수의 마지막 생애는 평탄하지도 않았고 행복하지도 않았다. 그는 1948년 제헌의원으로 당선(고창)되어 법제사법위원장과 헌법기초위원으로 활동했다. 그러나 그는 이승만의 정치적 행보에서 권위주의적 그림자를 읽으면서 내각책임제 헌법안의 통과에 주력했다.

백관수는 "미국식 대통령 중심제가 승자 독식의 위험한 제도"라고 생각하면서, "군주권에 대항하여 발생한 영국식 내각 중심의 의회 제도가 바람직하고, 정당의 숫자는 2~3개가 적당하며 소수정당 제도는 위험하다"(백관수, 「민주 제도와 정당의 기능」, 1949, pp. 31~34)고 판단하고 있었다. 이러한 입장 차이가 이승만과의 갈등을 유발했고, 그는 1950년 5월 30일 2대 국회의원 선거에서 이승만 계열의 신용욱(愼鏞頊, KNA 사장)에 막혀 의회 진출에 실패했다.

백관수

4. "항복식", 납북, "통일을 위한 제물"

백관수의 생애에서 마지막으로 살펴보아야 할 부분은 그의 납북 과정이다. 한국전쟁의 전개 과정에서 김일성은 처음부터 무력으로 한반도 "전역"을 공산화할 작전 계획을 가지고 전쟁을 시작한 것은 아니었다. 그는 서울을 점령하여 남한 정부의 요인들을 납치하면 남한이 항복하리라고 예상했다. 백관수의 생애를 논의하면서 한국전쟁에서 김일성의 개전 의지를 논의하는 이유는 그것이 백관수의 납북 목적과 상관이 있기 때문이다.

북한 정권이 남한 전토의 정복보다 요인 체포에 더 주력했으며, 그들을 납치함으로써 남한 정부로부터 항복을 받아낼 수 있으리라고 판단하는 과정에서 주목한 인물들은 서울에 남아 있는 우익 세력들이었고, 그 리스트에 백관수도 들어 있었다. 북한의 요인 납치 작전은 이미 개전 초기에 용의주도하게 계획된 것이었다.

이 요인들의 색출 작업은 요인의 납치와 이를 통해 남북 협상에서 우위를 장악하려는 정치 공작이었다. 그러한 작업의 일환으로 북한군은 6월 말에 당시 서울에 남아 있던 백관수를 포함하여 요인들을 서울시인민위원회(종로구 혜화동에 있는 옛 혜화전문학교)로 끌고 가 "항복식"을 거행하고 「조선민주주의인민공화국에 대한 지지를 표명하는 성명서」를 발표하게 한 다음 북한으로 이송했다.

이 "항복식"과 관련하여 짚고 넘어가야 할 한 가지 사실이 있다. 커밍스(Bruce Cumings)는 그의 저서에서 아무런 맥락의 설명도 없이 "남한 요인 46명이 북한에 대한 충성을 표시하는 모임을 가졌고"(meeting expressing their allegiance to the DPRK) 알 만한 사람들이 북한을 옹호하는 방송을 했다고 기록(*The Origins of the Korean War*, Vol. II, 1990, pp. 671~672)한 것은 사실을 깊이 왜곡했다. 일부 좌파 사학자들은 "납북"이라는 용어를 쓰지 않으며 꼭 써야 할 경우에는 따옴표("납북")를 쓴다. 그리고 납북 사실을 "통일의 제단에 바친 삶"이라고 설명한다. (허은, 「독립과 통일의 제단에 바친 삶」, pp. 194~198)

그러나 납북이 "통일을 위한 제물"일 수는 없다. 피랍자들이 어떤 형태로든 친북적인 언행과 의식(儀式)을 강요받은 것은 사실이고, 또 그들 가운데 일부는 6월 29일 이후부터 한국방송(HLKA)을 통하여 북한을 찬양하고 항복을 권고하고 이승만을 비난하는 방송을 한 것도 사실(박명림, 2002, pp. 299~301; 정병준, 2002, pp. 589~591)이다. 그러나 백관수와 현상윤(玄相允)의 목소리는 끝내 나오지 않았다. 납북 인사들이 북한에서 겪은 실상에 대해서는 이태호(지음) / 신경완(증언), 『압록강변의 겨울 : 납북 요인들의 삶과 통일의 한』(1991)이 있는데, 이글을 학술적으로 인용하려면 "조심해야" 한다.

요컨대 백관수는 일제 시기부터 군정에서 한국전쟁에 이르기까지 40년 동안 이 나라의 지도자로서 가장 굴곡된 삶을 살다 간 현대사의 비극적 상징이었다. 일제 치하에서 그는 적국의 수도에서 2·8 독립선언서의 기초에 참여하고 낭독한 기개의 인물이었다. 그의 삶에는 분명히 지사적 우국심과 고뇌가 있었다.

그러나 막상 조직의 책임자가 되었을 때 백관수는 기개와 현실 사이에서 고뇌했으며, 그 과정에서 허물을 남겼다. 일제 시대에 연정회(硏政會)에 가담한 것은 없었더라면 좋았을 친일의 요소를 달고 있는것이 사실이지만, "치명적인" 비난의 대상이 아니며, 시국 강연회의 명단에 포함된 것은 그의 허물이지만 그가 전적으로 비난받고 책임질 일을 한 흔적은 보이지 않는다.

그러나 백관수가 경성군사후원연맹에 가담한 것은 변명할 수 없는 허물이 되었다. 조직(『동아일보』)을 파멸시키면서까지 지조를 지키는 것이 옳았는지, 아니면 조직의 보존을 보존하고자 자신이 멍에를 질 수밖에 없었던 현실에서 그가 얼마나 책임을 져야 하는지의 문제에 대해서는 각기 다른 판단을 내릴 수 있다.

이 문제에 곤한 한 그를 사랑하는 사람들은 사실의 과오를 시인·사과하고, 그를 비난하는 사람들은 그러한 씻김굿을 통하여 용서의 길을 가는 것이 바람직할 것이다. 도쿄 2·8 독립선언의 주역이 친일 논쟁에 휘말리고 애국지사의 반열에서 제외되는 것은 당사자와 국민 모두에게 비극적인 사실이다.

분단 80년이 지나는 지금의 상황에서 본다면 역사는 크게 바뀐 것이 없다. 그 당시 건국준비위원회[建準]나 민주주의민족전선[民戰]의 노선이나 투쟁 방식과 한민당의 노선이나 지지 기반은 지금에 와서 크게 달라진 것이 없다 역사에서 80년은 그리 긴 시간이 아니다. 그런 점에서 본다면 역사는 진보하는 것인가라는 질문에 회의를 느낄 수도 있다.

제12장 참고 문헌

김인호, 「일제 말 조선에서의 국방 헌납 : 조선군사후원연맹(편), 『半島の銃後陣』 (1940)을 중심으로」, 한민족독립운동사학회 발표 논문, 2014. 12. 20.
『동아일보』1937. 7. 17.; 1937. 7. 21.; 1937. 9. 2.; 1937. 9. 3.
박명림, 『한국 1950년 전쟁과 평화』(나남출판, 2002)
백관수, 「민주제도와 정당의 기능」, 『國會報』창간호, 1949. 11.
백관수, 「至誠의 人이 되라」, 『內外人의 心的 連繫』(흥아협회, 1939. 2.)
오수열, 「근촌 백관수의 생애와 정치이념」, 『한국동북아논총』 Vol. 60(2011)
윤재근, 『芹村 白寬洙』(동아일보사, 1996)
이태호(지음) / 신경완(증언), 『압록강변의 겨울 : 납북 요인들의 삶과 통일의 한』(다섯수레, 1991)
정병준, 『한국전쟁』(돌베개, 2002)
허은, 「독립과 통일의 제단에 바친 삶」, 『볼거리 읽을거리(3) : 내일을 여는 역사』 (2000년 여름호)
Cumings, B., *The Origins of the Korean War*, Vol. II(Princeton : Princeton University Press, 1990)

이 장은 한국언론인클럽 주최, 백관수 학술 심포지엄(Press Center, 2015. 2. 2.)에서 발표한 「정치인 근촌(芹村) 백관수(白寬洙)의 정치 이념」을 이 책의 형식에 맞추어 다시 쓴 글임.

13

친일(親日) 논쟁

그 떨쳐야 할 업장(業障)

> "배가 강변에 닿으면
> 그 배를 버리고 떠나야 한다."
> ― 줄리어스 시저

글머리에 고대 로마의 고사 한 편을 소개하고자 한다. 『플루타르코스 영웅전』 「코리올라누스(Coriolanus) 편」에 이런 일화가 나온다.

로마의 집정관인 코리올라누스는 선정을 베풀고 로마의 국위를 선양했으나 귀족들의 모함을 받아 반역 죄인이 되어 추방되었다. 그는 복수를 하고자 적국인 볼스키족의 족장 툴루스(Tulus)를 찾아가 병력을 요구했다. 툴루스가 기꺼이 허락하자 코리올라누스는 볼스키족을 이끌고 자신의 조국 로마의 정복에 오른다.

코리올라누스가 로마의 국경에 이르렀을 때 한 노파가 코리올라누스 앞에 나타난다. 바라보니 자신의 노모였다. 그는 며느리와 손주들을 데리고 아들 앞에 나타나 이렇게 말한다.

"네가 조국을 유린하려거든 이 어미의 시체를 밟고 넘어가라."

코리올라누스는 차마 조국을 유린하지 못하고 돌아가 볼스키족의 손에 비참한 최후를 마쳤다.

셰익스피어는 이 대목을 읽고 너무 감동하여 사극『코리올라누스』를 썼다.『플루타르코스 영웅전』가운데 가장 감동적인 이 대목을 읽노라면 조국이 무엇인가를 새삼 느끼게 된다. 사실 알고 보면 조국은 속지주의이다. 조국은 우리의 선택 사항이 아니다. 그러나 우리는 조국이라는 말 앞에 숙연해지며 솟구치는 열정을 느낀다. 2002년 월드컵 축구를 응원한 전국의 시청자 가운데 오프사이드(off-side)를 안 사람이 몇이나 될까? 그런데도 우리는 그날 온 국민이 하나가 되어 조국을 외쳤다. 5,000년 역사에 그런 일이 일찍이 없었다.

그런데 역사에는 조국에 대한 그런 열정의 대오를 비켜 가는 사람들이 많았다. 그 변명은 얼마든지 가능하다. 혹독한 식민지 지배 정책에 대한 굴복, 지난 시절 부패한 왕정에 대한 환멸, 신문명의 신기함, 독립이 불가능하리라는 절망감, 그리고 반세기에 걸친 세뇌와 길들임 등으로 말미암아 일제 말엽이 되어서까지 독립의 열망을 가진 사람은 그리 많지 않았다. 비분강개함이야 누구에겐들 없었을까?

그로부터 해방된 지 80년을 맞이한다. 이러한 시대의 일본에 대한 시각을 달리한다는 것이 마음 편한 일은 아니다. 시대의 조류를 역류한다는 것이 얼마나 위험하고 힘든 것인가를 나는 잘 알고 있다. 목청을 높여 반일을 외쳐야 하는 것이 곧 애국인 세상, 주한 일본대사관 앞에 소녀상을 세운 데 대해서 누구도 "다른 말"을 해서는 안 되는 시대이다.

일본에 관하여 긍정적인 말을 하거나 글을 쓰면 "토착 왜구"로 몰려 온갖 고초를 겪어야 하는 시대에 살면서, 친일과 같은 민감하고 금기된 문제에 다른 의견을 제시한다는 것이 얼마나 거칠고 무례한 저항을 받는가를 나는 주어본 적이 있다. 이런 상황에서 나는 친일의 문제를 좀 더 냉정하게 고민해 볼 것을 제안하며 이 글을 쓴다.

이 글의 논리는 릭비(Andrew Rigby)(지음) / 장원석(옮김),『과거 청산의 비교정치학』(2007)에 제시된 모델을 바탕에 깔고 있다. 원서는 *Justice and Reconciliation after the Violation*, 2001이다. 럭비는 영국 코벤트리대학(Coventry University) 평화와 화해연구소(Centre for Peace and Reconciliation Studies)에서 종족 분쟁을 연구했고, 특히 팔레스타인 문제의 해결에 심혈을 기울인 학자로서 현재는 그 대학의 종신교수로 재직 중이다.

우리는 이 문제를 논의하기에 앞서 친일의 본질을 정교하게 정의할 필요가 있다. 도대체 친일이란 무엇일까? 그 본질은 아래와 같다.

(1) 의도적으로 일본의 이익을 위해 동족에게 위해를 끼쳤는가?
(2) 동포에 대한 위해와 관계없이 일본의 식민지 지배를 위해 협조했는가?
(3) 그와 같은 행위로 말미암아 재산이나 신분상의 편익을 받았는가?
(4) 그 과정에서 일제로부터 사기와 고문이나 위협과 같은 강박이 없었는가?

적어도 지금의 현실에서 친일 문제를 보는 독립운동사학계의 보편적 시각은 이렇게 정리할 수 있다.

(1) 민족을 위해 큰일을 했다는 사실이 그보다 작은(?) 허물을 덮어주는 것은 아니다. 아울러 허물이 애국 활동을 부인하는 것도 아니다. 허물과 공로가 총량(總量)이나 경중(輕重)으로 상쇄되는 것은 아니다.
(2) 먼저 잘못을 저질렀으나 뒤에 회개한 무리[前非後改]보다 먼저 훌륭한 일을 했으나 나중에 잘못을 저지른 무리[前善後非]의 잘못이 더 크다.
(3) 똑같은 폭압의 상황에서 벌어진 허물이라 할지라도 지도층의 허물은 하층민의 허물보다 더욱 준엄하게 묻는다.

1. 우리 안의 친일

일본의 집요하고도 구체적인 정한(征韓) 전략과는 달리 그에 대한 한국의 대응은 그렇게 절박하지도 않았고 전략적이지도 않았다. 그 밑바닥에는 중화주의(中華主義)라고 하는 백내장이 깔려 있었다. 합방 이전이나 이후를 가리지 않고 지배 계급의 전략 부재로 말미암아 한국인들은 자신도 모르게 일본에 길들여가고 있었다. 친일을 저지르면서도 그것이 친일인지도 모른 채 익숙해지고 있었다.

1926년, 이완용(李完用)의 장례식 운구 행렬은 10리를 이루었고 고종(高宗)의 국장 이후 가장 화려(?)했다. 제국대학을 졸업하고 고등문관시험에 합격하여 군수나 판사가 되어 "다쿠시"(taxi)를 타고 화신백화점에서 쇼핑하는 일에 사람들은 부러운 눈길을 보내고 있었다.

우리 안의 친일은 오늘이라고 해서 나아진 것이 없다. 그 한 예로서 우리 사회에서는 언젠가부터 느닷없이 중국으로부터 수입해온 "따오기 복원 운동"이 활발하게 진행되고 있다. 여산이 72억 원이라 한다. 그리고 위정자도, 국민도 뭐가 잘못되었는지 모르고 있다. 이 문제는 먼저 그 노랫말을 살펴보는 데에서 시작해야 한다.

> 보일 듯이 보일 듯이 보이지 않는
> 따옥 따옥 따옥 소리 처량한 소리
> 떠나가면 가는 곳이 어디 메이뇨
> 내 어머니 가신 나라 해 돋는 나라(1절)
> 내 아버지 가신 나라 해 돋는 나라(2절)

이 노래의 핵심어(keyword)는 처량함, 내 어머니, 내 아버지, 떠나감, "동쪽의 해 돋는 나라"이다. 왜 내 어머니와 내 아버지는 동쪽에 해 돋는 나라[일본]에서 살고 있을까? 왜 우리는 그토록 처량하게 해 돋는 나라를 그리워하며 노래를 부르고 있을까? 이 노랫말에 담긴 메시지는 유쾌하지 않다. 작사자가 어떤 의도로 그렇게 썼는지에 관하여는 각자가 짐작할 일이다.

관계자들은 펄쩍 뛸 일이지만, 나는 이 가사에서 교묘하게 은폐된 친일을 느낀다. 따오기의 국제적 학명이 *Nipponia nippon*이라는 것은 의미심장하다. 따오기는 꿩과 까마귀와 함께 일본의 세 국조(國鳥) 가운데 하나이다. 따라서 일본이 중국에서 따오기를 수입하여 복원한 것은 우리와 생각이 다르다. 모르고 했다면 무지요, 알고 했다면 기군망상(欺君罔上)을 한 것이다. 이 사례를 통하여 우리는 입으로 친일 청산을 외치면서도 실상 친일에 대하여 잘 모르거나 알게 모르게 익숙해 있음을 보여 준다.

또 다른 경우로 아래쪽 사진을 보자. 이 사진은 일본이 자기 나라에서 개최하는 운동 경기를 TV에서 중계하면서 중요 장면을 슬로 모션으로 다시 틀어줄 때 잠시 0.5초 동안 비춰주는 화면이다. 너무 빨리 지나가기 때문에 그 의미를 잘 알 수 없다. 그러나 그 장면을 정지 상태에서 촬영해보면 아래쪽 사진이 나온다. 첫눈에 알아볼 수 있는 욱일승천기

일본의 운동 경기 중 막간에 나오는 순간 간접 광고의 한 장면 : 욱일승천기이다.

이다. 사람들은 무의식중에 이를 보기 때문에 그 의미를 알 수 없지만 이 간접적인 순간 광고는 본인들도 모르는 사이 뇌리에 깊이 인식된다. 이 의미를 아는 한국인 시청자는 많지 않다. 저들은 우리의 머릿속에 이렇게 파고들고 있다.

우리는 무엇이 친일이고 우리 몸 안에 얼마나 친일이 깊이 각인되어 있는지도 모른 채 반일을 외치고 있다. 우리는 친일 청산을 요구하면서 으레 이완용을 비롯한 "을사 5적"과 "합방 7적"의 이름을 거론한다. 물론 그들이 역사에 지은 죄를 사면 받을 수는 없다. 그렇지만 그들이 망국의 원인의 모든 것은 아니다.

그러나 이런 논리가 친일파들에게 면죄부를 주는 논리로 인용된다면 그것은 나의 진심이 아니다. 젊어서 일곱 가지를 잘했으니 말년에 세 가지 잘못한 일을 덮어달라고 말하는 이른바 선선후과(先善後過)의 무리가 있다. 애국과 친일은 이런 식의 산술적 상쇄가 가능한 수학 문제가 아니다.

고문 경찰 김태석(金泰錫)과 노덕술(盧德述)을 잡다가 정죄(定罪)하고 이광수(李光洙)나 최남선(崔南善)에게 낙인(stigma)을 찍는 것이 친일 청산이라고 생각하면 큰 착오이다. 그러나 50년 가까운 일본 지배 기간에 "민족에게 죄짓고서도 처벌된 사람이 하나도 없었다는 사실"은 부끄러운 역사의 죄과(罪科)이다. 이는 어떤 논리로도 합리화될 수 없는 일이다.

노덕술(盧德述)

2. 먼저 태어난 자의 슬픔과 늦게 태어난 자의 행운

해방정국에서 가장 다루기 어려운 문제는 친일파 청산이었다. 친일을 공부하는 사람들은 이 문제를 만날 때마다 가슴이 먹먹해진다. 역사가 반드시 정죄를 뜻하는 것은 아니지만, 그렇다고 해서 죄를 묻지 않을 수도 없다. 격동의 해방정국에서 분출하는 복수심과 망국에 대한 추궁의 심리 속에 모두가 애국자처럼 외치는 동안에 이미 이성은 문제 해결의 도구가 아니었다.

더욱이 해외파 민족주의자들은 일본의 촉수 안에 머물렀던 국내파 민족주의자들에 견주어 더 몸짓이 거칠었고 목소리도 컸다. 그 가운데에 김구(金九)가 자리 잡고 있었다. 김구는 1945년 12월 27일 "3,000만 동포에게 고함"이라는 방송에서 친일파에 대해 언급하며 이런 말을 남겼다.

"적지 않은 협잡 정객과 또 친일분자 민족반역자들을 숙청하여야 한다. 그것은 대의명분의 문제가 아니라 실제로 그들이 통일을 방해하고 있기 때문이다. 그러므로 우리는 최소한도라도 죄악이 많아 용서할 수 없는 불량분자만은 엄징하지 않으면 안 된다."(『동아일보』 1945. 12. 30.)

더욱이 김구가 "일제 시대에 국내에 남아 있던 사람은 모두 친일파였고, 따라서 그들은 감옥에 가야 한다"(Mark Gayn, 1948, p. 433)고 주장했을 때 그 말을 들은 국내파 민족주의자들은 아연실색했다. 김구의 주장에 대하여 여운형(呂運亨)은 "국내파 민족주의자의 고통을 모르는 언행"이라는 반발과 함께 제휴의 희망을 버렸다.

아마도 김구를 추모하는 독자들이 김구에 관한 나의 몇 가지 글을 읽고 분노한 댓글을 달았던 것은 내가 "우리의 현대사에서 친일로부터 자유로운 사람은 듣지 않다"는 말 때문이었을 것이다. 이에 대하여 "증류수에서는 고기가 살 수 없다"고 항변한 분의 주장에 대해서도 나는 굳이 반론하고 싶지 않다.

그러나 공산권이 무너지고 1989년에 체코슬로바키아의 대통령으로 당선된 하벨(Baclav Havel)의 말처럼, 장기간에 걸쳐 자행된 체계적 권력 남용과 외압 아래에서 정도의 차이는 있지만 대부분이 체제에 묵종한 사회에서 최종적으로 누가 죄인이며 누가 그를 심판할 수 있는가?(Rigby, pp. 110~111)

냉정하게 말하자면, 해방되자 이승만(李承晩)은 친일 재벌 장진영(張震英)의 돈암장(敦岩莊)에서 살았고, 김규식(金奎植)은 친일 재벌 민규식(閔奎植)의 삼청장(三淸莊)에서 살았고, 김구는 일본 공사 다케조에 진이치로(竹添進一郞)의 별장이었던 금광 재벌 최창학(崔昌學)의 경교장(京橋莊)에서 살았고, 박헌영(朴憲永)은 함열(咸悅)의 친일 갑부 김해균(金海均)이 제공한 혜화장(惠化莊)에서 살았다. 그런 모습은 "받아 마땅한 대접"이 아니었다.

그런 점에서 본다면 우리 모두가 죄인이고 망국의 책임자이다. 지금의 친일 논쟁은 "먼저 태어난 자의 슬픔과 늦게 태어난 자의 행운"이 빚은 갈등이다. 우리의 망국사에는 분노만 분출할 뿐 역사에 대한 자성이나 회오(悔悟)가 없다. 고등학교 국사 교과서는 여전히 "우리 자신의 힘으로 광복을 쟁취했다"고 가르치고 있다.

해방정국에서 친일 논쟁은 이승만에게 너울을 씌우는 구실로 이용되었다. 그럴 만한 여지가 있는 것도 사실이다. 한민당원들 가운데 친일로 분류될 수 있는 사람들이 섞여 있었기 때문이다. 그러나 적어도 친일 논쟁은 한민당으로서 더는 물러설 수 없는 화두였다. 그들은 역공하지 않는 한 더는 설 땅이 없다는 것을 잘 알고 있었다.

실제로 이승만 초대 내각 각료 17명 가운데 친일 흠결이 있는 사람은 유진오(兪鎭五)와 윤치영(尹致暎) 두 사람뿐이었고, 한민당 사람은 김도연(金度演)뿐이었다. 가장 격노하여 반격에 나선 인물은 조병옥(趙炳玉)이었다. 당시 정보망을 장악하고 있었던 그는 정치판에서 내로라하는 사람들의 친일 비리를 꿰뚫고 있던 터라 할 말이 많았다. 그래서 나온 논리가 친일(pro-Jap)은 먹고 살다 보니 저지른 일(pro-Job)이었다는 것이다.

조병옥은 이어서 싱가포르가 함락되고 마닐라가 일본군에게 점령당하자 여운형과 안재홍(安在鴻)이 조선 총독 고이소 구니아키(小磯國昭)에게 불려가 소위 대동아전쟁(大東亞戰爭)에 협력할 것과 황국신민이 되겠다고 맹세한 전력(前歷)을 공격하고, 김규식의 아들이 상해에서 일본군의 간첩으로 8년 동안 활약한 사실을 들추었다. 따라서 고의로 자기의 영달을 위하여 민족 운동을 방해하였거나 민족운동자들을 살해한 무리가 아니면 취업으로 인정하고 감싸야 한다고 강변하면서(『나의 회고록』, 1959, p. 173) 그는 더 따져보겠느냐고 으름장을 놓았다.

반민특위에 연행되는 부역 인사들

친일 인사들에 대하여 연민을 가진 사람들은 이미 식민지국의 신민으로 태어나 이름도 일본식으로 짓고 살던 당시 민중들에게서도 헌납은 이뤄지고 있었다는 점을 지적하는 경우도 있다. 이를테면 1937년부터 1941년까지 조선인의 국방 헌납은 총액 1억 1,432만 4255엔이었다. 그들의 논리에 따르면 우리 사회에서는 오랫동안 "헌납=친일"이요, "공출=수탈"이라는 도식이 지배해왔다. 그러나 헌납은 거물 친일파들만의 행위가 아니었으며, 조선군사후원연맹(편), 『半島の銃後陣』(1940)에 그 헌납 사례가 934건 소개되어 있다. (김인호, 2014, pp. 1, 4~5)

이승만으로서는 친일파 처단을 주장하는 김구나 좌익의 주장을 따를 수 없었다. 그는 이렇게 응수했다.

"민족 반역자나 친일파는 일소해야 하지만 지금은 우선 우리의 힘을 뭉쳐놓고 볼 일이다. 우리의 강토를 찾아낸 다음에 우리의 손으로 재판하여야 하며 지금은 누가 친일파이고 누가 반역자인지 모른다."

친일파를 처리할 수 없다는 그의 표면적인 구실은 그것이 끝내 국론을 혼란케 하여 통일을 지연시킬 뿐이라는 것이었다. 친일 논쟁에 하지(John R. Hodge)가 이승만의 편을 든 것도 한민당으로서는 큰 힘이 되었다. 하지로서는 본디 친일파를 두둔할 뜻이 있었던 것이 아니며, 한민당 밖에서는 영어를 알 만한 인물로서 허물없는 사람을 찾기 어려웠다는 데 애로가 있었다.

이승만과 김구의 관계에서 본다면 선명성이라는 점에서 김구가 우위에 섰던 것은 사실이다. 이는 이승만의 정치적 야망으로 볼 때 대중 동원이나 정치 자금 그리고 인물을 모아가는 과정에서 지주나 매판자본가를 깨끗이 물리칠 수 없었음을 의미한다. 친일 청산을 주장하는 김구가 논리적으로는 맞는 말을 했지만, 현실과는 거리가 있었다. 때가 묻지 않은 사람이 거의 없는 상황에서 숙청을 시도하면 새로운 사회 건설에 쓸 만한 사람이 부족한데 어쩌랴?

지금 이 시대의 가진 무리 가운데 한말부터 일제 시대와 해방정국에 이르기까지 100여 년의 역사를 살아온 조상 3대 9족의 이력서와 호적/제적등본과 족보를 내놓고 "우리 집안은 정말로 하늘을 우러러 부끄럼이 없다"고 말할 수 있는 집안이 과연 몇이나 될까? 그리 많지 않을 것이다. 열 사람의 의인만 살아 있었더라도 소돔과 고모라를 멸망시키지 않겠다던 창조주의 약속(『구약성서』「창세기」 18 : 32)은 우리에게도 유효한 것이 아니었을까?

다시 국난이 온다면 나를 포함하여 우리는 모두 조국을 위해 죽을 수 있다고 장담할 수 있을까? 장담할 수는 없다. 거대한 국가 폭력 앞에서 한 개인이 저항하기가 그리 쉬운 일은 아니었을 것이다. 흥망성쇠를 겪으면서 의인이 없었던 적도 없지만 역사적으로 애국자가 넘쳐나는 시대도 없었다. 꼭 그럴 필요도 없고 그럴 수도 없다. 조국과 동포를 배신한 사람을 대상으로 정의를 추구하는 데에는 여러 가지 측면에서 심각한 어려움이 있다. 그런 점에서 본다면 우리는 망국의 원인을 몇 명의 친일파에게 추궁함으로써 망국이라는 거대 담론을 희석했다.

3. 유럽의 경우

친일 청산의 문제는 프랑스의 나치 부역자 숙청과는 다르다. 나치가 철수한 직후부터 프랑스의 민족주의자들이 1만 명의 부역자를 처형 또는 사형(私刑)하고, "인민재판"(crossroads justice)으로 4,500명의 약식 처형이 이뤄졌다. 자식에게 우유를 제공한 독일 병정에게 몸을 허락했다는 이유로 삭발하고 조리돌린 처사가 바람직하였나에 대한 성찰도 필요하다. "독일에 점령된 뒤 2주가 지나도록 신문의 발행을 계속한 것은,

논지를 불문하고 부역"이라는 드골(De Gaul)의 결정이 우리에게도 가능했을까? 제2차 세계대전 동안 점령 지역에 거주했던 대다수의 생존 전략은 영웅적인 순교보다 생존의 본능에 따랐다. (Rigby, pp. 18~19, 28)

노르웨이에서 25명, 덴마크에서 36명, 벨기에서 230명이 처형되었으며, 네덜란드에서는 920만 명의 인구 가운데 15만 명, 벨기에에서는 800만 명의 인구 가운데 7만 7,000명, 덴마크에서는 400만 명의 인구 가운데 1만 4,000명, 인구 400만 명인 노르웨이에서는 6만 3,000명이 유죄 판결을 받았고, 800만 명의 프랑스에서는 12만 명이 재판을 받았다. (Rigby, pp. 20~21, 43)

죄인을 고발하고 정죄할 때는 해묵은 원한이 부역보다 더 무겁게 작용하는 경우가 많다. 칼 야스퍼스(Karl Jaspers : 1946)는 이런 말을 했다.

"뉘른베르크재판은 범죄의 책임자를 가려내려는 의도보다는 '나는 당신들처럼 죄짓지 않았음을 보여 주려는 충동'도 크게 작용했다. 이는 독일인 모두가 범죄자로 비난받는 것을 피하는 장점이 있었다."(Rigby, p. 5)

팔레스타인의 경우에는 점령군에 의해 죽은 사람보다 동족에게 죽은 사람이 더 많았다. 아르헨티나 독재 7년 동안에 1만~3만 명이 살해되거나 실종되었는데 이 숫자는 폭압정치시대의 동유럽에서 죽은 정치범의 숫자보다 많다. 이에 대하여 최초로 침묵을 깬 무리는 "어머니였다."(Rigby, pp. 77, 175)

4. 어떻게 풀어야 할까

그렇다면 해방 80년이 되도록 아직 해결되지 않고 분파를 이루는 친일 부역의 문제를 어떻게 풀어야 할까? 나는 다음과 같은 과정을 거쳐 이 일을 매듭짓는 것을 권고한다.

첫째, 당사자 또는 그 후손은 진정으로 참회하고 용서를 구한다. 정신적 외상을 치료하는 가장 좋은 방법은 과거의 고통을 거론하고 인정하며 여건이 좋아진 다음에는 "기억과 더불어 사는 법"이다. (Rigby, p. 45) 예수께서 간음한 여인의 평결을 요구받았을 적에 그도 즉답을 못 하고 몸을 굽혀 땅에 뭔가 쓰기 시작했다. 율법학자와 바리사이파들이 줄곧 물어 대자 예수께서 몸을 일으켜 그들에게 이르셨다.

"여러분 가운데 죄 없는 자가 먼저 저 여자에게 돌을 던지시오."

그리고 다시 몸을 굽혀 땅에 무엇인가 썼다. (「요한복음」 8 : 1~11) 예수는 뭐라고 바닥에 썼을까? 성서 해석자들은 그 여인에게 "다시는 죄짓지 말라"고 부탁한 이야기로 그치지만 내가 주목하는 것은 그가 다시 바닥에 무엇이라고 썼을까 하는 대목이다. "나는 어떠했을까?"라고 쓴 것은 아닐까?

남아프리카공화국의 경우에는 인권 침해 가해자들이 자신의 범죄 행위에 대하여 모든 것을 고백할 경우에 기소를 면제했다. 후회나 가책의 표현을 요구하지 않았다. 고백을 속속들이 다 듣고 알게 되면 속이 시원할지 모르지만, 마음은 더욱 비참해지기 마련이다. (N. Chomsky, 1987, p. 51)

부역자들에게도 할 말이 있을 것이다. 여운형(呂運亨)의 경우처럼 더 큰 것을 얻기 위해서 작은 친일을 했다고 고백한 사람도 있고, (『金昌淑文存』, 1994, pp. 244~245) 대학이나 신문사와 같은 더 큰 것을 지탱하려고 일본에 협조하지 않을 수 없었다고 김성수(金性洙)나 백관수(白寬洙)는 말했다.

팔레스타인 부역자들의 대부분은 필요악이었다. 그들의 부역이 없었더라면 점령 치하에서 생존을 위해 몸부림쳤던 수많은 팔레스타인 가족의 삶은 더욱 고통스러웠을 것이다. 그들은 빗나간 방식으로 공동체의 복지에 헌신하려고 했던 "애국적(?) 반역자"였다고 릭비는 설명하고 있다. (Rigby, p. 173)

조직적인 부역자들은 어느 정도 거부감을 가지면서 적국에게 협조했다. 그들은 자신들의 행동을 통해 대중이나 특정 집단에 봉사할 수 있다고 믿었다. 이상주의적인 부역자들은 자신의 봉사로 말미암아 적군이 얻어가는 이익보다 우리에게 돌아오는 이익이 더 크다고 믿는 경향이 있다. 이럴 경우에 구체적인 동기가 다를 수 있지만 개인적인 이익이 아니라 더 큰 공동체를 위하여 마지못해 적군에게 협조했다.

점령 지역이나 억압 아래에서 삶을 생각할 때 유죄와 무죄의 차이는 정도의 문제이다. 그 과정에서 극단적인 상황을 경험하지 못한 사람들이 나름대로 이슈를 제시하며 도덕적·법률적 원칙을 위반한 사람들을 쉽게 판단해서는 안 된다. (Rigby, p. ix; 26)

나는 형사법학자는 아니지만 "친일파에게는 공소시효가 없다"라는 논리에 법률적 하자가 없는지를 가끔 생각해 본다. 왜냐하면 그 행간에는 연좌제의 뜻이 담겨 있기 때문이다. 이는 학살과 같은 반인류 범죄를 저지른 나치 치하나 붕괴 이전 공산 치하와 남미에서 저지른 반인류 범죄의 추적과는 다소 다른 성격의 것이다. 과거만을 지향하는 기억은 별로 좋은 것이 아니다. (Rigby, p. 1)

스페인의 경우를 보면 오히려 지식인들이 과거를 외면하기로 결정한 망각의 협약이 정치적 안정을 실현하는 데 도움을 주었다. 프랑코(Franco)의 명예를 훼손하고, 군대와 보안 부대에 대한 숙청을 시도하면 쿠데타가 일어나리라고 믿을 만한 증거는 많았다. 그 문제를 현재 속으로 끌어들이는 것은 또 다른 유혈 사태와 갈등, 그리고 고통을 초래할 것 같았다. 그래서 원칙은 살리되 "망각"을 중요 도구로 이용했다. 그렇게 해서 프랑코 정권 아래에서의 부역자 사마란치(Juan Samaranch)도 용

서를 받았다. (Rigby, pp. 3, 151, 168)

둘째, 친일의 대가로 받은 일체의 반대급부를 환수한다. 그것은 속죄의 첫 단추이다. 자기들의 재산이 친일의 대가가 아니라 선대부터 있었던 것이라고 강변할 수 있다. 그리고 일부는 재판에서 승소했다. 이와 관련해서는 남아프리카공화국에서 있었던 다음의 일화를 인용하는 경우가 흔히 있다.

톰(Tom)과 버나드(Bernad)라는 두 소년이 있었다. 톰은 늘 버나드를 괴롭혔다. 어느 날 톰이 버나드의 자전거를 훔쳐 갔다. 버나드는 톰이 자신의 자전거를 타고 학교에 가는 것을 보았으나 힘이 부족하여 따지지도 못했다. 그러더니 톰이 갑자기 버나드를 찾아와 손을 내밀면서 화해하고 과거를 흘려보내자고 손을 내밀었다. 그러자 버나드가 톰의 손을 내려다보며 물었다.
"그렇다면 내 자전거는 어찌 되는 거냐?"
그랬더니 톰이 말했다.
"나는 지금 자전거 이야기를 하는 것이 아니야. 나는 그저 화해하고 싶을 뿐이야."
(Martha Minow, *Memory and Hate?*, 1999)

이것이 유명한 "남아프리카공화국의 자전거 화해 이야기"(Bicycle reconciliation story in South Africa)이다. 국가는 큰 피해를 입은 국민에게 국가들 사이의 화해를 위해 자신의 손실과 불의를 수용하라고 요청한다. 그러나 자전거는 돌려주지 않은 채 아무 일도 없었던 것처럼 살아갈 수는 없다. 자전거를 되찾지 못하는 한, 화해는 이뤄질 수 없다.

셋째, 국민적 합의로 일몰제(sunset law)를 제정한다. 세상의 매듭을 푸는 데 가장 많이 쓰는 말이 "잊어버려"라는 것이다. 그러나 말이 쉽지,

그 아픔을 어찌 잊을 수 있겠는가? 원효대사(元曉大師)가 한때 수행한 적이 있는 내 고향 괴산 군자산(君子山)에는 이런 전설이 내려오고 있다.

어느 날 원효가 상좌중과 길을 걷다가 중도에 개울을 만났다. 마침 장마철이어서 물이 불어 건너기가 어려웠다. 옷을 입고 건너자니 물이 깊어 옷이 젖을 지경이었고, 옷을 벗고 건너자니 그리 깊지는 않았다. 그런데 원효는 서슴없이 옷을 벗더니 아랫도리를 다 드러내고 물을 건너려 했다. 마침 그때 옆에는 젊은 여인이 난감하게 서 있었다. 원효는 주저 없이 그 아낙을 업고 물을 건넜다. 내를 건너 저편에 이른 원효는 아무 일도 없었다는 듯이 옷을 입고 길을 걸었다. 이때 따라오던 상좌중이 원효에게 말씀을 드렸다.
"스님, 이제 저는 스님의 곁을 떠나렵니다."
"왜 그런 생각을 했느냐?"
"출가한 스님이 벌거벗은 몸으로 젊은 여인을 업고 내를 건넜으니 계율에 어긋난다고 생각했기 때문입니다."
이 말을 들은 원효가 상좌중에게 이렇게 말했다.
"너는 아직도 그 여인을 업고 여기까지 왔단 말이냐?"

망국의 죄인들을 잊을 수는 없지만 이제는 내려놓고 가자. 시저(Julius Caesar)가 『이탈리아 내전사』(*De Bello Civil.*)에서 말한 것처럼,

"강을 건넌 다음에는 배를 강변에 두고 가야 한다."
(*Postquam navɜ trɑnsiit flumen, navis relinquenda est in flumine*)

이제는 우리도 우익이나 좌익이 저지른 수많은 잘못에 대하여 정직하고 자유롭게 고백하고 사죄할 만큼 성숙하지 않았을까?

넷째, 연좌제를 배제한다. 친일 이야기를 하면서 박정희(朴正熙)를 거론하는 의견이 있었다. 친일파가 정권을 잡아 나라가 이렇게 어려워졌다는 논리이다. 박정희는 육군 중위의 몸으로 일본 군대에서 복무했다. 없었더라면 좋았을 일이니, 허물이 될 수 있다. 그러나 그것은 식민지에 태어난 젊은이가 겪어야 할 아픔(karma)이었다. 나는 그를 두둔할 뜻은 추호도 없다. 그러나 육군 중위가 친일파라면 그 숱한 한국인 육군 중위 가운데 왜 하필이면 박정희만 문제가 될까? 육군 중위가 친일을 했으면 얼마나 악독하게 했을 것이며, 그 윗사람들의 친일은 왜 묻지 않고 박정희의 친일만 문제가 되는가? 그의 딸이 대통령이 아니었더라면 어땠을까?

5. 씻김굿

내가 관계하는 한 애국 단체에서는 모임만 시작하면 한두 번도 아니고 번번이 박정희가 쓴 파고다 공원의 "삼일문"(三一門) 현판을 때려 부순 무용담(?)을 회순(會順)에도 없이 장황하게 늘어놓는 것으로 회의를 시작하는 사람이 있었다. 한두 번도 아니고 아주 지겨웠다. 그리고 나는 그 뒤로는 그 모임에 가지 않다가 그가 세상을 떠난 다음에야 다시 그 모임에 나갔다.

과거사 청산은 당사자에 대한 "할퀴기의 역사"(history of scratch)가 되어서는 안 된다. (Rigby, p. 86) 그런 식이라면 일본 정부와 지주에게 세금과 소작료를 지불하고 부역(賦役)한 나와 귀하의 아버지도 친일로부터 자유로울 수 없다. 실제로 친일의 죄상을 따지자면 중위보다 오장(伍長)이 더 악랄했다. 진보 진영에 포진하고 있는 오장의 자식들이 중위의 자식을 친일파라고 배척하는 것은 무지이며 코믹하다.

박정희가 훗날 대통령이 되지 않고 중위로 생애를 마쳤더라도 그의 행적은 친일의 멍에를 썼을까? 그렇지 않았을 것이다. 이런 점에서 볼

> 나는 적성(赤誠)으로써 조국의 독립과 자유를 회복하기 위하여 한인애국단(韓人愛國團)의 일원이 되어 적국의 수괴를 도륙하기로 맹세하나이다. | 이봉창 |

서울 지하철 3호선 안국역 5번 차량의 슬라이딩 도어에 새겨진 항일 문구

때 해방 이후의 행적에 따라서 해방 이전의 행적을 논의하는 것은 당사자나 그 자식들에게 주홍 글씨를 써넣는 작업의 성격이 짙다. 박정희의 정치적 과오를 물으려면 유신 시절의 반민주적 통치를 논박하는 것이 합리적이지 친일의 과오를 거론하는 것은 오히려 그의 과오를 빗나가게 겨냥하는 것이다.

위 사진을 보자. 서울 지하철 3호선 안국역의 슬라이딩 도어에 새겨진 이봉창(李奉昌) 의사의 항일 문구이다. "도륙"(屠戮)이라는 문구가 눈길을 사로잡는다. 도륙이라 함은 백정이 소나 돼지를 잡을 때 각(脚)을 뜨고 살을 발라내는 것을 뜻한다. 일제 시대의 우국지사들로서는 그런 말을 할 수 있다. 그러나 지금은 이런 말을 쓰는 것이 국가에 무슨 도움이 되는지를 돌아볼 때이다. 더욱이 그 위치가 일본대사관 앞이고, "그들이 잘 볼 수 있도록 그곳에 세웠다"는 지하철공사의 답변은 온당하지 않다. 일본 도쿄(東京) 긴자(銀座) 역에는 "조센징 저며 죽이자"는 슬라이딩 도어가 없다.

강요에 따른 것이었든 자발적이었든, 우리는 그 시대를 살면서 모두 애국자였을 뿐, 암묵적으로 협조한 바는 없었을까?

제13장 참고 문헌

경상북도 경찰부, 『高等警察要史』(대구, 1934)

고염무, 『일지록』:「正始」

『구약성서』「창세기」

『金昌淑文存』(성균관대학교출판부, 1994)

『동아일보』1945. 12. 30.

조병옥, 『나의 회고록』(민교사, 1959)

Rigby, Andrew, *Justice and Reconciliation after the Violation*(Boulder, 2001); 럭비(지음) / 장원석(옮김), 『과거 청산의 비교정치학』(온누리, 2007)

Gayn, Mark, *Japan Diary*(New York : William Sloane Associates, 1948)

Minow, Martha, *Memory and Hate?*(Providence : Brown University, 1999)

Caesar, *De Bello Civili*(Boston : Cambridge University Press, 1992)

Plutarch's Lives, Solon; Alkibiades; Fabinius; Cato the Elder; Otho; 신복룡(역), 『플루타르코스영웅전』(을유문화사, 2021)

14

박헌영

한 공산주의자의 사랑과 야망

> "슬픔도 분노도 없는 사람은
> 조국을 사랑하지 않는다."
> — 네크라소프(Nikolai Nekrasov)

> "사람이 세상을 살아가면서
> 비빌 언덕이 없다는 것은
> 참으로 힘들다."
> — 강증산(五訓誨)

1. 가족이라는 굴레

역사학 가운데 인물사 또는 전기학은 그 주제의 연구보다 더 어려운 장벽이 가로막고 있는데, 첫째는 문중의 시비이며, 둘째는 지역감정이며, 셋째는 종교적 호교론(護敎論)이다. 그런데 요즘에는 거기에 이념의 굴레라는 것이 하나 더 늘었다. 위의 3가지 가운데 어느 감정을 건드리면 바로 사자명예훼손죄(형법 308조)로 고소당할 수 있다. 역사적 사실 여부를 떠나 문중이 제소하면 고소가 성립되며, 확정 판결을 받으면 징역 2년을 살아야 하는데, 공소시효는 3년이다. 신분에 약한 교수가 이런 송사에 휘말리면 고생이 말이 아니다. 인물사를 공부하는 나는 이 죄에 걸려 너무 시달려 이제는 그런 주제를 비켜 가고 싶다.

문중이나 지방색 또는 이념 논쟁 문제는 두 가지로 나뉘는데, 처음부터 아예 "용비어천가(龍飛御天歌)"를 쓰거나 어느 종교를 감싸고자 쓰는 교파 문제가 하나고, 다른 하나는 아예 처음부터 요절을 낼 각오로 쓰는 외삽법(外揷法)의 글이 여기에 해당한다. 특히 어디서 연구비라는 이름으로 몇 푼 받은 경우의 '역사업자들'이 쓴 글은 목불인견이다. 전기의 경우에 이런 현상은 더욱 심하다. 역사학에서는 이를 가리켜 "후손이 잘되면 붓으로 조상을 키운다"고 한다. 내가 13년 동안 한국독립유공자심사위원(장)을 지낸 경험을 되돌아보면, "오래 산 마지막 증언자나, 권력자 자식을 둔 사람이나, 부자의 목소리가 컸다"는 자조(自嘲)를 면할 수 없다. 그 역류를 비켜 가는 것은 새로운 유공자를 발굴하기보다 어려웠다.

박헌영(朴憲永, 1900~1956)의 경우는 위의 세 가지 경우와 조금 다르다. 그의 적이었든, 그의 숭모자였든, 여기에는 생계형의 '꾼들'이 목을 매고 있기 때문이다. 어차피 역사의 좌우익은 불가피하게 나누어지기 마련이지만, 요즘처럼 이렇게 칼로 벤 듯이 갈라져 게거품을 무는 역사

박헌영은 결혼 생활에서도 파란이 많았다. 그가 1949년 9월 평양에서 재혼한 윤레나(오른쪽). 윤레나는 박헌영의 비서 출신이다. 왼쪽은 첫 번째 부인 주세죽과의 사이에서 태어난 박비비안나. 박비비안나는 러시아에서 무용수로 활약했다.

업자들도 드물다. 역사학이 소명으로서의 학문이던 시대는 이미 지났고, 이제는 기념사업회라는 이러저러한 돈줄에 목을 매다 보니 그만큼 치열할 수밖에 없는 것을 이해할 수는 있지만, '다름'과 '틀림'을 구분하지 못하고 자기와 다르면 '토착 왜구'라거나 '빨갱이'로 낙인을 찍을 경우에는 이미 논리나 양식은 존재하지 않는다.

그렇다고 싸움이 좌우로만 치닫는 것은 아니다. 일단 돈을 받은 뒤에는 내부적으로도 '숟갈 하나 더 놓기 싫어' 다시 결승전을 치러야 하는 경우는 이제 다반사다. 지금의 동학(東學) 연구가 그렇다. 어느 지역이 발상지인지, 누가 주역인지, 기념관을 어디에 세워야 하는지, 어느 학자를 불러야 하는지의 문제는 이미 합리성이나 객관성을 떠나 '그곳' 출신이며 전봉준(全琫準)과 한글 종씨인 전두환(全斗煥) 대통령 시대에 배정된 돈을 어떻게 나누느냐의 문제로 머리가 터지게 싸우고 있다.

2. 이념에 재단되는 박헌영 연구

박헌영을 한국 현대사의 주역으로 등장시킨다는 것은 매우 위험한 짓이며 용기가 필요하다. 좌파 정권이 들어서면서 박헌영기념사업회가 생기고 번듯하게 『박헌영전집』(2004)이 출판되면서 그에 대한 사시(斜視)가 많이 교정되었지만, 박헌영이라면 일단 '빨갱이', '남로당', '조선정판사 사건', '북한 부수상', '한국전쟁' 등의 키워드를 먼저 연상하도록 우리는 잘 길들여져 있다. 그에 대한 호의적 글이나 연민은 강고한 비토 그룹으로부터 집요한 저항을 받는다.

그러나 박헌영에 대한 정직한 논의를 적대시하거나 미화한다면 한국 현대사를 재구성할 수 없다는 것이 나의 소신이며, 그러한 모험으로 쓴 것이 곧 『한국분단사연구: 1943-1953』(2001)이다. 나는 과분하게도 이 저술로 2001년도 한국정치학회 학술상을 받음으로써 해방정국의 좌파

연구에 고군분투한 심지연(沈之淵·경남대 명예교수)의 연구에 작은 도반(道伴)이 되었다. "인간 사회를 연구하는 모든 학도는 역사의 과정에서 희생당한 사람들에 대해 연민을 가지고 승자들의 주장에 회의를 품는 것이 지배적 신화에 사로잡히는 것을 막아-주는 본질적인 안전장치이다"(Barrington Moore, 1967, p.523)라는 배링턴 무어의 명제가 이 장의 핵심이다.

또 한 가지 짚고 넘어가야 할 사실이 있다. 곧 역사학에서 호오(好惡)가 나뉜 인물이나 선악이 갈리는 사건에 관한 연구는 "양쪽 이야기를 모두 들어봐야 한다"는 것이 정치전기학에 대한 나의 지론이다. 일본 자료만으로 청일전쟁을 쓴 저술을 본 적이 있다. 그것은 일본 육군성의 교본이지 역사가 아니다. 작고한 문희수(文熙洙·서원대 교수)는 영·독·불·중·일·러·한국 7개 국어를 구사하면서 청일전쟁을 썼으나 탈고하지 못하고 세상을 떠났다. 과거 100년, 향후 100년 안에는 7개 국어로 청일전

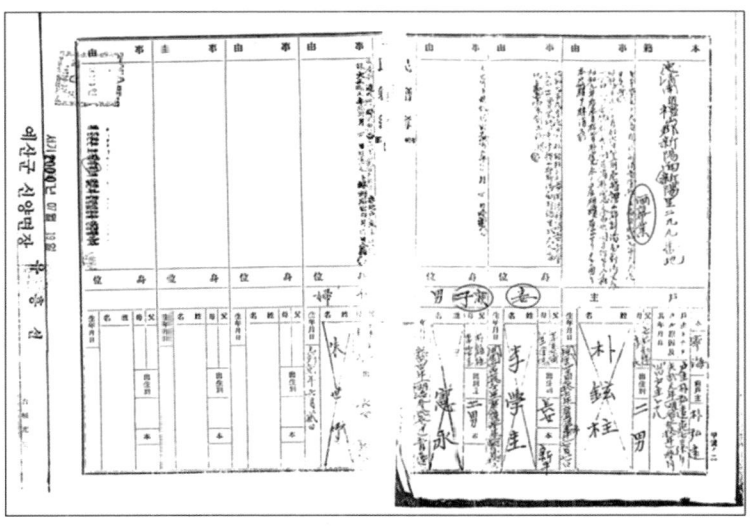

충남 예산군 신양면에서 얻은 박헌영의 제적등본. 어머니 이학규(李學圭)의 직업은 '주막업(酒幕業)', 호주인 남편 박현주(朴鉉柱)와의 관계는 '첩(妾)', 박헌영과 아버지의 관계는 '서자(庶子)'로 적혀 있다.

쟁을 쓸 학자가 없을 것이다. 아니, 어쩌면 영원히 없을지도 모른다. 그러니 지금의 역사가들이 얼마나 편하게 먹고사는가?

2000년 7월, 그해 여름은 유난히도 더웠다. 나는 집필하던 『한국분단사연구: 1943-1953』의 마지막 보완작업을 하다가 문득 충남 예산군 신양면(新陽面)으로 답사를 떠났다. 그곳은 박헌영의 고향으로, 뭔가 부족한 듯한 원고의 마지막 작업에 대한 영감을 얻고 싶어서였다.

머리에는 토인비(Arnold Toynbee)의 충고가 맴돌고 있었다. 그의 말에 따르면, "나의 역사학은 현장에서 보고 느낀 것이 책을 통해 얻은 것보다 더 많다. 그리스 역사의 기술은 더욱 그러했다. 역사학자는 현장을 가보아야 한다. 그곳에서 그는 책에서 알지 못한 영감을 얻을 것이다"(『대화』, 1972, pp. 293~298)였다. 이 충고는 나의 역사 연구의 중요한 등대였다. "당신은 그곳에 가 보았는가?"라는 헤로도토스(Herodotus)의 경구도 나의 등을 밀었다.

폭염 속의 신양면 옛 장터는 고즈넉했다. 동네 이름처럼 햇살이 맑았다. 나는 먼저 신양면사무소에 들러 박헌영의 제적등본을 신청했다. 개인정보 보호가 없던 시절이라 면서기는 쉽게 그것을 보여주었다. 나는 박헌영의 제적등본을 받아들고 망연자실했다. 어머니 이학규(李學圭)의 직업은 '주막업'(酒幕業)이라고 적혀 있었다. 그와 호주인 남편 박현주(朴鉉柱)의 관계는 '첩'(妾)으로, 박헌영과 아버지인 호주의 관계는 '서자'(庶子)로 돼 있었다. 나는 이렇게 가혹한 호적등본을 일찍이 본 적이 없다. 나는 혹시 '주막업' 등 세 글씨가 훗날 그를 험담하려고 우익들이 적어 넣은 것이 아닌지 의심했지만, 필적이 본문과 같은 것으로 보아 그런 것 같지는 않았다. 어쨌든 직업을 호적등본에 기록하는 것은 아주 예외적인 일이었다.

1922년에 조선호적령이 내렸으니까, 박헌영이 22세 때부터는 이 등본을 들고 다녔을 터인데 그때 그 감수성 많은 청년 수재의 심정은 어떠했을까를 생각하니 이념의 여부를 떠나 나는 연민과 분노를 주체할 수 없었다. 면사무소를 나와 후손을 찾으니 십종손 박대희(朴大熙) 씨를 소개해 주는 사람이 있었다. 당시 77세인 그는 처연한 심정으로 박헌영의 소년 시절 이야기를 들려주면서 첫 아내 주세죽(朱世竹)과의 행복했던 시절 사진을 보여주었다.

박헌영은 1900년에 충남 예산군 광시면(光時面) 서초정리(瑞草井里)에서 아버지 영해(寧海) 박씨 현주(1867~1934)와 어머니 신평(新平) 이씨 학규(1867~?) 사이에서 출생했다. 제적등본에 따르면, 박현주에게는 이미 배다른 맏아들 지영(芝永, 1891년생)이 있었고, 박헌영의 뒤로 두 딸(1905년생, 1912년생)이 있었다. 이미 맏아들이 있었던 점으로 보아 자식을 얻고자 소실을 맞이한 씨받이인 것 같지는 않았다. 아버지는 쌀가게를 경영하면서 약간의 농지를 소유한 중상의 재산가로 궁핍하지는 않았다.

박헌영은 훗날 자신이 "봉건 양반 가정에서 출생했다"고 말한 바 있지만, 이는 아마 열등감의 표현이었으리라고 생각된다. 신의주(新義州) 지방법원 검사국이 작성한 '박헌영의 피의자 신문 조서'(1925. 12. 12.)에는 "나에게는 부모님, 형님 내외분, 그리고 나와 아내, 이렇게 여섯 가족이 있고, 재산은 나에게 없으나 아버님께 약 1만 엔의 재산(동산·부동산)이 있다"고 기록돼 있다. 쌀값을 기준으로 환산해 보면, 그때 1엔은 지금의 구매력으로 1만 3,890원 정도였으니까(『조선총독부 통계연보』, 1926) 1억 4,000만 원 정도의 자산이 된다. 그 정도면 넉넉한 집안이었다.

박헌영의 학생 시절 모습

3. 어린 시절과 물거품이 된 미국 유학

1974년에 다시 편책한 박헌영의 호적등본에 따르면 1932년에 어머니 이학규는 남편 박현주와 이혼했으며, 1934년에 박헌영은 아버지의 사망과 함께 호주를 상속했다. 1932년이면 박헌영이 이미 장성하여 결혼하고 공산주의자로 활약하던 시기였다는 점으로 본다면, 아마도 첩실(妾室)의 서출로 기록되기보다는 일가 창립을 하는 것이 더 떳떳하다는 판단에 따라 이혼했을 수도 있다.

어머니가 이혼하기 전에 작성된 호적에 직업이 주막업으로 된 것을 보면 이미 이혼 전에 남편으로부터 버림을 받고 주막을 경영한 것으로 보인다. 이 불우한 소년은 신양장터에서 주막집을 경영하면서 주정뱅이 사내들에게 시달리는 어머니의 모습을 보며 술 심부름을 하는 동안 가진 무리에 대한 분노와 적의(敵意)를 많이 느꼈을 것이다. 아마도 그 저력은 한(恨)이었을 것이다. 박헌영은 소년 시절에 비만하고 키가 작았다. 소년기 비만은 잘 먹어서가 아니라 막된 음식(junk food)으로 성장했기 때문이다.

박헌영은 1910년에 서당을 다녔고 1912년에 대흥면(大興面)의 대흥공립보통학교에 입학했으며, 1915년에 경성제일고등보통학교(현재의 경기고등학교)에 합격했다. 이범석(李範奭)이 1년 선배였고, 심훈(沈熏)이 동기였으며, 박열(朴烈)이 2년 후배였다. 재학 중에는 남들과 어울리지 않고 혼자서 책을 읽는 것이 취미였다. 어머니와 아버지가 이혼하기 전이었으나 이미 어머니가 주막을 경영하고 있었으니 학비는 어머니가 보내주었을 것이다.

뒷날 박헌영이 인민전선에 몰두하게 된 계기는 계급적 적개심이 강렬했기 때문이며 아무리 민족의 해방이나 통일이 중요하다 할지라도 지주를 용서할 수 없었는데, 그 이면에는 오이디푸스 콤플렉스(Oedipus complex)가 작용했을 것이다. 그는 일제시대의 토지 모순에서 해방정국에 대한 해법(解法)을 얻으려 했다. "슬픔도 분노도 없는 사람은 조국을 사랑하지 않는다."(Nikolai Nekrasov)

　박헌영은 1919년에 3·1운동에 참가했으나 휴교로 말미암아 개별적으로 경성제일고등보통학교의 졸업장을 받았다. 그의 학문적 열정의 배후에는 신분 상승의 욕구가 강렬했다. 그는 YMCA 영어반과 승동교회 성경반에서 영어 공부를 하며 미국 유학을 준비했다. 그러나 학자금을 마련해주겠다던 친구 윤돈구(尹暾求)가 맹장염으로 세상을 떠나자 유학의 꿈도 사라졌다.(박갑동, 1988, pp. 14~15) 그것도 운명이었다. "사람이 세상을 살아가면서 비빌 언덕이 없다는 것은 참으로 힘들다."(강증산, '五訓誨') 역사에서 가정이란 덧없는 것이지만, 윤돈구가 죽지 않고 박헌영이 미국으로 유학을 가 이승만에 못지않은 명문대학에서 학위를 받고 귀국했더라면 그의 운명과 한국 현대사는 어떻게 바뀌었을까?

1946년 4월 조선공산당 창당 21주년 기념식장에 참석한 박헌영. (가운데) 오른쪽은 그의 대표적 반대파였던 강진이다.

1921년 상해에서 찍은 사진이다. 앞줄 왼쪽에서 두 번째가 김단야, 가운데가 박헌영, 오른쪽 끝이 현피터, 가운데 줄 오른쪽에서 첫 번째가 주세죽, 그다음이 현앨리스, 뒷줄 왼쪽에서 첫 번째가 호찌민이라는 사진 설명은 주세죽의 기억이 틀린 것을 그대로 옮겼기 때문이다.
『이정 박헌영 전집』에서 인용

낙심한 박헌영은 1920년 가을, 일본으로 밀항하여 도쿄와 요코하마를 거쳐 상해로 건너갔다. 거기에서 그는 상과대학에 입학할 준비로 지나기독청년회 영어과에 들어가 약 6개월 동안 공부했는데 이때 처음으로 공산주의에 입문했다. 그는 1921년 4월 상해상과대학에 들어가 1922년 6월까지 다녔다. 박헌영은 영어·일어·러시아어·에스페란토어 등 4개 국어에 능통했다. 그는 교회를 다녔음에도 "기독교는 평민 계급의 반역자로서 귀족의 노예이며, 제후와 영토를 옹호하고 자본주의 사회에서는 자본가 계급의 이익을 변호하는 도구"라고 생각했다. (박달환, p. 68)

4. 여인들과의 만남

박헌영은 1920년 11월에서 1922년 4월까지 상해에 머물렀다. 그리고 그 기간에 운명적으로 한 여인을 만났다. 노동당 강원도당 부위원장

강상호(姜尙鎬)의 증언(중앙일보 1993. 6. 28.)에 따르면, 그는 상해에서 고려공산청년동맹(共靑)을 조직하여 책임비서로 있을 무렵 그곳에 망명해 있던 평남 출신 현순(玄楯) 목사 집에서 하숙한 적이 있었다. 현순은 이르쿠츠크파 공산당 계열이었다. 현 목사에게는 훗날 미국대사관 일등서기관(CIA의 한국 책임자) 노블(Harold J. Noble)의 부하인 현(玄)피터(대위)라는 아들과 현앨리스(玄 Alice)라는 딸이 있었는데 그 여인이 박헌영을 연모(戀慕)했다. 그는 박헌영보다 세 살 아래였으니까 17~18세 전후였을 것이다.

『현앨리스와 그의 시대』(2015)를 쓴 정병준(이화여대)의 기록에 따르면, 그들이 사랑하는 사이는 아니었고 "애틋한 감정을 느끼는 정도"였다고 하며, 전 남로당원으로 박헌영의 전기를 쓴 박갑동은 그들이 사랑하는 사이였다고 증언했다. (박갑동, pp. 25~26) 현앨리스는 1922년 상해에서 다른 남자와 결혼했으나 아들을 낳은 뒤 곧 이혼하고 부모를 따라 미국으로 이주했다. 그는 이화여대를 잠시 다녔다고 한다. 그들이 사랑했든 사랑하지 않았든, 꿈 많은 청소년기의 감정은 그들의 생애에 깊은 추억으로 남았을 것이다.

이 무렵은 러시아 혁명이 성공하여 정착하는 단계였다. 레닌(V. I. Lenin)은 러시아 혁명의 축제 분위기를 보여 주고 싶어 극동피압박민족대회(1922. 1. 21.~2. 2.)라는 이름으로 극동의 공산주의자들을 모스크바에 불러들였다. 조선공산당 대표단에는 현순과 박헌영도 들어 있었다. 박헌영의 나이는 22세였고, 현순 목사가 42세였으니 벗할 사이는 아니었다. 이때 박헌영도 좌익 지도자들과 함께 회의에 참석하여 레닌을 만났다. 그것도 인연이었다. 다른 지도자들이 다 그랬듯이 그도 러시아 혁명의 열기와 레닌의 지도력에 깊은 감화를 받았다. (Ernestine Evans, 1922)

상해로 돌아온 박헌영은 러시아 정부의 후원 밑에 조직된 고려공산당의 당원인 김만겸(金萬謙)에게서 100원의 여비를 받아 조선에 공산주의를 선전할 사명을 띠고 있었다. 상해에서 안동(安東, 지금의 단동)으로 온 그는 조선으로 잠입을 기도하다가 경찰에 체포되어 신의주지방법원에서 '대정(大正) 8년(1919) 제령 제7호' 위반으로 징역 1년 6월의 형을 받고 1924년 1월 18일에 출옥하여 서울로 돌아왔다. 그 뒤에 박헌영은 주로 화요회(火曜會)에 가입하여 활약했다. 화요회는 마르크스의 생일이 화요일이었기 때문에 이를 기념하여 지은 이름이다.

박헌영은 1925년 4월 18일 조선공산당을 창당하여 이끌어가다가 11월, 신의주에서 술김에 친일 변호사 박유정(朴有楨) 및 그 일행인 경관을 폭행한 사건으로 가택 수색을 받는 과정에서 조직이 폭로되어 체포되었다. 그러나 그는 미치광이로 행세하여 병보석으로 석방되었다. (『高等警察要史』, p. 58;『동아일보』1927. 9. 13.) 미친 사람 행세가 어찌나 천연스러웠던지 수사관들도 속았다.

이때 박헌영은 운명의 두 번째 여인인 주세죽(朱世竹)을 만났다. 박헌영보다 한 살 연상인 그는 함흥 출신으로서, 관북 제일의 명문인 함흥영생고보(永生高普)를 마치고, 상해 안정씨(晏鼎氏)여학교에서 피아노를 전공했다. 그 무렵에 피아노를 전공했으면 그 가세를 짐작할 만하다. 이들은 한국의 원로 공산주의자인 허헌(許憲)의 딸 허정숙(許貞淑)의 소개로 알게 되었다. 1925년 2월 19일 자『동아일보』1면 하단에 광고로 게재된 화요회 주최의 전조선민중지도자대회 준비 회의 명단에 박헌영·허정숙·주세죽이 함께 경성 대표로 등재되어 있고, 1926년 제2차 공산당 체포 기록에도 등장하는 것으로 보아 이 무렵에 그들은 이미 이념의 동지였던 것으로 보인다. 주세죽은 3·1 운동 당시 함흥에서 만세 시위에 참여하여 1개월 동안 함흥경찰서에 수감된 바 있다.

이후 주세죽은 서울에서 조선여성동우회(朝鮮女性同友會) 등을 주도하며 여성 운동을 이끄는 한편, 고려공산청년동맹 중앙 후보위원으로 활동하는 등 사회주의 운동의 핵심에 있었다. 일제는 그를 "여성 사회

1928년 무렵 딸 비비안나와 함께한
박헌영·주세죽 부부(박대희 씨 제공)

주의자 가운데 가장 맹렬한 인물"로 평가하며 요시찰(要視察) 인물로 감시했다.

주세죽은 1924년 5월 서울에서 사회주의 여성단체 여성동우회 집행위원으로 선임되었고, 이듬해 1월 경성여자청년동맹 결성을 주도하다가 4월에 조선공산당에 가입하였다. 1925년 11월 제1차 조선공산당 검거 사건으로 박헌영이 일경에 붙잡힌 뒤 주세죽 또한 일본 경찰에 체포되었으나 증거 불충분으로 석방되었다.

박헌영과 주세죽은 결국 사랑에 빠져 결혼하여 딸도 낳았다. 결혼 연도는 1921년이랬다가 1924년이랬다가 법정에서 한 말이 다르다. 아마도 사실혼과 법률혼의 일자가 다른 탓이었을 것이다. 호적등본에는 1926년에 혼인 신고를 한 것으로 되어 있다. 1926년 6월 주세죽은 일경에게 다시 붙잡혔으나 2개월 만에 풀려났다. 1927년 5월 근우회(槿友會) 임시집행부에서 활동하던 주세죽은 병보석으로 출감했다.

망명과 도피, 그리고 투옥 생활을 거치면서 그들은 가정을 돌볼 겨를

이 없었다. 어느 날 오랜만에 박헌영이 아내를 만났을 때 그의 배가 불러 있었다. 아무리 생각해도 자기 아이가 아니었다. 박헌영은 고려공산청년단(共靑) 중앙위원인 김단야(金丹冶)를 의심했고 주세죽도 그가 아기의 아버지라고 시인했다. 이것을 불륜이니 치정이니 따질 일은 아니다. 궁핍한 혁명가의 삶을 살면서 비좁고 불편한 주거 환경 속에서 젊은 이들 사이에 벌어진 '접촉 사고'였을 뿐이다. 어쨌든 둘은 이 일로 헤어졌다.

주세죽은 소련으로 건너가 한베라라는 이름으로 살았다. 거기서 그는 1934년 김단야와 재혼하여 아들을 낳았다. 소련에서도 주세죽은 '사회적 위험 분자'로 낙인 찍혀 박해를 받았다. 그는 1938년 일본의 밀정이라는 혐의로 체포되어 모스크바로 주거가 제한되었다가 카자흐스탄으로 추방되어 1946년 형기를 마친 뒤에도 그곳에서 살다가 1950년대 중엽에 죽었다.

한국의 좌파 정권 시절인 2007년에 주세죽은 독립유공자 애족장(7등급 가운데 5등급)을 받았다. 좌익이라고 해서 서훈을 받지 말라는 법은 없다. 그러나 그가 독립운동을 한 것은 사실이지만, 그의 공적으로 볼 때 그가 과연 그럴 만한 자격이 있는지에 대해서 우익들은 다른 의견을 피력했다. 좌파 정권 시절의 제청에서부터 그가 박헌영의 아내였다는 후광(?)이 작용했을 것이다.

5. 해방정국에서의 비극

서울로 돌아온 박헌영은 1924년 4월에 『동아일보』에 입사하여 그해 7월까지 재직하다가 8월 『조선일보』로 옮겨 11월 중순에 퇴사했다. 『동아일보』를 퇴사한 것은 그가 동맹 파업에 동정적이었기 때문이었고, 『조선일보』를 퇴사한 것은 '러시아의 힘을 빌려 조선 독립을 쟁

취하자'는 글을 쓴 뒤 그를 퇴출하라는 일제의 강압 때문이었다. (박갑동, pp. 44~45)

1929년에 박헌영은 간도-블라디보스토크를 거쳐 모스크바로 가 동방노동자공산대학(모스크바공산대학)에 입학하여 2년 동안 수학한 다음 1932년에 다시 상해로 돌아갔다. 그는 1933년에 상해에서 체포되어 본국으로 송환되어 6년 형을 받고 1939년에 출감했다. 박헌영은 다시 미치광이 행세를 하면서 경성콤그룹(ComGroup)의 대표자로 조직을 위해 암약했다. 박헌영은 이득균이 경영하는 광주(光州) 월산동의 벽돌공장에서 '김성삼' 도는 '김추삼'이란 가명으로 직공 행세하다가 해방을 맞이했다. (『조선민주주의인민공화국』(상), pp. 281~282)

해방이 되자 박헌영은 스포트라이트를 받았다. 종로에는 "지하에 숨어 있는 박헌영 동무여, 어서 나타나 있는 곳을 알리라. 그리하여 우리의 나갈 길을 ㅈ도하라"는 전단이 나붙었다. 9월 8일 계동에서 개최된

1945년 8월 광복 직후 서재에서 생각에 잠긴 박헌영

공산당 열성자대회에 나타난 박헌영은 "조선인민공화국을 만드느라고 동무들 만나기가 늦었소"라고 말했다.

해방 직후만 하더라도 박헌영의 입지는 그리 불리하지 않았다. 1946년 8월 현재 글을 읽고 쓸 줄 아는 8,453명을 대상으로 '어떠한 정부 형태를 원하는가?'에 관한 여론 조사를 한 결과 사회주의 71%, 자본주의 14%, 공산주의 7%, 모름 8%의 결과를 보여주었다. (USAMGIK, RG 332, Box 39, Suitland : WNRC) 제국주의나 식민지주의의 압제에서 해방되었거나 독립된 신생 국가들은 강대국과 자본주의가 유착되었다는 점, 그리고 신생 국가 건설에 자본주의가 그리 호의적이지 않았다는 공통된 체험과 악몽 때문에 민중은 대체로 좌파적이다.

그러나 자본주의가 수탈의 대명사가 된 것과는 달리 레닌의 이른바 '신생 국가에서는 사회주의 건설보다 제국주의로부터의 해방이 우선'이라는 교의로 말미암아 소비에트에 적의를 품지 않았다. 동구라파의 공산화 계기가 바로 그런 현상이었다. 레닌의 그와 같은 정책이 스탈린 시

1948년 9월 공화국 수립을 경축하는 평양시민 군중대회의 주석단 풍경. 앞줄 오른쪽에는 김일성·박헌영 등 공화국 지도자들이, 왼쪽엔 소군정 지도자들이 서 있다.

대를 거치면서 허상으로 드러난 것은 얼마 뒤의 일이었다.

박헌영의 첫 시련은 신탁통치 파동이었다. 4대 강국이 한국을 해방시키되 독립시킬 뜻이 없다는 것이 분명해졌을 때, 차라리 신탁통치를 받아들이는 것이 시간이 걸리더라도 독립을 앞당기는 첩경이라는 논리에는 합리성이 있지만, 그의 옳고 그름을 떠나 좌익의 대응은 지혜로운 선택이 아니었다. 곧 남한 국민의 92%가 반탁을 지지하고 있는 상황에서 찬탁 노선을 걷는다는 것은 그리 지혜롭지 않았다. 더욱이 1946년 1월 8일 신문 기자회견 석상에서 박헌영은 "조선은 향후 5년 동안 소련 1국의 신탁통치를 원하며 탁치가 끝난 다음 10~20년 동안 소련의 연방으로 존속하기를 희망한다"고 발언했을 때(UP, Jan. 15, 1946) 남한에서 박헌영의 정치 생명은 끝났다.

조선공산당의 찬탁에 대한 역풍은 예상보다 심각했다. 이제는 "레닌(V. Lenin)이 와도 설득이 안 되는 상황"이 벌어졌다. "우리가 읽은 타스(TASS) 통신의 소련어판을 보고서야 탁치의 진의를 알았다"느니, 모스크바의 결정은 탁치가 아니라 '협력'이라느니 하는 변명은 공산주의자들의 입장을 점점 더 수렁으로 몰고 갈 뿐이었다. 박헌영이 처음부터 찬탁을 했었더라도 문제가 되었을 터인데, 반탁을 하다가 평양을 다녀온 뒤 찬탁으로 바꿨으니 어느 모로 보더라도 그의 변신은 합리적이지 않았다.

그 뒤로 박헌영의 활약은 뜻과 같지 않았다. 그는 조선정판사(朝鮮精版社) 위조지폐사건(1946. 5. 15.)으로 체포령이 내리자 남한에서 탈출하여 북한에 도착했다. 오늘날에는 조선정판사 사건은 조작이라는 것이 정설이 되어가고 있다. 그런 입장에서 쓴 임성욱(林成郁)의 박사학위논문(한국외국어대 2015)이 통과되었다. 조선정판사 사건의 핵심인 물증(위폐)이 없다는 점이 미심쩍다. 위폐 사건의 진위가 의심스럽다는 나의 글이 발표된 뒤에 나는 우익들로부터 많은 저항을 받았다.

나의 말이 사실이라면 교과서를 다시 써야 할 지경이 되었다. 나는 무척 위험한 플레이를 하고 있었다. 그 무렵 위폐 사건의 검사보였던 김홍섭(金洪燮)은 우리나라 법제사에서 가장 존경받는 인물인데 그가 아무려면 조서를 쓰면서 사건을 조작했겠느냐고 나를 힐문한 독자들이 있었다. 그러나 거기에서 더 나아가서 살펴보면, 그 사건으로 김홍섭은 검사란 할 짓이 못 된다고 사표를 쓰고 뚝섬으로 낙향하여 배추 장수로 생계를 이어갔다는 사실이 예사롭지 않다. 그는 그 뒤에 정부 수립과 더불어 김병로(金炳魯)의 권유로 법조계에 복귀하여 검사가 아닌 판사로 활동했다. 그는 낭산(朗山) 김준연(金俊淵)의 사위였다.

그 당시의 사건 주임 검사는 조재천(曺在千)이었다. 내가 조선정판사 사건에 대한 글을 처음 발표했을 때 그 주모자인 박락종(朴洛鍾)이 호남 정치인 박지원(朴智源)의 할아버지인 것을 알고 썼느냐는 힐문을 여러 차례 받았다. 그것은 사실이 아니다. 어디서 그런 정보를 얻었느냐고 물었더니 향토 예비군 교육장에서 들었다고 했다. 나는 박지원도 싫지만 그런 식의 우익도 싫다.

김일성과 박헌영이 대화하는 모습

박헌영은 북한에서 재기할 꿈을 꾸며 1947년 12월 초에 그의 정치적 보루로서 혁명의 전위 계급을 양성하고자 해주에 강동(江東)정치학원을 창설하여 1948년 1월 1일 자로 개원했다. 최고인민회의 대의원으로 뽑힌 남쪽 출신 360명 가운데 강동정치학원생이 200명이 넘었다. 남한 출신 학생들은 사석에서 박헌영을 "조선의 레닌"이라고 부를 정도로 그를 추종했다. (중앙일보사, 『조선민주주의인민공화국』(하), 1992, pp. 291~292)

그러나 박헌영의 운명을 결정하는 힘은 엉뚱한 곳에 있었다. 소련의 군부가 북한의 지도자로 박헌영과 김일성을 택일하는 문제를 결정할 무렵인 1946년 7월 말, 박헌영이 서울에 머물고 있을 때, 스탈린이 두 사람을 모스크바로 불러 면담하는 자리에서 김일성이 북한의 지도자로 낙점을 받아내는 데 성공했다. 스탈린이 박헌영을 지명하지 않은 결정적인 이유는 그가 이론적으로 준비된 인텔리였으나 1928년 해체된 조선공산당원으로 종파 활동을 하였고, 일제시대에 항일 투쟁으로 세 차례 10여 년 동안 투옥 생활을 하면서도 살아남은 것으로 보아 그 과정에서 일본에 전향했을 가능성이 있기 때문이다.

이 자리에서 스탈린은 향후 북한의 지배 노선을 물었고, 이에 대하여 박헌영은 평소의 소신대로 계급적 적대감을 기반으로 하는 투쟁 노선을 답안으로 제시했다. 그러나 모스크바로 떠나기에 앞서 이미 평양에 주재한 정치 장교들로부터 학습을 받은 김일성은 "현재 조선의 실정에서는 60만 명의 노동 대중으로써 계급 투쟁을 하기에 역량이 부족하므로 지금으로서는 부르주아와의 일정한 연대를 지속할 수밖에 없다"고 답안을 제시했는데, 이것이 인민전선론을 마뜩잖게 여기던 스탈린의 마음을 흡족하게 했다.

또한 북한 대중들에게는 박헌영이란 이름이 널리 알려지지 않은 남한 출신이었다는 점도 부정적인 요인으로 작용했다. 이 점에서 박헌영은 전술적으로 실수했다. 초기의 공산주의자들은 서울이 한국 정치의 중심지가 되리라고 생각하고 서울에 집결했다. 인생에서, 특히 정치인에게는 속지주의적 요소가 운명적으로 작용한다. 그는 자기의 텃밭인 서울에서 기반을 잡고 싶어 했는데, 그것이야 나무랄 일이 아니었다. 그러나 더 길게 보았다면 그것은 오판이었다. 텃밭도 좋지만, 형무소 담장 위를 걸으며 미국과 극우의 총알이 어디서 언제 날아들지도 모르는데 끝내 서울에서 기반을 잡으리라고 고집한 것이 그가 그만큼 미욱했음을 의미한다.

박헌영은 미국이 자기를 적으로 분류했을 때 월북했어야 했다. 그가 월북했다고 해서 북한에서 그가 반드시 성공했으리라는 보장은 없다. 그러나 그는 평양으로 올라가 같은 텐트 안에서 타협하며 투쟁했어야 한다. 그의 감각이라면 소련 고문관들의 마음을 사로잡을 수 있었으며, 원거리에서 통신도 부실한 서울에 머물 때보다 스탈린의 의중을 읽기도 쉬웠고 그에 대한 대처도 더 효과적이었을 것이다. 그러나 그 점에서 그는 실패했다. 사람들은 과거를 돌아보며 "아, 그때 그것은 실수였어…"라고 후회하지만, 인생에서 대부분의 실수나 실패는 '실기(失期)'이다.

박헌영과 같은 수재가 그런 실수를 했다는 것은 권력에 대한 집착이 그의 판단을 흐리게 했다고밖에는 볼 수 없다. 박헌영은 미군의 수색을 피해 관 속에 숨은 채 9월 29일부터 산악을 헤매며 방황하다가 평양에 도착했지만, 일제나 미군정보다도 더 가혹한 시련이 그를 기다리고 있었다. 거기서 다시 머뭇거리며, 개성에 머무른 것이 또 실수였다. 그의 무리가 평양에 도착했을 때, 이미 때가 늦었다. 현지의 지지 기반이 없는 그들은 국외자에 지나지 않았다. 그는 당대회에서 객석에 앉았다. 소련의 고문관들도 낯설어했고, 이미 성장한 김일성을 대적하기에는 힘이 버거웠다.

박헌영은 아마도 자신의 정치적 기반인 서울에서 재기하고 싶었을 것이다. 그러나 남한의 우익과 투쟁에 몰두하는 동안에 그는 이미 탈진해 있었으며, 신진 공산주의자인 해외파, 특히 코민테른과의 연계·배려를 소홀히 한 것이 실수였다. 고전적 공산주의자인 그는 이 점에서 순진했으며, 김일성을 너무 낮고 어리게 평가했다. 신분 상승을 꿈꾸는 젊은 이들에게 야심은 허물이 아니다. 당대에 입신한다는 것이 어디 그리 쉬운 일인가? 그러나 야망이 전략적으로 구체화하지 않았을 때 그것은 재앙의 실마리가 된다.

6. 한국전쟁과 박헌영의 책임

박헌영은 여성의 영혼을 사로잡는 스타일이 아니었다. 그럼에도 주변에 여인이 많았던 것은 그에 대한 연민과 여인들 특유의 모성애 때문이었다. 곱살한 얼굴, 작은 체구, 우울한 표정, 불우한 소년 시절, 이런 정서들이 뒤엉켜 여성들은 박헌영을 좋아하며 모성 본능을 즐겼다. 여복이 많다는 한국 전래의 이야기와는 조금 성격이 다르다. 이럴 경우에는 여복이 아니라 여난(女難)일 경우가 많다.

해방과 더불어 박헌영은 다시 조선공산당의 재건에 착수했다. 이때 운명의 여인이 다시 찾아왔다. 1945년 10월이었다. 20여 년 전, 상해에서 연모했던 하숙집 딸 현앨리스가 미국 극적의 군정 요원으로 자원하여 서울에 들어왔다. 물론 해방정국에서 박헌영과 자주 접촉했다. 군정청은 영어와 한국어가 자유로운 그를 쓰면서도 공산주의자로 의심하여, 그는 끝내 추방되었다. (정병준, p. 126) 그리고 박헌영도 월북하여 두 사람의 관계는 그것으로 끝나는가 싶었다.

그 무렵 박헌영은 북한 부수상 겸 외무상이었다. 미국 로스앤젤레스에서 그러한 보도를 본 현앨리스는 1949년 2월, 우선 아들이 의사 생활을 하는 체코슬로바키아의 프라하로 갔다가 거기에서 헝가리-러시아-

울란바토르-북경을 거쳐 북한으로 들어갔다. 여정이 20일 정도 걸린 것으로 보아 아마도 시베리아횡단철도를 이용했을 것이다. 앨리스가 평양에 들어간 것은 1949년 11월 말에서 12월 초 사이였다.(정병준, pp. 270~271) 동토를 통과하기가 몹시 추웠을 것이다. 내가 2008년 여름, 실내 온도 30°C의 폭염에 시베리아횡단철도를 탔을 때도 냉방이 되지 않았는데 1949년 겨울이야 난방도 없었을 텐데 오죽했을까?

평양에 들어간 현앨리스는 박헌영이 장관으로 있는 외무성의 타자수 겸 통역으로 채용되었다는 설(박갑동, pp. 25~26)과 외무성 조사보도국에서 일했다는 설(『미 제국주의 고용 간첩 박헌영…공판 문헌』, p. 26 ; 정병준, p. 280), 그리고 박헌영의 비서였다는 설(현피터)이 있다. 그 어느 쪽이든 박헌영과 가까운 곳에 있었던 것은 사실이다. 현앨리스는 왜 그 먼 길을 찾아갔을까? 이념 때문만은 아니었을 것이다. 연정 때문이었을 것이다. 그때 박헌영은 모질게 그를 돌려보냈어야 옳지 않았을까?

1951년 10월 숙청되기 직전에 가족과 함께한 박헌영 북한 부수상 겸 외무상

이 무렵 한국전쟁이 일어났다. 개전 초기에 김일성은 전쟁을 너무 안일하게 생각했다. 그는 남한에서 게릴라의 동시 봉기가 가능하다는 전제 위에 전면전을 전개했다. 그는 게릴라들이 서울 정부를 무너뜨리고 남한을 통일해주기를 바랐다. 그러나 건국 초기까지만 해도 김일성의 기대와는 달리 1949년 12월까지 이승만은 남한의 게릴라를 효과적으로 제압하고 있었다. 결과적으로 김일성은 1950년에 접어들면서 어려운 선택에 직면하게 되었다.

정치적 흥상이나 게릴라 전법은 희망이 없으며 이승만은 오히려 활력을 얻어가고 있었다. 이제 김일성으로서는 한국을 공산화하려면 즉시 대규모의 공격을 감행하지 않을 수 없었다. 시간이 흐를수록 북한으로서는 패전의 악몽에 시달렸다. 그나마 중공의 참전으로 가까스로 영토 대부분을 회복하고 휴전이 성립되었을 때, 개전과 패전의 책임 문제가 불가피하게 등장했다.

1950년 3월 모스크바에 도착한 김일성 일행. 왼쪽 끝에 박헌영이 보인다.

그러나 박헌영의 생각은 달랐다. 그는 남한 출신으로서 김일성보다 더 유격전의 효과를 과신하고 있었다. 그는 전쟁이 일어날 경우, 빨치산의 원조는 클 것이라고 말했으며, "남조선의 우리 조직은 800만 명"이라고 호언했다.(『해방일보』, 1946. 5. 15.) 이는 아마도 "내 근거지로 내려가고 싶은 심경" 때문이었을 것이다. 김일성이 전적으로 그의 말을 믿고 개전했다고 말할 수는 없지만, 박헌영으로서는 언제인가 자신의 발언에 책임져야 할 날이 오리라는 것을 계산하지 못했을까마는, 내려가고 싶은 다급함에 그런 분별을 차릴 겨를이 없었다.

김일성은 1950년 12월에 부수상 겸 외무상(군사 위원)인 박헌영에게 중장 계급 부여와 함께 인민군 총정치국장을 겸임하게 했다. 총정치국은 인민군의 규율을 강화하고자 정치·사상을 취체하는 최고 기관이었다. 따라서 박헌영도 전쟁의 책임에서 자유롭지 않은 처지에 그의 발언에 더욱 무게가 실렸다. 도대체 누가 이 전쟁 실패의 책임을 져야 할 것인가? 평양이 함락되고 어쩌면 전 국토를 잃을지도 모른다는 위기감에 빠졌던 1950년 말에 김일성은 이미 패전의 책임을 어떻게 모면할 것인가를 고민하고 있었으며, 그러한 예로 그는 '현 정세와 당면 과업'(1950. 12. 21.)에서 "적의 후방에서 유격대 활동이 매우 미약했음"을 지적함으로써 남로당의 역할을 노골적으로 비난했다.

이미 연설의 행간에는 박헌영에 대한 책임이 묻어나오고 있었다. 이러한 논리는 휴전이 거론되기 시작한 1951년 중엽이면 더욱 구체적인 이유로 박헌영을 공격하기 시작했다. 김일성은 남한에서의 "지하당 조직 형태와 그 사업 방법"을 논의하면서, "전쟁이 시작된 뒤 1년이 경과했으나 국방군 내부에 '의거 운동'이 일어나지 못했음"('미(未)해방 지구당의 공작과 조직에 관하여', 김남식(편), pp. 463~464)을 지적했다.

이제 박헌영도 자신에게 다가오는 위기를 감지하고 있었다. 그들의 충돌은 예상보다 빨리 왔다. 1951년 11월 7일 볼셰비키 혁명 44주년 기넘 파티가 열린 평양 주재 소련대사관에서 박헌영은 미군 참전을 예상하지 못한 김일성의 실수를 비난하면서 반격을 시도했다.(강상호의 증언) 김일성의 "한국전쟁이 발발하면 첫 총성과 더불어 이승만 정권이 붕괴한다"(Khrushchev, p. 369)던 박헌영의 빗나간 예상에 대한 책임 전가에 박헌영으로서는 더 이상 물러설 땅이 없는 상황에서 반격이자 변명이었다.

7. 형장의 이슬로 사라진 박헌영

우리가 여기에서 주목해야 할 사실은 이 사건이 공교롭게도 시기적으로 스탈린의 죽음과 중첩되고 있다는 사실이다. 1953년 3월 5일에 스탈린이 죽자 소련은 물론 공산주의 형제 국가에서도 스탈린에 대한 개인숭배와 절대 독재는 통할 수 없었으며 아울러 스탈린의 통치도 재평가를 받는 시대가 올 것이 분명했다. 김일성의 남로당 숙청은 그와 같은 시대에 대비한 정치 도박이었다. 문제는 소련의 향배였는데 당시 모스크바의 정국도 스탈린의 죽음으로 상당 기간 혼미에 빠져 있었기 때문에 북한의 내정에 깊이 개입할 여유가 없었다.(강상호의 증언)

이러한 상황에서 김일성은 "이지적 투사"(『지도자론』)이며, "위대한 지도자이며, 세계사적 인물이며, 조선 민족의 거상(巨像)이며, 조선 인민의 강대한 추진력"(『지도자군상』)이며, "조선의 레닌"(『조선민주주의인민공화국』(하), pp. 291~292)으로 부상하면서 자신의 위치를 위협하고 있는 박헌영에게 전쟁 책임을 전가할 필요가 있었다. 박헌영은 1955년 12월에 사형 언도를 받고 이듬해 7월에 끝내 처형되었다. 사냥개를 풀어 물어 죽였다는 박갑동의 증언이 있지만 미덥지 않다.

박헌영의 몰락과 김일성의 부상은 한국 현대사에 어떤 의미를 주는 것일까? 방법은 달랐지만 둘이 모두 남한의 공산화를 도모했다는 점에서 그 어느 쪽이었든 전쟁은 불가피했을 것이다. 다만 다름이 있다면 박헌영의 경우, 김일성과 같은 무력 적화를 도모하지는 않았으리라는 가정은 가능하지만, 그는 어쩌면 더 경직된 마르크스-레닌주의 국가를 창설했을 것이며 그의 의지와는 관계없이 자본주의를 타도한다는 명분으로 내란은 피할 수 없었을 것이다. 다만 그것은 전면 무력 남침이냐 아니면 인민 봉기냐의 차이만이 있었을 뿐이다.

한국전쟁의 개전 책임은 일차적으로 김일성에게 있었다고는 하지만 그에게는 개전 책임에 대한 희생양이 필요했고 그의 오랜 정적이었던 박헌영을 그 희생양으로 선택했다. 한국전쟁의 발발과 수행 과정에서 보여준 박헌영의 전략적 오류나 극좌 모험주의로 말미암아 그가 개전 책임에서 자유로울 수 없었지만, 그에게 죽음을 씌울 일은 아니었다. 지난 시절『경향신문』(2002. 11. 9.)은 박스 기사로 현앨리스의 사진과 함께 그를 '한국의 마타하리'라고 소개하여 화제가 된 적이 있었다. 그가 과연 이중간첩이었는지는 확인되지 않는다. 그러나 그의 행적이 박헌

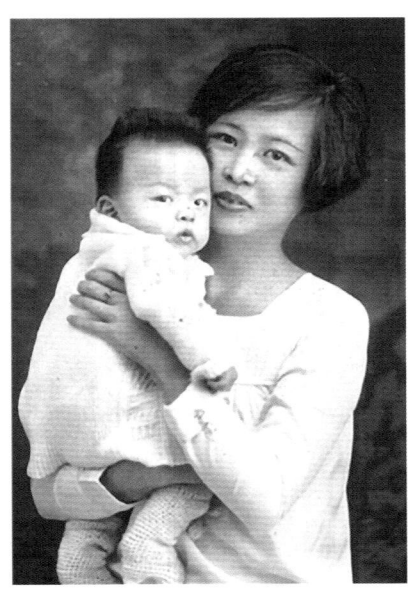

박헌영과 비극적 인연을 맺은 현앨리스와 그의 아들 웰링턴. 사진 『경향신문』(2002. 11. 9.)

영에게 씌워진 간첩죄와 그를 통한 공화국 전복 음모의 빌미가 된 것은 사실이다.

북한 최고재판소의 『미 제국주의 고용 간첩 박헌영 … 공판 문헌』에 따르면, 박헌영은 "서울에서 활약할 당시 접선한 연희전문학교 교장이자 선교사로 가장한 미국 정보기관의 언더우드(Horace G Underwood, 元漢慶)에게 고용된 간첩"으로서 "인민군대의 진격으로 단절된 노블(H. J. Noble)과의 간첩 연락선을 다시 회복할 목적으로 미군이 밀파한 최익환(崔益煥)·박진목(朴進穆) 등과 접선하였고 … 1948년 6월 하지(John R. Hodge)의 지령을 받은 미국 간첩 현앨리스를 중앙통신사와 외무성에 배치해 간첩 활동을 지원한 죄"로 사형 선고를 받고 1956년 7월에 처형되었다. (『미 제국주의 고용 간첩 박헌영 … 공판 문헌』, 1956, pp. 26·417) 현앨리스도 같은 무렵에 처형되었다. 이국에서의 상실감으로 괴로워하던 앨리스의 아들 웰링턴은 1963년, 그의 병원 실험실에서 독극물로 자살했다. 유서도 없이…. (정병준, p. 388)

제14장 참고 문헌

경상북도경찰부, 『高等警察要史』(서울인쇄주식회사, 1934)

『경향신문』 2002. 11. 9.

『동아일보』 1925. 5. 4.; 1925. 2. 19.; 1927. 9. 13.

박갑동, 박헌영(인간사, 1988)

朴達煥, 「박헌영론」, 人民(1946년 3월호)

林成郁, 「미군정기 조선정판사 "위폐 사건" 연구」(한국외국어대학교 박사학위논문, 2015)

정병준, 『현앨리스와 그의 시대』(돌베개, 2015)

『조선민주주의인민공화국』(상·하)(중앙일보사, 1992)

조선민주주의인민공화국 최고재판소 (편), 『미 제국주의 고용 간첩 박헌영·이승엽 도당의 조선민주주의 인민공화국 정권 전복 음모와 간첩 사건 공판 문헌』(평양 : 국립출판사, 1956)

松本淸張, 『北の詩人』(中央公論社, 1984)

Evans, Ernestine, "Looking East from Moscow," *Asia*, Vol. 22, No. 12, 1922.

Machiavelli, N., *The Prince* (New York : Hendrics House, 1946); 신복룡(역주), 『군주론』(을유문화사, 2019)

Toynbee, Arnold J., *Surviving the Future* (London : Oxford University Press, 1971; 홍사중(옮김), 『대화』(삼성문화재단, 1974)

15

김일성 신화의 진실 (1)
청년 마르크시스트의 탄생

"김일성은 가짜이다."
— 오영진(吳泳鎭)/이명영(李命英)

"김일성은 가짜가 아니다."
— 김철수(金鐵洙)/서대숙(徐大肅)/서동만(徐東晚)

김일성은 1912년 4월 15일에 평양 만경대에서 태어났다. 본명은 김성주(金聖柱)였으나 항일 투쟁 과정에서 김일성(金一成, 金日成)이라는 변성명을 쓴 것이 그 뒤 본명이 되었다. 그는 자기의 가문이 선산(善山) 김씨라고 했는데(『삼천리』 1938년 11월호) 남한에서는 전주(全州) 김씨로 알려져 있다. 전주 모악산에 선산이 있어서 그렇게 와전된 것 같다. 선대(先代)에 살길을 찾아 전주에서 북쪽으로 올라갔다. 만경대에 뿌리를 내린 것은 증조할아버지인 김응우(金膺禹)였다. 대대로 소작살이를 했기 때문에 집안은 매우 어려웠다.

김응우는 본디 농민이었는데 생활이 어려워 지주의 묘지를 관리하며 산당집을 얻어 살았다. 그는 미국의 제너럴 셔먼(General Sherman)호 사건 당시 마을 사람들과 함께 항쟁에 참여했다고 김일성은 회고록 『세기와 더불어』(1992, 1 : 8 = 1권 8쪽을 뜻함. 이하 동일)에서 기록했으나, 어느 정도의 역할을 했는지는 확인되지 않는다. "참전"에 의미를 둔 것 같다.

내가 김일성대학 의과대학 어린이 병동의 건축에 다소 도와준 인연으로 2007년에 그곳 초청으로 방북했을 때, 김일성의 만경대 생가를 방문했다. 그곳에는 김응우가 제너럴 셔먼호를 격파하는 장면과 함께 사건의 전말을 기록한 미국 측의 "자복서"(自服書)가 복사되어 있는데, 자세히 보니 내가 번역한 그리피스(W. E. Griffis)의 『은자의 나라 조선』(Corea : The Hermit Nation, 1888)이었다. 곁에 있던 조영건(曺永建) 교수(영남대학교)가 곁에 "수행하던" 보안원에게, '이분이 이 책의 번역자'라고 소개했더니 보안원이 놀라 그 뒤로 대우가 달라졌다.

아버지 김형직(金亨稷, 1895~1926)은 평양 숭실(崇實)학교를 중퇴하고 농사를 지으며 한약방을 경영했다. 그는 만경대의 순화학교와 강동의 명신학교에서 교편을 잡은 적이 있었다. 어머니는 강반석(康盤石, ?~1932)이었는데 이는 그가 기독교도였음을 의미한다. "반석"은 기독교에서 여호와 또는 그리스도를 뜻한다. 그의 외할아버지 강돈욱(康敦煜)은 칠골교회 장로로서 조만식(曺晩植)과 가까운 사이였으며, 북한 부주석으로 최고인민회의 중앙위원이며 기독교연맹위원장인 강양욱(康良煜) 목사의 육촌 형이다.

김일성은 어머니를 따라 예배당에 자주 다녔다.(1 : 65) 그 집안은 남한의 해군 참모총장을 지낸 손원일(孫元一) 제독의 아버지 손정도(孫貞道) 목사와 가까웠으며, 김일성은 그의 딸로 다섯 살 아래인 손인실(孫仁實)과 눈깔사탕을 한 번씩 나누어 빨아먹던 어린 시절의 추억을 소설처럼 회상한 적이 있다. 그러나 엄숙한 종교 의식과 목사의 단조로운 설교에 싫증을 느낀 다음부터 예배당에 잘 다니지 않았다. 대부분의 공산주의 지도자는 다 체로 젊은 날에 기독교를 믿었다. 김일성은 뒷날 자신의 이데올로기를 전파하고 조직을 이끌 때 기독교에서 암시받은 바를 많이 이용했다.

일곱 살 때 3·1운동이 일어나자 김일성은 시위대와 함께 보통문 앞에 나아가 독립 만세를 불렀다고 한다.(1 : 36) 그의 민족운동은 그토록 "조숙하게" 시작되었다는 것이 북한의 공식 입장이다. 그의 가족은 3·1

운동 직후 중국 요녕성(遼寧省) 임강(臨江)으로 이주했다. 아버지는 셋집을 얻어 병원을 차리고 "순천의원"이라는 간판을 걸고 세브란스의학전문학교 졸업증도 걸어놓았다. 아마 평양을 떠나기에 앞서 어느 친구에게 부탁하여 얻어온 졸업증이라고 생각된다. (1 : 58~60)

1923년에 김일성은 고향으로 돌아왔다. 외할아버지가 교감으로 봉직하는 창덕(彰德)학교에 편입하여 공부하던 그는 아버지가 일제 경찰에 체포되었다는 소식을 듣고 고향을 떠나 만주로 건너갔다. 이곳에서 화성의숙(華成義塾)에 다니며 그는 공산주의 고전에 나오는 혁명의 원리들을 조선의 현실과 결부시켜 생각했다. 김일성은 열네 살 즈음에 『공산당 선언』과 『자본론』을 읽었다는데, 스칼라피노(R. A. Scalapino)는 이에 대하여 의문을 제기했다. (*Communism in Korea*(1), 1972, p. 206) 그가 열네 살 즈음이면 1926년 무렵인데, 한글판은 없었는데 영어·일어·중국어·러시아어판 가운데 어느 판본을 읽었는지 알 수 없다. 그 어느 판본이든 그것이 사실이라면 그는 수재였을 것이다.

김일성은 열네 살이 되던 1926년 10월 17일에 타도제국주의동맹이라는 항일 비밀결사를 조직하고 책임자가 되었다고 한다. (1 : 247) 와다 하루키(和田春樹, 도쿄대학)는 열네 살의 소년이 항일 단체를 조직했다는 사실에 의문을 제기하면서 아마도 학생들의 공부 모임이었을 것이라고 설명한다. (『金日成の滿洲抗日戰爭』, 1992, p. 53)

이 무렵에 그는 "키가 자그마하고 이마가 벗겨진 중년의 인상 좋은 숙장(塾長)"을 만났는데 그가 곧 최동오(崔東旿)이다. 그는 뒷날 남한의 외무장관을 지냈고 천도교 교령으로서 월북한 최덕신(崔德新)의 아버지였다. 최덕신은 김일성보다 두 살 아래로서 어려서부터 같이 자랐다. 그가 북한으로 넘어간 데에는 그럴 만한 사연이 있었다. 김일성의 아버지 김형직은 서른한 살의 젊은 나이에 세상을 떠났다.

1. 빨치산 활동

김일성은 17세 되던 해인 1929년에 길림중학교 학생으로서 처음으로 중국 공안(公安)에 체포되었는데 죄명은 조선혁명군 사건이었다. 당시 그는 조선혁경군 이종락(李鍾洛)의 부하로 활약하다가 체포되었다. 그는 1930년 5월 초에 출옥했다. 북한 사학계에서는 김일성이 이종락의 부하였던 사실을 부인하며 그가 독자적으로 활약했다고 주장한다.

따라서 『세기와 더불어』(2)의 화보에 수록된 『동아일보』(1931. 3. 26.)의 기사에는 이종락의 이름이 흐릿하게 지워져 있다. 김일성은 1931년 중국공산당에 가입했으나 북한의 공식 기록은 이를 의도적으로 숨기고 있다. 중국공산당과 그의 초기 관계를 부인함으로써 자주성과 독자성을 강조하고자 함이었다. 이렇게 함으로써 그는 "순수한 조선의 영웅"이 되었다.

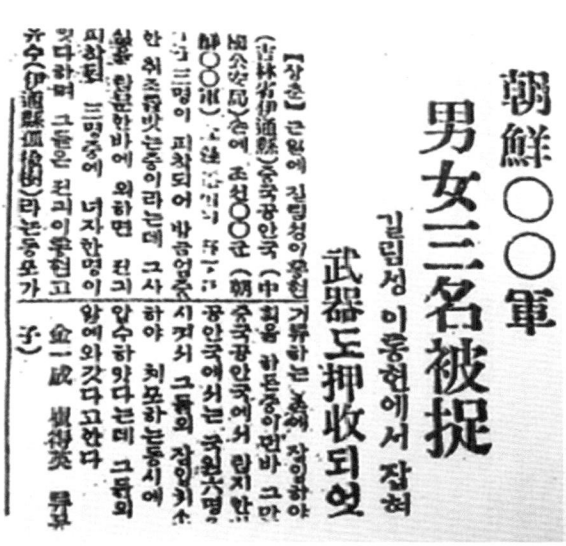

『동아일보』 1931년 3월 26일 자 : 김일성의 회고록 『세기와 더불어』(2)의 화보에 실린 기사.
기사 넷째 줄에 김일성이 이종락의 부하였다는 기록이 마치 인쇄가 잘못된 것처럼 희미하게 처리되어 있다.

항일 운동 시기에 김일성의 활동에서 중요한 것이 곧 동북항일연군(東北抗日聯軍)이다. 이 조직의 제1군(1934년 성립)의 군장 겸 정치위원은 양정우(楊靖宇)였고, 제2군(1935년 성립)의 정치위원은 위증민(魏拯民)이었으며, 제5군(1936년 성립)의 군장은 주보중(周保中)이었다. 창립 당시에 김일성은 제1군의 제1사 사장이었다.(楊昭全, 『東北地區…』, 1992, p. 839) 제3군 제1사 제1단 단장 최현(崔賢)은 지금 북한의 2인자인 최룡해(崔龍海)의 아버지이다.

김일성은 제3사 사장(1936), 제2사 제5단 단장(1936~1938), 제1방면군 지휘관(1938~1941)으로 옮겨 다녔다. 동북항일연군 유격부대 분견(分遣) 계획표에 따르면, 김일성의 활동 지구는 돈화·연길이었고, 임무는 그곳 철로를 감시하고 운행을 방해하는 일이었다. 그는 동북항일연군의 활동 지역인 장백현·임강현·안도현 등에서 유격대를 조직하는 한편

『동아일보』의 보천보 사건 기사(1937. 6. 6.)

모병 공작을 수행했다.

김일성이 만주에서 항일 빨치산으로서 이름을 드날린 계기는 그 유명한 보천보(普天堡) 사건이었다. 김일성의 일행은 1937년 5월 하순에 장백현 19도구 덕부동(德富洞) 산중에 모여 갑산군(甲山郡) 보전(保田) 마을을 습격하기로 하고 산중에서 구체적인 계획을 수립했다.

김일성은 6월 3일 자정쯤에 압록강을 건너 4일 심야에 경기관총 4대로 무장한 빨치산 약 100명을 이끌고 혜산진 경찰서 관내 보천보주재소를 습격하고 우편소와 소방대 등을 불태워 큰 손해를 입혔다. 오가와(大川) 경부가 인솔하는 36명의 경관과 혜산진 수비대가 출동하여 반격했지만, 이 습격으로 일본군 측에서는 다구치(田口)와 일본인 4명, 한국인 1명, 모두 7명이 사살되었고 중상자도 7명에 이르렀다.(『동아일보』 1937. 6. 6.)

이 사건이 일어난 뒤 동북항일연군 정치위원장 위증민과 6사 정치주임인 전광(全光)에 대한 현상금이 3,000엔이었던 데 견주어 김일성과 최현의 현상금이 각기 1만 엔으로 뛰어올랐다.(姜德相(編), 1976, p. 474) 당시에 항일 운동을 하던 많은 빨치산 지도자가 김일성이라는 이름을 사용함으로써 의적(義賊) 효과(Robin Hood effect)를 내고 있었다. 그러나 스칼라피노는 보천보 사건이 "맹목적 모험주의"에 지나지 않는다고 지적했다.

전과(戰果)로 본다면 보천보 사건보다 훨씬 더 전과가 혁혁했던 마에다(前田) 부대 섬멸 작전이 북한 역사가들에 의해 더 많은 조명을 받지 못하고 있는 것은 기이한 일이다. 이 사건은 1940년 3월 25일 화룡현 홍기하(紅旗河)이 있는 일본군 마에다 부대를 습격하여 일본군 100여 명을 사살하고 30여 명을 생포했으며, 기관총 6정, 보총 100여 정, 기타 탄약과 양독을 노획한 사건인데 그 주모자가 김일성이었다.(楊昭全, 『東北地區…』, p. 910)

김일성의 회고록(7 : 399)에 따르면, 무기를 바치고 투항한 30명쯤 되는 적군 말고는 모두 사살되었다. 이 사건 이후 김일성은 일본군으로부터 동변도(東邊道) 일대에서 신출귀몰한다는 평판을 들었다. 일본군이 그들을 섬멸하려고 했으나 행적이 오리무중이었다. 기광서(奇光緖, 조선대학교)의 증언에 따르면, 이때의 공로로 김일성은 소련 정부로부터 적기(赤旗) 훈장을 받았다.

이 당시에 김일성이 거느린 빨치산의 규모는 어느 정도였을까? 당시 『삼천리』(三千里) 기자 양일천(梁一泉)이 김일성을 만난 면담 기록(「국경의 匪賊 首魁 金日成 회견기」, 『三千里』, 1937, pp. 40~42)에 따르면, 기본 부대는 60명과 그 밖의 몇백 명의 보조대로 구성되어 있었다. 여자 당원은 11명이었다.

비를 피할 만큼 작은 초막을 지어놓고 약 300명의 부대가 주둔하고 있었다. 부대에는 비품과 식량 공급 등 내부 역할을 맡은 내무부와 군대의 감독·원정 등을 지휘하고 외정을 섭리하는 외무부를 두고 일을 처리했다. 마적대장 김일성이라 하면 국경 일대에서는 잘 알려져 있었다.

김일성은 만주어에 능통했다. 그의 명성이 높아지자 일본은 국내 친일 단체들이 그를 회유하도록 압박했다. 그러한 압력에 동원된 단체는 당대 조선의 최고 문장이었던 최남선(崔南善)이 이끄는 동남지구특별후원회였다. 그는 김일성에게 보내는 회유문(懷柔文)에서 "황량한 산야를 정처 없이 배회하며 풍찬노숙(風餐露宿)하는 제군이 동포의 따뜻한 품으로 돌아오라"고 호소했다.(『三千里』, pp. 206~209)

이 당시의 김일성의 행적은 낮에는 주로 매복·은닉하고 밤에 활동했으며 주거 공간은 토굴이었다. 정신과 전문의 백상창(白尙昌)의 증언에 따르면, 이러한 상황으로 말미암아 그는 야행성(夜行性)과 굴토성(堀土性), 그리고 광선기피증(photo-phobia syndrome)을 갖게 되었을 뿐만 아니라 그 연속선상에서 고소공포증과 비행기피증을 갖게 되었다. 이것은 제2장에서 지적했듯이, 스탈린(J. Stalin)의 경우와 마찬가지로 기본적으로 자기 손에 죽은 이들에 대한 죄의식에 기초하고 있었다. 박정희 시대의 대북 밀사였던 이후락(李厚洛)의 증언에 따르면, 그는 회담하자고 오밤중에 사람을 불러냈고, 방은 짙은 커튼으로 말미암아 어두웠다.

김일성은 북한이 건국된 뒤에 세 번 비행기를 탔는데 한 번은 스탈린의 부름을 받았을 때이고, 그다음에 고르바초프의 초청을 받아 그가 보내준 전용기로 모스크바를 방문했고, 그다음은 수카르노의 초청을 받아 인도네시아를 방문했다. 그러고 보면 이제까지 언급된 세 명의 독재자, 곧 히틀러, 스탈린, 김일성에게는 기이한 공통점이 있다. 모두 잘생겼고, 미성을 타고나 어렸을 적에 열심히 교회에 다니면서 성가대에 뽑혀 찬송가를 불렀고 연설에 탁월했는데, 그 가운데 둘은 고소공포증과 광선기피증을 앓았다.

1941년에 위증민의 사망과 함께 지휘부가 흔들리고 일본군의 추격이 가열해지자 김일성은 소련으로 넘어가 홍군(紅軍) 오케얀스카야(Okeyanskaya) 야전학교에 입학하였다. 이때 김책(金策)과 최용건(崔庸健)을 만났다. 1942년 7월, 극동전선 사령관 아파나셴코(I. R. Apanashenko)는 브야츠코에 다 아무르(Vyatskoe A Amur) 마을에 88중조여단의 결성을 명령했다.

88중조여단은 뒷날 88독립보병여단이라는 다국적 저격 부대로 개칭되었다. (기광서, 1998, p. 262) 이곳에서 김일성은 대위로 임관되었다. 이 당시에 김일성은 소련 안전위원회(비밀경찰 KGB의 전신)의 정보원이었다는 기록(「呂政의 면담」, 『동아일보』 1990. 4. 29.)이 있다. 김일성이 88독립여단의 다 위로 활약할 당시에 그의 대일 투쟁은 실전(實戰)으로서의 무공을 세우지 못하고 주로 암약에 그쳤다.

이는 당시의 소련과 일본의 외교 관계 때문이었다. 당시에는 일본 외무대신 마쓰오카 요스케(松岡洋右)와 러시아 외상 몰로토프(V. M. Molotov) 사이에 일소(日蘇) 중립조약(1941. 4. 5.)이 체결되어 있어 일본과 소련의 밀월 관계로 말미암아 소련이 자기 나라 영토 안에서 항일 투쟁을 허용하지 않았다. 이 무렵에 김일성 부대는 만주와 조선에서 후방을 교란하고 조선계 제5열 부대를 조직하여 일본 화폐를 수집했다. 이때(1944) 김일성은 두 차례에 걸쳐 모스크바에 다녀왔다.

2. 여인들

이 무렵인 1941년에 김일성은 김정숙(金貞淑)이라는 한 여인을 운명적으로 만난다. 심양(瀋陽)의 문서고[檔案]에 소장된 이력서에 따르면, 김정숙은 1917년에 함경북도 회령(會寧)에서 빈농의 딸로 태어났는데, 국문을 이해하는 정도의 학력을 가지고 있었다.

김정숙은 1932년에 만주로 이주한 아버지를 찾아 연길현 팔도구(延吉縣 八道溝)로 갔다가 1935년 동북항일연군 제1지대에 입대했다. 그는 아동단과 청년단에서 활약했으며 체포된 사실은 없었다. 그는 1938년 3월, 중국공산당에 가입하여 부대 안에서 취사 업무를 맡았다. 그는 1940년 10월에 부대를 따라 소련으로 이동했다. (楊昭全, 『東北地區…』, p. 966)

김일성의 첫 부인 김정숙

김일성과 김정숙은 빨치산 시절인 1942년 2월에 결혼하여 그해에 맏아들 정일(正日, 유라)을 낳고 1944년에 둘째 아들 평일(平日, 슈라)을 낳았는데, 『중앙일보』 정창현 기자의 기록(1999, p. 254)에 따르면, 이 둘째 아들은 1948년에 주석궁 연못에서 익사했다. 죽음의 이유는 김정일의 실수였다고 한다. 그 뒤 김정숙은 1949년 출산하다가 사망했다. 김일성은 아내를 살리고자 최선을 다하지 않았다는 기록이 있다. 김일성은 1951년에 비서 김성애(金聖愛)와 재혼했다.

그런데 희한한 일이 벌어졌다. 김일성과 김성애 사이에 아들이 출생하자 이미 비운에 죽은 둘째 아들의 이름을 따서 다시 평일(平日)로 이름을 지었다는 사실이다. 북한의 폴란드 대사를 거쳐 체코 대사를 지낸 그 김평일이다. 이 사건은 김일성과 김정일 부자의 애증을 읽을 수 있는 좋은 자료가 되며, 김정일이 평일을 볼 때마다 형제 살인의 죄의식(fratricide anxiety)이라는 정신적 외상(trauma)에 시달리게 했다.

해방이 되자 김일성은 1945년 9월 19일에 소련 제25군 88여단의 부

김평일과 그 가족. 딸의 얼굴이 사촌 김여정과 너무 닮았다.

하 40명을 대동하고 원산(元山)을 거쳐 귀국했다. 소련이 처음부터 김일성을 북한 지도자로 여긴 것은 아니며 주목받는 한 인물이었을 뿐이었다. 1945년 9월 초순 극동군 사령관 바실레브스키(A. M. Vasilevskii) 원수는 김일성과 박헌영(朴憲永)을 비밀리에 모스크바로 보내라는 스탈린의 긴급 지시를 받고 특별 수송기 편으로 그들을 모스크바로 보냈다.

낙점의 자리에서 김일성을 북한의 지도자 후보로 추천한 이유는 그가 3년 넘게 소련 군대에서 정치·군사 훈련을 받았고, 이 과정에서 그의 리더십과 계략이 뛰어나다고 평가 받았으며, 1930년대 중국과 만주 국경 지대에서 중국공산당원으로 항일 활동을 했을 뿐 종파 투쟁에는 관여하지 않았기 때문이었다. 소련과의 관계도 나쁘지 않았다. 박헌영은 인민전선의 논리를 펴다가 스탈린으로부터 면박을 받으면서 탈락했다고 소련 부영사 샤브신(I. Shabsin)의 아내 샤브쉬나(P. I. Shabshina)는 증언을 남겼다. (샤브쉬나(P. I. Shabshina), 『1945년 남한에서』, 1996, p. 335)

일단 김일성이 낙점되자 그는 조선공산당 북조선분국 책임비서(1945. 12.)와 북조선임시인민위원회 위원장(1946. 2.)을 거쳐 북로당 제1부의장에 피선되었고, 북한 정권 수립(1948. 9. 9.)과 함께 초대 수상에 취임했다. 소련은 그를 항일 민족 영웅으로 만드는 작업에 몰두했다. 평양방송은 하루의 프로그램을 시작하고 마칠 때 "김일성 장군의 노래"를 반드시 틀도록 했다. 곡을 지은 사람은 북한의 국가를 작곡한 김원균이었고 작사자는 이찬이었다.

"장백산 줄기줄기 피어린 자국…"으로 시작되는 그의 찬가는 애국가에 우선했고, 그 장면은 한국전쟁 당시 공산 점령 지역에서도 그대로 연출되었다. 포플러 나무 밑에서 그 노래를 배우던 75년 전의 기억이 아직도 선연하다. 김일성이 지방 순방에 나설 때 사진 기술자를 딸려 보낸다거나 중요 사안이 있을 때마다 슈티코프(T. Shtykov) 상장이 기자회견에 직접 나섬으로써 언론의 분위기를 이끌어갔다.

3. 가짜 논쟁

 김일성과 관련하여 끝으로 논의해야 하는 부분은 남한 사회에서 거론되고 있는 "가짜설"의 진상이다. 독립운동가로서의 생애로 볼 때 김일성은 매우 특이한 인물이었다. 그는 일찍이 공산주의에 입문했으면서도 장수했다는 사실이 일차적으로 그의 우상화의 기반이 되었으며, 더구나 일본군에게 체포되었을 때도 신분이 노출되지 않았기 때문에 그에 대한 상세한 정보가 남아 있지 않다.

 1945년 10월 14일, 평양 공설운동장에는 아침부터 사람들이 모여들었다. "김일성 장군 환영 평양시민 대회"가 열리는 날이기 때문이었다. 군중의 숫자는 30만~40만 명 정도였다. 주석단에는 소련 25군 사령관 치스차코프(I. Chistiakov) 대장, 정치위원 레베데프(N. Levedev) 소장, 민정사령관 로마넨코(A. Romanenko) 소장 등과 환영대회 준비위원장인 조만식(曺晩植)이 자리 잡고 있었다. 김일성이 연단 가운데 앉아 있었지만 아무도 그를 알아보지 못했다.

김일성(1945. 8. 23.)
소련 제25군사령부 특별정치선전공작대 바신(L. Basin)
소령 촬영

김일성 가짜설을 최초로 발설한 사람은 극작가 오영진(吳泳鎭)이었다. 평양 출신으로서 김일성 환영 대회를 직접 목격한 그는 회고록『소군정 하의 북한 : 하나의 증언』(1952, pp. 142~143)에서 그날 군중이 기대했던 백발이 성성한 노장군 대신에 30대로밖에 보이지 않는 젊은 청년이 원고를 들고 마이크 앞으로 다가서자 "가짜다!"라고 군중들이 수군거리기 시작했다는 것이다. 그의 젊음은 그러한 오해를 불러일으키기에 충분했다.

그 뒤로 이명영(李命英, 전 성균관대학교 교수)이 가짜설을 끈질기게 주장했다. 그의 주장에 따르면 북한의 김일성은 만주의 전설적인 무장 투사인 김일성과 동명이인(同名異人)으로서 진짜 김일성은 1937년 11월에 만주 무송현(撫松縣)에서 전사했다고 한다. (1975, pp. 132, 161) 그러나 이명영의 이러한 주장은 진짜 김일성의 그 "전설적인" 투쟁사를 사실(史實)로 제시하지 못했다는 데에 문제가 있다. 그 당시에 김일선(金一善, 30세)이라는 항일 무장대원이 있었는데 아마도 같은 사람이었을 것으로 보이나, 이명영은 그 두 사람이 다른 사람인데도 후세 역사학자들이 둘을 혼동하면서 가짜 김일성이 등장했다는 것이다.

가짜설에 대해 가장 강력하게 반박하고 나선 인물은 3차 조선공산당 대표였던 김철수(金錣洙)였다. 그는『회고록』에서, 김일성이 가짜였다면 남한에서 이승만(李承晩)이 주도한 독촉(獨促) 회의 당시 내각 구성을 숙의하는 과정에서 그토록 나이 어린 그를 군사위원장으로 천거할 수 있었겠느냐고 반문하면서, 가짜 김일성 논의는 결국 이승만의 조작극이었다고 반박했다. (『遲耘 金錣洙』, 1999, p. 117)

학술적으로 "김일성은 분명히 독립운동을 했다"고 처음으로 주장한 사람은 서대숙(徐大肅, 하와이대학교 교수)이다. 그는 이념의 갈등으로 말미암아 굴곡된 현대사를 객관화시키고 싶어 했으나, 분단으로 남북한의 편견을 극복하지 못한 현실에서 학문의 객관성을 확보하고자 제3국에서 영어로 『김일성 평전』(1988)을 쓸 수밖에 없었다고 말했다. 김일성 진위 논쟁은 한국 사회가 처해 있던 냉전적 상황이 조성한 해프닝이었다. 물론 북한에는 김일성 신화가 존재하고 이를 탈(脫)신화하는 작업은 계속되어야 하지만, 고(故) 서동만(徐東晩, 상지대학교, 1998, p. 73)의 주장처럼, 김일성의 진위 문제는 남북한의 이념 대결이 낳은 "소극"(笑劇)일 뿐이다.

역사를 돌아보면 많은 신화가 나타났다가 사라졌다. 그 신화는 어이없고 비논리적이었지만 상당한 설득력을 가지고 한 시대를 지배했다. 그러나 그것들 대부분은 그가 아닌, 그를 필요로 하는 사람들의 손으로 "만들어진 것"이었다. 그래서 신화는 본래의 가치마저도 훼손되는 경우가 많다. 그 신화가 어느 때인가는 허상임이 드러나겠지만 그러기까지에는 상당한 시간과 아픔이 따른다. 왜냐하면 그 시대의 지배 계급에는 그 신화를 생존 수단으로 삼는 사람들이 상당히 많기 때문이다.

따라서 북한 정권이 존재하는 한 김일성 신화의 존재 가치는 결코 감소되지 않을 것이다. 북한에 건립된 김일성의 동상 3만 개는 아마도 세계적으로 부처님과 예수의 조상(彫像) 다음으로 많은 "성인"(?)의 모습일 것이다. 오후 6시부터 10시까지 방영되는 평양 TV에서 김일성 부자에 관한 방영은 남한의 기독교방송에서 등장하는 예수의 빈도보다 낮지 않았다. 내가 본 2007년의 평양 거리에는 김일성이 살아 있었다.

김일성의 가짜 논쟁에 관한 나의 논문이 발표된 다음 나는 마음고생을 많이 했다. 나의 글을 읽는 독자의 소감에는 "아슬아슬하다"는 평가가 많은데 드디어 사고가 났다. 곧 "김일성은 가짜라고 일관되게 주장한 성균관대학교 이명영 교수는 중앙정보부 요원이었다"는 구절이 필화(筆禍)가 되었다. 정확히 말해서 이명영이 중앙정보부 요원이 아니었는데 일부 항간에서 오고 가던 이야기와 인터넷에 오르내리던 이야기를 확인하지 않고 쓴 것이 나의 실수였다. 우족의 입장에서 볼 때 선대가 중앙정보부의 요원이었다는 기록에 불쾌감을 느꼈다는 것을 이해할 수 있지만, 그것이 사자명예훼손죄에 해당할 수도 있다는 말을 들었을 때 나는 몹시 당황했다.

인터넷의 기사에 따르면, 이명영이 중앙정보부 요원이었다는 주장의 발설자는 한홍구(韓洪九, 성공회대학교 교수)로 알려져 있다. (http : //blog.joins.com/media/folderlistslide.asp?uid=gkaqor&folder=1&list_id=5450847; 검색일 2015. 8. 8.) 그런데 자료를 찾아보고 한홍구 교수에게 물어보니 그의 저서『대한민국사』(2)(한겨레신문사, 2006, p. 143)에서 "김일성의 가짜설을 주장한 이명영은 국가재건최고회의 공보실에서 기획관으로 근무했는데 그때 공보실장이 이후락이었다"고 기록했을 뿐 이명영 교수가 중앙정보부 요원이라는 말을 한 적이 없었다.

그러나 그 시절은 이후락이라면 중앙정보부를 연상하던 시절이어서 한홍구 교수의 글이 마치 "이명영은 중앙정보부 요원이었다"는 말로 확대되어 와전된 것이었다. 그 사건은 내가 사려 깊지 못해서 벌어진 실수이니 남을 탓할 수는 없는 일이어서 사과와 정정 기사를 싣는 것으로 매듭이 지어졌지만, 통화를 녹음하고 내용증명이 오가며 송사 직전까지 갔던 그때 많이 힘들었다.

1994년, 김영삼 정부에서 남북 회담을 추진할 무렵, 어느 기관에서 나에게『세기와 더불어』의 남한판을 주석하여 출판할 뜻이 있는가를 묻기에 흔쾌히 응낙했다. 한글로 쓴 동명이인, 북한 용어, 중국 인명 등은 주석과 한자를 함께 쓰지 않고서는 이해하기 어렵다. 그러나, 그것도 국운이었는지 "불행하게도"(?) 그가 남북 회담을 준비하다가 의료 시설이 없는 묘향산에서 갑자기 사망하자 남한에서 비상사태를 선포하고, 이부영(李富永) 의원의 "조문 파동"이 일어남으로써 번역 문제는 수포가 되었다. 그 직후 북경(北京)에서 만난 북한 조국평화통일위원회 부위원장 원동연은 나에게 이런 말을 했다.

"우리는 국상이 났는데, 역사적 기회를 앞두고 수령께서 별세하신 데 대하여 남조선이 애도를 표시하지는 못할망정 비상사태를 선포한 것은 사람으로 할 짓이 아닙니다. 남북 관계는 이것으로 끝났습니다."

제15장 참고 문헌

기광서, 「1940년대 전반 소련군 88독립여단 내 김일성 그룹의 동향」, 『역사와 현실』 (28)(한국역사연구회, 1998)

김일성, 『세기와 더불어』(평양 : 조선로동당출판사, 1992)

샤브쉬나(P. I. Shabshina) / 김명호(옮김), 『1945년 남한에서』(한울, 1996)

샤브쉬나(P. I. Shabshina) / 김명호(옮김), 『식민지 조선에서』(한울, 1996)

서동만, 「북한 연구에 대한 반성과 과제 : 1990년대 연구 성과와 문제점」, 『현대북한연구』(1)(경남대학교 북한연구원, 1998)

梁一泉, 「국경의 匪賊 首魁 金日成 회견기」, 『三千里』 9/15, 1937년 10월호.

「呂政의 면담」, 『동아일보』 1990. 4. 29.

오영진(吳泳鎭), 『소 군정 하의 북한 : 하나의 증언』(부산 : 중앙문화사, 1952)

이명영, 『재만조선인 공산주의운동 연구』(성대출판부, 1975)

정창현, 『곁에서 본 김정일』(토지, 1999)

『遲耘 金錣洙』(한국정신문화연구원 현대사연구소, 1999)

楊昭全・李鐵環(編), 『東北地區朝鮮人革命鬪爭資料匯編』(沈陽 : 遼寧民族出版社, 1992)

姜德相(編), 『現代史資料(30) : 朝鮮(6), 共産主義運動(2), 抗日パルチサン』(東京 : みすず書房, 1976)

和田春樹, 『金日成の滿洲抗日戰爭』(東京 : 平凡社, 1992)

Scalapino, Robert A. & Chong-sik Lee, *Communism in Korea*(1)(Berkeley : University of California Press, 1972)

Suh, Dae-sook, *Kim Il Sung*(New York : Columbia University Press, 1988; 徐大肅(지음) / 서주석(옮김), 『김일성』(청계연구소, 1989)

면담 :

원동연 : 북한 조국평화통일부위원장(1996. 9. 15~17., 北京 Sheraton Hotel)

16

세 번의 비극 (1)
대구 사건

> "가르치지도 않고 죽이는 것을
> 학정(虐政)이라 하고,
> 훈계하지 않고 결과만 다그치는 것을
> 포악이라 한다."
> (不敎而殺 謂之虐 不戒視成 謂之暴)
>
> —『논어』「堯曰」

사회과학을 공부하다 보면, 할 말을 못 하고 안 할 말을 해야 할 때가 있다. 그 이유는 학문이 이데올로기의 외풍(外風)을 만나기 때문이다. 일찍이 헝가리의 사회학자 만하임(Karl Mannheim)은 이와 같은 현실을 존재구속성(Seinsgebundenheit)이라는 용어로 표현했다. 한국의 경우에도 그와 같은 이념의 굴레를 쓰고 살던 시절이 있었는데 그 이면에는 반공이라는 불퇴전의 보루가 버티고 있었다.

우리가 공부하던 1960~1970년대까지만 해도 막스 베버(Max Weber)의 책이 공항 검색대에서 압수되었는데 그 이유는 그 이름에 막스(?)가 들어 있었기 때문이었다. 살아 있는 고전으로 꼽히는 무어(B. Moore)의 『독재와 민주주의의 사회적 기원』은 표지가 빨갛다는 이유로 금서였다. 라흐마니노프(Sergei Rakhmaninov)가 소련 출신이라는 이유로 창밖으로 흘러 나가지 않도록 볼륨을 낮춰 그의 음악을 들어야 했다. 외국에서 좌파 서적이라도 가지고 들어오려면 표지를 찢어버리거나 매직펜으로 제목을 지워야 세관원의 압수를 모면했다.

연세대학교의 고(故) 방기중(方基中) 교수는 1993년에 마르크스주의 경제학의 최고 권위자였던 백남운(白南雲)을 연구한 단행본을 내면서 책 제목에 그의 이름을 밝히지 못한 채『한국 근현대사상사 연구』라고 붙이고 작은 글씨로「1930-1940년대 백남운의 학문과 정치 경제 사상」이라는 부제로 출판했다. 백남운 한 사람을 다루면서『한국 근현대사상사 연구』라는 큰 이름을 붙일 수는 없는 일이지만,『백남운 연구』라고 제목을 붙이기에는 너무 부담스러웠던 것이 당시의 학문 풍토였다.

그와 같은 엄혹한 시대는 의외로 길었다. 국어 시간이면 반공 웅변대회, 반공 글짓기 대회, 반공 표어 짓기 대회를 치렀고, 미술 시간에는 반공 포스터 그리기를 배워야 했고, 음악 시간에는 반공 노래자랑을 했고, 체육 시간에는 반공 마라톤 대회에 나가 뛰어야 했다. 추석 무렵의 운동 대회에서는 청군과 홍군이 머리띠를 두르고 경주하다가 어느 때부터인지 청군과 백군으로 바뀌었다. 색깔의 대비로 따지면 청군과 홍군이 맞지만 무조건 빨간색은 안 되었기에 청군과 백군으로 바뀌었다.

교과서 뒷장이는,

(1) 우리는 대한민국의 아들딸 죽음으로써 나라를 지키자
(2) 우리는 강철같이 단결하여 공산 침략자를 쳐부수자
(3) 우리는 백두산 영봉에 태극기 휘날리고 남북통일을 완수하자

는 "우리의 맹세"가 인쇄되어 있었고, "통일의 노래"를 실은 적도 있었다.

반공/북진 통일이 아니라 평화 통일을 주장했다는 이유로 정치인은 처형되었고, 용공은 국가보안법과 반공법의 제재 대상이 되었다. 향토예비군 교육장에서는 "때려잡자 김일성, 무찌르자 공산당, 쳐부수자 북괴군, 이룩하자 유신 과업"을 구호로 외치는 것으로 시작했다. 학력이 낮은 친구들은 그것을 외우지 못하여 그저 "때·무·쳐·이"라는 첫 글자만 외웠다. 반공은 일상화되었고 거기에 익숙해 갔다. 그렇다면 반공은

악(惡)이었느냐고 묻는다면 그것은 또 다른 논란이 되지만, 반공을 국시(國是)로 삼던 시대는 숨이 막힐 것만 같았다.

그리고 그 가운데에는 해방정국에서 벌어진 비극적인 세 번의 사건, 곧 1946년의 대구 사건, 1948년의 제주 4·3사건과 여수·순천 사건을 어떻게 인식하느냐의 문제가 놓여 있었다. 그런데 당장 사건의 명칭부터 어찌해야 할지 가늠이 서지 않는다. "대구 10월 항쟁"(심지연)인지, "대구 인민 항쟁"(박헌영/정해구)인지, 우익들의 호칭처럼 "대구 공산 폭동"인지, "대구 사건"(대구MBC)인지 아직 학계의 합의가 없는 상황에서 이름 짓기도 어렵다.

따라서 여기에서는 어쩔 수 없이 "대구 사건"으로 표기할 수밖에 없었던 데 대해서도 독자들의 양해를 얻고자 한다. 공자(孔子)께서 역사를 기술하면서 "있는 대로 설명할 뿐 이야기를 지어내지는 말라"(『論語』「述而篇」: "述而不作")고 하신 말씀을 거듭 유념하면서 이 글을 쓴다.

1. 1946년, 대구의 분위기

1946년의 상황은 전혀 평온하지 않았다. 조속한 독립에 대한 열망은 점차 불가능해지는 것처럼 보였다. 5월에 미소공동위원회가 정회에 들어감으로써 그에 대한 일말의 희망과 기대감마저 무너졌다. 이러한 정치적 혼미에 대하여 우익이나 미군정이 초조를 느낄 이유는 없었다.

그런 상황에서 정작 초조와 불안을 느낀 것은 좌익, 특히 박헌영(朴憲永) 일파였다. 7월부터 시작된 좌우 합작에 좌파는 자신들이 정국의 운영에서 배제될지도 모른다고 우려하게 됐으며, 11월 14일로 확정된 남한의 과도 입법 기구의 창설은 좌익을 더욱 불안하게 만들었다. 남한의 상황은 마치 건드리기만 하면 터질 화약고와 같았다. (*FRUS : 1945*, Vol. VI, 1969, p. 1050)

박헌영으로서는 이와 같은 정적(靜寂)을 견딜 수 없었다. 조선정판사(朝鮮精版社) 사건(1946. 5. 15.)으로 체포령이 내린 상황에서 운신의 폭이 좁아졌을 뿐만 아니라 당내에서도 내부의 도전을 받고 있던 그에게는 일거에 형세를 만회할 수 있는 돌파구가 필요한 상황이었다. 그는 모택동(毛澤東)의 흐남(湖南) 추수 폭동(1927)을 연상했을 수도 있다.

그러한 상황에서 조선공산당의 수뇌부는 강성(强性)을 과시하면서 당내 반대파의 도전에 반격하고자 9월 9일의 총파업을 지시했다. 전위(前衛, vanguard) 이론에 심취했던 박헌영으로서는 파업이 상황을 만회할 수 있는 최선의 방법이라고 판단했다. 파업의 대상으로는 일차적으로 철도노조를 지냥했다. 철도 노동자들에게 파업은 그 자체로서 매혹적이었다.

7,000여 명의 부산 철도 노동자들은 9월 15일 군정청에 제시한 임금 인상과 일급제 반대 등 6개 항의 요구 조건을 내걸고 부분 태업으로 맞서 오다가 9월 23일 파업에 돌입했다. 이때 부산철도노조의 중심에는

1948년 5월 1일의 대구 노동절 시위

백남억(白南檍)이 있었다. 대구 사건을 취재했던 『대구매일신문』 기자 정영진(丁英鎭)의 증언에 따르면, 백남억은 규슈대학(九州大學)을 졸업하고 부산철도국 운수과장으로 재직 중인 지식인이었다. (정영진, 1990, pp. 297~298)

부산철도노조를 시발로 하여 대구와 서울 등 대도시를 중심으로 4만여 명의 철도 종업원의 파업이 일어나자, 전평(全評 : 전국노동조합평의회) 산하 각 분야의 공장과 직장으로 신속하게 파급되었다. 미군정이 보기에 당시 대구의 공산주의자들은 아마도 "대구의 분위기를 서울까지 가져간다"("bring Taegu to Seoul")고 생각하는 것 같았다. (*G2-Weekly Summary*, No. 58[13~20 October 1946], p. 4)

이 당시 대구의 상황을 살펴보면 대체로 좌익적 분위기가 강했다. 한민당 요인으로서 도당의 재정을 맡고 있는 박노익(朴魯益, 동아자동차주식회사 회장) 등 기업인들의 정치 참여가 있었으나 좌익적 분위기 속에서 입지를 강력하게 내세울 형편은 아니었다. 오히려 경상북도 인민위원회의 활동이 더 적극적이었다.

당시의 유력 잡지였던 『무궁화』 1945년 12월호, 80쪽에 수록된 대구인민위원회 광고에 따르면, 위원장 이상훈(李相薰), 부위원장 겸 내정 부장 최문식(崔文植), 산업부장 이선장(李善長), 보안부장 이재복(李在福), 재정부장 김성곤(金成坤)·채충식(蔡忠植), 노농부장 정시명(鄭時鳴), 선전부장 황태성(黃泰成)으로 구성된 대구인민위원회는 능력이나 이념에 대한 경도, 그리고 지적(知的) 수준에서

황태성(위), 허성택(아래)

우익을 압도하고 있었다.

이 무렵 김성곤의 행적은 『소석 이철승 회고록』(2011, p. 402)에도 등장한다. 이 밖에도 서울에서 파업을 지휘하고 있던 전평 위원장 허성택(許成澤)은 함북 성진(城津) 출신으로 적색 노조로 투쟁을 시작하여 모스크바 동방노력자대학을 수료한 파업 전문가였다. (그는 대구 사건 이후 월북하여 노동상(勞動相)과 노동당 중앙위원을 역임한 뒤에 종파주의 혐의로 해임되었다.)

어느 일이나 다 그렇듯이 어떤 사건도 역사에서 느닷없이 문득 일어나는 일은 거의 없다. 그런 일이 벌어지기까지에는 사회경제적 배경이 이미 깔려 있었는데, 대구 사건의 경우에는 다음과 같은 점들을 지적할 수가 있다.

첫째로는 식량 부족과 이에 따른 기아(飢餓) 문제였다. 애초 군정은 식량 부족이란 신생 국가에서 흔히 있을 수 있는 일이고, 대구의 식량 사정은 그리 열악하지 않다고 안일하게 생각하고 있었다. 이러한 오판으로 말미암아 군정은 미곡수집령(米穀收集令)에 따라 2월부터 강제 미곡 수집에 들어갔다. 농가가 식량으로 보유할 수 있는 쌀은 1인당 4말 5되뿐이었다. 이런 상황에서 네 차례 기아 시위가 일어났다.

대구 초등학생의 평균 50% 이상이 점심 도시락을 싸 오지 못했고, 전 학생의 80%가 점심을 굶는 학교도 있었다. 굶주린 시민들은 열차를 타고 전북 지방에 가서 쌀을 사 오다가 신태인역에서 소방대와 청년대의 제지를 받았다. 시위대는 8월 19일 오전 11시 도청 앞에 돌려들었다. 시위가 격화된 것은 콜레라의 발생으로 영남·호남·충북 일부 지역에서 열차 운행이 중지됨으로써 양곡 수송 사정이 나빠졌기 때문이었다.

대구 사태의 두 번째 요인은 경찰의 억압이었다. 당시 군정이 판단한 바에 따르면, 일제 시대에 근무했던 한국인 경찰이 여전히 권력을 장악하고 있으며 이들 대부분이 민중을 통제하는 위치에 있었으므로 경찰에 대한 광범위한 적대감이 존재했다. 더욱이 경찰은 우익 청년단체의 협조를 얻어, 범죄에 대한 충분한 증거가 없음에도 좌익 지도자를 체포하고 정치적인 목적으로 권력을 남용하여 피의자를 구타하고 고문했으며, 양곡 수집 계획을 실행하는 과정이 부당하고 거칠었다.

나는 그 시절에 괴산(槐山)경찰서 옆에 살았는데 밤이면 고문으로 말미암은 신음이 끊이지 않아 잠을 잘 수 없는 때가 많았다. 그때 우리 아버지가 말씀하셨다.

"지금 저 경찰이 때리고 있는 고문 도구는 황소의 ○○를 말려 만든 것인데 쇠몽둥이보다 아프단다."

정영진의 증언에 따르면, 경북 경찰의 총수인 권영석(權寧錫)은 일제시대에 군수를 지낸 친일 관료로서 관구경찰청장에 오른 인물이었고, 대구경찰서장 이성옥(李成玉)은 창씨명이 마쓰오카 히사요시(松岡久允)로서 일제 시대에 안동(安東)경찰서에서 형사주임으로 근무할 때 이미 종칠위훈팔등(從七位勳八等)의 서훈을 받았으며, 해방 당시에는 경시(警視) 계급을 끝으로 경찰직을 떠났으나, 군정청이 대구경찰서장에 다시 기용한 인물이었다.(정영진, pp. 207~209) 그 당시에 "순사"는 두려움의 의미를 담고 있었다. 아이가 울면 엄마는 "순사 온다"고 말해 울음을 그치게 했다.

셋째로는 당시에 만연했던 콜레라가 사태를 악화시켰다. 대구에서 8월 무렵에는 1만여 명이 감염되어 있었다. 위생에 대한 경비·통제·격리는 국방경비대의 임무였으므로 군사권까지 장악하고 있던 경찰이 통행 검문소를 관리했는데, 이때 동원된 경찰의 거친 처사로 말미암아 의료진과 화목하지 않았다.

8월 1일, 대구의전(大邱醫專) 교수 이상요(李相堯)는 콜레라가 발생한 관내에 7월 30일부터 교통을 차단하라고 부탁했음에도 경찰은 이를 이행하지 않았다. 방역 순찰에 동행했던 국방경비대원도 이상요의 추궁에 가세하자 소란이 일어났다. 그런데 그 뒤 학교로 돌아온 이상요는 경찰서에 연행되어 공무집행방해죄로 구금되었다.(*Taegu Report*, Q&A 109; 111) 대구 사건의 진원지가 대구의전이었다는 것은 우연이 아니었다.

2. 사건의 전개

9월 30일에 대구에서는 여러 곳에서 운동회를 끝마친 학생들이 시위행렬을 벌이다가 경찰의 제지를 당하여 사소한 충돌이 있던 터라 분위기가 어수선한 상태였다. 아직 추석(9월 10일) 분위기도 사라지지 않았다. 집회를 끝마친 뒤 노동자들이 학생 및 시민들과 합류하여 1,000여 명이 시위 행렬을 개시하자 경찰과 대치하게 되었다. 군중은 불어나 3,000~4,000명이 되었는데, 연령은 12~17세로 어린 학생들이 많았다. 군중들은 질서를 지키고 있었고 대부분은 호기심에 차 있는 것처럼 보였다. 정치적 색깔이 두드러지지도 않았다. 이 정도의 대치 상황은 당시로서 흔히 있을 수 있는 일이었다. 그런데 경찰은 시위대를 다루면서

대구경찰서 앞의 시위대(1946. 10. 2.)

매우 거칠어 시민들 사이에 증오감이 일어났다.

대구 역전에 모인 노동자·지식인·학생·사무원·일반 시민들은 "쌀을 달라!"고 외치기 시작했다. 이들이 느닷없이 쌀을 달라고 요구한 것은 일부 남로당원들이 동사무소 앞에 나오면 쌀을 줄 것이라고 말하여 민중을 동원했기 때문이었다. 이 시위의 배후에는 경상북도 인민위원장 이상훈과 인민보안대장 나윤출(羅允出)이 있었다.

나윤출은 본디 씨름 장사로 전국에 이름을 떨친 인물이었다.(그는 그 뒤 대구를 탈출, 월북하여 북한 최고인민위원회 대의원에 선임되어 체육계에서 활약했으며, 1966년 런던 월드컵 축구대회의 임원으로 참가했다가 숙청되었다.) 그들의 지시에 따라 청년 행동대원 100~200명씩 1개 분단을 이루어 대구 역전 광장을 비롯하여 주요 거리에 배치되어 암약하고 있었다.

10월 2일 아침이 되자 몇십 명의 시위대가 경찰이 죽인 피살자라며 사체를 들것에 싣고 경찰서 앞에 나타났다. 이를 목격한 군중심리는 이미 걷잡을 수 없을 만큼 격분해 있었다.(『조선일보』1946. 10. 8.) 사망자의 신원에 대해 좌익과 우익의 견해가 다르다. 당시 남로당원으로서 전평 경상북도평의회 간사였던 이일재(李一宰)는 나와의 인터뷰(대구그랜드호텔 : 2003. 10. 1.)에서 당시 사망자는 대팔(大八)연탄공장의 공원이었던 황팔용으로서 경찰의 발포로 죽었다고 증언했다.

그러나 대구 MBC가 제작하여 1996년 10월 10일에 방영한 "대구 10·1사건 50주년 특집 방송"에 출연했던 당시 대구의전 교수인 김계철과 경찰 관계자들은 좌익들이 대구의전 영안실에서 그 시체를 탈취하여 "아까징키"(머큐롬)를 발라 시위했다고 증언했다. 그 시체의 이름이 황팔용이었다는 이일재의 증언이 맞을 수는 있지만, 시체의 신원에 대해서 나는 대구의전 교수들의 증언에 더 무게를 두고 있다.

10월 2일 낮 12시에 경북지사 헤론(Gordon J. Heron) 대령이 주둔군에게 탱크를 요청하자 프레지아(John C. Prezia) 소령이 이끄는 탱크 부대가 거리를 순찰하며 군중을 해산시켰다. 당시에 배치된 병력은 219명이며, 부산 제5연대의 지원을 받았다. 이들에게는 실탄이 지급되었다. 이날 오후 5시에 대구 지역에 계엄령이 선포되고, 오후 7시부터 오전 6시까지 통행금지가 실시되었다. 당시의 소요에 대하여 탱크를 동원할 상황이 아니었으나, 군정은 이곳의 좌익적 성향에 지레 겁을 먹어 과잉 반응한 측면이 있었다.

시간이 흘러 군중들이 해산하게 됨에 따라 사람의 숫자가 적어졌는데도 경찰이 발포했다. 이날로부터 대구 일대는 무법천지가 되었다. 소총과 수류탄, 낫과 창으로 무장한 시위대가 왜관(倭館)경찰서를 습격하여 서장 장석한(張錫翰)과 경관의 눈알을 빼고 혀를 자른 다음 살해했다. 경찰의 성기를 잘라버린 일도 있었다. (Mark Gayn, 1948, p. 420) 이때 민간인 22명과 경찰 31명이 죽었다.

민중들은 경찰서를 포위하여 한동안 점거했으며 인근 지방의 경찰서와 지서의 무기를 강탈하는 동시에 청사를 점령했다. 사태가 악화하자 대구의 군정 당국은 충남과 충북에서 경찰을 지원받아 대응했다. 경찰에 대한 보복 살해는 더욱 늘어났다. 살해 방법은 몽둥이나 쇠꼬챙이를 사용했으며, 시체의 머리를 자르고 얼굴의 껍질을 벗기고 팔다리를 잘랐다. (『조선일보』 1946. 10. 29.)

이날 대구경찰서에 수감 중이던 죄수 100여 명이 탈출했으며, 시위대는 도청 관리와 경찰의 가택을 습격하여 가구를 파손하고 가족들을 납치했다. 소요는 얼마 동안 더 진행되다가 10월 21일 밤에 계엄령이 해제되었으며, 월말에 이르러서야 가라앉았다. 군정은 특별군법회의를 설치했는데, 이는 보통 군법회의가 5년 형 이상을 선고할 수 없어 최고 사형까지 선고할 수 있도록 하려는 것이었다. (심지연, 1991. p. 28)

대구 사태는 "대구에서만 있었던 사건"은 아니었다. 전국적으로 70~80여 군과 시에서 격렬한 시위가 일어났다. 그 한 사례로 선산인민위원회의 내정부장이었던 박상희(朴相熙)는 10월 3일에 선산군 민청 간부 김정수(金鼎洙)와 더불어 봉기에 참여했다. 그들이 이끄는 2,000여 명의 군중은 "적기가"(赤旗歌)를 부르며 구미경찰서를 습격하여 백철상(白喆相) 경찰서장에게 경찰권을 인민위원회에 이양하라고 요구했다.

박상희

이들은 경찰서와 군청을 접수했으나 이튿날 경찰의 반격을 받아 박상희는 군농조위원장인 김광암(金光岩) 및 민청 간부인 장달천(張達千)과 함께 사살되었다. (E. Cook, 1946, p. 20; 정영진, pp. 389~390) 백남억은 한민당 간부 박노익의 집으로 피신했다. 그는 박노익의 사위가 되었다. 박노익은 민정당 정부에서 국회의장을 지낸 박준규(朴浚圭)의 아버지이다.

3. 유산

훗날 한국전쟁 당시에 낙동강(洛東江) 전선이 위험하게 되자 이승만 정부는 형무소나 경찰서 유치장에 갇혀 있던 죄수들을 끌어내어 기결수나 미결수를 가리지 않고 처형했다. 이것이 이른바 죽음의 예비 검속이었다. 특히 대구와 왜관에서 헌병은 미결수의 줄을 세우고 미결수를 사살했으며, 그 가운데에는 12~13세의 아이들도 섞여 있었다. 총이 부실하여 단발에 사살되지 않은 사람들에게는 다시 확인 사살을 했고, 그러고도 살아남은 무리의 비명이 그치지 않았다. (*Frank Pearce Report*, 11 August 1950)

그렇다면 이 당시의 희생자는 얼마나 될까? 이것은 어쩌면 어리석은 질문일 수 있다. 정식 재판을 거치지 않은 보복 살해와 우익의 즉결 처분과 암매장은 증거조차도 남아 있지 않으나 그 숫자는 매우 높으리라고 추정되며, 또 한국전쟁 당시 옥중에서 학살된 인명까지 포함해야 하기 때문이다. 무법천지에서 자행된 사형(私刑)과 불법 행위는 더 참혹했다. 그 행위는 우익이 좌익에 비해 더 잔혹했다는 차이는 있지만 좌우익을 가릴 것 없이 똑같이 자행되었다.

이 당시 대구형무소에서 군에 이첩되어 처형된 것으로 추정되는 행방불명자는 모두 1,402명이었다.(『대구매일신문』1960. 6. 7.; 경상북도의회, 『양민학살진상규명특별위원회 활동 결과 보고서』, pp. 371~390) 그 잔혹상은 경북 일원에만 국한된 것은 아니었다.

박헌영의 기록(『투쟁 일지』, p. 119)에 따르면, 10월 16일에 수도경찰청장 장택상(張澤相)은 대구 소요 사건의 주모자가 서울에 잠입했으리라는 확신 아래 3,000여 명의 경관을 동원하여 시내 각 여관과 유곽(遊廓)을 검색하고 경상도 사투리를 쓰는 사람 33명을 검거하여 경관을 해친 무리라고 발표했다.

대구 사태를 설명하면서 부딪히게 되는 문제점은 과연 이 사태의 배후에 박헌영 또는 남로당이 얼마나 깊이 연루되었으며, 그들의 의도는 얼마나 충실하게 이행되었느냐 하는 점이다. 사건이 일어나자 미군정측에서는 이 사건이 박헌영의 작품이라고 확신했고, 일부 조선공산당 계열에서도 그렇게 믿고 대구 사건에 공산당이 개입했던 일을 반대했던 것은 사실이며, 우익에서도 이를 비난했다.

공산당에서는 이를 극좌 모험이라고 비 난했고, 안재홍(安在鴻)은 실패한 중국공산당의 이립삼(李立三) 노선, 곧 공산화 과정에서 먼저 거점 도시를 확보하고 이를 기반으로 하여 주변 농촌으로 혁명을 확산한다는 이론을 방불케 하는 것이라고 지적했다. 이에 대하여 당사자인 박헌영은 이번 사건이 "조선공산당 중앙에서 선동했기 때문에 일어났다고 보는 것은 이승만 일파와 동일한 견해"라고 응수하면서, 이번 사태야말로 "동학란(東學亂) 및 3·1운동과 더불어 남조선의 3대 인민 항쟁"이라고 자평했다.(박헌영, 1947, pp. 53, 67)

나이가 많은 독자들은 위의 사건에 등장하는 인물의 실명(實名)을 보면서 내가 대구 사건을 쓰면서 왜 부담스러워하며 사설(辭說)이 길었는지를 눈치챘을 것이다. 박상희(1906년생)는 박정희(1917년생) 대통령의 형으로서 김종필(金鍾泌 : 1926년생)의 장인이었고, 백남억(1914년생)은 민주공화당 당의장이 되었으며, 김성곤(1913년생)은 국회 재경위원장이 되었고, 백남억과 국회의장 박준규는 처남·매부 사이였다. 황태성(1906년생)은 북한으로 넘어가 북한의 무역성 부상(차관)이 되어, 남한의 군사정부가 친공산주의 정권이라고 오판한 김일성의 지시로 중앙정보부장 김종필을 만나러 남파되었다가 처형된 인물이다.(『김종필증언록』, 『중앙일보』 2015. 4. 20.)

5·16군사정변이 일어났을 때 미국은 이와 같은 사실을 잘 알고 있었고, 그들이 그런 자료를 확보하고 있다는 사실을 국가재건최고회의 의장 박정희도 잘 알고 있었다. 그러한 상황은 박정희의 운신과 정책에 영향을 끼쳤다. 1963년 대통령 선거에서 윤보선(尹潽善) 후보도 이 문제를 거론했다. 당시 유세반원이었던 김사만(金思萬)은 영주(榮州)의 연설에서 "대구에는 빨갱이가 많으며, 김일성이 내려오면 만세를 부를 사람이 많다"(『조선일보』 1963. 10. 13.)고 말했다가 거센 역풍을 만났다. 그때 박정희와 윤보선의 당락의 표 차가 15만 6,000표였는데, 이는 유효 투표수의 1.5%였던 점을 고려한다면 김사만의 설화(舌禍)가 얼마나 치명적이었던가를 알 수 있다.

역사적 평가를 하자면, 대구 사태는 전근대적 형태의 민란으로 시작되었다. 그것은 흉작, 수입 감소, 전염병이라는 민란의 전형적인 3대 요소에 의해 일어난 민중 봉기였다. 여기에 틈새를 노리고 있던 좌익이 이를 호기로 이용했다. 대구 사태 당시에 적기(赤旗)가 나부끼고, "적기가"를 부르며, 노동 해방의 구호를 외쳤다고 해서 그것이 공산 혁명은 아니다. 이런 점에서 박헌영의 평가는 대구 사태를 공산 혁명으로 지나치게 미화했고 우익은 거기에 이념을 덧씌웠다. 그것은 굶주림과 압제에 대한 저항이었고, 남로당의 전술이 종속 변수로 개입되었을 뿐이다.

    한국의 현대사 연구는 이념의 문제를 너무 과장하는 경향이 있다. 이념의 갈등이 전혀 없었던 것은 아니었지만 그것은 몇몇 전문가들에 국한된 것이었고, 민중의 생각은 그토록 정제되거나 체계적이지 않았다. 따라서 대구 사건은 박헌영의 주장처럼 현대사의 3대 혁명도 아니고 우익의 주장처럼 빨갱이들의 폭동도 아니다. 그것은 신생국 창설 과정에서 벌어진 갈등의 표출이었다. 거기에 해묵은 원한과 전통적인 모순에 대한 격정과 질주가 중첩되어 일어난 사건이었다. 대구 사태는 인간다운 삶을 살고 싶었던 민중적 소망을 담은 현대적 민란이었고 그로 말미암은 잔혹사였을 뿐이다.

제16장 참고 문헌

『논어』

『무궁화』(1945년 12월호)

박헌영, 「10월인민항쟁」, 『동학 농민란과 그 교훈』(해방사, 1947)

방기중, 『한국 근현대사상사 연구 : 1930-1940년대 백남운의 학문과 정치 경제 사상』(역사비평사, 1993)

심지연, 『대구 10월항쟁 연구』(청계연구소, 1991)

이철승, 『소석 이철승 회고록』(시그마북스, 2011)

정영진, 『폭풍의 10월』(한길사, 1990)

정해구, 『대구 인민 항쟁』(열음사, 1988)

Cook, Elmer, *Report of Investigation Re(garding) Disturbance at Taegu, Korea, 1946*, RG 332, Box 62(Sultland : WNRC)

FRUS : 1945, Vol. VI, *The British Commonwealth, The Far East*(Washington, D. C. : USGPO, 1969)

G-2 Weekly Summary, No. 58, 13-20 October 1946.

17

남북 협상(1)
김구와 김일성의 다른 계산

> "김구가 우리의 뜻을 따르지 않으면
> 미국의 간첩으로 몰아야 합니다."
>
> — 김일성·김두봉 대책회의록

      1948년, 해방 3년이 지난 해였으니 희망에 부풀어 있을 법도 했지만, 현실은 그렇지 않았다. 미국이 1947년 9월 19일에 한국의 독립 문제를 UN 총회의 토의에 부쳐 43 : 0, 기권 6으로 1948년 3월 31일에 남북한 총선거를 실시한다고 결의(11월 14일)했지만, 북한이 UN위원단의 입국을 거부함으로써 분단은 이제 기정사실이 되어 있었다. UN은 결국 1948년 8월 15일에 남한만의 단독 정부를 수립한다는 일정에 따라 5월 10일로 총선거 실시를 준비하고 있었다.
      이런 상황에서 남한 단독 정부의 수립은 감격인지 슬픔인지 가늠할 수 없었다. 남쪽에서는 선거 날짜를 받아놓고 있는 터였고, 북한에서는 먼저 단정을 수립했다는 역사의 비난을 모면하고자 남한의 추이를 주목하면서 속도를 조절하고 있었을 뿐이다. 이제 남북한에 각기 다른 정부의 수립, 곧 분단을 확인하는 절차만이 남아 있었다.
      더욱이 남한에서는 제주 4·3사건이 최악의 사태로 치닫고 있어 좌우익은 피차간에 적의가 팽배해 있었다. 그럴 무렵에 1948년 연초가 되자 해방정국의 새로운 이슈로서 남북 협상의 문제가 정가에 대두되었다.

이 문제의 주도권을 잡은 사람은 김규식(金奎植)이었다. 그리고 거기에 김구(金九)가 가세했다. 그렇다면 김규식과 김구는 왜 갑자기 남북 협상이라는 의제를 부각했을까?

먼저, 단정파의 승리가 가져온 충격에 대한 반사 작용이었다. 남한만의 단정으로 갈 수밖에 없다는 이승만(李承晩)의 정읍(井邑) 발언(1946. 6. 3.)이 나올 당시만 해도 그것은 그의 사견이었으며 통일 의지를 꺾을 수 있는 정도는 아니었다. 그러다가 1948년 2월 23~26일 회기의 입법 의원에서 김규식이 퇴장하고 우익만이 참여한 상태에서 단독 선거를 40 : 0으로 가결하였다.

이제 단정과 분단이 현실로 다가옴으로써 김규식은 입법의원 의장직을 사퇴하고 새로운 정치적 돌파구를 모색할 수밖에 없었다. 그는 자신이 더 이상 군정의 카드가 되고 있지 못하다는 사실을 감지하고 있었다. 그뿐만 아니라 김규식은 민주의원을 이끄는 과정에서 그것이 단독 정부로 가는 미군의 전략이었고 자신이 이에 이용되었다는 사실에 대하여 자책과 배신감을 느끼고 있었다. 그러던 차에 한국 문제가 UN으로 이관되는 등 분단이 가시화되는 시점에서 남북 협상은 명분을 세우기에 좋은 계기가 되었다.

여기에 김구의 입장이 김규식과 동류의식을 찾기에 충분했다. 그 무렵이 되면 김구도 이승만에 대하여 열패감(劣敗感)을 느끼기는 마찬가지였다. 그가 애초에 민족 통일을 염원했다는 것은 의심할 나위도 없지만, 이승만의 정치적 적수가 되지 못하고 끝내 그의 단정론에 말려들어 가는 듯한 느낌을 주었다. 그는 단정 반대로 노선을 변경한 것과 총선거를 앞둔 시점에서 자신의 무력함에 참담했을 것이다. 이러한 상황에서 제기된 김규식의 남북 협상론은 그의 정치적 입지를 만회하는 데 유리한 계기가 될 수 있었다. 더욱이 김구는 장덕수(張德秀) 암살 사건 배후 인물로 지목되어 압박받는 어려운 상황이었다.

김구와 김규식은 일을 추진하면서 남북 협상 의견서 6개 조항(1948. 1. 28.) 가운데 (6)항에서 남북 요인의 지도자 회의 소집을 요구했다. 이어서 2월 8일에 김구와 김규식이 UN한국위원단의 메논(K. P. S. Menon) 의장을 만나 남북 요인 회담을 제청했다는 사실이 정가에 퍼지기 시작했다.

　그런 과정에서 홍명희(洪命憙)·김구·김창숙(金昌淑)·조소앙(趙素昻)·조성환(趙成煥)·조완구(趙琬九)·김규식도 7인 성명을 발표하고, 2월 16일에는 서울 주재 소련대표부를 경유하여 북한의 김일성(金日成)·김두봉(金枓奉)에게 남북 협상을 제의하는 편지를 발송했다. 희망의 불씨인지 체념인지 국민의 반응은 착잡했다.(『동아일보』1948. 2. 8.)

　시작은 김규식이 먼저 했지만, 추진에는 김구가 더 적극적이었다. 김구는 남조선 단독 정부의 수립을 반대하는 「3천만 동포에게 읍고(泣告)함」이라는 성명서를 통하여 이렇게 말했다.

"통일하면 살고 분열하면 죽는 것은 고금의 철칙이나 자기의 생명을 연장하기 위하여 남북의 분열을 연장하는 것은 전 민족을 죽음의 구렁텅이[死坑]에 넣는 극악 극흉의 위험한 일이다. … 지금으로서 나의 단일한 염원은 3천만 동포와 손을 잡고 통일된 조국, 독립된 조국의 달성을 위하여 공동 투쟁하는 것뿐이다. 이 육신을 조국이 수용한다면 당장에라도 제단에 바치겠다. 나는 통일된 조국을 건설하려다가 38선을 베고 쓰러질지언정 일신의 구차한 안일을 취하여 단독 정부를 세우는 데는 협력하지 아니하겠다. 나는 내 생전에 38선 이북을 가고 싶다."(『서울신문』1948. 2. 11~13.)

1. 김일성의 계산

현실 판단이 복잡하기는 김일성도 마찬가지였다. 김구와 김규식의 편지를 받았을 때 상황은 복잡했지만, 김일성의 계산과 결심은 그리 어렵지 않았다. 1948년의 상황이 되면 남한의 우익 및 미군정이 단정의 수순을 밟고 있다는 것은 천하가 다 아는 사실이었다. 이러한 상황에서 북한은 이미 인민위원회의 조직을 완성하였고 그 나름대로 단정 수립의 수순을 밟고 있었다.

그러나 김일성은 자신이 먼저 단정을 추진했다는 역사의 비난을 듣고 싶지 않았다. 그러려면 자신의 통일 의지를 표현하는 장소에 남한의 지도자들을 참석시킴으로써 북한의 단정 수립을 위한 수순을 남북한 지도자 연석회의의 결정 사항으로 윤색해야만 했다. 그러니 김구와 김규식의 제안이 그에게는 밑지는 거래가 아니었다.

그러나 김일성으로서는 남쪽이 먼저 주도권을 잡고 이 일을 추진함으로써 자신이 마치 끌려가는 듯한 인상을 주고 싶지 않았다. 아니, 이는 김일성의 판단이었다기보다는 당시 소련 정치고문들의 충고였을 것이다. 따라서 김일성은 남한 지도자들의 의견에 대한 회신의 형식이 아니라, 남한의 제안을 못 들은 것으로 하고, 자신이 전혀 새롭게 남북 협상을 제의하는 형식을 취하였다.

곧 김일성은 3월 15일에 6개 정당·사회단체 명의로 남조선의 단정 반대 17개 정당·사회단체가 4월 초에 평양을 방문하여 정치협상을 열자고 제안하면서, 남한 대표로 김구·조소앙·김규식·홍명희·이극로(李克魯)·김붕준(金朋濬)·김일청(金一靑, 신한민족당)·박헌영(朴憲永)·허헌(許憲)·김원봉(金元鳳)·유영준(劉英俊, 남조선민주여성동맹 위원장)·김창준(金昌俊, 조선공산당)·백남운(白南雲)·허성택(許成澤, 남로당 중앙위원)·송을수(宋乙秀, 민전 중앙위원) 등 15명을 초청했다.

예비 접촉을 맡은 사람은 안중근(安重根)의 사촌 동생으로 광복군에서 활약하며 김구를 가까이 모셨던 안경근(安敬根), 지난날 조선공산당에 몸을 담았던 한독당 중앙위원 권태석(權泰錫), 조선공산당 북조선분국 사회부 부부장을 맡고 있던 성시백(成始伯)이었다. 이들 가운데 주목할 인물은 성시백이었다. 황해도 평산 출신인 그는 일찍이 중국으로 건너가 중국공산당 당원으로 팔로군에 가담하여 투쟁한 경력이 있고, 김원봉의 조선민족혁명당에도 관여했다.

해방과 더불어 성시백은 남한으로 귀환하여 박헌영의 충실한 동지로서 지하 운동을 하며 김일성과 남로당 사이의 고리 역할을 하던 인물이었다. 정병준(이화여대)의 『몽양 여운형 평전』(1995, pp. 400~404)에 따르면, "남조선정치공작위원회의 주역이자 거물급 공산 간첩"이었던 그가 남북 협상의 밀사가 되었다는 것은 어느 모로 보더라도 이 회담을 김일성이 유도하는 방향으로 이끌어 갔다고 보아야 할 것이다. (그는 한국전쟁이 일어난 이후 남한에서 처형되었는데 지금은 평양 애국열사릉에 허묘로 묻혀 있다.)

여기에서 주목해야 할 사실은 그들이 김구를 어떻게 인식하고 있었느냐의 문제이다. 1948년 초까지도 북한은 김구의 노선을 제국주의의 주구(走狗)로 격렬하게 비판하면서 김구를 김구(金狗)라고 불렀다. 그런데도 애초부터 김규식에 무게를 두지 않은 채 김구를 주목한 것은 그의 정치적 비중뿐만 아니라 그의 입을 통하여 이승만의 단정 의지를 규탄함으로써 자신들의 단정 추진을 합리화하기 위함이었다.

따라서 회의의 일정을 늦추는 한이

성시백

있더라도 김구가 도착하기를 기다려야 한다는 것이 그들의 방침이었다. 특히 회담 점검을 위한 전략 회의에서 김일성은 김구의 참석을 강력히 주장하면서, 김구가 오지 않아도 회의가 성립될 수 있을 것이냐고 백남운(白南雲)이 물었을 때 "기다려야 한다"고 말했다.

만약 김구와 그의 측근이 회의를 파탄시키고 퇴장하면 어떻게 할 것인가에 대한 대책도 논의되었다. 그때는 김구의 일행을 내보내고 회의는 계속하며 그들을 미국 간첩으로 몬다는 계획까지 수립했다.(『레베데프 비망록』, 1948. 4. 19.) 이에 대해 백남운은 김구에게 이북의 공장과 민주 건설의 성과를 보여 주면 이에 고무되어 남한 정부에 대항하여 싸울 것이라고 말했다.

"귀국 후 별별 짓을 다 하던 김구가 …… 이전에는 꿈에도 생각하지 않던 것이 이제는 미 제국주의자들의 입에 먹히게 되니까 당황하여 평양에 오려 한다"(『조선노동당대회자료집』(1), 1980, p. 262)는 것이 당시 북한 지도자들의 눈에 비친 김구의 모습이었다. 따라서 "김구를 희생양으로 삼을 수도 있다"(『쉬띠코프일기』, 1947. 1. 21.)는 것이 애초부터의 전략이었다.

2. 북으로 간 사람들

김구가 북행하던 4월 19일 오전 5시 반쯤부터 경교장(京橋莊)에는 대동청년단(大同靑年團)과 이북학련(以北學聯)과 대한학생총연맹(大韓學生總聯盟)에 소속된 청년 학생 140여 명이 밀려와 김구의 북행을 만류했으나, 김구는 "내가 이번에 가서 성과가 없다면 차라리 38선에서 배를 가르리라"는 말을 남기고 평양으로 향했다.

김구는 아마도 자신을 분단이라는 제단의 순교자로 생각하는 것 같다고 미군정은 분석했다. 남북 협상의 전모를 충실하게 재구성한 도진순(都珍淳, 창원대학교)의 글(『한국 민족주의와 남북 관계』, 1997, p. 257)에 따르면, 김구는 손수건 하나 챙기지 못하고 경교장 뒷문으로 빠져나갔다.

민독당 위원장 홍명희는 4월 19일에 월북했다. 건강이 나빠 북행할 수 없을 것 같던 김규식은 4월 21일에 원세훈·김붕준 등 민족자주연맹 대표 16명, 그리고 병간을 할 부인과 함께 승용차 편으로 북행에 올랐다. 도진순의 기록(p. 237)에 따르면, 김규식은 자신이 북한에 갔을 경우에 그들의 뜻에 따르지 않다가는 강제수용소에 끌려갈는지도 모른다는 두려움에 사로잡혀 있었다고 한다.

김구가 평양에 도착했을 때 환영객 가운데 곱게 차린 한 할머니가 있었다. 낯이 익었다. 아, 그 여인은 김구가 50년 전에 헤어진 첫사랑 안신호(安信浩)였다. 그는 안창호(安昌浩)의 여동생이었는데 두 남녀는 결혼까지 마음먹고 사랑하던 사이였다. 그러나 무슨 생각(?)이었는지 안

회의장에 입장하는 김일성과 김구. 김일성이 앞장서고 김구가 뒤따라가는 구도가 북한의 의중을 절묘하게 보여 주고 있다.

창호는 동생을 양주삼(梁柱三, 뒷날 감리교 감독이 됨)에게 시집보낼 계획을 하고 있던 터라 두 사람의 결혼을 깨버렸다. 안창호는 왜 김구를 매부로 삼으려 하지 않았을까? 『백범일지』(도진순 주해, 1997, pp. 187~189)에는 그 여인과 헤어짐으로 말미암은 김구의 아픔이 아리게 묘사되어 있다.

안신호는 대단한 미인이었다고 한다. 김구는 상처를 입었고, 안신호도 상처를 보듬으며 두 남자가 아닌 다른 남자에게 시집을 갔다. 남자는 첫사랑을 잊지 못하는 법인데, 50년 전에 헤어진 여인을 만난 김구의 심정은 어떠했을까? 북한이 그 여인을 환영객으로 내보낸 것은 김구의 연정(戀情)을 자극하려 했음이 분명했다. 김구가 아무리 심지 굳은 사람이었고 이미 칠순 노인이었다 하더라도, 회의 내내 심란했을 것이다.

4월 19일 저녁 6시, 평양시 모란봉 극장에서 연석회의의 막이 올랐다. 회의에는 북측에서 북로당 60명, 민주당 40명 등 15개 정당·단체 대표 300명이 참석했고, 남쪽에서는 남로당 39명, 사회민주당 7명 등 31개 정당·단체 대표 245명이 참석했다. 그 밖에 이런저런 참석자를 포함하여 전체 참가자는 695명이었다. 통일을 논의하기에는 너무 많은

김구와 안신호

인원이었다. 김규식은 몸이 아파서 오전 회의에는 참석하지 못했다가 이튿날부터 참석했다.

김규식의 북행은 안타까운 일이었다. 몸을 가눌 수 없을 정도로 허약한 몸으로 아내의 부축을 받으며 북행한 그는 자리를 채워준 것에 지나지 않았다. 그 자신이 자유민주주의적 소신을 피력할 기회도 없었고 또 그의 발언에 귀를 기울여 주는 분위기도 아니었다. 김규식이 의사 진행 발언을 얻어 자신들이 참석하기에 앞서 회의를 시작한 점, 미국을 미 제국주의라고 부른 점, 자신들을 환영해주지 않은 점을 항의하고 연석회의보다는 소규모 회의를 시작해야 한다고 주장했다.

아울러 김규식은 북한이 소련의 위성 국가라는 인상을 주지 않도록 스탈린의 초상을 제거할 것을 요구했다.(『레베데프 비망록』, 1948. 4. 23.) 지식인으로서 양식에 비춰볼 때 그는 회의의 진행 방법도 동의할 수 없었고 그 내용도 납득할 수 없었다. 그는 남한으로 돌아온 뒤에 벌어질 미국과의 관계가 오히려 마음에 걸렸다.

회의는 일사천리로 진행되었다. 회담은 북한의 정치 선전으로 시작했다. 먼저 김일성의 보고로 회의는 시작되었다. 그의 보고는 북조선에 "낙원이 건설되었음"을 설명하는 말로 가득 차 있었다. 장건상(張建相)의 회고담(김학준, 1988, p. 243)에 따르면, 회의를 하다가도 "김일성 (장군) 만세"를 불렀다.

김일성은 참가자들의 일제 시대에 옥살이한 햇수를 모두 합치면 746년 9개월이라는 점을 보고함으로써 민족주의적 성향을 부각하는 것도 잊지 않았다. 남한 대표의 자격으로 등단한 김구가 이렇게 호소했다.

"조국이 없으면 민족이 없고 민족이 없으면 무슨 당, 무슨 주의, 무슨 단체는 존재할 수 있겠습니까? 그러므로 현 단계에서 우리 전 민족의 유일 최대의 과업은 통일 독립의 쟁취인 것입니다."(『조선일보』1948. 4. 24.)

이어서 1시간이 넘는 「남조선 정치 정세」 보고에서 박헌영은 "소련은 해방자요 민주화의 동지이며, 미국은 식민지 지배의 점령군임"을 밝히고, 그 뒤로 이극로가 조선 인민에게 보내는 호소문을 낭독하여 만장일치로 채택되었다. 4월 24일에는 황해도 제철소를 시찰하고 환영 공연을 열었으며, 4월 25일에는 김일성 광장에서 환영 군중집회를 열었는데 동원된 인원은 30만 명 정도였다.(중앙일보사, 『조선민주주의인민공화국(하)』, 1992, pp. 351~352)

김구와 김규식은 그와 같은 선전 일색의 회의가 싫었고, 그런 식으로는 성과도 없으리라는 것을 잘 알고 있었기 때문에 요인 회담을 요청했다. 김구·김규식·김일성·김두봉의 4김 회담은 4월 29일과 30일에 두 차례 열렸다. 김구·김규식은 여기에서 김일성·김두봉에게 남한에 대한 전력 공급과 송신 재개, 남한의 연백(延白)평야에 대한 농업용수의 송수, 조만식(曺晩植)의 월남 허용, 여순(旅順)에 있는 안중근(安重根)의 유해 이장 등을 요구했다. 조만식의 월남과 안중근의 유해이장은 되지도

남북 협상에서 강연하는 김구. 그때까지 북한은 태극기를 국기로 사용했다.

않을 요구였다.

　김구는 다시 김일성과의 단독 회담을 요구했다. 김구의 요청에 따라서 5월 3일에 김일성과 두 사람의 회담이 성사되었다. 이 회담은 5시간 동안 계속되었는데 분위기는 좋았다. 김구는 북한에 억류된 한독당원들의 석방 문제, 조만식과의 면담 허용, 전력 문제 등을 요구하면서 "나는 북의 공산당원과 타협할 수 있다. 그러나 공산당과 남쪽 사람들과는 안 된다. 나를 아껴야 한다"고 말했다.

　이에 대해서 김일성은 김구의 독립당원들을 검거 투옥한 것이 아니라 테러 분자를 체포 투옥했다고 대답하면서, 테러 분자들을 석방해서는 안 된다고 말했다. 이 자리에서 통일을 걱정하는 구체적 논의가 없었다는 것은 기이한 일이다.

　위의 대화 가운데 김구는 독립당원이라고 표현했고 김일성은 테러 분자라고 표현한 사람들에 대한 설명이 필요하다. 그 인물들은 김구가 거느리고 있던 외곽 단체인 백의사(白衣社)의 요원들을 의미한다. 김구는 임정에서 귀국한 직후에 신익희(申翼熙)를 본부장으로 하는 정치공작대 중앙본부를 조직하여 그 산하에 백의사를 결성하였다.

염응택(왼쪽)
양근환(오른쪽)

김구는 이들의 지원을 받아 반탁 우익 진영 인사들의 사기를 고무하고 정치 활동을 돕는 동시에 요원들을 북한에 밀파하여 공작하고 있었다. 백의사는 중국 장개석(蔣介石)의 지하공작 단체로서 국민당 조직처의 강택(康澤)이 조직하고 특무처장 대립(戴笠)이 이끌던 남의사(藍衣社)를 본떠 만든 것으로서, 백의민족을 상징하는 뜻의 이름으로 1945년 12월에 조직되었다.

평남 출신으로 중국 낙양(洛陽)군관학고를 졸업하고 중국군에 복무하면서 임정의 신익희·김원봉 등과 함께 독립운동에 참여했던 염응택(廉應澤, 일명 廉東振)과 북한에서 내려온 양근환(梁謹煥)이 백의사를 이끌고 있었다. 염응택은 만주에서 활약할 당시 중공군의 고문으로 시력을 잃어 미군 측 기록에는 Blind General Yum으로 기록되어 있다.

한국전쟁이 일어나자 북한군은 서울을 점령하던 그날 정확히 그의 집(미아리?)을 급습하여 그를 잡아갔다. 바로 처형했을 것이다. 최근에 발표된 서북청년단원 손진의 회고록『서북청년회가 겪은 건국과 6·25』(2014, p. 10.)에 따르면 염동진은 실제로 장님이 아니었는데 자신의 카리스마를 최대화하느라고 거짓으로 맹인 행세를 했다고 한다.

서북청년회 2대 회장 문봉제(文鳳濟)의 증언(「서북청년회」(12), 「중앙일보」1973. 1. 8.)에 따르면, 이들은 조선공산당 평남도당 위원장 현준혁(玄俊赫)을 암살하고, 김일성의 외종조부이자 북한 최고인민회의 중앙위원인 강양욱(康良煜, 제15장 참조)을 노려 자격들을 보냈으나, 그를 죽이지는 못하고 그의 가족들만 죽인 일이 있었다. 그런 사실을 잘 알고 있는 김일성이 김구의 부탁을 들었을 때 속으로 무슨 생각을 했을까?

3. 김구의 망명설

수년 전 느닷없이 이승만 대통령이 한국전쟁 당시에 일본 야마구치

(山口) 현장(縣長)에게 망명을 요청했다는 보도(『뉴데일리』 2015. 8. 27.)가 나와 이 시대를 공부하는 사람들의 실소(失笑)를 자아낸 적이 있다. 국가 원수(元首)가 평생 원수(怨讐)로 여기던 일본의 지방 군수에게 망명을 신청했다니, 사실이면 사실인 대로, 사실이 아니면 사실이 아닌 대로 소가 웃을 노릇이다.

그런데 김구의 생애에도 그런 일이 있었다. 평양 회담 당시에 김구가 김일성에게 정치적 망명을 타진했다는 것이다. 곧 김구는 자신의 장래 활동에 대하여 만일 미국인들이 자신을 탄압한다면 이북에서 정치적 피난처를 구할 수 있는가를 물었고 김일성은 긍정적으로 대답했다는 기록이 있다. 김일성은 1985년 8월 일본 월간지 『세카이』(世界)와 가진 회견에서 김구가 자신에게 "지난날의 죄과를 털어놓으면서 여생을 편안히 보낼 수 있도록 과수원을 차려 달라"고 말했다는 것이다.

김일성은 뒷날 그의 어록에서 이를 다시 언급하면서 이렇게 대답했다고 한다.

"김 선생(김구)이 남조선에 나가서 투쟁하다가 정 곤란하면 다시 북조선에 들어오겠다고 했는데 그렇게 하십시오. 우리는 선생이 북조선에 들어오는 것을 언제나 환영할 것이라고 대답했다."

이야기는 여기에서 더 증폭되어 김구가 김일성에게 임시 정부 주석의 직인(職印)을 내놓으면서 "앞으로는 장군님이 국가의 지도자이시니 이를 맡아 달라"고 부탁했다는 것이다. 이에 대해서 김일성은 "선생이 내놓은 상해 임시 정부의 인장은 그냥 가지고 가십시오. 내가 그 인장은 받아서 무엇 하겠습니까? 우리에게는 그저 인민 대중의 두터운 신임이 있으면 됩니다"라고 거절했다고 한다는 것이다. (『김일성저작집』(4), 1979, pp. 303~304; 김구와 한 담화, 1948. 5. 3.)

이 대목은 매우 미묘하여 세심한 주의가 필요하다. 애초 김일성의 입으로 이 비화가 공개되었을 때 그것은 사실을 과장했고 또 악의가 있었다는 것이 통념으로 받아들여졌다. 김구가 임시 정부 주석의 인장을 김일성에게 바쳤다는 그의 발언은 믿을 수가 없다. 김구가 평양에 갈 때 그 직인을 가져갔으나 그것은 남북한의 합의가 이뤄지면 권위 있게 날인하기 위한 것이었지 김일성에게 "헌상"(獻上)하기 위한 것은 아니었다.

과수원 문제는 망명한다거나 구걸의 뜻이 아니라 김구가 자기 고향도 이북(해주)인데 노후에는 통일된 고향에 돌아가 과수원이나 운영하면서 여생을 마치고 싶다는 뜻으로 한 말이었다. 그런데 김정일은 더 나아가 영화 "위대한 품"(1986)에서 이 일화들을 과장하여 극화했다. 이 일화는 북한이 남북 협상을 정치적으로 어떻게 선전했는가를 보여 주는 좋은 사례이다. 이완범(한국학중앙연구원)은 이 대목을 거론하면서 "김구는 김일성·김정일에게 살아서도 이용당하더니 죽어서도 이용당했다"는 글(p. 54)을 남겼다.

4. 역사적 평가

김구와 김규식은 5월 4일에 귀국했고, 북한에 남은 사람들도 있다. 그들이 애초에 기대했던 것처럼 통일에 관한 대화를 진지하게 나누지 못한 것은 이상할 것도 없다. 그들이 유일하게 반(半)언약을 받아온 전력 문제도 약속대로 이행되지 않았다. 남북 협상에 대한 종래의 역사적 평가는 대체로 민족주의 운동으로 기술되어 있다. 그러나 김구·김규식 일행의 북행은 지혜롭지 않았다. 김규식은 귀국 보고에서 "생각했던 이상의 성과"(『조선일보』1948. 5. 7.)라고 자평했다.

그러나 남한에서는 제주 4·3사건이 전개되고 있고, 5·10 총선거가 한 주일 뒤로 임박해 있는 시기에 그들이 정치적 입지의 돌파구를 위해 북행한 것은 결과적으로 역사의 현장을 이탈한 것이며, 통일 의지도 없는 북한의 정치적 선전에 이용되었을 뿐이다. 북행을 결심한 김구의 의중을 이해할 수 없는 바는 아니지만, 그가 몸담고 있던 한독당에서도 북행을 반대하는 상황에서 그는 좀 더 숙고했어야 했다. 결국 이 시기에 협상을 통한 국가 통일이란 고전적 원로 민족주의자들의 가냘픈 꿈에 지나지 않았다. 정치인에게는 가야 할 길과 가지 말아야 할 길이 있다. 이제 돌아보면 김구의 북행은 가지 말았어야 할 길이었다.

제17장 참고 문헌

김일성, 『민족 대단결을 위하여』(평양 : 로동당출판사, 1996)

『김일성저작집(4)』(평양 : 조선노동당출판사, 1979)

김학준, 『혁명가들의 항일 회상 : 장건상편』(민음사, 1988)

도진순 주해, 『백범일지』(돌베개, 1997)

도진순, 『한국민족주의와 남북 관계』(서울대학교출판부, 1997)

『동아일보』1948. 2. 8.

『레베데프 비망록』1948. 4. 19.

문봉제(文鳳濟), 「서북청년회」(12), 『중앙일보』1973. 1. 8.

『서울신문』1948. 2. 11~13.

손진, 『서북청년회가 겪은 건국과 6·25』(건국이념보급회, 2014)

『쉬띠코프일기』(과천 : 국사편찬위원회, 2004).

이완범, 「김구, 남북 협상, 대한민국 수립」 한국정치외교사학회 심포지엄(2015. 4. 23.)

정병준, 『몽양 여은형 평전』(한울, 1995)

『조선노동당대회자료집』(1)(국토통일원, 1980)

『조선민주주의인민공화국』(하)(중앙일보사, 1992)

『조선일보』1948. 4. 24. ; 1948. 5. 7.

18

남북 협상(2)
돌아오지 않은 사람, 홍명희

> "조선 천지가 왜노(倭奴)의 수하가 되어도
> 홍씨만은 고절(孤節)을 지킬 것이다."
>
> ─ 풍산 홍씨 집안의 가훈

나는 젊은 날에 외국인이 쓴 한국사 스물세 권을 번역·주석하여 출판한 적이 있다. 한국사 연구에 기여하겠다는 일말의 소명감이 없었던 것은 아니지만 먹고사느라고 한 일이었는데, 지금 생각하면 어떻게 그 미련한 짓을 했는지 꿈만 같다. 그 스물세 권 가운데 시기적으로 가장 앞선 것이 곧 네덜란드 출신인 하멜의 『하멜(Hamel) 표류기』이다. 축구 감독 히딩크(G. Hiddink)만 다녀가면 판매 부수가 늘어난다.

세상이 다 아는 이야기이지만 이야기를 풀어가고자 간단히 정리하자면 1653년 8월 15일, 제주도 모슬포 앞바다에 네덜란드 선박 스파르웨르(Sparwer, 매(鷹)라는 뜻임)가 풍랑을 만나 난파하여 닿았다. 네덜란드 바타비아(Batavia)에서 나가사키(長崎)로 가던 상선이었다. 승무원은 모두 64명이었는데 상륙 과정에서 28명이 죽고 36명이 생존했다. 그들을 포함하여 서양인들이 제주도를 켈파트(Quelpart)라고 표기한 것은 그들이 먼저 이르렀던 가파도(加波島)를 그렇게 표기한 것이 아닌가 여겨진다.

제18장 남북 협상(2): 돌아오지 않은 사람, 홍명희   283

그들은 13년의 억류 생활을 겪으면서 20명이 죽고 생존자 16명 가운데 남도의 억류자 8명이 강진(康津)에서 일본으로 탈주하는 데 성공했다. 이들은 일본에서 네덜란드 상관에 부탁하여 일본 막부(幕府) 정권의 힘을 얻어 조선에 남아 있던 8명의 송환 운동을 전개했다. 그들의 꿈이 이뤄져 다시 2년이 흐른 뒤에 남은 8명의 송환이 결정되었다. 그런데 얀 클래츠(Jan Claesz)라는 요리사는 귀국을 거부했다. 사랑하는 사람과 자식이 있었기 때문이었다. (지명숙, 2003, p. 166)

하멜의 일행 가운데에는 천민 출신의 아내를 맞이하여 가정을 꾸민 사람들이 있었다. 자식은 고향에 두고 온 부모 형제보다 더 소중했다. 연전에 남한의 미전향 장기수들 가운데 자식이 없는 사람은 아내를 뒤로하고 돌아갔지만, 결혼한 사람들 가운데 돌아가지 않은 사람도 있다. 사랑하는 사람과 핏줄 때문이 아니었을까?

해방정국의 남북 협상을 이야기하면서 왜 하멜까지 내세우며 사설(辭說)이 길었는가에 대하여 독자들은 의아했을지 모르나, 나는 그 "핏줄"에 관한 이야기를 하고 싶었기 때문이었다. 공식적인 보도에 따르면 1948년의 남북 협상 당시 남한 대표로 북한에 올라간 사람은 145명으로 되어 있지만, 대부분은 이미 북한에 넘어가 있던 이북 출신들이거나 남로당 출신이었고, 실제로 협상을 전후하여 넘어간 숫자는 공식 대표 15명과 수행원이었으니까 그리 많지는 않았다.

돌아오지 않은 대표적 인물로는 국어학자 이극로(李克魯), 경제학자 백남운(白南雲), 그리고 소설가 홍명희(洪命憙)가 있었다. 그들은 남한으로 내려가는 대표들에게 "평양의 대학에서 교수로 남고 싶다"고 말하고 헤어졌다. 애초 남북 협상 편을 쓸 적에 나는 한 회(回)로 이야기를 끝낼 요량이었다. 그런데 "돌아오지 않은 사람들"의 이야기를 쓰려니 한 회 분량으로서는 턱없이 모자라 할 수 없이 세 회로 나누어 쓸 수밖에 없었다.

1. 형제 같았던 부자 홍명희와 홍기문

1948년 5월 초가 되면 평양에 머물던 남한의 대표들은 회의에 염증을 느낀 나머지 내려갈 걱정을 하기 시작했다. 김구(金九), 김규식(金奎植), 조소앙(趙素昻) 등은 내려왔지만, 홍명희·이극로·김일청(金一靑, 신한민족당)·박헌영(朴憲永)·허헌(許憲)·김원봉(金元鳳)·유영준(劉英俊, 남조선민주여성동맹 위원장)·김창준(金昌俊, 조선공산당)·백남운·허성택(許成澤, 남로당 중앙위원) 등이 남았다.

임시 정부에서 의열단을 이끌며 군무부장을 역임했고 해방정국에서는 민주주의민족전선 공동의장을 지낸 김원봉과 인민공화국 보건부장이었던 이만규(李晩珪)는 어차피 남한에서 살 수 없다는 것을 알고 있었기에 평양에 남았다고는 하지만, 홍명희·백남운·이극로가 평양에 남았다고 하는 사실은 의외의 일이다. 그들이 남쪽으로 내려갈 때 북한에 남도록 회유가 있었으리라는 것은 쉽게 추측할 수 있다. 김구가 서울로 돌아온 직후 경교장에서 가진 귀국 보고에서 자신의 귀환을 "탈출했다"(『조선일보』1948. 5. 8.)고 표현한 점이 여운을 남긴다.

그 "돌아오지 않은 사람들" 가운데 내가 가장 관심을 기울이는 인물은 바로 홍명희이다. 먼저 사사로운 입장을 고백하자면, 나는 충북 괴산(槐山) 출신으로서 홍명희가 살던 곳과 개천 하나를 사이에 두고 가까운 아래윗마을에서 살았다. 내가 그를 스치듯 만났었을 수는 있지만 워낙 어렸던 시절이라 기억은 전혀 없다.

우리는 어려서부터 옛날 선비 가운

홍명희

데 괴산(화양동)에 내려와 살던 우암(尤庵) 송시열(宋時烈) 선생을, 그리고 현대사의 인물로는 홍명희의 얘기를 전설처럼 들으며 자랐다. 이인좌(李麟佐)와 이기붕(李起鵬)도 괴산 사람이다. 송시열은 고깃국을 먹다가 스승이 생각나 한 그릇을 가슴에 품고 30리 길을 달려갔는데 식지도 않고 한 방울도 쏟아지지 않았다는 등…. 내가 고등학교에 다닐 무렵에는 낙질(落帙)된 『임꺽정』을 몰래 빌려 읽으면서, 괴산 지방에서 쓰는 사투리의 문체에 가슴 찡한 추억도 있었다.

나는 스스로 좌우익 논쟁의 어느 편에 설 처지도 아니고 또 그렇게 강단(剛斷) 있게 살 용기도 없다. 세상이 바뀌었다고는 하나, 아직도 분위기가 우익적인 우리 사회에서 이제까지 많은 필자가 우파 민족주의자들을 중심으로 해방 전후사를 써오던 관례를 벗어나서, 북한 부수상까지 지낸 인물을 주제로 쓴다는 것이 그리 마음 편한 것은 아니다. 나는 한국 현대사를 공부하다가 홍명희의 기록을 읽으면서, 남다른 감회와 함께, "책상물림 사학"이 아닌 "현장 사학"을 바탕으로 홍명희의 행적을 글로 쓰고 싶었다.

홍명희는 금산 군수 홍범식(洪範植, 1871~1910)의 아들이다. 홍범식의 본관은 풍산(豊山), 자는 성방(聖訪), 호는 일완(一阮)으로 괴산에서 참판(參判) 승목(承穆)의 아들로 태어났다. 명문가 울산 김씨들은 "울산 김씨"라 부르지 않고 그냥 "울김"(蔚金)이라고 부른다. 그와 마찬가지로 풍산 홍씨들도 "풍산 홍씨"라 부르지 않고 "풍홍"(豊洪)이라고 부를 만큼 가문에 대한 긍지가 대단하다. 그것이 무슨 소리인지 모르면 그들이 무지하다는 뜻이다.

홍범식은 1888년(고종 25년) 진사가 되었으며 1902년 내부주사·혜민서 참서(參書)를 역임하였고, 1907년 전라북도 태인 군수로 부임하였다. 당시는 일제 침략에 항거하는 의병이 각처에서 봉기하여 항일 전투를 전개하고 있던 때로서 그는 적극적으로 의병 보호에 힘써 일본군의 체포망을 피하게 하였다. 그는 1909년에 금산 군수로 부임하여 선정을 베풀어 주민들의 칭송이 자자하였다.

그러나 1910년 일제에 의하여 주권이 강탈되자 홍범식은 통분함을 이기지 못하고 선영에 올라가 나무에 목매어 자결하였다. 합방의 소식을 들은 그는 금산의 유지(有志)였던 김한근(金漢根)을 찾아가 부인과 아들 홍명희를 맡기고 한 많은 세상을 마쳤다. 그가 남긴 유서 5통은 일본 경찰에 압수되고 구전만 남아 있다. 그는 1962년, 7등급의 건국훈장 가운데 3등급인 독립장을 받았다.

홍명희의 조카뻘이 되는 홍기삼(洪起三, 동국대학교)이 쓴 평전 『홍명희』(1996, pp. 32~33)에 따르면, 그는 죽으면서 "친일을 하지 말고 훗날에도 나를 욕되게 하지 말라"는 유서를 남겼는데, 홍명희는 그것을 액자로 만들어 벽에 걸어놓고 조국과 아버지의 유훈을 되새겼다고 한다. "조선 천지가 왜노(倭奴)의 수하가 되어도 홍씨만은 고절(孤節)을 지킬 것"(『홍

홍범식

명희』, p. 52)이라는 그 집 가훈을 읽노라면 "호남성(湖南省) 사람 한 사람 만 살아남아도 중국은 멸망을 좌시하지 않을 것"이라던 중국의 지사 양석자(楊晳子)의 말이 떠오른다.

홍명희는 1888년 충북 괴산군 괴산면 동부리에서 태어났다. 출생과 함께 어머니는 산후병으로 고생하다가 2년 뒤에 사망하여 대고모 손에 양육되었는데 어려서부터 잔병치레가 많았다. 호를 벽초(碧初)로 한 것은 괴산의 옛 이름이 벽양(碧陽)이었던 데 유래한 것으로 처음에는 벽초(碧樵)였으나 아버지의 권고로 벽초(碧初)라 고쳤다.(『홍명희』, p. 24) 임형택(성균관대학교)의 글에 따르면, 그는 젊어서 바이런(G. G. Byron)의 시 「카인」(Cain)을 너무 좋아하여 호를 가인(可人, 假人)으로 지은 적도 있었으나, 그 이름이 흉악한 것을 알고서는 다시 쓰지 않았다.(『임꺽정』(10) 해제, 1985, p. 145)

홍명희는 열두 살 되던 해인 1900년에 민영만(閔泳晩)의 딸과 결혼했는데 장인은 민영환(閔泳煥)과 육촌 형제 사이였다. 결혼한 지 3년 만인 1903년에 맏아들 홍기문(洪起文)이 태어났는데 그때 홍명희는 열다섯 살이었고, 할아버지는 서른두 살이었다. 경상도 사람에게 그런 이야기를 들려주었더니 "얼라가 얼라를 낳았다"고 말했다. 아들을 낳은 홍명희는 1905년에 도쿄(東京)상업학교로 유학하였다가 1910년에 돌아왔다. 이때 이광수(李光洙)와 최남선(崔南善)을 만나 "조선의 세 천재"라는 말을 들었다.

홍명희가 귀국하던 해에 한일합방이 이뤄지자 애국지사 가운데 최초로 아버지가 자결했을 때 명문가의 효자가 겪어야 했던 아픔이 어떠했으리라는 것은 짐작할 만하다. 그런데 인물사를 전공하는 역사학자들은 이럴 경우에 벽을 마주한 듯이 암울해진다. 다름이 아니라 고인에게 누가 되는 이야기를 어쩔 수 없이 해야 하기 때문이다. 그러나 역사는 실제로 있었던 일을 기록해야 하고 이야기의 맥락을 위해서라도 사실을 사실대로 말하지 않을 수가 없어서, 문중과 그를 숭모하는 분들에게 양해를 빈다.

여기에서 부덕한 기록이라 함은 그의 할아버지인 홍승목(洪承穆, 1847~1925)이 친일의 길을 갔기 때문이다. 할아버지 홍승목은 조선 말기의 관료로서 홍문관과 사헌부 등에서 근무하다가 1879년 형조와 병조 참의 자리에 올랐으며, 1881~1883년에는 사간원의 대사간과 성균관의 대사성에 올랐다. 그는 1890년 형조참판과 병조참판을 지냈고, 1900년 궁내부 특진관에 오른 사대부였다.

대한제국이 기울 무렵 홍승목은 민원식(閔元植)이 주도한 제국실업회(帝國實業會)의 회장을 맡았는데, 이 단체는 보부상 등을 끌어모아 합방을 앞당기는 활동을 벌인 친일 단체였다. 이때 홍승목은 윤덕영(尹德榮)과 민영기(閔泳綺)가 박제순(朴齊純)을 호장으로 내세워 조직한 관진방회(觀鎭坊會)에 가담했고, 농상공(農商工)의 발달을 통해 생산력을 증진하고 국가 부강의 기초를 작성함을 목적으로 하는 제국실업회의 회장으로 활약했다.

1910년 한일병합 조약이 체결된 뒤 홍승목은 조선총독부 중추원 찬의(贊議)가 되어 1921년까지 재직했다. 1912년에 그는 일본 정부로부터 한일병합기념장도 받았다. (『한국민족문화대백과사전』 및 『친일인명사전』 홍승목 편) 그는 2006년 친일반민족행위진상규명위원회가 발표한 일제시대 친일반민족행위 106인 명단에 포함되었다.

2. 아픈 가족사

내가 관상을 보는 사람은 아니지만, 홍명희의 얼굴에는 그늘[愁心]이 있다. 그의 고모 곧 홍승목의 딸은 임시 정부 내무부장과 재정부장을 지낸 애국지사 조완구(趙琬九)의 아내이니 그쪽 가문의 아픔은 또 어떠했을까? 홍기삼은 홍승목의 행적을 설명하면서 그가 "변화하는 새로운 사회 제도에도 폭넓게 적응한 것"(『홍명희』, p. 13)이라고 썼지만, 정론(正論)은 아니다.

아마도 홍명희의 수심은 바로 이러한 가족사와 무관하지 않았을 것이다. 아버지는 천추 열사였으나 아들을 먼저 보낸 할아버지는 다른 길을 갔으니 홍명희의 죄의식은 평생 그를 따라다녔을 것이다. 그것은 아마도 케임브리지 경제학자 마셜(Alfred Marshall)의 경우에서처럼 지식인들이 감내해야 할 우울한 기억(hypochondria)일 것이다.

홍명희의 명작『임꺽정』「피장편(皮匠篇) 형제(兄弟)」에 보면, 임꺽정의 부모가 그를 낳고 백정의 아들로 살아갈 일이 걱정스러워 "걱정아, 걱정아"라고 부르던 것이 "꺽정"이가 되었다고 한다. 그런데 괴산 지방에서는 꺽정이가 아주 못생긴 민물고기의 이름이다. 그가 주인공의 이름을 꺽정(걱정)이라 짓고 또 한자로 표기할 때는 왜 林巨正이라고 적었는지 그 뜻이 예사롭지 않다.

망국 직후에 중국으로 망명한 홍명희는 4년 동안 상해와 싱가포르에서 독립운동 자금을 모금했다. 1917년 연말에 귀국한 그는 3·1운동이 일어나자 괴산으로 귀향하여 최남선(崔南善)의 독립선언서가 마음에 들지 않아 쓰지 않고 스스로 선언서를 짓고 의병대장 한봉수(韓鳳洙)와 상의하여 이곳 독립운동을 주도했다. 한봉수는 한민구(韓民求) 국방부 장관의 할아버지이다. 우리가 어렸을 적에 가끔 그 어른이 학생들에게 애국심을 고취하고자 특강을 하러 오셨는데, 우리는 그 용맹한 의병대장이라기에 마상의 이범석(李範奭)을 연상했는데, 강단에 오르신 할아버지는 한복을 단아하게 입고 몸집도 여리여리한 선비였다.

홍명희가 투옥되자 가족들은 5리 떨어진 제월리(霽月里)로 이사했다. 제월리는 가까운 느티울[槐江]에 제월대(霽月臺)라고 하는 험준한 절벽이 있어 붙여진 이름이다. 본디 "제월"이라 함은『송서』(宋書)「주돈이

전」(周敦頤傳)에서 북송(北宋)의 시인이자 서예가인 황정견(黃庭堅)이 주돈이를 존경하여 그 모습이 마치 "맑은 날의 바람과 비갠 날의 달(光風霽月)과 같도다"라고 감탄한 시구에서 따온 것이다. 제월대 위에는 고산정(孤山亭)이라는 아름다운 정자가 있는데 선조(宣祖) 때 충청 관찰사 유근(柳根)이 이곳의 풍광을 사랑하여 벼슬에서 물러난 뒤 이곳으로 하향하여 산수를 즐기며 광해조의 난세를 피하여 살던 곳이다.

명나라의 이부시랑(吏部侍郎)으로 당대의 명필인 주지번(朱之蕃)이 조선에 온 김에 경승지를 보고 싶다고 했더니 조정에서 제월대로 그를 안내했다. 『선조실록』 39년(1606) 8월 6일 전후 기사에 그 기록이 보인다. 지금도 그가 쓴 편액이 걸려 있는데 대부분의 사람은 그런 글씨가 있는 줄도 모르고 건성으로 지나간다.

자유당 시절에 김사달(金思達)이라는 지사가 있었다. 초등학교 1학년도 다니지 않았는데 의사로 성공했고, 붓글씨를 잘 써 국전에서 황현(黃玹)의 절명시(絶命詩)를 써 대통령상을 탔다. (誤字가 있어 말썽이 났지만 그럭저럭 넘어갔다.) 그의 아버지는 일제 시대에 순사였는데 강도를 잡아서 오던 길에 제월대에 들렀다. 그때 강도가 김사달의 아버지를 안고 절벽으로 뛰어내려 동반 자살을 했다. 그래서 김사달은 천애의 고아로 컸으나 성공하여 괴산의 전설이 되었다. 1950~1960년대 삼청동의 박애의원(博愛醫院)이 그의 병원이었다. 내가 고학생 시절에 도움을 받을까 찾아갔으나 만나주지 않았다.

제월대는 맑은 냇물이 발아래로 굽어 보이는 풍광이 참으로 수려하고 아찔할 정도이다. 홍명희는 이곳 고산정에서 망국의 시기에 자신이 좋아하던 글귀 행운유수(行雲流水, 떠나가는 구름과 흘러가는 물)을 되뇌며 젊은 날의 시름을 달랬다.

홍명희는 출옥 직후인 1920년에 서울로 올라갔다. 일제 치하에서 홍명희는 휘문(徽文)·경신(儆新)·오산(五山)학교에서 교편생활을 하고

제월대의 고산정(위), 명나라 명필 주지번이 제월대에 남긴 편액(아래)
湖山勝集 : 물과 산이 잘 어우러진 곳, 朱之蕃書爲西坰詞丈(주지번이 서경(유근의 호) 선생을 위해 씀)

『동아일보』와 『시대일보』에서 편집국장을 지내다가, 1928년부터는 『임꺽정』을 『조선일보』에 연재했는데 건강 문제와 시국 사건에 쫓기느라고 여러 차례 중단한 채 끝내 완결하지 못했다.

해방이 되자 홍명희는 통곡하며 자리에서 떨쳐 일어나 정계에 투신했다. 그가 몸담은 단체는 민족자주연맹이었다. 정부 수립이 눈앞에 다가왔을 무렵에 오늘의 주제가 되는 남북 협상의 문제가 일어났다. 홍명희는 4월 19일에 평양으로 올라갔다. 제17장에서 언급한 것처럼 회의는 이미 정치 선전장이 되어 있었다. 4월 23일에 홍명희가 「조선 정치 정세에 관한 결정서」를 낭독하고 이극로가 「3,000만 동포에게 호소하는 격문」을 낭독했다. 그 두 사람이 「결정서」와 「격문」을 읽었다는 것은 그들이 이미 북한에 남기로 작정했음을 뜻하는 것이다.

여기에서 이 글의 주제가 되고 있는 질문, 곧 그는 왜 남한으로 돌아오지 않았을까 하는 의문에 부딪히게 된다. 그가 월북하기에 앞서 그의 아들 홍기문(洪起文, 1903~1992)과 딸은 이미 북한에 가 있었고, 아내와 가솔만이 괴산에 남아 있었다. 형제처럼 지내던 아들과 평양에서 만난 것이 그리 반가울 수가 없었다. 아들 홍기문의 호는 대산(袋山)으로 잠시 도쿄에 다녀온 적은 있었지만, 대부분 아버지에게 배웠거나 독학하여 역사·수학·어학 등 신학문을 습득했다.

홍기문은 한때 연희전문에 몸을 담았다는 구전이 있으나 확인되지는 않는다. 그는 1930년대에 『조선일보』 학예부장과 월간 『조광』(朝光)의 주간을 거치는 한편 1927년에 「조선문전요령」(朝鮮文典要領)을 『현대평론』에 발표한 뒤, 국어 연구에 정진하였다. 1940년에 『조선일보』가 폐간되자 당시 서울 문밖 창동에 은거하며 한글 연구에 전념하다가 1946년에 『서울신문』 편집국장직을 수행하면서 『조선문화총화』(1946), 『정음발달사』(1947), 『조선문법연구』(1947)를 펴내기도 했다.

홍기문은 1947년에 월북하여 주로 국어학 연구와 문화 활동에 전념하였다. 그는 최고인민회의 대의원(1948), 김일성종합대학 교수(1949~1954), 과학원 어학연구소 소장(1957), 조국평화통일위원회 위원 (1961), 사회과학원 부원장(1964), 최고인민회의 부의장 겸 상설회의 부의장 (1972~1977), 당중앙위원(1980), 조국통일민주주의전선 중앙위원장, 사회과학원 원장(1981), 조국평화통일위원회 부위원장(1984) 등을 역임하면서도 국어학 분야에 관한 여러 업적을 꾸준히 발표하였다.(강만길·성대경, 1996, 「홍기문」조) 그는 『조선왕조실록』의 한글 번역에서 쌓은 공로

홍명희(맨 왼쪽)가 1950년 8월 평양 교외에서 중국의 문호 곽말약(郭沫若, 왼쪽에서 네 번째)과 중국공산당 전 당수 이립삼(李立三, 왼쪽에서 세 번째)과 만나고 있다.

로 "노력 영웅"이라는 칭호와 함께 국가 훈장 제1급을 받았다.

홍명희는 "왜놈 학교에 보내지 않는다" 하여 아들을 손수 가르쳤는데 그러고도 그가 한국 향가(鄕歌)의 최고 대가가 된 것은 놀라운 일이다. 무애(无涯) 양주동(梁柱東) 선생이 『조선고가연구』(1942)를 쓴 다음 "내가 죽은 뒤에 100년 안에 이 책을 수정할 내용이 없을 것"이라고 장담하였는데 이를 바로잡은 사람이 홍기문이었다.

양주동 선생이 살아 계실 적에 내가 뵙고 "홍기문 선생의 옆집에서 컸다"고 말씀드렸더니 그렇게 반가워하며 "홍기문의 향가 연구가 훌륭해…"라고 하던 말이 잊히지 않는다. 자칭 국보라던 그분이 그렇게 말하기가 그리 쉽지 않았을 것이다. 홍기문의 아들 홍석중(洪錫中)도 소설가가 되어 『황진이』를 써 남한의 만해(卍海) 한용운(韓龍雲) 문학상(2004)을 받았다. 2007년도에 내가 김일성대학을 방문했을 때 보안원에게 홍

홍명희와 김일성의 망중한(忙中閑)

석중을 만나고 싶어 했으나 알아본다더니 대답이 없었다. 나보다 한 살 위이지만 그는 서울에서 자랐으니 어려서 만날 기회는 없었다.

3. 이념은 혈육을 넘지 못하고

나는 아직도 홍명희가 순수한 공산주의였다고 생각하지 않는다. 결국 홍명희가 평양에 갔다가 그곳에 남은 것은 혈육의 정 때문이었으리라는 것이 나의 판단인데 이러한 나의 해석은 학계에서 논쟁이 되었고, 언젠가 펜실베이니아대학의 이정식(李庭植) 교수께 그런 말씀을 드렸더니, 그럴 수 있었을 것이라고 수긍했다. 내가 이런 논리를 편 데에는 또 다른 이유가 있다.

곧 해방정국에서 이른바 좌파라는 지도자들의 아내와 자녀들은 이미 대부분 북한으로 넘어가 있었다. 홍명희를 포함하여 허헌·박헌영·여운형(呂運亨)·이현상(李鉉相)·이극로의 아내와 자녀가 대부분 북한에 있었다는 것은 무슨 뜻일까? 나는 죽어도 가족은 살리겠다는 뜻이었을까? 나도 곧 올라갈 터이니 가족이 먼저 가 있으라는 뜻이었을까? 아니면 인질이었을까? 나는 이 대목을 이렇게 해석한다. 어떤 이념도 혈육을 뛰어넘지는 못했다고.

내가 어릴 적에 들은 어른들 말씀에 따르면, 홍명희는 아들과 맞담배를 피웠다고 한다. 그 명문 양반댁에서 자제분과 맞담배를 피웠다는 얘기를 들으면서 과연 그럴 수 있었을까 하는 생각이 들기도 했다. 어찌 그럴 수 있느냐고 여쭤보았더니, 어른들의 말씀에 따르면, 민족주의자였던 홍명희는 마르크시스트였던 아들과 이념 논쟁을 많이 했다.

그런데 한창 논쟁이 무르익을 무렵이면 홍기문이 밖으로 나가는 바람에 논쟁의 맥이 끊어지는 일이 빈번했다. 그래서 아들이 왜 밖으로 나가는가를 알아봤더니, 논쟁이 과열되어 담배를 피우려고 밖으로 나가

홍기문

는 것을 알고 논쟁할 때는 돌아앉아 담배를 피워도 좋다고 허락해서 결국은 그토록 대단한 양반 가문에서 부자가 맞담배를 피웠다고 들었다.

홍기삼 교수의 기록(연보)에 따르면, 홍명희에게는 주경(姝瓊), 무경(茂瓊), 계경(季瓊)이라는 세 딸이 있었다. 첫째와 둘째는 1921년생으로 쌍둥이였는데, 한 사람만 전해지는 것으로 보아 그 가운데 하나는 일찍 죽은 것으로 보이며, 셋째도 요절했다. 아시다시피, 그 시절에는 쌍둥이 출산을 부끄럽게 여겼고, 더욱이 딸 쌍둥이를 낳을 때는 박대가 심했다.

홍명희는 아들을 학교에 보내지 않았지만, 딸을 숙명여고(淑明女高)에 보낸 것으로 보아 그렇게 고루한 사람만은 아니었다. 그 딸은 같은 반에서 이완용(李完用)의 손녀와 함께 공부했다. 어쨌거나 그 두 딸 가운데 하나는 이화여전(梨花女專)을 졸업하고 1947년에 월북했는데, 이는 아마도 오빠 홍기문과 동행이었으리라고 생각된다. (숙명여고 같은 반 친구 정민자(鄭敏子, 1921년생)의 증언) 오빠는 사회과학원 원장이 되었는데 딸이 무엇을 했는지는 북한 기록에도 잘 보이지 않는다. 김대중 대통령이 북한을 방문했을 때(2000) 마중 나온 여성이 바로 그 딸이었을 것이다. 그의 둘째 아들 기무(起武)는 위당(爲堂) 정인보(鄭寅普)의 사위가 되었으나 일찍 세상을 떠났다.

엄혹하던 반공 국가의 시절에 남한의 우익들은 홍명희의 딸이 김일성의 소실이었다느니 김일성의 집안 식모였다느니, 흉측한 일을 겪고 자살했다느니, 별 험한 소리를 다 했지만 사실이 아니다. 이는 이데올로기의 시대가 낳은 아픈 가족사의 단면이다. 그러나 그가 어떤 형태로든 엄마를 잃은 김정일을 보살핀 것만은 사실인 것으로 보인다. 이 이야기는 내가 평양에 갔을 적에 김일성대학에서 홍명희를 연구한 교수한테서 들은 것이다. 오랜 세월이 흘러 그 교수의 이름을 잊었다.

가끔 명절 때 고향에 가면 나는 제월리 홍명희의 옛집을 찾아본다. 뒤뜰에 있는 선영(先塋)들은 잘 보존되어 있고, 집에는 종손(從孫) 되는 분이 사는데, 본채는 모두 훼손되어 사랑채만 남아 있다. 한국전쟁 당시에 국군이 북진하면서 남은 식솔 가운데 머슴과 하인, 그리고 족친들을 죽인 뒤로부터 그곳 사람들의 입에서 홍명희에 관한 얘기는 금기가 되어버렸다.

지금의 젊은이들은 모르는 얘기가 되었지만 괴산 사람들은 이념의 선악이나 호오(好惡)를 떠나 그에 대한 회상을 많이 한다. 홍명희는 1948년에 북한 정권 수립과 함께 부수상에 올라 1957년에 재임된 뒤 1961년까지 연임했다. 소설가 현승걸의 기록에 따르면, 홍명희는 북한인 신분으로 해외에 나갔을 적에 만난 남한의 제자가 반공법이 무서워 모르는 체하고 돌아서던 모습을 가장 가슴 아파했다고 한다.

부덕한 얘기가 되어 비교가 송구스럽지만, 이기붕(李起鵬)이 부통령에 당선되었을 때 괴산 사람들 사이에는 "남북한 부통령이 모두 괴산 사람이군…" 하는 말이 유행한 적이 있었다. 이기붕은 괴산군 청천면 화양동 출신이다. 한국전쟁 당시에 괴산의 수안보에 북한의 남조선전투지휘부가 설치되어 있었을 때 "홍명희 선생이 다녀갔다"고 어른들께서 두런두런 말씀하시던 것을 잠결에 들은 적이 있다. 수안보에 전투지휘부가 설치된 것은, 가보신 분들은 아시겠지만, 이곳이 지형상 폭격이 어려운 곳이었기 때문이었다. 홍명희는 1968년 80세로 천수를 누리고 세상을 떠났다.

홍명희가 즐겨 찾던 집 앞 제월대의 풍광은 여전한데, 상류에 발전 댐을 지어 느티울의 물은 많이 줄어 쓸쓸하다. 그 제월대 입구에 홍명희를 추모하는 후학들이 문학비를 세우다가 "빨갱이의 비석을 세울 수 없다"는 우익 단체와 오랜 실랑이를 벌이면서 세우고 부수기를 여러 번 했지만, 지금은 작은 문학비가 서 있어 나그네의 발걸음을 멈추게 한다.

얼마 전에 성묘하러 괴산에 내려갔더니 그가 살던 동부리 옛집 자리에 한옥이 번듯하게 복원되었는데, 안내문에는 "홍명희 선생의 생가"라

충북 괴산군 홍명희 생가. (출처: 한국관광공사)

는 말을 못하고 "한옥 마을"이라고 적혀 있었다. 요즘에는 그 아버지의 이름을 빌려 "홍범식 선생 생가"라고 바꿨다고 들었다. 이인좌(李麟佐), 송시열(宋時烈), 홍명희, 이기붕……. 괴산이 낳은 정치인들은 왜 그리 말년에 불운했는지? 나는 그곳을 돌아볼 때면 시대의 아픔을 쓰다듬으며 발길을 돌리곤 한다.

 김구를 비롯한 협상파를 숭모하는 독자들은 섭섭할 노릇이지만 남북 협상에 대한 역사적 평가는 비교적 냉혹하다. 그러나 조금 시각을 달리하여 생각해 보면, 갈등의 관계에서 "만남"은 그 자체로 소중한 것이며 그 길을 찾아간 것은 그 자체로서 의미 있는 일일 수도 있다.

제18장 참고 문헌

강만길·성대경, 『한국사회주의운동인명사전』(창작과비평사, 1996)
『송서』(宋書)
『조선일보』1948. 5. 8.
지명숙, 『보물섬은 어디에』(연세대학교출판부, 2003)
『친일인명사전』(민족문제연구소, 2009)
하멜(지음) / 신복룡(역주), 『하멜표류기』(집문당, 2005)
『한국민족문화대백과사전』(한국정신문화연구원, 1994)
현승걸, 「통일 염원에 대한 일화」, 『통일 예술』(광주, 1990)
홍기삼(洪起三), 『홍명희』(건국대학교 출판부, 1996)
홍명희, 『임꺽정』(10)(사계절출판사, 1985) : 해제.
Corry, B., "Alfred Marshall," *International Encyclopedia of Social Science*(New York : Macmillan, 1968)

증언 :
정민자(鄭敏子, 1921년생, 홍주경의 숙명여고 동기생)

19

남북 협상(3)
돌아오지 않은 사람, 백남운과 이극로

> "길이 있어서 사람이 가는 것이 아니라
> 사람이 다녀 길이 생기기 때문이다."
>
> — 노신(魯迅)

1. 미군정에서의 청년 지식인들

일제 말엽으로부터 해방정국에 이르기까지 한국의 지식 지형은 거의 빨갰었다. 그것은 흉도 아니고 비난 대상도 아니다. 암울한 식민지 시대의 지식 풍토는 한국뿐만 아니라 전 세계적으로 좌파적이었다. 대학생을 상징하는 사각모와 검은 망토, 그리고 그들이 옆구리에 끼고 다니는 붉은 서적은 그 시대의 유행이었고, 선망이었으며, 선구적 상징이었다.

그런데 갑자기 지배자로 등장한 미군정 아래에서는 더 이상 그런 분위기가 허용되지 않았다. 그들이 미국이라는 자본주의의 첨병이어서가 아니라 정글전의 영웅인 점령군 사령관이 총독과 같은 권한과 의지로 한반도에 상륙했기 때문이었다. 그렇다고 해서 이런 지적이 미군정사령관 하지(John R. Hodge)와 그의 막료들을 비난하는 논리로 이용되어서는 안 된다. 그들은 직무에 충실한 무골(武骨)이었을 뿐이다. 잘못이 있다면, 신생 국가의 창설이라는 그 중요한 시국에 세련된 정치인이나 외

1948년 4월 5일 남북연석회의에 축사를 낭독하는 경제사학자 백남운

교관이 아닌 무인을 총독으로 파견한 워싱턴의 정책이 옳았는가에 대한 시비는 있을 수 있다.

남한의 우익적 분위기에서 숨 막힐 듯한 억압을 느끼던 좌파 지식인들에겐 이제 선택의 여지가 없어 북한으로 넘어갈 수밖에 없었다. 그렇다 하더라도 전북 고창 출신인 백남운(1894~1979)이 남북협상을 기회로 삼아 북한으로 넘어가 잔류했다는 것은 남한의 학계로서 큰 손실이었다. 고창 일대에 집성촌을 이루며 살고 있는 휴암(休菴) 백인걸(白仁傑)의 후손들은 자신들이 조선 제일의 명문가라는 자긍심을 느끼고 있다. 백남운의 부친 백락규(白樂奎)는 일본의 극권 침략에 분개하여 자결한 주자학의 거유(巨儒) 송병선(宋秉璿)의 제자였다. 백남운은 『동아일보』 사장 백관수(白寬洙·1889~1961)보다는 다섯 살 아래의 족손이었고, 처가는 기대승(奇大升)의 후손이었으니 가히 명문가의 자제라 할 수 있다.

북한 애국열사릉의 백남운 비석

2. 한국경제사학 개척자 백남운

백남운의 연구자인 고(故) 방기중의 증언(『한국현대사상사연구』, 1993, p. 62)에 따르면, 백남운은 일본 최고의 명문인 도쿄(東京)고등사범을 졸업한 뒤 1925년에 새문안교회의 세례교인으로 등록했다. 이는 미션 스쿨인 연희전문학교 교수로 취업하고자 한 것이었지 그가 진심으로 기독교를 신봉한 것 같지는 않았다. 당대의 선비들은 백남운을 만날 때 양수교지(兩手交之, 두 손을 마주 잡고 서서 말씀을 드림)했다고 한다. 그는 1940년 연희전문대학 교수 시절에 연전(延專) 적색 교수 그룹 사건으로 징역 2년에 집행유예 4년 형을 받았다.

백남운의『조선사회경제사』(1933)는 이념의 옳고 그름을 떠나 노작(勞作)임이 틀림없다. 더욱이 문화인류학과 어원학(語源學)에 기초를 두고 실증주의 방법으로 접근한 단군신화에 대한 해석은 최초의 과학적 접근이라는 의미를 갖는다. 일제 강점 아래에서 한국의 원시·고대·중세의 사회 경제에 관한 그의 연구는 한국의 경제사학 발전에 선구자 구실을 하였다. 다만 그것이 삼국시대로 끝난 채 그 후속 작업을 이루지 못하고, 『한국봉건사회경제사』(1937)가 고려시대에서 끝난 것이 아쉽다.

정치학에서 흔히 하는 말로 "마르크스(K. Marx)의 『자본론』이 없었더라면 자본주의는 이미 붕괴하였을 것"이라고 한다. 달리 말하면 마르크스의 경고와 지적이 자본주의의 자기 수정을 도움으로써 역설적으로 자본주의의 생존이 가능했다는 것이다. 마찬가지로 백남운이 남한에 남아 한국 경제사에 관한 연구를 지속할 수 있는 지적 풍토가 가능했었더라면, 신생 국가인 한국 자본주의의 자기 수정에 크게 기여했을 것이다.

보는 이에 따라서 다르고, 또 나의 주장에 동의하지 않을 수도 있지만, 지금 한국경제사 연구의 수준이 과연 백남운을 뛰어넘었는가 하는 물음에 대하여 나는 긍정적이지 않다. 물론 이런 주장이 그의 마르크시스트 사관에 동의하느냐의 문제와는 별개로서, 그의 학문적 깊이와 열정을 말하고자 하는 것이다. 내가 한국사상사를 공부하면서 다시 문화인류학을 공부하여 해석한 것은 전적으로 백남운의 연구방법론에 영향을 받은 것이다. 한국의 경제사는 경제만으로 해석될 수 없다는 백남운의 사관에 나는 깊이 경도된 바 있다.

그러나 백남운이 마르크스주의 사관을 강의하기에는 남한의 우익적 분위기가 부담스러웠을 것이다. 백남운은 해방정국에서 좌익이라는 이유로 수도경찰청장 장택상(張澤相)으로부터 많은 박해를 받았다. 같은 연희전문 교수로서 가까웠던 조병옥(趙炳玉) 경무부장과 한민당 총무 백관수가 많이 도와주었지만, 그가 남한에서 살기에는 한계가 있었다.

문족인 백완기(白完基, 고려대학교 교수, 학술원 회원)의 증언에 따르면, 백남운에게는 아내와 아들 하나, 딸 하나가 있었다. 월북할 무렵 백남운은 여비서 한 명만 데리고 갔다. 아내는 고향에 남아 핍박 속에 한국전쟁 무렵에 예비 검속에 걸려 살해되었으며, 아들과 딸은 한국전쟁이 일

조선어학회 시절의 이극로 박사 가족사진. 가운데가 이 박사와 아내 김공순 여사이다. / 사진 이극로 박사 기념사업회

어나기에 앞서 아버지를 찾아 월북했는데, 아들은 한국전쟁 당시 인민군으로 참전하여 전사했다. 백남운은 북한으로 넘어간 뒤 북한 정권 수립과 함께 교육상에 취임하여 역사 연구에 참여했고, 정치적으로는 최고인민회의 의장(1967~1972)에까지 올랐으나 일제시대에 보여 주었던 학자로서의 업적을 남기지는 못한 채 1979년에 사망하였다.

3. 경제학을 공부한 한글학자 이극로

이극로(1893~1978)는 경남 의령의 가난한 농부의 집안에서 8남매의 막내로 태어나 어려서 시동(詩童)으로 이름을 날렸다. 그는 1912년 서간도로 망명하였는데, 그 무렵 상해에서 김두봉(金枓奉)을 만났다. 1921년에 모스크바를 방문하였을 때 이극로는 레닌그라드에서 트로츠키(Leon Trotsky)의 연설을 듣고 깊은 감명을 받았다. 그러나 이극로의 회고록『고투 40년』(1947) 어디에도 마르크스주의에 대한 찬양이나 감동이 추호도 보이지 않는다는 것이 기이하다. 마르크스주의의 고향 영국과 독일에서 경제학을 공부한 사람이 마르크스주의를 입도 뻥긋하지 않다가 북한으로 넘어간 것은 무슨 까닭일까?

이극로의 연구자인 조준희(국학인물연구소)의 증언(『고투 40년』, 2014, p. 6, 서문)에 따르면 그는 민영환(閔泳煥)과 이순탁(李順鐸, 연희전문 경제학교수)에 이어 세 번째로 세계를 일주한 한국인이었다고 한다. 그는 1927년에 베를린대학에서 『중국의 생사(生絲) 공업 연구』로 경제학 박사학위를 받았다. 그러다가 엉뚱하게 1928년 독일 프리드리히-빌헬름대학에서 음성학을 연구한 것이 한글학자의 길을 가게 만든 계기가 되었다. 그는 베를린대학 조선어과에서 강의했다. 이 무렵에 그는 영국 런던대학에 잠시 유학(1927)하면서 아일랜드의 역사에 관심을 갖게 되었다.

이극로는 1929년에 귀국하여 조선어학회 사전편찬위원장, 1930년에 조선어학회장에 취임하여 한글 보급을 통하여 독립정신을 고취하다

국어학자 이극로와 북한 애국열사릉의 이극로 비석

가 이른바 조선어학회사건으로 1942년에 6년 형을 받았으나, 해방과 더불어 석방되었다. 해방 이후에는 민족자주연맹 준비위원회 선전국장의 자격으로 남북 협상에 참여한 뒤 돌아오지 않고 평양에 남아 1962년에 최고인민회의 3기 대의원과 조국통일민주주의전선 의장, 1970년에 조국통일평화위원회 위원장을 지낸 다음 1978년에 85세로 천수를 마쳤다. (『고투 40년』, 연보)

홍명희, 백남운이나 이극로를 포함하여 북한에 남은 사람들이 지닌 하나의 공통점은 그들이 남한보다는 북한에 호의적이었다는 사실이었다. 그들의 기록에 공통으로 나타나고 있는 바에 따르면, 북한 사회가 덜 부패했고, 덜 혼란스러우며, 친일 청산의 의지를 보였다는 것이다. 백남운은 남한의 현실이 "일제시대만도 못하다"(『백남운전집(4) : 휘보』, 1991, p. 335)는 생각을 가지고 있었다. 김구도 그런 말을 한 적이 있다. (서울신문, 1946. 11. 26.) 그들이 북한의 정치적 선전에 대한 불쾌감이 있었던 것은 사실이지만, 북한에 대하여 적대적이지는 않았다. 김규식의 경우에 더욱 그러했다. 이극로가 북한에 남은 것은 아마도 스승 김두봉이 함께 한글을 연구하자는 제의가 크게 작용했을 것이다.

4. 비극적 모임으로 끝난 남북협상

남북협상 이야기를 마치려 하니 "남북협상은 한국 현대사에서 북한이 꾸민 가장 기만적이고도 비극적인 모임"이었다는 원로학자 고 이정식(미국 펜실베이니아대학 명예교수)의 말씀이 가슴을 친다. 김구를 비롯한 협상파를 숭모하는 독자들은 섭섭할 노릇이지만, 남북협상에 대한 역사적 평가는 비교적 냉혹하다. 적어도 그곳에 남은 학자풍의 사람들, 이를테면 홍명희, 백남운, 이극로와 같은 무리는 나름대로 확신한 바가 있어 넘어갔고, 돌아오지 않았다고 할 수 있다.

그러나 처음부터 마음 내키지 않으면서도 정치적 계산에 따라 넘어간 김구나 김규식의 경우에는 그 북행이 온당하다고 볼 수는 없다. 그들은 교지(巧智)라는 점에서 김일성의 적수가 아니었다. 한 달 뒤에 총선거가 예정되어 있고, 제주도에서는 주민의 10%가 학살당하고 있는 상황에서 0.001%의 희망마저 사라진 통일의 이름으로 넘어간 것은 현명한 선택도 아니었고 우국적인 선택도 아니었다. 역사는 그들이 "나는 단독정부 수립에 참여하지 않았다"는 알리바이를 성립하기 위해 "현장에서 도피하였다"고 지탄할 수 있다.

그러나 조금 시각을 달리하여 생각해 보면, 갈등의 관계에서 '만남'은 그 자체로 스중한 것이며 그 길을 찾아간 것은 그 자체로서 의미 있는 일일 수도 있다. 왜냐하면 중국 작가 노신(魯迅)이 단편 「고향」에서 표현했듯이 "길이 있어서 사람이 가는 것이 아니라 사람이 다녀 길이 생기기 때문이다." 그렇게도 역사에는 가지 말았어야 할 길을 역주행한 사람들도 가끔은 있었다. 그들처럼.

제19장 참고 문헌

노신(魯迅), 「고향」, 『아Q정전』(창작과비평사, 2011)
방기중, 『한국현대사상사연구 : 1930-1940년대 백남운의 학문과 정치경제사상』
　　(역사비평사, 1993)
백남운, 『조선사회경제사』(개조사, 1933)
백남운, 『한국봉건사회경제사』(개조사, 1937)
『백남운전집(4) : 휘보』(이론과 실천, 1991)
『서울신문』1946. 11. 26.
이극로(지음) / 조준희(옮김), 『고투 40년』(아라, 2014; 초판 1947)
이정식, 『김규식의 생애』(청구문화사, 1974)
한홍구, 『대한민국사』(2)(한겨레신문사, 2006)

대담 :
白完基(고려대학교 명예교수, 학술원 회원)

20

한숨 돌려
잠시 쉬어가는 이야기

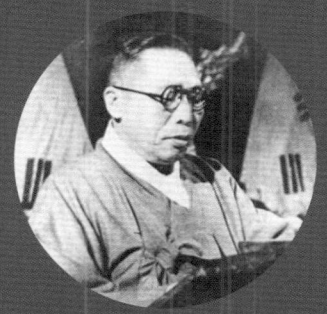

> "역사학자들은 그 시대를 잊고
> 다만 그 결과만을 바라보며
> 역사를 평가할 수 있다."
>
> — 이승연, 『전통과 현대』(12), p. 164.

1. 인물사 연구의 어려움

2015년 연초에 광복 70년을 맞아 해방정국에 대한 글을 연재해보고 싶지 않으냐는 제안을 받았을 때 가슴이 철렁했다. 어렵다는 생각보다는 그 글을 쓰는 동안에 겪어야 할 고생을 나는 잘 알고 있었기 때문이었다. 어느 학문인들 쉬울까만 역사 연구가 본디 어려워 때로는 검투사의 용기가 필요한 것이기는 하지만, 인물사[傳記學] 연구는 더욱 어렵다.

당사자나 그 후손들이 살아 있는 현대사를 실명(實名)으로 쓴다는 것이 얼마나 어려운가를 모르는 바는 아니었지만, 이제 그 중간점을 돌면서 나는 그동안 지면이 적어 다 하지 못한 말, 미흡했거나 틀린 점, 쓰고 나서야 알게 된 일들, 독자들이 지적해준 내용, 그리고 견해를 달리하는 독자들에 대한 변명이나 해명을 해야겠기에 이 장을 번외(番外)로 쓰고자 한다.

독자들의 반응 가운데 가장 민감한 문제는 김구(金九)를 숭모하는 분들이 보여준 반응이었다. 해방전후사에 대한 나의 인식은 비교적 냉혹하며 나의 붓끝에서 칭송받은 사람이 많지 않았다. 역사학에서 주제에 대한 연민을 미정하게 씻어낼 수는 없지만 나는 "객관적 서술"을 위해 많이 고민했다. 그러다 보니 밀스(C. Wright Mills)가 개탄한 바 있는 "객관성의 서글픔"(pathos of objectivity, Dennis Wrong, 1970, p. 4 : "Introduction")에 부딪힐 때가 많았다.

그러나 나는 망국의 책임을 외면하는 한국 사학사에 대한 맺힌 저항이 있으며, 우리가 모두 죄인이지 언제까지 "왜놈 탓"만 하고 있을 것인가 하는 생각을 하고 있었다. 그러다 보니 이른바 건국의 아버지들에 대한 비판은 남달리 신랄했다는 점을 내가 잘 알고 있다. 여운형(呂運亨)선생기념사업회에서 몹시 섭섭하게 생각했다는 소식도 들었다.

그런데 논쟁을 악화시킨 것은 이승만(李承晩)과 김구의 숭모자들이 화목하지 않다는 사실이었다. 그들은 마치 법통 논쟁을 하는 듯한 느낌을 주며 두 분의 애증을 물려받기라도 한 것처럼 서로를 비난한다. 그런 점에서는 나도 이승만과 김구의 관계를 "애증"이라는 용어로 표현한 것이 지금 생각하면 후회가 된다. 왜냐하면 그들은 "헤어져서는 안 될 헤어짐"이었기 때문이다. 그들 사이에 미움만 있었던 것은 아니었다. 다만 나는 해방정국을 이해하면서 좌우의 대립에 못지않게 좌익 내부의 갈등과 우익 내부의 갈등이 적과의 갈등보다 더 심각했었다는 시각을 가지고 있기 때문에 같은 진영의 갈등을 더 주목했다.

특히 제10장 「이승만과 김구의 애증(1) : 은원(恩怨)의 30년 임시정부」에서 최능진(崔能鎭)의 죽음을 다룬 데 대하여 이승만을 비호하는 의견도 있었다. 또 한 가지 말하고 싶은 것은 지난 2015년 8월 27일의 서울의 각 신문 보도에, 최능진이 사형당한 지 64년 만에 무죄 평결을 받았다는 기사를 보고 감회가 새로웠다는 점이다. 인연도 없는 나도 가슴이 찡한데 유족들이야 오죽했을까?

맏아들 최필립 선생은 이를 보지도 못하고 2013년 9월에 세상을 떠났으니 지하에서라도 기쁘겠고, 생존해 있는 작은 아들 최만립 선생께도 위로의 말씀을 드린다. 2015년 당시 언론계 어른이신 전 조선일보 주필 신동호 선생님이 최만립 선생의 전화번호를 알려 주셨지만, 조심스럽고 송구스러워 전화를 드리지도 못했다. 최능진의 해원(解寃)의 한 모퉁이에서나마 내가 서성거렸다는 것이 기쁘다.

2. 김구를 숭모하는 독자들에게

이승만과의 갈등과 관련하여 나는 김구를 숭모하는 측에서 마음을 열기를 바란다. 그리고 지금과 같은 이념의 혼란 시대에 국경일이면 이 땅의 좌파들이 효창공원이나 백범기념관에 가서 기념식을 올리는 현상을 놓고 김구를 숭모하는 사람들은 흡족히 여기며 즐기는 듯한 모습을 보여주고 있는데, 이는 잘못된 것이다. 김구는 어찌 보더라도 좌파일 수가 없는 사람이다. 그런데도 이 땅의 자칭 진보 세력이 그의 묘소를 찾아가 국경일 행사를 치르는 것은 김구를 위해서 결코 명예로운 것도 아니고 자랑할 것도 아니다.

진실로 김구를 숭모하는 사람들이라면 이러한 이념의 왜곡, 곧 애국이니 남북 협상이니 하는 주제로 자신을 위장하는 자칭 진보라는 좌파들로부터 김구를 "구출"하는 것이 먼저 해야 할 일이다. 김구는 김구답게 이 땅의 정통 보수민족주의자 그대로 두는 것이 그분을 위하는 길이다. 김구가 테러리즘에 몰두했다고 표현한 데 대하여 격렬한 비난을 퍼부은 분들께서는 테러리즘에 대한 학술적 의미에 관한 이해를 부탁하고 싶다. 그리고 진보라는 이름의 좌파들도 김구의 남북 협상 정신을 계승하고 추모한다는 미명 아래 "우리는 하나"라고 외치느니, 차라리 양평의 여운형(呂運亨) 생가나 우이동 묘소, 또는 충남 예산 신양면의 박헌영

(朴憲永) 생가에 가서 추모식이라도 올리는 것이 더 진솔한 표현이 될 것이다. 그들이 태극기 걸어놓고 이봉창(李奉昌)이나 윤봉길(尹奉吉)과 기념 촬영을 한 김구의 영정 앞에 머리를 숙이는 것은 아무리 보아도 앞뒤가 맞지 않기 때문이다.

3. 공산주의자들은 우리에게 누구인가?

필자가 독자의 눈치를 보며 글을 쓸 수는 없지만 그 반응에 신경이 쓰이는 것을 부인할 수 없다. 더욱이 남이야 듣거나 말거나 내 주장만 하는 연구서가 아니라 대중지일 때는 더욱 그럴 수밖에 없다. 나는 박헌영에 대한 글의 열독률(閱讀率)이 가장 높았다는 사실에 몹시 놀랐다. 그렇다고 해서 박헌영 편이 가장 재미있었던 것도 아니고 가장 뛰어난 글도 아니었다. 지적(知的) 호기심 때문이었는지 아니면 이제까지 금기시된 주제에 대한 "훔쳐보기"였기 때문이었는지는 나도 모를 일이지만, 한 가지 분명한 사실은 세상이 많이 바뀌었다는 점이다.

제14장 「박헌영 : 한 공산주의자의 사랑과 야망」에서 조선정판사 사건에 관한 한국외국어대학교 임성욱 박사의 학위 논문을 인용하면서 이는 아무래도 우익의 조작이었다는 뜻으로 글을 쓴 것이 많은 논란을 일으켰다. 여러 가지 정황으로 볼 때 임성욱 박사의 말이 맞는다고 나는 생각한다. 그런데 그 난마와 같은 해방정국에서 우익이 저지른 잘못이 한둘이 아니었고 그런 죄상을 거론한 내가 "대한민국의 정체성을 부인하는 이석기 같은 ×"라는 주장에는 좀 더 정교한 논리가 필요하다. 대한민국의 비리를 폭로한 모든 사람이 대한민국의 정통성을 부인하는 것은 아니기 때문이다.

그리고 해방정국에서 우익이 저지른 죄상을 거론했다는 이유로 대한민국의 정통성을 부인한다고 매도한다면, 해방정국에서 우익들이 저지른 죄상은 말해서는 안 되는 성역이란 뜻인가? 우익들의 죄상은 죄상이고 법통은 그와 다른 또 다른 주제일 뿐이다. 그리고 그런 논리의 가장 결정적인 약점은 조선정판사 사건의 실체를 입증하지 못하고 있다는 점이다.

제16장 대구 사건에 관한 글이 발표되었을 때 카페 마르코(Marco) 글방(2015. 8. 20.)을 통해 학계 원로이신 이인호(李仁浩) 교수님께서 고언을 보내 주셨다. 그분의 지적은 북한에 있던 소련 군사고문단이 대구 사건을 각별히 지원했다는 내용이었다. 옳으신 지적이니 내가 변명할 것은 없다. 나도 대구 사건을 설명하면서 남로당의 틈새 전략을 분명히 지적했는데 보는 분들에게는 악센트가 약하게 느껴진 것이 아닌가 생각된다. 정도의 차이에 대해서는 각기 이견이 있을 수 있으나 대구 사건에 박헌영이나 남로당 또는 북한 세력이 호기로 여기고 개입한 것은 분명한 일이지만, 전체 동력으로 볼 때 민란의 요소가 독립 변수였고, 좌익의 공작은 사건의 종속 변수였다는 것이 나의 기본적인 입장이다.

나는 대구 사건을 온통 우익적 반공 시각으로 몰아가려는 이 시대 보수주의 시각에 대한 거부감을 가지고 있다. 대구 사건을 이데올로기의 시각으로 몰아간다면 이념이 뭔지도 모르고 고통 받았거나 죽어간 국민의 원혼을 풀어 줄 길이 없다. 해방정국에 관한 나의 글은 소작농으로서 그 무렵에 영문도 모르고 겪은 고문으로 평생을 지병 속에 살다 돌아가신 아버지의 육신을 주물러드려야 했던 소년 시절의 트라우마와 국민에 대한 연민에 기초하고 있다. 이런 입장이 우익이나 보수주의 사관으로부터 쉽게 공격받고 있다는 사실도 내가 잘 알고 있다. 이인호 교수님의 지적에 거듭 감사드리고 원고를 보완하는 데 참고하겠다.

4. 앞으로의 이야기

학술 서적이 아니고 대중적 독자를 대상으로 글을 쓰다 보니 전거(典據)를 자세하지 적지 못한 것에 대하여 원저자와 독자들에게 미안하게 생각한다. 또한 소설적 분위기로 쓰려다 보니 건조한 학술 문체가 아닌 점에 대해서도 독자들의 양해를 빈다. 정확한 출처와 논증이 궁금한 독자들은 나의 부족한 책『한국분단사 연구 : 1943-1953』(한울, 개정판 2011)을 참조해 주시기 바란다. 남은 글에서는 제주 4·3사건, 여순 사건, 한국전쟁에서의 김일성(金日成)과 맥아더(D. MacArthur)와 모택동(毛澤東), 휴전, NLL, 그리고 통일의 문제를 다루고자 한다.

면찬(面讚)이 아니라, 이런 "금기가 된 글들"을 연재해준 중앙일보사와 조선일보사에 다시 한번 고맙게 생각한다. 한국 보수 언론의 대표지인『중앙일보』와『조선일보』가 좌파들로부터 "보수 꼴통"이라는 오명을 들으면서도 박헌영이나 김일성, 홍명희의 모습을 가감 없이 실어준 것을 보며 나는 고맙기도 하고 세상이 참 많이 변했다고 생각했다. 편집진도 의견을 달리하는 독자들로부터 많이 부대꼈을 것이다.

언젠가 자칭 진보라는 내 자식들로부터 지금 아빠의 글에 어떤 댓글이 올라가 있나 읽어보라는 말을 듣고 인터넷을 열었다가 기겁해서 닫았다. 신문사에서 어느 정도 걸러냈다는 글임에도 저주와 욕설로 가득한 글을 읽으며 인터넷 댓글은 읽을 것이 못 된다고 여겨 다시는 보지 않았다.

이제까지의 논리를 정리하자면, 해방정국사를 설명하면서 현대사 연구자들은 이데올로기의 문제를 과장했다. 그 시대의 소수 지식인 말고는 마르크스나 애덤 스미스(Adam Smith)를 제대로 이해한 사람이 몇이나 되었겠는가? 한국 현대사의 이데올로그(ideologue)들은 좌우익을 가릴 것 없이 생계형 "꾼"들에 지나지 않았다.

한국인의 이데올로기는 속지주의(屬地主義)의 결과일 뿐이다. 그가 살고 있는 곳이 이념을 결정했다. 국민에게 이념이란 비료 한 포대만 한 가치도 없었다. 내가 한국 현대사의 이념 논쟁을 공부한 끝에 얻은 결론에 따르면, 좌우익의 이념은 그리 정제되지 않았다. 우익은 잔인했고 좌익은 천박했다는 차이뿐이다. 그리고 이념은 끝내 혈육을 넘지 못했고, 혈육은 돈의 유혹을 넘지 못했다는 사실이다. 그것은 지금도 마찬가지로 진행형이다.

제20장 참고 문헌

이승연, 「조선조 『주자가례』의 수용 및 전개 과정」, 『전통과 현대』(12)(2000)
Dennis Wrong, (ed.), *Max Weber*(Englewood Cliffs : Prentice-Hall, 1970)

21

세 번의 비극(2)
제주 4·3사건

> "제주도의 유채꽃들은……
> 칼날을 물고 잠들어 있다."
>
> — 이산하의 시, 「한라산」에서

　　　　　　　　　이 글의 첫 장을 시작한 이래 이번 장에 이르기까지 무척 긴장했고, 살얼음을 밟는 것 같았다. 틀린 점이나 없는지, 내 글로 말미암아 마음 아파할 사람은 없는지, 사자명예훼손죄로 고소당할 일은 없는지…. 이번에 특별히 그런 넋두리를 하는 것은 제주 4·3사건이야말로 너무 극명하게 좌우가 갈려 대치하고 있는 주제이기 때문이다. 돌아보면 한국의 현대사는 은원(恩怨)이 너무 깊다. 어느 편에 설 수도 없다. 학자의 소신이니 역사가의 정론이니 하는 것이 참으로 무력하게 느껴질 때가 있는데 제주 4·3사건을 쓰려니 그런 감회가 더욱 새록새록하다.

1. 아름답고 슬픈 제주

　언제인가 "내가 본 세계의 10대 명승지"라는 주제의 수필 원고 청탁을 받은 적이 있었다. 그때 나는 (1) 50만 년이 걸려 생성되었다는 네바다주 소금 사막에 서서 100년도 못살며 아옹다옹한 인생의 무상함, (2) 피

라미드 앞 나폴레옹이 섰던 자리에서의 망연자실함, (3) 고비 사막의 유성(流星), (4) 통일을 염원하며 울며 묵주 기도를 드리던 백두산 천지의 부슬비, (5) 멕시코 유카탄반도의 마야(Maya) 유적지와 칸쿤(Cancun)의 쪽빛 바다와 프리다 칼로(Frida Kahlo) 전(展), (6) 바르셀로나의 피카소 박물관과 안토니 가우디(Antoni Gaudi)의 유적, (7) 바이칼호의 물안개와 자작나무 숲, 그리고 데카브리스트(Dekabrist, 12월혁명당) 볼콘스키(G. Volkonsky)박물관, (8) 미국 미네소타주 미니애폴리스 남쪽에 있는 골동품·고서점 도시 스틸워터(Stillwater)의 냇가에 있는 노천 커피집, (9) 일본 교토(京都) 북쪽에 히에이산(比叡山)과 비와호(琵琶湖)를 끼고 있는 엔랴쿠지(延曆寺), (10) 한라산 1,200고지의 설화(雪花)를 꼽았다.

여기에서 내가 말하고자 하는 곳은 한라산의 아름다움이다. 세계 10대 절경에 뽑혔다거나 내 나라 땅이라거나 하는 것과 관계없이, 나는 설령 한국인이 아니었더라도 한라산의 설화를 꼽았을 것이다. 이 좁은 땅에 한대(寒帶)에서부터 아열대기후가 함께 공존한다는 것이 그렇게 감사할 수가 없다. 그런데 한라산에 갈 적마다 늘 기쁘고 반가운 것만은 아니다. 제주 4·3사건을 쓴 뒤로부터 그렇게 되었다. 더욱이 이산하의 시 「한라산」의 다음 구절을 읽을 때면 가슴이 저려온다.

> 제주도의 아름다운 신혼 여행지는 모두
> 우리가 묵념해야 할 학살의 장소이다.
> 그곳에 핀 유채꽃들은 여전히 아름답다.
> 그러나 그것은 모두 칼날을 물고 잠들어 있다.

제주는 참으로 신기한 곳이다. 30년 전에 제주 사건을 답사하면서 몇 가지 놀란 일이 있다. 한집안에 살면서도 부모와 자식이 따로 밥을 지어 먹는 것이 이상했다. 김씨 집에 혼사가 있을 적에 하객인 이씨 집안의 아버지는 저쪽 아버지에게, 어머니는 저쪽 어머니에게, 형은 저쪽 형에게, 그리고 동생은 저쪽 동생에게 따로따로 축의금을 내는데 축의금은 각자 받은 사람의 몫이었다. 대문도 특이했다. 집이 비었을 적에는 긴 막대기를 가로질러 놓고, 여자만 있을 적에는 막대기를 비스듬히 놓고, 손님이 들어와도 좋을 때는 그 막대기를 치운다.

육지 사위는 괜찮지만, 육지 며느리는 환영하지 않는다는 점도 특이했다. 제사는 아들 딸을 가리지 않고 돌아가면서 지낸다. 부모가 세상을 떠나면 장례식에서 맏며느리가 영정을 드는 것도 이색적이다. 이를 두고 누구는 제주의 여성 존중의 풍습이라 하고, 누구는 4·3사건 때 남자들이 많이 죽어 그렇다고도 하나 확인하지 못했다. 아마도 앞의 것이 아닐까 나는 생각한다. 문화인류학을 꺼낼 것까지는 없지만, 내가 얻은 결론은 그들의 독립심이 매우 강인하다는 것이었다.

역사적으로 볼 때 제주도는 대륙과의 격리로 말미암아 행정적으로도 멀리 떨어져 있고 혜택이 빈약하여 소외 의식과 경계심이 강렬했다. 이미 조선 시대 후기부터 제주도민들의 이러한 불만은 조직적 저항으로 나타났는데, 양제해(梁制海)의 난(1812), 철종 시기의 민요(民擾, 1862), 방성칠(房星七)의 난(1898), 그리고 그 유명한 이재수(李在守)의 난(1901) 등으로 말미암아 중앙 정부와의 갈등이 그치지 않았다.

이정재와 심은하가 주연하여 영화로도 유명해진 "이재수의 난"(1999)만 하더라도 할 말이 많다. 한국 천주교 박해사를 이야기할 때면 왕조로부터 박해받은 순교자의 거룩한 신심을 주로 이야기하지만, 제주도에서는 프랑스 세력을 배경으로 신자들이 비교도를 박해하다가 사단이 일어났다는 점에서 특이하다. 흔히 제주 교안(敎案)이라 부르는 이 사건에는 제주의 슬픔이 고스란히 간직되어 있다. 4·3사건 당시에 민병대(民兵隊)들이 "예수쟁이를 죽여야 한다"고 외치며 대정교회 이도종(李道宗) 목사를 죽인 사건(전정희,「대정교회」,『국민일보』2015. 5. 23.)은 그런 복수심과 무관하지 않았다.

이러한 전통은 일제 시대에도 나아지지 않았다. 제주도에 부임한 관리의 대부분은 일본인이었으며 그 부하들은 육지인이었다. 더구나 제2차 세계대전 말기가 되면 일본은 제주도를 최후의 항전지로 생각하고 많은 무기와 병력을 배치해 놓았기 때문에 주민들은 무기에 매우 친숙해 있었다. 종전 무렵의 제주도에는 6개 보병사단과 기갑여단으로 구성된 육군과 막강한 해·공군 25만 명이 주둔하고 있어서 도민들보다 군인들이 더 많았다. 일본은 아마도 제주도를 "한국의 시칠리아"(Sicily)로 생각했던 것 같았다. (E. Grant Meade, 1951, p. 34)

2. 해방정국의 제주도

해방 당시의 제주도는 13개 면에 인구 25만 명을 가진, 전라남도에서 가장 큰 군(郡)이었는데 해방과 더불어 5만 명이 더 귀환했다. 나간 사람도 적지 않았다. 일본이나 육지로 나가 있던 유학생, 사상 도피자, 상공인들이 대거 귀환한 데다 이들 가운데 상당수가 좌익 사상에 젖어 있었고 남로당과 연결된 사람도 많았다. 미군정이 들어서기에 앞서 인민공화국 정부가 있었으며 남로당원이 자칭 5만 명이 있었으나 대부분이 농부와 어부였고, 진심으로 공산주의의 교의를 지지하는 사람은 많지 않았다. (G-2 Periodical Report, No. 1097, 1 April 1949) 그들의 이입은 분노를 분출시키는 계기가 되었다.

해방정국에서 제주 상황을 가장 정확히 인식했던 사람은 제주 사태의 조사 책임을 맡았던 서울지방심리원(審理院) 판사 양원일(梁元一)이었다. (그는 지난날 조선정판사 사건의 주심 판사였다. 그는 정부 수립과 더불어 용산 거리에서 백주에 총을 맞고 죽었다. 죄목은 "술주정"이었다. 술주정이 노상에서 사살할 죄가 되나?) 그의 판단에 따르면, 제주도민들은 사실상 정부 행세를 하던 인민공화국을 너무 과대평가했고, 경찰이 가혹한 행동을 자행함으로써 인심을 잃었으며, 여기에 우익청년단이 협조했고, 밀무역 단속을 빙자하여 관리들의 횡포가 극심했으며, 도민들은 강대한 세력에 아부하여 지위와 재산을 보존하려는 심리가 강했고, 남북 협상을 지나치게 기대했다는 것이다. (『조선일보』 1948. 6. 17.)

경찰의 가혹 행위, 곧 고문이나 수탈, 보복 살해 등에 관해서는 제주 사태의 진상 조사를 맡았던 최란수(崔蘭洙) 경감의 기록(『동아일보』 1948. 6. 23.)에 잘 나타나 있는데, 100명 전후의 서북청년회(西北靑年會)를 비롯한 우익들이 제주도민의 생업이었던 일본-제주-육지 사이의 중간 무역을 위협하고 침해했다. 당시 미군정 아래에서 귀환 동포들이 가지고 들어오는 재산은 대부분 섬에 결핍되어 있는 생활필수품이었는데 서북청년회가 이를 압수하여 상인들에 다시 팔아 돈을 벌었다. (『조선일보』 1948. 7. 24.)

이러한 상황에서 1947년의 3·1절 사건이 일어났다. 서울에서는 서울운동장(우익)과 남산(좌익)에서 따로 기념식을 거행하고 시가 행진을 하는 동안에 좌우익이 충돌하여 사망자 16명과 부상자 22명이 발생했다. (『조선일보』 1947. 3. 2.) 그와 때를 같이 하여 제주 남산국민학교에서 3·1절 행사를 마치고 시위대와 경찰이 충돌하여 현장에서 6명이 피살되었다. (『동아일보』 1947. 3. 4.) 시위가 격화된 것은 3·1절 경축식에서 단독 정부 수립 반대 등의 시국 문제를 거론했고, 그 틈새에 남로당이 사건을 확대하려고 암약한 탓이었다.

이와 같은 복합적인 요인으로 민심이 격분한 상황에서 1948년 4월 3일 새벽에 도민들이 경찰서와 우익을 공격하는 것으로 제주 사건은 본격적으로 폭력화했다. 첫날의 민병대의 수는 100명이 넘었다. 당시 제주에는 15개 지서에 약 480명의 경찰관이 있었는데, 이날 경찰관서 11개소와 지서 5개소가 습격을 받았고 경찰관 4명이 사망했으며, 일반인

8명이 사살되었다.(『조선일보』 1948. 4. 6.) 습격의 주요 원인은 밀수 혐의 등을 이유로 도민과 그 가족에게 가해진 경찰과 서북 청년들의 횡포, 고문치사, 강간 등에 대한 보복에서 비롯되었다. 민병대의 최초의 목적은 경찰에 구금되어 고문당하는 피의자들을 구조하려는 것이었다. 첫 공격자들이 공산주의 이념에 몰두해 있었다고 믿을 만한 증거는 없다.

사태가 악화하자 정부는 1,400명의 본토 경찰을 파견하는 한편 제주비상경비사령부를 설치하고, 김정호(金正晧)를 사령관으로 임명하여 해상교통망을 차단함으로써 외부 세력의 가세를 막으면서 민병대의 귀순을 유도하고자 했다. 김정호는 만주 봉천군관학교 3기 출신으로 해방과 더불어 귀국하여 경찰에 투신, 경무부 공안국장을 맡고 있었다. 처음 귀순 공작의 책임자로 임명된 사람은 제주지사 유해진(柳海辰)이었다. 그러나 그는 교섭을 위해 "산(山)사람들"을 만나기로 한 날 갑자기 몸이 아파 못 가겠다고 말했다.

그다음의 교섭 책임자는 김정호였으나 그 또한 갑자기 서울로 올라갈 일이 생겨 빠졌다. 세 번째로 임명된 책임자는 제주경찰청 감찰청장

김익렬(왼쪽)
김달삼(오른쪽)

최천(崔天)이었는데 그 또한 회담 당일에 갑자기 몸이 아팠다. 이어서 제주도 민족청년단장이 네 번째 책임자로 지명되었으나 그도 또한 담판을 회피하였다. 그리하여 9연대장 김익렬(金益烈)이 다섯 번째 교섭자로 지명되었다. 고대 로마 시대에 아카디아 동맹군의 장군들은 전쟁만 임박하면 위경련이 일어난다는 소문이 돌았는데(『플루타르코스 영웅전』「아라토스전」), 한국에서도 꼭 같은 일이 벌어지고 있었다.

김익렬(1921~1988)은 경남 하동(河東) 출신으로 일본 고베(神戸)상업학교를 졸업한 뒤 후쿠지야마(福知山) 육군예비사관학교를 졸업하고 일본군 소위로 해방을 맞이하여 귀국한 인물이다. 그는 군사영어학교를 졸업한 뒤에 소위로 임관했으며, 제주도에 부임할 당시에는 중령이었

김달삼(金達三)의 자필 이력서(대정중학교 소장)

다. 그는 유서를 써 남겨두고 한라산 유격대 김달삼(金達三 : 1925~1950)의 아지트로 올라갔다. 김익렬과 김달삼의 대좌가 이뤄진 것은 4월 28일이었다. 이때 김익렬을 따라간 부관이 이윤락 중위였는데 그는 이후락(李厚洛)의 사촌 동생이었다.

제주 대정중학교에 소장된 김달삼의 자필 이력서에 따르면, 그는 대정 출신이다. 본명은 이승진(李承晋)으로 일본 교토(京都)에 있는 정토종계(淨土宗系) 세이호(聖峯)중학교와 주오(中央)대학 법과를 졸업했다. 그는 해방과 더불어 귀국하여 아버지가 살던 대구에서 잠시 살았는데 이때 어떤 형태로든 대구 사건과 연루되었을 것이다. 1946년에 제주도로 귀향한 그는 대정초급중학교에서 역사와 공민을 가르치면서 남로당 대정면 조직책을 맡고 있었다. 그는 남로당 중앙위원회 선전부장 강문석(姜文錫)의 사위였다.(『20세기 제주인명사전』, 2000, pp. 102~103)

김익렬의 유고(遺稿)「4·3의 진실」(『4·3은 말한다』(2), 1994, p. 320)에 따르면 두 사람은 전혀 초면이던 것으로 되어 있으나, 제주 사건을 논문으로 발표한 메릴(John Merrill, 1980, p. 174)과 김익렬의 선임 연대장이었던 이치업(李致業)은 김익렬이 학병 출신으로 김달삼과 동료였으며 제주도에서도 매우 가까운 사이였다고 주장하고 있다.(『번개 장군』, 2001, p. 107) 유격대의 지휘자는 김달삼이었지만 군사 지휘관은 학병 출신인 이덕구(李德九)였고 초기의 병력은 500~600명 정도였다. 이들은 일본군이 철수할 무렵 버리고 간 무기를 모아 무장하고 군사 훈련은 팔로군(八路軍) 출신들이 담당하여 자못 그 기세가 당당했다.

3. 김익렬과 김달삼, 그리고 박진경

4월 말이 되자 유격대의 숫자는 약 2,000명 정도로 늘었으며 약 3개월분의 탄약과 식량을 저장하고 있었다. 유격대 가운데에는 통통 부은

젖가슴을 보이면서 어서 집에 돌아가 아기에게 젖을 먹이게 해달라고 애원하는 여인도 있었다. 김익렬은 범법자의 명단을 작성하여 책임자를 분명히 하되, 명단에 기재된 범인들의 자수·도망은 자유의사에 맡기겠으며, 김달삼과 유격대 두목들이 탈출할 수 있도록 선박을 제공할 용의도 있으며, 이를 보증하고자 자기 가족을 인질로 잡혀두겠다고 약속했다.(김익렬, 1994, pp. 328~330) 이 자리에서 그가 제시한 요구 사항은 전투 행위의 중지와 즉각적인 무장 해제였다.

이에 대해 김달삼이 제시한 조건은 제주도민으로만 행정 관리와 경찰을 편성하고, 민족 반역자·악질 경찰·서북 청년들을 제주도에서 추방하고 제주도민으로 편성된 경찰이 구성될 때까지 군대가 제주도의 치안을 책임지고 현재의 경찰은 해체하며, "의거"(봉기)에 참가한 어떠한 사람도 죄를 묻지 않고 안전과 자유를 보장하라는 것이었다. 충돌 초기에 "공산 혁명"의 색채는 보이지 않았다. 김달삼의 제안은 김익렬의 직권을 넘어서는 것이었으므로 받아들일 수는 없었으나 일단 휴전에는 합의를 보았다.

전투가 소강(小康)에 들어간 상태에서 5월 1일의 노동절(May Day)이 다가왔다. 그런데 불행하게도 이날 오전 11시쯤 정체불명의 한 무리가 제주읍 중산간 마을 오라리를 습격하여 주민을 죽이고 방화하는 사건이 일어났다. 그것은 경찰들의 귀순 방해 공작이었다. 며칠 안에 귀순 작업이 종료되어 진압이 끝나게 되면 경찰의 위신이 떨어질 것을 그들은 두려워했다. 더욱이 우익들은 연대장 김익렬을 암살하겠노라고 위협했다. 습격은 2~3일에 걸쳐 자행되었다. 5월 3일에도 무장한 경찰 약 50명이 일본군 중기관총과 카빈총으로 귀순 민병대를 습격했다.(김익렬, pp. 332~335) 이윤락은 민간인을 습격한 것이 경찰과 우익이었다는 증언을 남겼다.(양스훈, 2015, pp. 44~46)

이 무렵 5월 5일에 제주도에서는 딘(William F. Dean) 군정장관의 주도 아래 민정장관 안재홍(安在鴻), 경비대 총사령관 송호성(宋虎聲), 경무부장 조병옥(趙炳玉), 제주도 군정장관 맨스필드(Mansfield), 제주지사 유해진, 제주경찰청 감찰청장 최천이 참석하여 진압 정책을 결정하는 과정에서 온건 화평 전술을 주장하는 김익렬 연대장과 강경 진압을 주장하는 조병옥 사이에 첨예한 의견 충돌이 일어났다. 정부 측에서는 김익렬에게 "10만 달러를 줄 것이니 미국으로 이민을 떠나라"는 회유가 있었으나 김익렬은 이를 거절했다. 결국 딘 장관이 토벌 작전으로 방침을 결정함에 따라 김익렬은 용공 분자라는 의혹을 받고 여수 14연대장으로 전출했다.(김익렬, pp. 338~341) 하필이면 여수 14연대장으로 전보된 것도 운명이었다.

김익렬의 후임 연대장으로 박진경(朴珍景 : 1920~1948) 중령이 부임한 것은 5월 6일이었다. 그가 부임한 직후 9연대는 11연대로 편제가 변경되었다. 박진경은 경남 남해(南海) 출신으로 오사카(大阪) 외국어학교를 졸업하여 영어에 능통하였다. 그는 해방이 되자 군사영어학교를 졸업한 뒤 소위로 임관했으나, 행정 장교 출신이었으므로 작전 지휘의 경험이 없었다.

딘 장군은 박진경을 몹시 총애했다. 박진경은 일본군 소위로 제주도에서 근무한 경력도 있었기 때문에 지형과 요새 배치 상황을 잘 알고 있었다. 그런데 그는 취임식에서 미욱한 짓을 저질렀다. 자기 부친은 친일 단체인 대정익찬회(大政翼贊會)의 중요 간부였으며, "독립을 방해하는 제주도 폭동 사건을 진압하기 위해서는 제주도민 30만을 희생시키더라도 무방하다"고 발언한 것이다. 김익렬의 유고(pp. 344~345)를 통해 세상에 알려진 이 발언에 대하여 이철승(李哲承)을 중심으로 하는 우익들은 박진경이 양민을 보호했다고 반박하면서 그의 장군 추서를 추진했다.(『민족 정론 소식』 2000년 3월호, pp. 4~5)

박진경의 부임과 함께 대대적인 토벌 작전이 전개되었다. 김정호 사령관의 작전 계획은 초토화[淸野] 작전이었다. 이 작전이 제주도의 민중 봉기를 유례대로 확대시킨 근본 원인이 된다. 더욱이 사태를 어렵게 만든 것은 경찰의 실수였다. 그들은 자기들의 잘못과 죄상을 은폐하고자 오히려 노골적으로 귀순 공작을 방해했다. 미군정이 초토화 작전을 묵인하게 되자 경찰은 공공연하게 마을들을 초토화해 나감으로써 산간 주민들이 산으로 도주하여 유격대에 가담하기 시작했다.

제주도에서 밭의 경계선에 돌담을 쌓은 것은 유격대에는 훌륭한 방새(防塞)가 되었다. 언제인가 나는 제주도 우근민(禹瑾敏) 전 지사에게 돌담 기술자를 명장(名匠)으로 선정하라고 말했다가 그곳 출신이면 초등학교 출신도 다 하는 일이라고 핀잔만 들었다. 돌담뿐만 아니라 일본군이 남기고 간 토굴이 많아 유격대의 저항도 만만치 않았다.

박진경이 부임한 뒤 거의 1개월이 지나 군정장관 딘은 박진경의 사기를 고무하고자 몸소 제주도에 내려가 대령으로 진급시켜 주었다. 그날 관리와 민간 유지들을 초청하여 성대한 축하연을 열었다. 박진경이 만취하여 6월 19일 오전 3시에 연대본부의 숙소에 들어와 잠이 들었을 때 문상길(文相吉) 중위를 비롯한 4명의 부하가 그를 사살했다. 그들은 박진경의 무자비한 공격 작전이 살해의 동기였다고 법정에서 진술했다.

고등군법재판은 문상길, 신상우(申尙雨) 1등상사, 손선호(孫善鎬) 하사, 배경용(裵敬用) 하사 등 4명에게 총살형을 선고했다.(『조선일보』 1948. 8. 11.; 15.) 그때 문상길의 나이는 22세였다. 세월이 흐르자 우익들은 그들이 남로당원이었다고 주장하였다. 박진경의 후임으로 최경록(崔慶祿) 중령이 취임했다.

문상길 중위

이 무렵인 9월 14일에는 제주 사건과 관련하여 목포(木浦) 형무소에 수감 중이던 440명의 죄수가 집단으로 탈옥했다. 경찰은 그들을 잡아 처형하고 살점을 저며 좌익 인사들에게 배달했다. (John Merrill, p. 193) 군사 법정은 공산주의 용의자 1,650명에게 유죄를 선고했고 이들 중 250명이 처형되었다. 이와 함께 여수·순천 사건의 소식을 듣고 유격대는 다시 경찰초소를 공격했다.

아울러 여순 사건은 우익들에게 제주 학살의 명분을 제공해주는 결정적인 계기가 되었다. 경비대와 경찰은 제주도 주민을 해안에 설치된 캠프로 소개(疏開)하고, 한라산 아랫자락을 따라 가옥과 농작물을 불태웠으며, 혐의가 있는 유격대와 그들의 가족을 살해했다. (Allen R. Millett, 1997, p. 528) 일부 해병들은 포로가 된 유격대의 목을 일본도로 베어 허리에 차고 기념 촬영을 했다. (鄭采浩, 2000, pp. 61~65)

4. 혈흔(血痕)

인간의 마성(魔性)은 얼마만큼이나 극악할 수 있을까? 과연 이념이라는 이름으로 그토록 잔혹하게 동족을 집단 살해할 수 있을까? 어떻게 해방 공간이라는 동족의 무대에서 이민족(異民族)의 식민지 지배에서도 겪지 않았던 대량 학살이 벌어질 수 있었는가? 다시 어리석은 질문을 해보자. 도대체 얼마나 죽였을까? 양민 학살의 진상을 보여주는 자료가 있다. 성산포경찰서에 소장된 문서가 곧 그것이다. (다음 페이지 사진)

이는 한국전쟁이 일어나자 제주계엄사령관이었던 해병대 김○○ 중령이 성산포 경찰서장 앞으로 보낸 공문인데, 1950년 8월 30일 자로 시달된 이 문서의 내용은 성산포경찰서에 수감 중인 C~D급 미결혐의자를 1주일 안인 9월 6일까지 모두 사살하라는 것이었다. D급으로 올라갈수록 중범자이다. 그들은 물론 재판을 거치지 않은 혐의자일 뿐이다.

그런데 문서 윗부분에 "부당(不當)하므로 불이행(不履行)"이라고 쓰여 있는 것으로 보아 실제로 총살이 집행되지는 않았을 것이다. 그러나 다른 곳에서도 모두 성산경찰서처럼 총살 명령을 거부한 것으로 볼 수는 없다. 재판도 거치지 않고 중령의 명령으로 모두 총살하라는 이 공문은 시행 여부와 관계없이 그 당시가 얼마나 무법천지였던가를 잘 보여주고 있다. 김 중령은 그 뒤 해병대사령관으로 진급했고 독립유공자 5등급을 받았으며, 어느 교회 장로님으로 살다가 2011년에 세상을 떠났다. "불이행(不履行)"이라고 부전지(附箋紙)를 붙인 인물은 성산포경찰서장이었을 것이다. 그의 이름을 역사에 남기고 싶어 신원을 추적해 보니 문

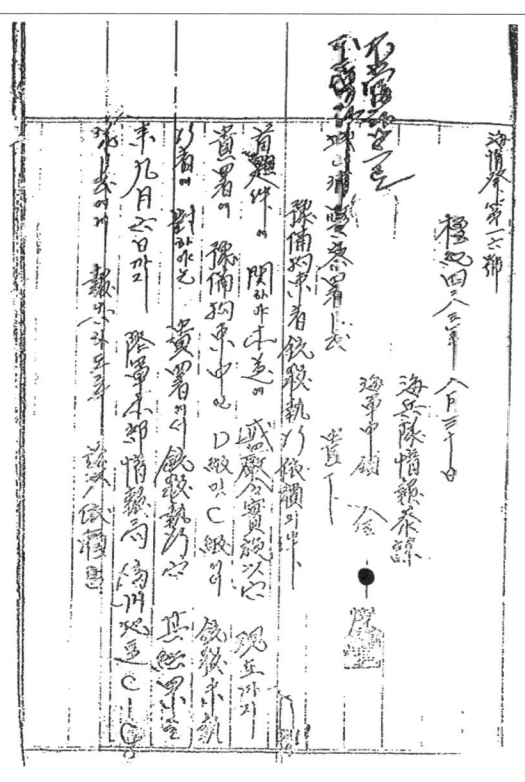

예비 검속자 총살 집행 지시서

형순(文亨淳) 경감이었다. 대정리 앞바다에서 이 문서를 들여다보는데 내 눈에 눈물이 핑 돌았다.

이 문제를 학술적으로 처음 다루었던 메릴은 적어도 제주도 인구의 약 10%인 3만 명이 살해된 것으로 보고 있다.(John Merrill, pp. 194~195) 군정청에서는 1만 5,000명이 살해당하고 1/3의 가옥이 파손된 것으로 보고하였으며(G-2 Periodical Report), 군사(軍史)학자 밀레트는 제주도에서 "사라진" 주민이 약 3만 명으로 추정되지만, 아마도 실제로 피살된 숫자는 8,000에서 1만 명 정도일 것으로 추정하고 있다.(Allen R. Millett, p. 528)

제주도 의회가 접수한 피해자 통계에 따르면, 당시의 피살자가 9,987명, 행방불명자가 1,225명, 형무소에서 행방불명된 피해자 1,031명, 피해자로 접수되지는 않았지만, 사망이 확실한 무연고 피살자가 2,598명, 합계 1만 4,841명으로 집계되어 있다.(『제주도 4·3 피해조사 보고서』, 2000, pp. 60~63)

요컨대, 제주 4·3사건의 본질은 사건의 발발에 있는 것이 아니라 그 수습 과정에서 벌어진 비극적 현상이다. 원인만 따지는 것은 죄상을 물으려는 구실일 뿐이다. 제주 사건은 처음에는 자발적인 민중 봉기로 시작된 것이었으나 "서로의" 보복 살해로 말미암아 사태가 악화하였고, 남북한이 정면 대결로 굳어지자 현실로 돌아가지 못하고 추격을 겪게 된 잔여 세력들이 점차로 조직적인 빨치산 운동을 벌이게 되었다. 제주 사태는 남로당이 승리할 수 없는 때에 무장 투쟁에 뛰어드는 결과를 초래했고, 우익들에게는 양민 학살이라는 오명을 안겨주었다.

성산포경찰서장 문형순 경감

김달삼은 사태가 심각해지자 제주도에서 탈출하여 월북했다. 북한 혁명 열사의 능에 묻힌 그의 묘비에는 1950년 9월 30일에 죽은 것으로 기록된 것으로 보아 한국전쟁에 참전했다가 전사한 것으로 보인다. 김익렬은 그 뒤 육군 중장에 올라 국방대학원장을 끝으로 퇴역했다. 그는 "좀 허풍스러웠으며 좌경한 군인"(이치업, p. 110)은 아니었다. 그는 자신이 죽은 뒤에 공개하라면서 가족들에게 제주 사태의 진상을 담은 유서(遺稿)를 남겼는데, 이렇게 끝이 난다.

"나는 경찰의 최고 책임자인 조병옥 씨와 토벌사령관 김정호 씨가 제주도에서 동족에게 자행한 초토 작전의 만행을 절대로 용서할 수 없다. …… 침묵을 지키기에는 역사의 증인으로서 양심의 가책이 너무 컸다."(김익렬, pp. 305, 357)

제21장 참고 문헌

김익렬, 「4·3의 진실」, 『4·3은 말한다』(2)(전예원, 1994)

『동아일보』 1948. 6. 23.

『민족 정론 소식』 2000년 3월호.

양소훈, 『4·3 그 진실을 찾아서』(선인출판사, 2015)

『20세기 제주인명사전』(제주 : 제주문화원, 2000)

이치업(李致業), 『번개 장군』(원민, 2001)

전정희, 「대정교회」, 『국민일보』 2015. 5. 23.

鄭采浩, 『해병대의 전통과 비화』(화정문화사, 2000)

『제주도 4·3 피해조사 보고서』(제주시 : 제주도의회 4·3특별위원회, 2000)

『조선일보』 1948. 4. 6.; 1948. 6. 17.; 1948. 7. 24.; 1948. 8. 11.; 15.

G-2 Periodical Report, No. 1097, 1 April 1949.

Meade, E. Grant, *American Military Government in Korea*(New York : King's Crown Press, 1951)

Merrill, John, "The Cheju-do Rebellion," *Journal of Korean Studies*, Vol. 2, 1980.

Millett, Allen R., "Captain James H. Hausman and the Formation of the Korean Army : 1945-1950," *Armed and Forces Society*, Vol. 23, No. 4, 1997.

22

세 번의 비극(3)
여수·순천 사건

"승자의 기록은 태양을 받아 역사가 되고
패자의 기록은 달빛을 받아 전설이 된다."

— 이병주(李炳注)

    나는 1960년대 초엽, 대학 초년 시절에 서울 성동구 신당동 시구문 시장에서 점원을 하며 대학을 다녔다. 그런데 내가 다니는 이발소 주인의 입담이 보통 수준이 아니었다. 그 구수한 입담으로 손님의 넋을 빼놓았는데 어느덧 이발은 끝났다. 신변잡기에서부터 현대사를 가로지르는 그의 이야기에는 허풍도 많았지만, 근거 없는 이야기만은 아니었다. 빈부가 엇갈리는 길 건너 동네 사이여서 나와 사는 수준이 달랐으나, 그 이발소 뒷집에 박정희(朴正熙) 의장이 살고, 그 옆에 육군참모총장 김종오(金鍾五) 대장이 살고, 조금 올라가면 김종필(金鍾泌) 중앙정보부장이 사는데 그분들이 모두 자기의 고객이었단다.

    그러던 어느 날 내 머리를 깎던 그가 눈물이 그렁그렁하면서 고향 이야기를 했다. 오늘이 아버지 제삿날인데 먹고살기 어려워 내려가지 못해 마음이 아프다는 것이었다. 아버지는 여수·순천 사건 때 김종원(金鍾元)의 손에 죽었다고 했다. 면도하는 손이 부르르 떨렸다. 어찌나 무섭던지…. 그날 그의 아버지는 시국 강연을 들으러 동네 사람들과 함께 쭐레쭐레 학교 교정에 가서 연설을 듣고 있었다. 연사가 무슨 소리를 하는

지 알아들을 수도 없고 관심도 없었다.

"비가 좀 올랑가?"

"올해 농사는 좀 잘 되었으면 쓰것는디…."

그런 이야기를 나누는데 느닷없이 총알이 날아오고 칼을 빼든 군인과 경찰이 시민들을 죽여 한 구덩이에 묻었다. 그래서 자기네 동네에는 제삿날이 모두 같다고 했다. 왜 죽였을까? 정말로 그렇게 죽였을까?

1. 호남의 정치적 유산

지난날 내가 『전봉준 평전』을 쓰면서 전북 고창에 들렀을 적에 고창문화원장 이기화(李起華) 선생은 "전라도 자랑"의 버전을 들려주었다. 옛날에는 "여수 가서 돈 자랑 하지 말고, 순천 가서 인물 자랑 하지 말며, 벌교 가서 주먹 자랑 하지 말고, 고흥 가서 힘자랑 하지 말랬다"지만, 지금은 "고창 가서 양반 자랑하지 말라"는 말을 보탰다. 그 뒤로 내가 역마살 낀 사람처럼 호남 땅을 헤매고 다니면서 얻은 신판 호남 자랑을 더보태자면, 진도 가서 창(唱) 자랑 하지 말고, 목포 가서 그림 자랑 하지 말며, 전주 가서 글씨 자랑 하지 말고, 남원 가서 아미(蛾眉) 자랑 하지 말고, 부안(扶安) 가서 먹고사는 자랑 하지 말라는 것이다. 결국 호남은 정이 흐르는 예향(藝鄕)이라는 뜻이다.

그런 호남이 왜 그리 가슴 아픈 땅이 되었을까? 유홍준이 『나의 문화유산답사기』 제1권에 남도 답사기를 먼저 쓴 뒤로 그 책 들고 기웃거리는 사람들이 많아졌다지만, 호남의 한(恨)을 아는 데는 한계가 있던 것 같았다. 내가 20년 동안 호남 땅을 내 고향보다 더 자주 찾아본 뒤에 얻은 결론은, 호남이 한이 깊다지만 정확하게 그것은 한이 아니라 원(冤)이라는 것이다. 그 둘은 다르다.

한은 내 힘으로 어쩔 수 없는 어떤 운명적인 것[팔자]에 따라 나에게 내려진 아픔, 이를테면 고아나 과부가 되는 것과 같은 불행을 뜻하며, 원이란 인간의 악의(惡意)가 할퀴고 간 상처들, 이를테면 조병갑(趙秉甲)의 탐학이나 지주의 수탈로 말미암은 아픔을 뜻한다. 이것이 호남 문화의 유산이다. 전주비빔밥을 자랑하지만, 국 한 그릇 떠 놓을 형편만 되어도 밥을 비비지는 않았을 것이다. 호남은 풍년에 배곯아 죽는 땅이었다. 여수·순천 사건은 그러한 원통함의 한 고리이다.

여수(麗水)는 인구 15만 5,000명이 거주하는 곳으로서 좌익적 성향이 짙었으나 남로당원의 숫자는 70~80명에 지나지 않았다. 1946년 5월 경찰서를 설치하기 이전까지는 치안대가 치안을 유지했다. 그들은 상징적으로 검은 제복을 입고 있었다. 순천(順天)은 15만 명의 인구가 살고 있었고, 69중대가 주둔하고 있었다. 이들은 대부분 해군 병사였으며 2~3개월만 지나면 집으로 돌아가기로 되어 있었다. (E. Grant Meade, 1951, p. 183)

이 무렵 지방정부를 운영하면서 미군정이 가장 신경 써야 했던 부분은 좌익이 뿌리를 내리지 못하도록 저지하는 것이었다. 대구 사태와 제주 4·3사건으로 좌익에 대한 공포가 점차로 증가하는 상황에서 미군정이 좌익의 섬멸을 구상한 것은 있을 수 있는 일이었다. 이러한 계제에 사태를 더욱 악화시킨 것은 제주도 제11연대장 박진경(朴珍景) 대령의 피살 사건이었다. 이를 계기로 국방경비대의 숙군(肅軍)이 시작되었다.

2. 국방경비대의 숙군(肅軍)과 14연대

건국 초야에 맞이한 공산주의 발흥에 대해 이승만(李承晩) 정권은 당혹했다. 국방경비대 정보처장 백선엽(白善燁)은 남로당의 첩자들을 노출하지 않고서는 군부를 정화할 수 없다고 판단하고, 조용하면서도 대규모적인 정보 수집 활동을 전개했다. 그는 여수의 제14연대를 가장 위험한 부대로 여기면서 그들이 지리산에 게릴라 작전 지역을 구축하려고 계획하고 있다고 의심했다. 좌익에 대한 사찰은 제1연대[태릉]에서부터 시작되었다.

당시 연대장 이성가(李成佳) 소령은 부대 안에 침투하고 있는 좌익 인사를 색출하고자 김창룡(金昌龍) 소령을 정보 주임으로 발탁했다. 김창룡은 함남 영흥 출신으로서 만주로 건너가 관동군 헌병대 대공 사찰 담당자로 활약하다가 해방과 함께 귀국했다. 그는 경비사관학교에 입교하여 3기의 우수생으로 졸업한 뒤 소령에 임관되었다. 그의 별명은 Snake Kim이었다.

14연대는 여수읍 신월리(新月里)의 옛 일본 해군 비행 기지에 주둔하고 있었다. 초대 연대장 이영순(李永純) 소령은 한 달 남짓 근무하다가 1948년 6월 18일 자로 전출되고, 제주도 9연대장이었던 김익렬(金益烈) 소령이 부임하였으나 좌경 군인으로 의심받던 그도 곧 경질되어 7월 15일 오동기(吳東起) 소령이 부임했다. 오동기는 평소에 군 장교의 부패를 개탄하면서 군대의 개혁을 외쳐 오던 터였다.

병사들의 반찬에 들어가는 고춧가루는 빨간 물감을 들인 톱밥이었다. 오동기는 부임하자마자 송호성(宋虎聲) 사령관이 독점하고 있던 군

특무대장 김창룡 소령(왼쪽)
송호성 소령(오른쪽)

대 부식의 납품을 공개 입찰로 바꿔 부식의 질을 높이고, 장교들에게 편중되어 있던 부식비 배정을 모든 장병에게 균등하게 혜택이 돌아가도록 했다. 이렇게 되자 그동안 기득권을 유지하고 있던 상인과 장교들의 불만을 사게 되었고, 이것이 결국 그에게 혁명의용군 음모라는 누명을 씌우는 빌미를 제공했다.(『여순 사건 실태조사보고서』(1), 1998, pp. 366~367)

그 뒤 송호성은 육군 총사령관에 올랐으나 한국전쟁 중에 북한으로 넘어갔다. 이로써 한 나라의 육군 총사령관이 적국으로 넘어가는 초유의 사건이 발생했다. 그의 관계자들은 한강을 건너지 못했고 납북되었다고 주장하지만 육군 총사령관이 퇴각을 못하여 적의 포로가 되는 일은 있을 수 없었다.

여기에서 사태를 더욱 악화시킨 것은 이승만 계열에서 이 사건을 김구(金九)를 거세하기 위한 작업으로 확산시키려고 한 데 있었다. 최능진(崔能鎭) 외 2명에 관한 혁명의용군 사건의 공판은 1949년 1월 21일 서울지방법원에서 시작되었다. 사건의 연루자들은 최고 책임자 서세충(徐世忠), 정치 재정 책임자 최능진, 14연대 책임자 오동기, 경비대 책임자 김진섭(金鎭燮), 강원도 원주(原州) 동원 책임자 안종옥(安鍾玉), 춘천(春川) 동원 책임자 박규일(朴奎一) 등으로 발표되었다. 이들은 1947년 12월 하순부터 1948년 9월 22일까지 10회에 걸쳐 밀회하면서 원주와 춘천 부대 병사 200명과 14연대의 응원을 얻어 서울로 진격하여 정부를 전복할 계획을 했다는 것이었다.(『동아일보』 1949. 1. 23.)

윤치영(尹致暎) 내무부 장관의 보고에 따르면, "오동기는 한국 문제가 UN에 상정되자 남한 정부를 파괴할 목적으로 좌익 계열의 선동과 음모 아래 소련 혁명 기념일(11월 7일)을 계기로 행동을 전개하고자 했다"는 것이다.(『국회속기록』 1949. 10. 27.) 그러나 사실인즉 오동기가 이 사건에 직접 연루된 것은 아니었고 연루자 가운데 몇몇이 입대할 때 그가 보증을 서준 것이 빌미가 되었다. 오동기를 연루시킨 것은 그가 광복군(光復

맨 앞줄 왼쪽 첫 번째가
광복군 출신 오동기

軍) 출신으로 열렬한 김구 추종자였기 때문이었다.

　1948년 9월 28일에 송호성의 소환을 받고 서울로 올라온 오동기는 곧 구속되었다. 취조의 내용은 최능진과 관련하여 정부 전복과 반란을 음모했으므로 사건의 주모자로서 내용과 배후를 자백하라는 것이었다. 그러나 오동기 소령은 최능진을 한 번도 만나본 사실이 없다고 대답했다가 박일원(朴馹遠)에게 모진 고문을 당했다. (『한국전쟁사(1)』(1967, p. 485) 박일원은 본디 공산당 경기도당 청년부장과 박헌영(朴憲永)의 비서를 역임했으나, 해방 뒤에는 살길을 찾아 경찰에 투신하여 좌익의 탄압에 앞장섰다가 남로당 특수대원의 손에 죽었다. 노선을 바꾼 사람이 더 지독하다.

　오동기 소령이 구속되어 10년 형을 언도받은 뒤 일본군 출신 박승훈(朴勝薰) 중령이 10월 7일 자로 14연대장에 부임해왔다. 연대장이 정부 전복의 혐의로 구속된 어수선한 상황에서 14연대는 육군본부의 명령에 따라서 1대대가 제주도 토벌 작전에 출동 준비를 갖추고 있다가 10월 19일 오후 8시에 여수항을 출항하라는 전문 지시를 받았으며, 이에 따라서 상륙용 주정(LST)에 선적 작업을 시작하였다.

3. 사건의 전개

10월 19일 오후 9시 30분 무렵이 되자 제14연대의 장교들이 반란을 일으켰다. 연대 주임상사였던 지창수(池昌洙)는 군대 안에 침투해 있던 좌익들과 함께 부대에서 제주도 출병을 위한 장교들의 환송 회식을 하는 자리에서 16명의 장교를 사살했다.(『하우스만(Hauseman) 증언』, 1995, p. 173) 당시 14연대의 3개 대대에는 일제 무기 대신에 M-1소총이 지급되어 있었는데, 파견 명령을 받은 대대가 M-1소총과 자동 기관총을 모두 거둬 제주도로 가려 했기 때문에 당초에 지창수의 무리에게는 무기가 없었다.

이들이 봉기할 당초에 추종한 무리는 40여 명이었다. 반란 당시 지창수는 "우리는 제주도 출동에 앞서 이들 악질 반동 경찰과 일본군을 타도해야 하며, 나아가 동족상잔의 제주도 출동에 반대한다"고 병사들을 선동했다. 오동기 연대장의 체포와 다가오는 숙군의 위협을 느끼고 있던 좌익 군인들은 제주도 토벌 작전이라고 하는 마음 내키지 않는 명령에 불복하여 선제공격하기로 했다.

10월 20일 오전 3시에 여수경찰서를 습격 점령한 반란군은 오전 5시가 되자 그 수가 2,000명 정도로 증가했다. 반란군은 여수를 장악한 뒤 그 세력을 순천 쪽으로 확대해 나아갔다. 이들에게는 제주도 토벌을 위해 미군의 M-1소총과 기관총, 박격포가 새로 지급된 직후였기 때문에 화력이 막강했다.(백선엽, 『軍과 나』, 1989, p. 340) 오전 9시 30분부터 시작한 반란군과 군경의 교전이 오후 5시쯤에 끝나면서 순천경찰서는 완전

여수·순천 사건 당시의 양민 학살 현장. 그들은 왜 죽어야 했는지를 모른다.

히 반군에게 점령당했다.

반란군은 21일 오전 8시쯤에 유치된 죄수 20여 명을 석방하여 경찰에서 노획한 무기를 그들에게 제공했다. 그들은 인민군을 편성하여 사령부를 경찰서에, 인민위원회를 민족청년단 사무소에, 인민재판소를 군청에 각각 설치하는 한편, 각 공무원과 경찰 가족, 우익 정당, 청년 단원 400명을 검거하여 인민재판에 회부했다. 그들 가운데 간부급은 총살형을 당했고 나머지 100여 명은 23일 국군의 진주로 사형 집행 직전에 구출되었는데, 순천경찰서장 양계원의 총살형은 가장 처참했다.(『세계일보』1948. 10. 28.)

10월 21일 오후 3시에 여수를 점령한 반란군은 여세를 몰아 우익 요인과 경찰관 가족을 살해하고, 순천의 경찰서·군청·읍사무소·전기회사·은행 등 공공 기관을 접수한 뒤 인민공화국 국기를 게양하고 간판을 내걸었다. 그들은 자칭 계엄령을 선포하여 순천재판소를 인민재판소로 개칭하여 재판을 시작했다.(『국회속기록』1949. 10. 27.) 재판은 민간인들이 진행했다. 경찰관, 관리, 지방의 우익 인사, CIC의 첩보원들이 인민재판에 회부되었으며, 벌교에서는 한자리에서 67명이 처형되었다.(*G-2 Weekly Summary*, No. 169, 1948)

군사고문단이 진압사령관 원용덕(元容德)에게 넘겨준 작전은 "4F 작전"으로서, "찾아서, 묶어둔 뒤에, 공격하여, 끝낸다"(Finding-Fixing-Fighting-Finishing)는 뜻이었다.(『하우스만 증언』, p. 184) 4F 작전의 하수인은 세칭

백두산 호랑이 김종원

백두산 호랑이인 김종원이었다. 전직 관동군 헌병 출신이었던 그는 여수 시민들을 공설운동장에 집합시켰다. 영문도 모르는 시민들은 날씨와 농사일을 걱정하고 있었다. 김종원은 시민들에게 팬티만 입힌 상태에서 총살하거나 철사로 손가락을 묶어 오동도(梧洞島) 앞 바다로 밀어 넣었다. 자신이 차고 있던 닛폰도(日本刀)로 직접 피의자의 목을 베고 한 자리에서 7~8명을 처형했다.(『여순사건 실태조사보고서』(1), pp. 169, 213, 331)

초토화 작전으로 여수·순천 반란은 종식되었지만, 여수의 함락은 반란의 종식이 아니라 비극의 시작이었다. 이때부터 무서운 보복과 살육이 전개되었다. 물 빠진 군복을 입었다는 이유만으로 처형되었으며, 정체불명의 편지를 배달했다는 이유로 배달부가 처형되었다. 목포·해남·완도·진도에서는 양민들이 바다에 실려 가 돌에 매달린 채 수장되었다.(『여순사건 실태조사보고서』(1), pp. 16, 288, 229, 258)

반란을 일으킨 14연대 군인들에게 음식을 제공한 여성동우회(女性同友會)의 한 회원은 "호박잎 하나 건네준 죄"로 잡혀갔다.(『順天市史』, 1997, p. 818) 종산(鍾山)국민학교에서는 125명을 처형하여 묻어버렸다. 이 학교는 지금의 여수중앙초등학교인데 앞서 이발사가 말한 바로 그 학교이다. 문중들 사이의 해묵은 감정을 이유로 처형하는 경우도 빈번했다.

여자들의 국부를 막대기로 쑤시기도 했다.(『여순사건 실태조사보고서』 (1), pp. 289~323) 내 책『한국분단사연구 1943-1953』의 미국어판(*The Politics of Separation of the Korean Penisula, 1943-1953*, Edison : Jimmondang, 2008)이 출판될 당시 미국 측 편집자는 이 문장이 너무 야만적이어서 문명국가에서는 사용하지 않는 표현이라는 이유로 표현을 바꿀 것을 요구했고, 그래서 나는 "They (policemen) violated women with sticks"라고 문장을 바꾸었다. 읽는 이의 느낌이 많이 달랐을 것이다.

군번이 260×××로 시작되는 청년들도 처형되었는데 이는 14연대 병력의 군번이 260으로 시작되었기 때문이었다. 인민위원장을 지냈다는 이유로 처형된 사람도 있지만, 당시에 이념의 확신 때문에 인민위원장을 맡은 사람은 거의 없으며 대부분이 구장을 맡는 심정으로 그 직책을 맡았다.

보복은 이듬해에도 그치지 않았다. 이러한 보복 살인 가운데서도 보도연맹(保導聯盟)에 대한 살육이 가장 처절했다. 보도연맹은 반공 검사 오제도(吳制道)의 제안으로 1949년 4월 21일에 발의되어(『동아일보』 1949. 4. 23.) 6월 5일에 결성된 것으로서, 초대 간사장은 좌익의 민주주의민족전선(民戰) 조사부장이었던 박우천(朴友千)이었다. 정부는 보도연맹을 조직하면서 여기에 가입하면 좌익으로서의 전과를 묻지 않고 애국적인 국민으로서 포용하기로 약속했다. 이들은 예비 검속을 당하거나 자발적으로 경찰서에 출두하기 이전에는 생업에 충실한 양민이 대부분이었다.

4. 해원(解冤)

어느 날 나의 아버지께서 어머니에게 "구장이 보도연맹에 들라고 하는데 어쩔까 모르겠다"고 말씀하셨다. 그 무렵 사람들은 보도연맹이라면 당연히 시국 강연을 하는 보도연맹(報道聯盟, reporting union)인 줄로만 알았다. 그것이 "자수한 공산주의자들을 회개하게 만들어 잘 보호하고 인도하는 모임" 곧 보도연맹(保導聯盟)으로 안 사람은 거의 없었다. 글줄이나 읽은 사람도 그랬는데, 배우지 못한 농부들이야 오죽했겠는가? 거기에 들어가면 비료 표도 준다고 했다. 아버지는 별 뜻 없이 보도연맹에 들어가셨고, 그날 이후로 사흘 동안 집에 들어오지 않으셨다.

며칠이 지나 밤중에 밖에서 신음 소리가 들려 내다보았더니 마당에 시체(?)가 널브러져 있었다. 놀라 나가 보니 아버지였다. 사람도 알아보지 못했고 온몸이 피투성이였다. 내가 울며불며 이웃 사람들을 불렀다. 어떤 아주머니는 "다야찡"이 좋다 하고 누구는 "구아노찡"이 좋다고 했지만, 그런 약을 어디에서 구하는지도 몰랐다. 다야찡은 전시 부상병들의 지혈제였고 구아노찡은 지사제(止瀉劑)였는데 워낙 위약(僞藥, placebo) 효과가 높아 감기와 골절에도 썼다.

그때 정 씨 아저씨가 말했다. 옛날에 저렇게 고문당한 몸에는 오래 썩은 똥물이 좋다는 것이다. 나는 아저씨와 함께 재래식 변소에 가 똥물을 퍼 용수로 걸러 아버지의 입에 흘려 넣었다. 며칠이 지나 아버지는 깨어나셨다. 아버지는 그때 얻은 골병으로 평생 오만 삭신이 쑤시는 고통 속에 살다 돌아가셨다. 몸이 괴로울 때면 "그때 문광면 지서 주임 장(張?) 씨가 왜 나를 그렇게 팼는지 모르겠다"고 말씀하셨다. 그 지서 주임은 쉬엄쉬엄 사흘 동안 패며 히죽거렸다고 한다.

그때 생각만 하면 나는 목이 메고 앞이 뿌예진다. 국창(國唱) 박동진(朴東鎭) 선생도 묵은 똥물을 마시고 득음(得音)했다는 수기를 남겼다. 그래서 그분의 창을 들을 때면 아버지 생각이 더욱 절절하다. 그때 맺힌 원통함이 이제까지 내가 독하게 살아온 근력이 되었다. 나는 아버지처럼 억울한 일 겪으며 살고 싶지 않았다.

여수·순천 사건을 다루면서 가장 거북스러운 대목이 바로 박정희(朴

正熙) 전 대통령의 연루설이다. 수사 과정에서 방첩대에 끌려온 많은 장교 가운데 육군본부 작전교육국 소속의 박정희 소령은 반역죄로 사형을 언도 받았다. 무기징역이라는 기록도 있다. 박정희는 신문 과정에서 이재복(李在福)·이중업(李重業)으로 이어온 한국군 내부의 적색 조직을 백선엽에게 실토했다.

박정희의 진술에 따라 "줄기에 딸려 나오는 고구마"처럼 200명의 남로당원이 체포되었다.(『실록 박정희』,『中央日報』1997. 11. 17.) 이로써 그는 감형을 받아 한국전쟁 직전 석방되어 군대에 복귀했다.『이한림(李翰林) 회상록』(p. 390),『장도영(張都暎) 회고록』『신동아』1984년 7월호, p. 133),『김정렬(金貞烈) 회고록』(p. 121), 백선엽 회고록『군과 나』(p. 347),『하우스만 증언』(p. 34), 이치업 회고록『번개 장군』(p. 24)에 그렇게 기록되어 있고,『조선일보』(1949. 2. 17.)에도 보도된 바 있다. 필자들은 서로 자기가 박정희를 살려주었다는 뜻으로 글을 썼다.

미국의 저명한 언론인 돈 오버도퍼(Don Oberdorfer)는 그의 저서『두

보도연맹 가입자의 처형. 얼굴이 앳되다.

개의 한국』(*The Two Koreas*, 2001, p. 10)에서 박정희가 "공산주의를 찔러 보는 유희(flirted with communism)에 빠진 적이 있다"는 기록을 남겼다. 이치업은 박정희의 동기인 육사 2기생의 80%가 좌익이었다(p. 95)는 말과 함께 그 당시 군부의 좌경은 이상할 것이 없다고 기록했다.

이 문제는 미국의 정가에도 관심거리였다. 5·16 군사정변 직후인 1961년 6월 9일, 미국 대리대사이며 쿠데타 전문가인 그린(Marshall Green)은 그 문제와 관련하여 미국이 문제 삼지 않을 것이라고 박정희를 안심시켰다. (Kim Hyung-A, 2004, pp. 71, 360) 이 문제는 흔히 오고 가는 이야기인데 "임금님의 귀는 당나귀 귀"처럼 언제까지 뒤에서 수군거리다가 말만 더 증폭시킬 일은 아닌 것 같다.

당초에 여수·순천 사건은 군부 안에 있던 공산주의자들의 사주(使嗾)에 의한 것임에는 틀림이 없으나, 국가 또는 정부의 전복을 도모한 사건이었다고 말할 수는 없다. 당시의 남로당 잔여 세력이 남도 끝자락에서 연대 병력으로 "공산 혁명"을 일으켜 대한민국을 공산화할 만한 위치에 있지 않았기 때문이었다. 결과적으로 민중의 참여와 그들에게 엄청난 아픔을 준 데 대하여 중대장 김지회(金智會)나 지창수는 지리산으로 입산한 뒤 이현상(李鉉相)으로부터 "군사적 모험주의"라는 이름으로 심한

김지회(왼쪽)
이현상(오른쪽)

질책을 받았다.(『順天市史』, pp. 802, 806)

여수·순천 사건 이후로 한국은 엄혹한 우익의 길로 접어들었다. 이후로 국군 부대의 단위별 명칭에는 "4"자를 넣지 않는 전통이 세워졌다. 그 결과로 나타난 것이 1948년 12월에 공포된 국가보안법(國家保安法)이었다. 이 법에 따라서 군부에 광범위한 경찰권이 부여되었다.

안호상(安浩相) 문교부 장관은 취임 뒤 여순 사건이 발생하기 전부터 전국 교원에 대한 사상 경향을 조사하여 전체 교원 가운데 10%인 5,000여 명을 교직에서 퇴출하기로 했다.(『연합신문』1949. 1. 23.) 이어서 3월 8일 서울운동장에서 서울 시내 10만 학도들의 학도호국단(學徒護國團)을 결성하여 학생 조직을 연대니 대대로 틀렸다.(『서울신문』1949. 3. 9.)

여수·순천에서 5,400여 명이 죽었는데(『연합신문』1949. 6. 18.) 그 가운데에는 억울한 사람이 많았다. 그들이 설령 모두 빨갱이였다 하더라도 그렇게 죽어서는 안 될 일이었다. 세월이 흐르면 어차피 겪어야 할 죽음이 일찍 왔다고 해서 슬퍼하거나 서러워하는 것이 아니라, 그 죽음 위에 씌워진 너울이 억울하고 정의롭지 않았으며 그들이 죽어야 할 이유가 정당하지 않았다.

원인만 강조하는 것은 결과를 호도하려 함이다. 가해자와 희생자가 우익이었든 좌익이었든 그들에게는 합당한 진혼제가 필요하다. 이 사건은 격동기의 혼란이나 이념만으로는 설명될 수 없는 민족사의 비극이었으며, 언젠가는 해원(解冤)해야 할 과제이다. 이 사건은 전설도 아니고 구비문학(口碑文學)의 소재도 아닌 엄연한 현실이며, 잊기에는 아직도 그 모습이 내 눈에 선연하다.

제22장 참고 문헌

『국회속기록』1949. 10. 27.

『김정렬(金貞烈) 회고록』(을유문화사, 1993)

『동아일보』1949. 1. 23.

백선엽,『軍과 나』(대륙연구소, 1989)

『서울신문』1949. 3. 9.

『세계일보』1948. 10. 28.

『順天市史』(순천 : 순천시사편찬위원회, 1997)

『여순사건 실태조사보고서』(1)(여수 : 여수지역사회연구소, 1998)

『연합신문』1949. 1. 23.; 1949. 6. 18.

유홍준,『나의 문화유산 답사기』(창작과 비평사, 1993)

이치엽,『번개 장군』(원민, 2001)

『이한림(李翰林) 회상록』(팔복원, 1994)

「장도영(張都暎) 회고록」,『신동아』1984년 7월호.

『조선일보』1949. 2. 17.

정일화/하우스만(공저),『하우스만(Hauseman) 증언』(한국문원, 1995)

『한국전쟁사』(1)(한국전사편찬위원회, 1967)

G-2 Weekly Summary

Kim Hyung-A, *Korea's Development under Park Chung Hee*(London : Routledge Curzon, 2004)

Oberdorfer, Don, *The Two Koreas*(Jackson : Basic Books, 2001)

23

김일성 신화의 진실(2)
한국전쟁

> "내란이 폭군보다 나쁘다."
> ― 화비니우스(Fabinius)

> "예로부터 전쟁이 일어난 뒤
> 고향 집으로 간 사람이 없더라.
> (由來征戰地 不見有人還)"
> ― 이백(李白)의 「관산월」(關山月)

　　　　　　　1985년, 유학을 떠나기에는 늦은 나이인 마흔세 살, 워싱턴 근교 수틀랜드 국립문서보관소(NARA)의 황량한 벌판에 서서 나는 막막하기 그지없었다. 어림하여 30억 쪽의 문서가 소장되어 있다는 이곳에서 명색이 한국전쟁 문서를 찾고자 왔다지만, 어디서부터 손을 대야 할지 알 수 없었다.

　다행히도 한국 현대사 연구의 전설이 된 방선주(方善柱) 교수를 만나 도움을 받았으나, "나는 이곳에서 7년 동안 8만 페이지의 자료를 복사했는데도 아직 한국전쟁이 왜 일어났는지를 알 수 없다"는 말이 나를 더욱 절망하게 했다. 2개월이 지나서야 무슨 자료가 어디쯤 있다는 것을 알게 되었고 귀국할 무렵에는 1만 5,000쪽의 일차 사료를 복사할 수 있었다. 이것이 내 한국 현대사 연구의 거름이 되었다.

　전쟁은 시도 때도 없이 일어나는 역사의 재앙이었다. "전쟁은 부흥을 가져온다"는 스탠퍼드대학교 역사학자 모리스(Ian Morris)의 글 『전쟁! 그게 어디에 도움이 되는데?(*War! What is it Good For?*, 2014)』는 너무 잔인하다. 전쟁은 피 흘리는 정치요, 정치는 피 안 흘리는 전쟁일 뿐이다.

죽지 않을 수 있다면 전쟁은 가장 멋진 게임이라고들 말하지만, 로마의 정치인 대 카토(Cato the Elder)의 말처럼, 용맹한 것과 목숨을 가볍게 여기는 것은 별개의 문제이다. 거기에는 무고한 생명들이 권력자의 오판이나 허세로 말미암아 목숨을 잃기 때문이다. 역사를 돌아보면 훈련되지 않고 비이성적인 충동에 따라 움직이는 군대보다 더 국가의 통치에 두려운 것은 없었다.

1. 전쟁, 그 무모하고도 덧없는 참상

인간은 왜 전쟁을 일으키는가? 수많은 변명과 명분에도 전쟁이 일어나는 원인은 떳떳하거나 선명하지 않았다. 그 원인을 굳이 정리해 본다면, 자원의 결핍과 한계효용 체감의 법칙이 적용되지 않는, 영토의 확장에 대한 욕심, 정치지도자의 공명심과 헛된 영웅심, 승리할 것만 같은 오판으로 말미암은 충동 때문이었다. 불행하게도 한국전쟁은 위의 요소를 함께 갖춘 특이한 전쟁이었다.

어떤 상황에서도 전쟁은 합리적 선택이 아니다. 광기와 탐욕, 그리고 복수심 앞에 윤리나 도덕적 외침이나 이성의 호소력은 매우 낮았다. 그 참혹함은 인간의 삶에서 가장 심각하다. 한국전쟁 당시에 어느 장교가 사병에게 물었다.

"내가 만약 하느님이라면 이번 크리스마스 선물로 너에게 무엇을 줄까?"

그랬더니 그 사병이 이렇게 대답했다.

"내일(來日)을 주십시오."(Gimmi tomorrow.)

(S. Weintraub, 2000, p. xiii)

이 대화에 전쟁의 절박함이 잘 나타나고 있다.

한국전쟁은 개전의 이유와 개전 책임에 대해 가장 논란이 많은 전쟁이었다. 따라서 반세기가 지난 지금까지도 미국의 관문서를 중심으로 하는 전통주의자들의 남침설, 수정주의자들의 남침유도설, 그리고 재수정주의자들의 내전설 등 그 해석이 구구할 수밖에 없다. 이 글은 "김일성은 왜 전쟁을 결심했는가? 김일성은 무엇을 의도했는가? 그리고 김일성은 전쟁을 통해 무엇을 얻었는가?"라는 질문을 화두(話頭)로 삼아 1950년 6월의 상황을 되돌아보려는 데에 그 본뜻이 있다.

건국 초기인 1948년까지만 해도 "남한의 진보(좌익) 세력은 막강하며, 혁명적 분위기가 무르익었다"고 김일성은 생각했다. 그뿐만 아니라 조선인민군은 패퇴한 일본 34군과 58군의 무기를 접수하여 무장도 든든했다. 중국 혁명과 러시아 홍군에서 실전 경험을 쌓고 귀국한 2개 사단 규모의 조선인 병력도 뿌듯했다. 1940년대 말부터 1950년대 초까지 기간의 북한에 주재한 소련 군사고문의 숫자는 중공에 주재한 소련 고문의 숫자보다 많았다.(Sergei N. Goncharov, 1993, p. 133)

젊은 나이에 최고 권좌에 오른 김일성은 좀 허황한 생각에 사로잡혀 있었고, 모두 딸 것만 같은 도박사의 자기 최면에 빠져 있었다. 그렇다고 해서 건국 초기의 불안정한 국가 기반 위에서 자기의 힘만으로 한반도를 공산화할 능력도 없던 그는 1950년 3월 30일부터 4월 25일까지

왼쪽부터 J. 스탈린, 모택동, 김일성

모스크바에 머물면서 스탈린(J. Stalin)과 한국전쟁을 협의했다. 이 자리에서 오고 간 논의는 주로 자신의 개전 의지를 스탈린에게 전달하는 것이었다.

그때 김일성이 "먼저" 전쟁 구상을 스탈린에게 피력했으나, 스탈린은 그에 동의하지 않았다. 남침 계획을 들었을 때 스탈린은 미국의 개입을 걱정했다. 남한의 공산화가 바람직한 것은 사실일지라도 소련은 미국과 전쟁을 감수할 뜻이 없었다. 스탈린은 개전을 협의하는 단계에서 만류했다. 그러나 스탈린은 "남조선에서 미군이 물러난 지금 초전(初戰)에 승리하면 미국이 개입할 겨를이 없어 승전할 수 있을 것"이라는 김일성의 주장에 설득되었다.

"미국은 그토록 작은 나라를 구출하고자 개입하지는 않을 것"이라는 모택동(毛澤東)의 판단도 소련의 결심에 도움을 주었다. 미국이 중국의 국공 내전에서 국부군을 지원하지 않았다는 사실이 모택동이 그런 판단을 하도록 만들었을 것이다. 스탈린의 머뭇거림이 개전으로 바뀐 것은 1950년 2월 전후인 것으로 보인다. 김일성은 1949년 4월 28일 자로 스탈린에게 비행기, 전차, 탄약 등 전투 장비 51종, 공병 장비 43종, 통신 장비 42종과 기타 부품을 요청하여 소련이 이를 "부분적으로" 응낙한 사실이 있지만,(『한국전쟁 관련 러시아 문서』(YS), 1996, pp. 255~267) 이는 개전을 결심하기에는 턱없이 부족한 것이어서 개전과 관련하여 큰 의미를 둘 것은 못 된다.

그 자리에서 또한 김일성은 박헌영(朴憲永)의 말에 도움을 받아 개전의 첫 총성과 함께 남한에 있는 1,500~2,000명의 빨치산과 20만 명의 지하당원이 봉기함으로써 남한이 즉시 붕괴하리라고 장담했다. ("Tunkin이 Vyshinsky에게 보낸 암호 전문," 1949. 9. 11. *CWIHP Bulletin,* Issue 5, Spring 1995, p. 6) 김일성은 지리산의 게릴라들에게 희망을 걸고 있었다. 여기까지 대화가 진전되자 스탈린은 중공의 도움을 받는다는 것을 전제로

하여 김일성의 의지를 지지했다. 스탈린으로서는 내 손에 피를 묻히지 않고 남의 손으로 적을 이기는 방법[借刀殺시]이라면 굳이 마다할 이유가 없었다.

2. 김일성의 전쟁 구상

내가 한국전쟁의 개전 초기에서 가장 궁금하게 여기는 수수께끼는 김일성이 개전 사흘 만에 서울을 점령한 다음 그 중요한 초전의 시각에 왜 남진하지 않고 서울에서 3일의 시간을 보냈는가 하는 점이다. 이에 대해서는 숨 고르기라느니(소련 군사 고문 Stanikov), 한강 도강 장비의 부족이라느니(백선엽), 상부의 지시를 기다렸기 때문(Dean Rusk)이라느니 온갖 이론이 난무하지만, 그런 것이 아니라 본디의 작전 계획에는 수원 이남으로의 진격이 포함되지 않았었다고 나는 믿고 있다. 김일성이 전면전을 획책했다면 서울에서 3일 동안 머뭇거리지 않고 승세를 몰아 남진했을 것이다.

이 문제와 관련하여 당시 북한군 작전국장 유성철(兪成哲)의 회고담을 들어보는 것이 좋다.

"6월 28일 아침, 탱크 사단을 앞세운 인민군 제4사단이 서울에 입성했다는 보고를 받고 나는 이제 전쟁이 끝났다고 생각했다. … 우리의 남침 계획은 사흘 안에 서울을 점령하는 것으로 끝나게 되어 있었다. 이러한 작전 개념은 우리가 남한 전역을 장악할 의도가 없었기 때문은 아니다. 단지 우리는 남한의 수도를 점령하면 남한 전체가 우리의 손으로 들어오는 것으로 착각했다. …

적의 수도를 점령함으로써 전쟁에서 승리하는 것은 세계의 전사(戰史)에서 비일비재한 일이다. 우리는 20만 남로당 당원이 봉기하리라는 박헌영의 호언장담을 철석같이 믿고 있었다. … 만약 이때 인민군이 쉬지 않고 진격을 계속했다면 한국전쟁의 역사는 전혀 달라졌을지도 모른다."(유성철,『한국일보』1990. 11. 13.)

유성철의 증언인즉 한국전쟁은 당초 "3일의 전쟁"이 "3년의 전쟁"으로 길어진 것이다. 이것은 "3일 이내에 서울의 점령을 끝내고 낙엽 지기 전에 남한을 해방할 수 있다"는 김일성의 주장(『한국전쟁 관련 러시아 문서』, 서울신문사, ЗО-4Д, 1995, p. 2)에서도 잘 나타나 있다. 개전 직전에 북한군 참모부가 4사단 참모장에게 내린「정찰명령서 제1호」와 보병 4사단 이권무(李權武)의 이름으로 하달된「작전명령서 제1호」(U.S. Dept. of State, 1950, pp. 28~32)에도 서울 이남의 작전이 보이지 않는다.

그뿐만 아니라 부산까지 쳐내려 가는 전면적 장기전을 계획했다고 보기에는 북한군의 장비가 너무 허술했다. 6월 23일 자로 인민군 657부대에 하달된 군장(軍裝) 명령에 따르면, 전투원은 1개 분대에 모포 한 매, 세 사람에게 식기 한 개, 미숫가루를 주로 한 비상식량, 군화 한 켤레, 세면도구, 예비 발싸개, 마초(馬草) 이틀분으로 엄격히 제한되어 있다.(RG 242, SA2010 Item 1/52, WNRC) 이와 같은 경장비는 속전(速戰)을 의미하며 남한 전역을 장악하기 위한 장비로서는 턱없이 부족하다.

장마가 오기 전에 전쟁을 종식해야 하며, 장기전은 불리하다는 사실을 잘 알고 있던 김일성으로서는 짧은 시일 안에 전쟁을 끝내야 하는데 그 시간 안에는 남한 전역을 완전히 장악하는 것이 불가능하므로 옹진~서울의 장악에

북한군 작전국장 유성철

주력했다. 그래서 한국전쟁의 작전 명칭은 "옹진작전"이었다.(『한국전쟁 관련 러시아 문서』, 외무부, 1995, p. 21) 클라우제비츠(Karl von Clausewitz)의 『전쟁론』(On War)의 전략적 핵심은 "신속하게 적국의 수도를 점령하는 것"이었다.(터크맨, 2008, p. 81)

이와 같은 주장을 뒷받침하는 또 다른 사실은 인민군이 서울의 남쪽에 있는 수원(水原)의 장악을 중요시했다는 점이다. 그것은 오산 비행장을 장악함으로써 남한의 공군력을 무력화시키려는 의도 말고도 서울에 있던 정부 요인의 퇴로(退路)를 차단하기 위한 것이었다. 이는 서울을 점령한 2~3일 동안에 그들은 무엇을 했는가의 문제와 맞물려 있다. 북한군으로서 서울에 최초로 진주한 부대는 3사단 9연대로서 그 시간은 27일 23시였다. 그리고 곧이어 4사단이 진주했다. 이들이 3일(27~29일) 동안 서울에서 한 일은 "군인, 경찰, 그리고 민족 반역자를 색출하는 것이었다"(Roy Appleman, 1961, pp. 32, 53)는 것이 미국의 해석이다.

서울에 진주하는 소련 탱크

그러나 요인의 색출 작업은 미국 측의 설명처럼 "처단"이 목적이 아니라 그들의 납치를 통해 남북 협상의 우위를 장악하려는 정치 공작이었다. 그러한 작업의 일환으로 북한군은 6월 말에 당시 서울에 남아 있던 48명의 국회의원을 포함하여 김용무(金用茂)·원세훈(元世勳)·백상규(白象圭)·장건상(張建相)·오세창(吳世昌)·김규식(金奎植)·조소앙(趙素昻)·유동열(柳東說)·조완구(趙琬九)·안재홍(安在鴻) 등을 공산군의 영문(營門)으로 끌고 나가서 "항복식"을 거행하고 북한에 대한 지지를 표명하는 성명을 발표하게 했으며 끝내 이들을 북한으로 이송했다.(『金昌淑文存』, 1994, p. 62)

전선의 구축에도 의문이 남는다. 곧 6월 25일에 북한군은 38°선 전역을 돌파한 것이 아니었다. 그들은 동부전선의 돌파에 총력을 기울이지 않았다. 춘천 방면의 진격은 더디었다. 북한의 탱크 부대가 산악 지대를 통과하기가 쉽지 않았고 남한군 6사단의 저항이 결연했기 때문이라는 것이 정설로 되어 있지만,(Roy Appleman, pp. 27~28) 그와는 달리 서울 공격에 주력부대를 투입하다 보니 동부전선 침공에 무게를 두지 않은 것이었다.

여기에서 의문이 제기되는 또 다른 부분은, 김일성이 진실로 남한 전역을 장악하려 했다면 남하하던 2사단과 7사단의 병력은 홍천에서 "서쪽으로 우회전하여" 수원을 공격할 것이 아니라, 계속 "남쪽으로 진군하여" 횡성·원주·제천·단양·영주를 거쳐 민중 봉기와 연고가 깊은 대구를 장악했어야 한다. 당시 북한군은 T34 탱크 242대, SU72mm 자주포 176대, 장갑차 54대를 보유하고 있었다.

당시 남한군은 대전차 무기를 전혀 보유하지 않았고 전차공포증에 사로잡혀 있었기 때문에, 북한군이 전차 부대로 신속하게 남진을 감행했었다면 그들은 쉽게 남한 전역을 장악할 수 있었다.(Dean Rusk, 1990, p. 163) 그러나 북한군 2사단과 7사단은 그렇게 하지 않았다. 김일성은 한반도 전역을 무력으로 장악하려는 것이 아니었다. 그는 서울을 점령함으로써 한반도 전역의 공산화가 가능하리라고 오판했다. 그는 이승만(李承晚)이 항복할 줄로 알았다.

한국전쟁은 서울을 점령하기 위한 제한전이었다는 나의 글이 발표되자, (『한국정치학회보』 30/3, 1996, pp. 163~182) 김영호(金暎浩, 성신여대 교수, 현 통일부 장관)는 그의 저서 『한국전쟁의 기원과 전개 과정』(1998, pp. 60~79)에 나의 입장을 반박하는 장문의 글을 게재했다. 나의 글에 대해 김 교수가 제기한 반론의 핵심은 한국전쟁이 미·소 냉전의 소산이었지 김일성의 결심 사항이 아니었으며, 김일성은 서울만을 점령하려 한 것이 아니라 남한 전역을 공산화하려 했으므로 서울 제한 점령설은 김일성의 전쟁 책임에 면죄부를 줄 위험성이 있다는 것이다.

나는 김영호의 자세하고도 정중한 지적에 감사하지만, 사실의 규명은 정죄(定罪)에 앞서야 한다는 것이 나의 입장이었지 김일성을 비호할 뜻은 없었다. 김일성에 대한 면죄부의 문제를 말하자면, 한국전쟁은 김일성의 개전 의지에 따른 전쟁이었다는 나의 논리보다는, 한국전쟁이라는 거대한 미·소의 냉전 구도 속에서 김일성은 한낱 하수인(pawn)에 지나지 않았다는 논리가 더 강하게 면죄부를 줄 수 있다.

3. 왜 남한의 게릴라들은 호응하여 일어나지 않았는가?

남한 출신인 박헌영은 한국전쟁을 추동하면서 김일성보다 더 게릴라전의 효과를 과신하고 있었다. 그는 "남조선의 우리 조직은 800만 명"(『해방일보』 1946. 5. 15.)이라고 호언장담했다. 이것은 아마도 허장성세였을 것이다. 일단 자신의 정치적 기반인 남한으로 내려가 돌파구를 찾고 싶었던 그의 정치적 욕망과 계산이 빚은 실언이었다.

김일성이 전적으로 그의 말을 믿고 개전했다고 말할 수는 없지만, 박헌영으로서는 언제인가 이러한 자신의 발언에 책임을 져야 할 날이 오리라는 것을 계산하지 못했다. 김일성은 중공군의 참전과 함께 1950년 12월에 부수상 겸 외무상(군사위원)인 박헌영에게 중장 계급 부여와 함께 인민군 총정치국장을 겸임토록 했다. (姜尙昊, 『中央日報』1993. 3. 8.)

그러나 남한에서 게릴라전의 호응이 있을 것이고 이를 통하여 승리하리라던 김일성의 소망이나 박헌영의 계산은 부질없는 것이었다. 대구 사건과 남로당의 와해, 제주 4·3사태와 여수·순천 사건의 좌절은 그들의 유격전을 통한 승리의 희망을 좌절시켰다. 실제로 1948년부터 1950년까지의 빨치산은 수적으로도 급격히 감소하고 있었다. (서주석, 1993, p. 77)

유성철의 증언에 따르면, 당시 남한에서는 가혹한 소탕 작전으로 말미암아 남로당 당원 90만 명은 1948년 현재 24만 명으로 감소하여 있었다. 이는 그들을 통한 승리의 가능성이 날로 낮아지고 있음을 뜻하는 것이다. 게릴라의 성공 가능성이 낮을수록 내전이 전면적으로 확대될 가능성은 높아진다. 그러나 남한에서 게릴라전은 전술적으로도 불가능한 것이었다.

소수에 의한 테러 위주의 도시 게릴라가 아닌 전투 개념으로서의 유격전을 전개하려면,

(1) 연륙(連陸)한 퇴로가 있어야 하고,
(2) 강추위가 없어야 하고,
(3) 밀림이나 동굴과 같은 엄폐 수단이 있어야 하며,
(3) 생식(生食)으로 식사할 수 있어야 하고,
(4) 주민의 호의적 동조가 있어야 하며,
(5) 핵무기와 같은 대형 살상 무기가 등장하지 않은 상황에서 재래식 무기에 대한 의존도가 높아야 한다.

그러나 한국의 지형지물은 이와 같은 조건에 부합되지 않는다. 나의 기억 속에 북한으로 넘어가지 못하고 남아 있던 공산 게릴라들은 추위에 먹을 것이 없어서 동네로 내려와 서성거리다가 잡힌 경우가 많았다.

한국전쟁에 관한 나의 글이 가장 거세게 저항을 받은 것은 내가 한국 전쟁을 내전으로 규정했기 때문이었다. 김일성이 개전한 6월 25일을 강조함으로써 그의 책임을 확대하고자 전쟁의 이름도 "한국전쟁"에서 "6·25전쟁"으로 바꾼 우익들의 눈에는 개전 일자를 희석할 수도 있는 내전설로 한국전쟁을 해석하는 나의 주장이 매우 위험해 보일 수도 있었을 것이다.

그러나 하루 만에 벌어지고 마친 사건이 아니라 3년 동안 지속된 전쟁을 개전 일자로 명명하는 것은 역사적으로 유례가 없었다. 그것은 6월 25일을 강조함으로써 김일성에게 침략자의 낙인(stigma)을 좀 더 확실하게 각인하고자 함이었다. 전쟁을 특정 일자로 표기하는 것은 승전일(V-Day)을 표기할 때나 하는 일이다. 국제정치학이 주류를 이루고, 김일성의 악마화 작업에 몰두하고 있던 당시의 상황에서 나의 논지가 우익의 강력한 공격에 노출되리라는 것을 나는 잘 알고 있었다. "공산화를 위한 침략 전쟁"이라고 말했어야 한다는 것이 반론의 주류였다. 그러나 이미 1949년 5월의 하계 공세에서부터 남북의 교전이 시작되어 국지전에 돌입하고 있었다는 점을 나는 주목했다.

외세를 등에 업지 않은 내전은 없다는 점에서 국제적 측면만을 강조하는 것은 올바른 해석이 아니다. 6월 25일 이전에 38°선을 둘러싼 크고 작은 교전은 수없이 있었다. 2,000~3,000명의 연대 병력이 충돌한 사례도 있었으며, 이로 말미암아 한국전쟁 이전에 이미 남한에서만 10만 명이 피살되었다. (J. Merrill, *Current Review*, December 1988, p. 19)

남북한의 군사적 충돌이 이토록 빈번했기 때문에 6월 25일 막상 북한의 남침 소식이 주한 미국대사관에 전달되었을 때도 미국은 그것을 사실로 믿지 않았으며, 서울 시민의 분위기도 마찬가지였고(金聖七, 1950. 6. 25), 군부도 그다지 놀라지 않았다. 유성철의 증언에 따르면, 1950년 초에 옹진반도와 개성에서 이미 고전이 있었다. 남한의 군대가 북한을 공격하여 38°선을 1km까지 침범한 적도 있었고, 이때 양춘 대대는 국방군을 격퇴하고 보복 조치로 남측 지역 1km 안으로 진격해 들어와 있었다. (유성철,「나의 증언」(8),『한국일보』1990. 11. 9.)

나는 한국전쟁의 확산 과정에서 국제적 요인이 깊이 개재된 것을 부인하려는 것은 아니다. 한국을 일본의 보호를 위한 교두보로 여기는 미국과 러일전쟁 이래 극동에 얼지 않는 항구를 확보하고자 하는 소련의 욕망이 내전으로서의 한국전쟁을 확산시켰다는 것이 나의 입장이다. 따라서 내가 내전이라는 용어를 쓴 것은 국제전의 대칭 개념이며, 한국전쟁은 냉전이니 열강의 음모니 하는 문제보다는 "나라 안에서 벌어진 동족 사이의 전쟁"이라는 뜻이었다.

제2차 세계대전 이후에 수립된 신생국들이 경험했듯이 독립 이후에는 거의가 내전을 통해 씻김굿을 치렀다. 그와 마찬가지로 한국전쟁의 시작은 내전이었다. 그러던 차에 극동에서 패권을 추구하던 남북한의 후견국인 미국이나 소련은 한국에서 전쟁을 피해야 할 이유가 없었다. 결국 한국전쟁은 타협으로 풀 수 없었던 해방정국의 정치적 갈등을 무력으로 해결할 수 있으리라고 믿은 김일성의 오판이 내전으로 폭발한 것이었으며, 거기에 국제적 요인이 작용하여 국제전으로 확산한 것이었다.

4. 전쟁의 책임

맬서스(Malthus)는 인구의 팽창이 기하급수적이라고 걱정했지만, 잔혹하게도 그 인구를 억제해준 것은 질병과 전쟁이었다. 한국전쟁도 예외가 아니었다. 누구도 정확한 자료를 제시할 수 없지만, 어림잡아 북한 민간인 사망자는 110만 명 정도이며 군인 전사·실종자는 55만 정도이다. 중공군 사망·실종자는 13만 명이며, 남한 민간인 피살자는 99만 명으로 추산되며, 남한군 전사·실종자는 16만 2,000명이다.

미군은 3만 7,423명이 죽거나 실종되었고,(John Halliday & Bruce Cumings, pp. 200~201) 그 가운데 200명은 장군의 아들이었다. 장군의 아들이 이렇게 많이 죽은 것은, 전쟁이 일어나면 국가의 지도층이 먼저 나가 자신을 조국 전선에 바쳐야 한다는 로마 이래 서구의 전통에 따른 것이었다. 서구의 전쟁사를 보면 귀족의 전사율이 사병의 전사율보다 높았다. 한국인 장군의 아들이 전사했다는 기록을 나는 보지 못했다.

미군 이외의 UN군은 4,429명이 죽거나 실종되었다. 이들을 모두 합치면 대략 298만 명이 한국전쟁으로 죽었다. 후유증으로 인한 사망의 기간을 언제로 볼 것이냐에 따라서 이 숫자는 많이 달라질 수 있다. 그 가운데 한국인의 사망자는 대략 280만 명인데 당시 남북한의 총인구 약 2,966만 명(남한의 2,019만 명과 북한의 947만 명) 가운데 9.5%가 죽은 셈이

누가 죽이고 누가 죽었는가?
총탄의 흔적도 없이 죽었다.

다. 나누어 말하자면 북한의 인구의 18%가 죽었고, 남한 인구의 6%가 죽었다. (박동찬, 2014, *passim*)

김일성은 저세상에서 한국전쟁은 통일이라는 민족의 염원을 이루고자 함이었다고 자신의 처사를 설명할 것이다. 그러나 미국의 합참의장 브래들리(O. Bradley)가 맥아더 청문회(p. 732)에서 말한 바와 같이, 한국전쟁은 "잘못된 곳에서, 잘못된 시기에, 잘못된 적을 만난, 잘못된 전쟁"(wrong war at the wrong place, at the wrong time, with the wrong enemy)이었다.

우리의 역사에서 통일은 중요하다. 그러나 그것이 민족이라는 이름으로 동족상잔을 일으킬 때 그 민족주의는 죄를 짓는다. 나도 젊어 한때는 가슴이 끓는 민족주의자였지만, 역사를 되돌아보면 민족주의적 열망은 국제 문제의 해결책이라기보다는 원인일 경우가 많았다.

요컨대 1950년 6월 25일의 남침은 분명히 김일성의 결심 사항이었다. 그는 전쟁을 통해 국가 건설의 초기 모순을 공산화로 극복하고자 했다. 그러나 한국전쟁이 내전이었든, 적화 야욕이었든, 저들이 말하는 "해방 전쟁"이었든, 민족사의 입장에서 볼 때 한국전쟁은 무고한 죽음을 차치하더라도 통일을 적어도 70여 년 뒤로 물렸다는 점에서 비난을 면할 수가 없다. 그와 같은 사람들을 위해 2,000년 전, 내전에 휘말렸던 로마의 황제 오토(Marcus Otho : 서기 32~69)는 다음과 같은 말을 남기고 죽었다.

"내란에 따른 동족상잔은 조국에 커다란 죄를 짓는 것이다. 그 길을 피하고자 스스로 목숨을 끊는다."(『플루타르코스 영웅전』「오토 편」§15)

제23장 참고 문헌

姜尙昊,「내가 치른 북한 肅淸」,『中央日報』1993. 3. 8.

金聖七,『역사 앞에서』(창작과비평사, 1993)

金暎浩,『한국전쟁의 기원과 전개 과정』(두레, 1998)

『金昌淑文存』(成均館大學校出版部, 1994)

『唐詩 : 李白』

朴東燦,『통계로 본 6·25전쟁』(國防部 전사편찬연구소, 2014)

서주석,『한국의 국가 체제 형성 과정』(서울대학교 박사학위논문, 1993)

유성철,「나의 증언(10)」,『한국일보』1990. 11. 13.

터크맨(Barbara Tuchman) 지음 / 이원근(옮김),『8월의 포성』(평민사, 2008)

『한국전쟁 관련 러시아 문서』(서울신문사, 1995)

『한국전쟁 관련 러시아 문서』(YS본, 1996)

『해방일보』1946. 5. 15.

Appleman, Roy, *U.S. Army in the Korean War : South to the Naktong, North to the Yalu*(Washington : OCMH at the U.S. Army, 1961)

Clausewitz, Karl von, *On War*(Princeton : Princeton University Press, 1976)

CWIHP Bulletin, Issue 5, Spring 1995.

Department of State, *The Conflict in Korea : Events Prior to the Attack on June 25, 1950*(RG 407, Entry 429, Box 350, NA)

Goncharov, Sergei N.,(*et al*), *Uncertain Partners : Stalin, Mao, and the Korean War*(Stanford : Stanford University Press, 1993)

Halliday, John & Cumings, Bruce, *Korea : The Unknown War*(New York : Pantheon Books, 1988)

MacArthur Hearings : Military Situation in the Far East(Washington, D. C. : USGPO, 1951)

Merrill, John, "The Origins of the Korean War," *Current Review,* December 1988.

Morris, Ian, *War! What is it Good For?*(New York : Farrar, Straus and Giroux, 2014)

Plutarch's Lives : Fabinius; Cato the Elder; Otho.

Rusk, Dean, *As I Saw It*(New York : W. W. Norton & Co., 1990)

Weintraub, S., *MacArthur's War*(New York : The Free Press, 2000)

24

한국전쟁의 미스터리
미국의 함정이었나?

> "남한이 선제 공격을 했다면
> 개전 3일 만에 자신의 수도를 빼앗겼을까?"
>
> — 볼코고노프(D. Volkogonov)

　　　　　　　　　　1985년 9월, 미국의 연방문서보관소 앞에 서서 현판 글씨를 바라보며 나는 잠시 망연했다.

"흘러간 것은 다가오는 미래의 서막일 뿐이다."(What is past, is prologue.)

이 문장이 내 발길을 멈추게 했다. 이는 본디 셰익스피어(William Shakespeare)의 희곡 『템페스트』(*Tempest*) 2막 1장에서 안토니오(Antonio)가 동료 세바스찬(sebastian)에게 한 말이었다. 이 명제가 내 역사주의 사학의 골격을 이루었다.

그곳에서 한국전쟁을 공부하면서 내가 가장 놀란 것은 1945~1950년의 상황에서 미국은 1950년에 남침 전쟁이 일어나리라는 정보를 정확히 확보하고 있었다는 사실이었다. 6~7월 무렵이 남침 가능성이 가장 높다는 기록도 있었다. 미국이 그런 정보를 가지고 있었음에도 불구하고 철군한 사실을 나는 납득할 수 없었고, 미국의 철군 정책을 어떻게 이해해야 하는가에 대하여 나는 심각한 혼란에 빠졌다.

귀국하여 공석에서 그런 주제로 이야기하자 서주석(徐柱錫) 박사(KIDA, 전 국방부 차관)는 웃으면서 "그 무렵에 북한이 남침한다는 보고는 1만 5,000건에 이르고 남침하지 않는다는 보고는 2만 건에 이른다"고 말하면서 문제는 자료의 신뢰성이라는 점을 강조했다. 나는 귀국하자 한국전쟁과 분단에 대한 글을 발표하면서 한국전쟁의 개전 과정에서 미국이 남침을 알고 있었다는 점과 그 책임을 준열하게 묻는 글을 이어서 발표했다.

나는 뭘 믿고 그런 위험한(?) 말과 글을 썼는가? 나는 내 말에 책임질 만한 자료들을 가지고 있었기 때문이었다. 이를테면, 1947년 8월에 한국을 방문하여 정치적·군사적 상황을 돌아보고 귀국한 미국 아세아전구 사령관 웨드마이어(Albert C. Wedemeyer) 중장은 대통령에게 제출한 보고서에서 소련의 사주를 받은 북한군의 남침 가능성을 지적했다.(*Wedemeyer Report*, 1951, p. 24) 합참(JCS)도 1949년 6월에 이미 북한의 남침 정보를 확보하고 있었다.

그와 같은 상황에서 1949년 6월 27일, 육군장관 페이스(Frank Pace)는 국무장관 애치슨(Dean Acheson)에게 보내는 비밀문서에서 북한으로부터 전면전이 있으리라고 예고했다. 1949년 7월 13일에 주한 미국 대사 무초(J. J. Muccio)는 한국에 전쟁의 위험이 있다는 비망록을 국무성에 발송했다. 극동사령부는 1949년 7월 21일, 주한 미국대사관을 일본으로 옮기는 작전 계획을 비밀리에 지시한 바 있었다.(Harold J. Noble, 1975, p. 21)

이 사실과 관련하여 커밍스(B. Cumings)는 개전 이전에 미국은 전쟁 발발에 대비하여 인천에 미국인 가족의 철수를 위한 배를 마련해 두었다고 주장한다.(Vol. II, 1990, p. 609) 그런데 당시 인천에는 노르웨이의 비료 수송선인 라인홀트(Reinholt) 호와 대만의 수송선이 정박해 있었던 것은 사실이지간, 미군 가족의 대피를 위해 미국 선박이 정박해 있었다는 기록은 없다.

한국전쟁이 임박했다는 사실에 대한 정보는 맥아더 사령부에 수없이 쌓여 있었다. 1950년 3월 10일에 극동사령부는 1950년 6월에 남침이 있으리라는 정보를 입수했다. (*MacArthur Hearings*, 1951, p. 1991) 이런 상황에서 1950년 봄에 트루먼(H. S. Truman) 대통령은 한국이 전쟁의 위협에 놓여 있다는 보고를 받았다. 트루먼은 이 점을 유념하면서 1950년 6월 1일 자로 의회에 보내는 교서에서 이를 환기했으며, 당시 합참의장이던 브래들리(O. Bradley)는 트루먼의 그와 같은 지적이 적실한 것이라고 증언했다. (*MacArthur Hearings*, p. 1052; H. S. Truman, *Memoirs*, Vol. II, 1956, pp. 331~332)

더욱이 1950년 6월 17일부터 22일까지 미국 대통령 특사로 국무성 고문인 덜레스(J. F. Dulles)가 한국의 정정(政情)과 군사분계선을 시찰하고, 귀국길에 도쿄를 방문하여 맥아더 사령관을 만나 남한이 군사적으로 취약하며 전쟁 가능성이 있음을 보고했다. 그러나 이러한 보고에도 불구하고 맥아더는 이를 심각하게 받아들이지 않았다. 그는 북한의 남침에 별로 위협을 느끼지 않았으며, 설령 침공하더라도 능히 막을 수 있다고 말하면서 덜레스가 문관이었던 탓으로 남북한의 무기 체계와 남한의 형세를 모르고 있다고 생각했다.

그뿐만 아니라 당시 미군에게 정보를 제공한 주요 요원은 한국 연락장교단, 이른바 켈로(KLO, Korean Liaison Office)들이었는데, 주한 미군은 이들의 6월 23일자 첩보를 통하여 하루 이틀 안에 남침이 있으리라는 것을 알고 있었다. (방선주, 1986, pp. 43~44) 한국전쟁 최초의 여자 종군 기자였던 히긴스(M. Higgins)는 그의 저서에서 북한이 38°선을 가로지르는 2마일 지역에 거주하는 주민들에게 철수하도록 통보한 바 있으나, 누구도 이를 심각하게 받아들이지 않았다는 기록(1951, p. 21)을 남겼다. 왜냐하면 벌써 6개월 전부터 북한의 위협이 있었지만 아무런 일도 일어나지 않았기 때문이었다.

1. 함정설의 논거들

한반도에서 북한에 의한 침략이 있으리라는 정보를 미국은 정확히 확보하고 있었다는 나의 주장은 엄혹한 우익의 시대에 미국을 자극한 것 같았다. 그렇지 않아도 커밍스의 수정주의가 등장하고, 그가 미국의 국익을 손상했다는 이유로 연방문서보관소의 출입증(clearance)을 회수당하며, 그의 학채(Cumings's kids)들이 좌충우돌하던 시대였던지라 나도 좌파로 의심받으며 보수주의자들의 공격에 노출되었다.

그러는 가운데 미국대사관 문정관에게서 나에게 연락이 왔다. 마침 미국 국무성 동아시아국의 자문관으로 있는 메릴(John Merrill)이 한국에 오는데 한 번 만나 한국 현대사에 관한 이야기를 나눌 뜻이 없느냐는 것이었다. 그 문정관의 이름은 밀리(Millee)였던 것 같다. 이름이 특이해서 잊히지 않는다. 메릴은 우리보다 먼저 제주 4·3사건에 대한 논문을 발표하여 주목을 받고 있던 한국 현대사 연구의 1세대에 속하는 인물이었다.

나와의 단독 면담이 이뤄진 것은 아니며 몇 사람이 더 초대되었다. 그 자리에서 나는 그들이 나를 초청하여 듣고 싶어 하던 주제, 곧 한국 전쟁의 예측에 관한 이야기를 꺼냈으나, 국무성 관리로서의 그의 입장은 단호하게 그런 일은 없었다고 잘라 말했고, 나도 더 논의할 뜻이 없어 그 자리의 논쟁은 그의 이야기를 듣는 것으로 끝났다.

그런 일이 있고 나서 미국대사관은 뭔가 미진했던지 나에게 다시 전화를 걸어 한국전쟁의 개전 당시 국무성 극동국 한국과의 담당자가 아직 생존해 있으니 미국 책임론에 관하여 그와 직접 토론해 보지 않겠느냐고 제안했다. 그 방법은 나는 미국 공보원에서 그리고 상대자는 미국 국무성에서 인공위성으로 중계를 한다는 것이었다.

나는 동의했다. 상대할 국무성 관리의 인적 사항을 물어보니 본드(Niles Bond)라는 인물이었다. 나도 그 이름을 익히 알고 있던 터라 할 말과 물어보고 싶은 말이 많았다. 1988년 3월 30일, 미국문화원(USIS)에 있는 위성중계실에서 대담이 이뤄졌다.

미국외교연수원(ADST)에 소장된 본드의 구술 기록(April 14, 1998)에 따르면, 그는 1916년생으로서 아버지는 공인회계사였다. 그는 1939~1968년 국무성에 근무했는데, 마드리드와 베른에서 근무하다가 1947~1949년에는 동아시아계장, 한국 담당관(1949~1950), UN 대표부, 도쿄의 연합군사령관 정치보좌관(1950), 주일대사관 영사(1952)로 근무했다. 그는 일제 시대에 두 번 한국을 방문한 경험이 있다.

토론은 내가 문제점을 지적하는 것으로 시작되었다. 나는 "1949년 4월 11일과 5월 11일에 대통령의 특사인 조병옥(趙炳玉)과 미국 주재 대사 장면(張勉)이 국무성을 방문하여 버터워드(W. W. Butterworth) 극동과장과 귀하를 만나 전쟁의 발발을 예고하면서 특히 서해안에서의 긴장을 우려했던 사실"(FRUS : 1950, Vol. VII, Korea, 1976, p. 12)을 지적했다.

그때 한국에서 상황이 급박해지자 미국은 자세한 상황을 알아보고자 "1949년 12월 14일 귀하를 한국에 파견했는데, 당시 국방장관 신성모(申性模)는 여의도 비행장에서 귀하를 영접하여 미국대사관으로 오는 차 안에서 북한의 전면적인 남침이 임박했음을 알렸으며, 귀하는 12월 20일까지 한국에 머물면서 정보를 수집했고 그때 미국 대사 무초도 전쟁이 임박했음을 귀띔했던 사실"을 지적했다. (FRUS : 1949, Vol. VII, Korea, 1976, p.1107)

본드는 당황하는 눈치였고, 신성모나 무초를 만난 것은 사실이지만 그런 이야기를 들은 기억이 없다고 말했다. "나는 귀하가 작성하여 올린 보고서를 보았

나일스 본드

다"고 말했지만, 그는 끝내 사실을 시인하지 않았다. 그는 한국의 현대사 학자들이 미국의 일차 자료에 얼마나 깊숙이 접근해 있는지를 모르고 있거나 간과하고 있다는 느낌을 받았다. 이때의 대담 전문은 『시사평론』(13), 1988년 5월호(서울 : USIS, pp. 1~5)에 「한반도 분단의 재조명과 관심」이라는 제목으로 수록되어 있다.

한국의 수정주의자가 아니더라도 한국전쟁을 미심쩍게 바라보는 사람들이 금과옥조처럼 내세우는 것이 곧 국무장관 애치슨(Dean Acheson)이 전국기자클럽(National Press Club)에서 극동방위선을 언급하면서 한반도를 언급하지 않은 사실이다.

미국에서는 국무장관이 취임하면 기자클럽에 나가 인사 겸 자신의 정책을 밝히는 것이 관례가 되어 있는데, 애치슨은 1950년 1월 12일에 「아세아의 위기」라는 제목으로 7,700단어에 이르는 긴 글을 발표했다. 이 연설문은 그가 직접 쓴 것으로서, 잘 알려진 바와 같이, 극동방위선은 알류샨열도에서 시작하여 일본과 류큐열도를 거쳐 필리핀에 이르는 섬의 고리(chain of island)라는 것이다. (DSB, Vol. XXII, No. 551, January 23, 1950, pp. 111~118)

정확히 말하면 애치슨은 극동방위선에서 한국을 "적극적으로 배제한 것"이 아니라 아예 언급조차 하지 않은 것이었다. 원문이 아닌, 요약문이 외신을 타고 한국에 들어왔을 때 이승만 대통령은 격분하여 주미 대사 장면과 특사 조병옥이 국무성을 방문하여 항의하도록 하였고, 국회의원 임영신(任永信)은 이것이 한국을 미끼로 삼아 북한의 화력을 시험해 보려는 음모라고 남침유도설을 제기했

딘 애치슨 국무장관

다. (Yim, Louise, 1967, pp. 297~299) 그러자 미국은 회견 전문을 보여주면서 한국을 지키겠다는 결연한 의지의 마지막 대목을 지적하였고, 이승만이 오히려 자신이 오해했음을 사과하는 것으로 문제는 사그라지는 것 같았다.

그런데 그 불씨는 여전히 남아 수정주의자들이 이를 거듭 재생산하였다. 여기에서 문제가 되는 것은 섬을 이어 극동방위선으로 삼겠다는 방침은 이미 맥아더가 1949년 3월 1일에 『뉴욕타임스』(*NYT*)에 발표한 바 있으니 새삼스러울 것도 없다는 점이었다. 미국의 진의는 동아시아 대륙을 늪(swamp)으로 보면서 미국 해군의 최고 이론가인 머핸(Alfred Mahan : 1840~1914)의 교훈에 따라 대륙에 상륙하지 않고 해상권으로 극동을 지키겠다는 뜻이었지 한국을 포기한다는 뜻은 아니었다.

아나폴리스(Annapolis)의 해군사관학교를 졸업하고 청장년기에는 주로 해군대학(Naval War College)에서 교수와 저술에 몰두한 머핸은 특히 그 대학의 교장으로 있던 시기(1886~1889, 1892~1893)에 "해상권이 역사를 지배한다"는 독특한 논리로 당시 미국 제국주의의 정신과 전략에 깊은 영향을 미치고 있었다. 그의 노작인 『해상권이 역사에 미친 영향』(*Influence of Sea Power upon History*, Prentice-Hall Inc. 1980)은 미국의 해군 전략에 중요한 영향을 끼쳤다.

미국은 대륙에 상륙했을 때 발생할 수 있는 "접촉성 피부염"(contageous skin disease)을 두려워하면서 극동의 섬을 장악하려고 했으며, 태평양을 미국의 내해(Pacific Lake)로 보려는 것이었다. 그런 정책 결정 과정에서 미국은 한국을 일본의 자연스러운 경비견(警備犬, watch dog)으로 보았던 것은 사실이다. 맥아더 사령부의 정책 브리핑에서 G-5 참모인 크리스트 장군(William E. Christ)은 한국에 있는 미군정의 주요 목적 가운데 하나는 "일본을 지킬 수 있도록 공산주의에 대한 방파제를 형성하는 것"이라는 인상을 주었으며, 이것은 정책 브리핑에 참여한 몇몇 사람들의

확고한 견해였다.(Grant Meade, 1951, p. 52)

애치슨은 코네티컷에서 성공회 주교의 아들로 태어났다. 그의 어머니는 주정(酒精)회사 소유자의 상속녀로서 거부였다. 그래서 그는 금주법에 반대했다. 예일대학(1912~1915)과 하버드법대(1915~1918)를 졸업한 그는 워싱턴에서 법률회사에 근무하다가 루스벨트(FDR)에게 발탁되어 재무부 차관으로 임명되었다. 그는 재직하면서 브레튼 우즈 회의(Bretton Woods Conference), 국제통화기금(IMF), 세계은행(World Bank), 무역 및 관세에 관한 일반협정(GATT), 세계무역기구(WTO) 등의 창설에 깊이 간여한 금융 전문가였다. 그런 점에서 국제 정치나 군사 문제에 대해서는 그리 세련된 인물은 아니었다.

그런데 문제는 엉뚱한 곳에서 불거졌다. 애치슨이 휴전을 앞두고 1953년 7월 9일에 개최된 프린스턴 세미나(Princeton Seminars)에서 "한국이 우리를 구해주었다"(Korea came along and saved us)고 말했더니, 곁에 있던 다른 참석자가 "이 점에 대해서 하느님께 감사한다"(Thank God for Korea)고 말한 것이다.

본디 애치슨은 영리한 사람이었으니 실언이라고만 볼 수도 없다. 이 발언은 마치 "한국전쟁이 일어남으로써 미국이 되살아났다"는 뜻으로 들렸고, 커밍스의 음모설의 집요한 표적으로 인용되었다.(*The Origins of the Korean War*, Vol. II, p. 49) 미국의 입장에서 볼 때 한국전쟁은 고맙고도 기다리던 전쟁이었다(Bruce Cumings, *Child of Conflict*, 1983, p. 49)는 것이 수정주의의 핵심이 되었다.

2. 폴 니츠와 안보 각서 68호의 비밀

수정주의자들의 음모설에 기름을 부은 것은 이른바 「안보 각서(NSC)-68호」(*FRUS : 1950*, Vol. I, 1977, pp. 234~312)이다. 살아 있는 미국의 최고

지성인 촘스키(Noam Chomsky)는 그의 저서에서 "이 문서는 미국의 현대사에서 치명적인 문서 가운데 하나"(*On Power and Ideology*, 1987, p. 15)라고 지적한 바 있다. 이 글은 4만 3,000단어에 이르는 장문인데, 단적으로 말해서 미국 재무장의 필요성을 역설하는 매파들의 의견서였다. 그 행간에 미국으로서는 지금 어디에서인가 전쟁이 필요한데 그 가운데 하나가 곧 한국이라는 내용을 담고 있었다.

폴 니츠

1950년 4월 14일 자로 작성된 이 문서는 대통령 안보실(NSC)의 사무국장 레이(James S. Lay, Jr)의 명의로 작성된 것으로 그 뒤에 이어진 검토 회의의 회의록을 보면 합동기획참모국(Policy Planning Staff)의 국장이었던 니츠(Paul Nitze)의 입김이 크게 작용한 것을 알 수 있다. 이에 관한 자세한 논의는 신복룡(역), 「안보각서 68호」, 『한국분단보고서』(3), 2023, pp. 329~497에 기록되어 있다.

한국전쟁이 발발했을 때 니츠는 이를 놀라움으로 받아들이지 않은 유일한 고위 정책결정자였다. 그는 소련의 교사를 받은 위성 국가 북한이 1950년 여름날에 야음을 타고 침략한다는 정보를 가지고 있었다. 그런데 이것이 제출되었던 1950년 4월의 상황에서는 이런 문건이 있다는 것 자체가 곧 극비였다가, 1977년에야 비밀 해제되었다.

당시 미국은 북대서양조약기구(NATO)의 조직 강화에 몰두해야 했고, 방위비와 해외 군사 공약과 군사력의 삭감 또는 감축을 요구하는 페어 딜(Fair Deal) 경제 체제로 말미암아 제약을 받고 있었기 때문에, 극동에서의 안보 정책에 심각한 한계를 느끼고 있었다. 1948년의 미국의 전투 병력은 50만 명으로 감축되었고, 1945년 전쟁 당시 GNP의 38.5%였던 군사비는 4.5%로 삭감되었다.(Joo-Hong Nam, 1986, p. 29) 대체로 미국 군대의 숫자에는 상한선(ceiling)이 없지만, 제2차 세계대전의 절정기에 미군의 총수는 대략 1,310만 명 정도였다.(Francis T. Miller, 1952, p. 966)

그러나 1950년 초가 되면 미국의 군대는 사실상 해산된 것이나 다름없었다. 따라서 미국의 매파로서는 국면의 전환을 위해 긴장이 필요했다. 이러한 계제에 한국전쟁이 일어났다. 이를 두고 또 다른 수정주의자인 시몬스(Robert R. Simmons)는 이렇게 지적했다.

"한국전쟁이야말로 워싱턴이 계획을 이미 마련해놓은 모형[안보 각서 68회]에 매우 부합되며, 미국은 이미 정해진 계획을 수행하기 위한 기회로 한국전쟁을 포착했다는 사실을 주목해야 한다."(*Without Parallel*, 1974, p. 157)

니츠(1907~2004)는 독일계 이민 출신으로서 하버드법대를 졸업하고 금융계에서 활약하다가 스탠더드오일회사를 거쳐, 제2차 세계대전 때 루스벨트에게 발탁되어(1942) 주로 전략 폭격을 다룬 항공 전문가였다. 그러다가 트루먼 정부에서 잠시 전략 문제를 다룬 뒤 존스 홉킨스(Johns Hopkins) 대학에서 국제 정치를 가르쳤다. 그가 정계로 들어갔을 때 이 대학은 그가 소속되어 있던 국제대학원의 명칭을 니츠 스쿨(Paul Nitze School, SAIS)로 바꾸어 그의 명예를 높여주었다. 그는 해군성 장관(1967)과 국방성 부장관(1967~1969)을 거쳐 오랫동안 미국의 군축 협상(SALT) 대표로 활약하다가, 2004년에 97세로 세상을 떠났다. 그가 살아 있을 적에 캘러헌(David Callahan)이 그의 전기를 썼는데 그 제목이 『위험한 능력자』(*Dangerous Capabilities*, 1990)였다.

3. UN 결의안의 비밀

함정설을 논의하면서 빼놓을 수 없는 또 다른 인물이 곧 그로스(Ernest A. Gross : 1906~1999)이다. 그는 당시 UN 주재 미국 부대사였는데, 대사인 오스틴(J. Austin)이 중병에 걸려 그로스가 사실상 대사의 임무를 수행하고 있었다. 그의 행적 가운데 문제가 되는 부분은, 6월 25일 오후 2시(뉴욕 시간, 한국 시간으로는 26일 새벽 5시)에 UN 사무총장 리(Trygve Lie)가 UN 안전보장이사회 비상 회의를 소집하여 UN의 결의를 통과시키기에 앞서 이미 미국의 유엔대표부에서는 "북한을 규탄하고 UN 가맹국이 집단으로 대응한다"는 안전보장이사회의 결의안 초안이 작성되어 있었다는 사실이다.

이 문제는 매우 미묘하여 자세한 자료의 검토가 필요한데, 다행히도 당사자인 그로스는 이에 관한 긴 회고록(*The Reminiscences*, 1966)을 남겨 컬럼비아대학교 구술사자료실(The Oral History Research Office)에 기증했다. 이런 "위험한 문서"는 흔히 필자가 죽은 뒤에 공개하는 것이 원칙이지만, 그가 장수했기 때문에 생전에 공개되었다.

오른쪽이 E. 그로스

『그로스 회고록』에 따르면 국무성 UN국에서 파견한 웨인하우스(David W. Wainhause)가 한국전쟁이 일어나기에 앞서 이미 UN 결의안의 초안을 작성해 두었다는 것이다.(pp. 559, 687) 전쟁이 일어나지도 않았는데 어떻게 북한을 침략자로 규정하는 결의안이 이미 작성되어 있었을까? 이 문제는 함정설을 둘러싼 미국의 업장(業障)이 되었는데, 미국으로서는 아직 공식적인 대답이 없다.

그로스는 하버드법대를 졸업하고 법률회사에 근무하다가 1943년에 국무성 법률자문관으로 채용되었는데, 제2차 세계대전이 일어나자 대위로 입대했다. 전쟁이 끝난 뒤에는 다시 국무성에 복귀하여 주로 UN 대표부에서 활약했다. 이 무렵은 대만을 대신하여 중공이 안보 이사국이 되어야 한다고 소련이 주장하다가 뜻대로 되지 않자, UN 주재 소련 대사 말리크(Jacob Malik)가 회의장을 뛰쳐나가 거부권을 행사하지 않았던 절묘한 시기였다. 그가 자리를 지키지 않은 탓에 북한을 침략자로 규정하는 UN 결의안이 통과되었으니 그것도 운명이었다. 그로스는 정계에서 물러난 뒤, 기독교에 심취하여 미국기독교협의회(USNCC)에서 활약하면서 세계기독교협의회(WCC) 회장에 올라 저명인사가 되었다.

그런데 그로스가 작성한 UN 결의안 문제를 둘러싸고 나에게 난감한 일이 일어났다. 내가 그로스의 문서를 한국에서 최초로 공개하고 강의와 글을 발표하던 무렵인 1996년 6월 1일, 나는 한국정치학회에서 이를 논문(「한국전쟁의 기원 : 김일성의 개전 의지를 중심으로」, 『한국정치학회보』(30/3), 1996, pp. 163~182)으로 발표했다. 그러자 3주 남짓 지나서 북한이 한국전쟁 발발 46주년을 맞이하여 『로동신문』(1996. 6. 23.)에 내가 발표한 내용을 대서특필하면서 미국의 음모론(북침설)을 제기했기 때문이었다.

북한이 이 문건을 그토록 중요하게 여겼다면 개전 46년 동안 침묵하고 있다가 하필이면 나의 글이 발표된 1996년에 와서야 왜 이를 거론했는지도 이상하지만, 그들이 나의 글이나 강의에서 어떤 암시를 받아 그런 글을 썼는지에 대해서는 내가 이러니저러니 말할 처지가 아니다. 북한이 내 글을 보고 그 사실을 알았더라도 자존심 때문에 차마 그런 말을 못 했을 것이다. 내 이름이 『로동신문』에 거명되지 않은 것만으로도 다행이었다. 그 사실을 나에게 알려준 사람이 전화를 통하여 들려주는 목소리에는 걱정이 가득했다. 나는 이 사건을 통하여 입장이 매우 어려워졌으며, 이로부터 일부 학자들이 나를 수정주의자로 분류했다.

4. 함정설을 어떻게 보아야 하나?

아마도 세계의 전쟁사에서 한국전쟁만큼 그 이름이 많은 전쟁도 없을 것이다. 스무 가지가 훨씬 넘을 터인데, 이를테면, "한국전쟁"(The Korean War), "한국에서의 전쟁"(War in Korea), "잘못된 전쟁"(The Wrong War), "기나긴 전쟁"(The Long War), "한국분쟁"(Korean Conflict), "제한전쟁"(Limited War), "맥아더의 전쟁"(MacArthur's War), "말 못한 전쟁"(Untold Story of War), "끝나지 않은 전쟁"(Unended War), "가장 저주스러운 전쟁"(The Damnedest War), "가장 신비에 싸인 전쟁"(The Most Mysterious War), "미국이 승리하지 못한 전쟁"(The Un-won War), "잊힌 전쟁"(The Forgotten War), "한국을 위한 전쟁"(War for Korea), "지고 이긴 것이 없는 전쟁"(The Lost War/The Un-lost War), "가장 추웠던 전쟁"(The Coldest War), "알 수 없는 전쟁"(Unknown War), "한국동란", "한국전란", "6·25전쟁", "6·25동란", "미국에 저항하여 조선을 도우려던 전쟁"(抗美援朝戰爭), "한국내전"(Korean Civil War), "마음 내키지 않은 십자군"(The Reluctant Crusade), "조선전쟁"(朝鮮戰爭) 등이 있다.

한국전쟁은 이토록 처절하고 복잡한데, 우리의 한국전쟁 교육은 반공이라는 이름으로 지나치게 단순화되어 있다. 이를테면 한국전쟁의 발발을 설명하면서 기껏 한다는 설명이 "6월 25일, 고요히 잠든 일요일 새벽 …… 남침 야욕에 사로잡힌 김일성의 전면 공격으로 …"(초등학교 6학년 『사회』, p. 123; 중학교 『국사』, p. 304; 고등학교 『국사』, p. 351)라는 식으로 사태를 너무 피상화했다. 한국전쟁은 위와 같은 반공 구절 몇 마디로 설명하기에는 너무 복잡하고 미묘한 측면이 있다.

한국전쟁은 온갖 지모와 타산과 오판과 맹점을 안고 있는 정치적·군사적 복합물이다. 그러나 한국전쟁의 기원에 관하여서는 메릴(John Merrill)의 주장처럼 남북한 모두가 정직하지 않았다. (Bruce Cumings(ed), *Child of Conflict*, 1983, p. 134) 한국전쟁에 관해서는 모두가 자명한 사실처럼 되어 있지만, 사실은 굴든(Joseph C. Goulden)의 말처럼 "말 못 한 얘기"(untold story)가 너무 많다. (Joseph C. Goulden, *Korea : The Untold Story of the War*, 1982) 오죽했으면 한국전쟁이 일어난 지 75년이 지나도록 미국 전사편찬연구소(OCMH)에서 쓰고 있는 『한국전쟁사』가 아직 완간되지 못했겠는가?

그렇다면 이 글의 주제인 함정설과 관련하여 한국전쟁의 기원을 어떻게 설명해야 하나? 역사학자들에게는 인과관계를 설명하면서 벽에 부딪히듯이 막막할 때가 있다. 그때 가장 편리한 논리가 음모론(conspiracy theory)이다. 이 음모론은 크게 둘로 나뉘는데, 하나는 미국이 함정을 파놓고 전쟁을 기다렸는데 다행히(?) 북한이 걸려들었다는 함정설(trap theory)이고, 다른 하나는 미국이 지속적으로 북한의 속을 긁어 쳐들어오도록 유혹했다는 유인설 또는 도발설(provocation theory)이다. 나는 이 글을 쓰면서도 내가 제시한 여러 가지의 증빙들이 수정주의자들이 편한 대로 인용할 수 있다는 사실을 우려하고 있다. 그럴 만하기 때문이다.

그러나 객관적이고도 냉정하게 고민해 보면, 미국이 전쟁을 두려워하지 않은 것은 사실이지만 함정을 파놓고 기다렸다고 믿을 만한 증거는 없다. 미국이 개전 소식을 듣고 "속으로 웃었을" 수는 있으나, 의도적으로 개전을 유혹하지는 않았다. 그뿐만 아니라 미국이 만주 포격을 감행하지 않은 것으로 미루어 볼 때, 한국전쟁을 "제2의 사라예보(a second Sarajevo)로 여기며 반가워했다"(Bruce Cumings, *The Origins of the Korean War*, Vol. II, p. 585)고 믿을 만한 증거도 없다.

그러나 한국에서 전쟁이 일어나리라는 것을 정확히 알고 있었음에는 틀림이 없다. 따라서 미국의 보수주의 전쟁사가인 매트레이(J. Matray)의 주장처럼 한국전쟁은 "마음 내키지 않는 십자군"(*Reluctant Crusade*, 1985)도 아니었고, 미국 관변 측의 기록처럼 불각(不覺)의 기습 전쟁(surprised or unexpected war, Harold J. Noble, p. xix.; Dean Rusk, 1990, p. 161)도 아니었다. 이런 점에서 나의 주장은 수정주의라기보다는 재수정주의에 속하는 것이 아닌가.

제24장 참고 문헌

고등학교 『국사』(문교부, 2001)

『로동신문』 1996. 6. 23.

방선주, 「노획 북한 문서 문서 해제」(1), 『아세아문화』(1), 한림대학교 아세아문화연구소 (1986)

볼코고노프(Dmitrii Volkogonov)(지음)/ 한국전략문제연구소(옮김), 『스탈린』(세경사, 1993)

『시사평론』(13), 1988년 5월호(서울 : USIS)

신복룡, 「한국전쟁의 기원 : 김일성의 개전 의지를 중심으로」, 『한국정치학회보』(30/3) (1996)

중학교 『국사』(문교부, 2001)

초등학교 6학년 『사회』(문교부, 2001)

Association for Diplomatic Studies and Training Foreign Affairs Oral History Project, *Oral History Interview with Niles W. Bond* by Charles Stuart Kennedy, April 14, 1998.

Baldwin, Frank(ed.), *Without Parallel*(Old Dominions : Pantheon Books, 1974)

Callahan, David, *Dangerous Capabilities : Paul Nitze and the Cold War*(New York : An Edward Burlingame Book, 1990)

Chomsky, Noam, *On Power and Ideology*(Boston : South End Press, 1987)

Cumings, Bruce(ed.) *Child of Conflict : Korean-American Relations, 1943-1953*(Seattle : University of Washington Press, 1983)

Cumings, Bruce, *Origins of the Korean War*, II, (Princeton : Princeton University Press, 1990)

Department of State *Bulletin*, Vol. XXII, No. 551, January 23, 1950.

FRUS : 1949, Vol. VII : *Korea*(Washington, D. C. : USGPO, 1976)

FRUS : 1950, Vol. I(Washington, D. C. : USGPO, 1977)

FRUS : 1950, Vol. VII, *Korea*(Washington, D. C. : USGPO, 1976)

Gross, Ernst, *The Reminiscences*(1966) stocked at The Oral History Research Office at Columbia University.

Higgins, M., *War in Korea*(Doubleday & Co., 1951)

MacArthur Hearings : Military Situation in the Far East(Washington, D. C. : USGPO,

1951)

Mahan, Alfred T., *Influence of Sea Power upon History*(Englewood Cliffs : Prentice-Hall Inc., 1980)

Matray, J., Reluctant Crusade, *American Foreign Policy in Korea, 1941-1950*(Honolulu University of Hawaii Press, 1985)

Meade, E. Grant, *American Military Government in Korea*(Pantheon : King's Crown Press, 1951)

Nam, Joo-Hong, *America's Commitment to South Korea*(Cambridge : Cambridge University Press, 1986)

NSC 68, 신복룡(역), 「안보각서 68호」, 『한국분단보고서』(3)(선인, 2023)

Noble, Harold J., *Embassy at War*(Seattle : University of Washington, 1975)

Rusk, Dean, *As I Saw It*(New York : W. W. Norton, 1990)

Shakespeare, *Tempest*

Truman, H. S., *Memoirs,* Vol. II : Years of Trial and Hope(Garden City : Doubleday, 1956)

Wedemeyer Report to the President : Korea(Washington, D. C. : USGPO, 1951) : 신복룡·김원덕(역), 『한국분단보고서』(2)(선인, 2023).

Yim, Louise, *My Forty Years Fight for Korea*(Seoul : reprinted by Chung-ang University, 1967, 1st ed., 1951)

25

맥아더

'미국의 시저'(American Caesar)

> "맥아더에 대한 험담과 찬사는
> 모두가 사실이다."
>
> ─ 호주의 육군 원수 블래미(Thomas A. Blamey)

이 연재를 지면에 연재하던 때 나는 왜 미국이 일본을 분할하지 않고 한국을 분할했는가에 대한 대답을 듣고 싶다는 독자들의 편지를 몇 통 받았다. 한국 현대사를 공부하는 사람들이 공통으로 느끼는 분노와 회한(悔恨)은 "미국과 소련이 전범국가인 일본을 분할하지 않고 왜 한국을 분할했는가?"라는 물음이다. 우리는 누가 그리고 무엇이 일본의 분할을 막는 역할을 했을까 하는 의문에 부딪히게 된다. 이 문제는 끝내 맥아더의 생애와 생각을 살펴보는 것으로 귀결될 수밖에 없다.

1. 맥아더의 가문과 생애

맥아더 가문의 성은 본디 아더(Arthur)였다. 그러나 스코틀랜드 출신으로서 미국에 이민해 온 뒤 성을 맥아더(MacArthur)로 바꾸었다. 스코틀랜드 출신은 성(姓) 앞에 Mac-을 붙이고 아일랜드 출신은 Mc-을 붙이는 것이 상례로 되어 있다. 그들은 스코틀랜드 출신으로서의 자기 정체성을 드러나 보이고 싶었다.

할아버지는 웨슬리언대학을 나온 다음 변호사로 활약했다. 그는 대위로 입대하여 서부 개척부대의 법무관으로 활약했다. 그는 위스콘신주 부지사로 당선되었으나 주지사가 부정선거로 당선 무효가 되자 지사직을 승계했다가, 그도 부정선거 혐의로 5일 만에 퇴임했다. 그는 뒷날 대심원 판사가 되었다. (Reminiscences, 1964, p. 4)

아버지는 17세에 군대에 입대하여 7년 동안 인디언을 "구석으로 몰아넣는 일"에 많은 공로를 세웠다. 아버지는 1900년에 준장으로 승진하여 이듬해에 필리핀 총사령관 겸 총독으로 부임했다. 아버지는 1921년에 위스콘신연대(聯隊) 전우회의 파티에 참석했다가 갑자기 세상을 떠났다. 그의 부관 파슨스(E. Parsons)도 충격을 받고 그 자리에서 쓰러져 죽었다. 집안의 가훈은 "남자란 입이 무거워야 한다"(Never to tattle, Reminiscences, p. 25)는 것이었다. 그러면 여자는 수다스러워도 괜찮다는 뜻이었나? 그건 아니었다. 그 집안에는 딸이 드물어서 그렇게 말했을 뿐이다.

맥아더는 1880년생, 아칸소주의 리틀록(Little Rock)에 있는 군대 사옥에서 태어났다. 1899년에 육사에 입학한 그는 4년 동안 전체 A 학점을 받았는데 이는 사관학교 25년의 역사에서 처음 있는 일이었다. 주말에 맥줏집에라도 가는 날이면 "노병은 죽지 않고 사라질 뿐이다"(Old soldiers do not die, but fade away)라는 군가(camp song)를 호기롭게 불렀다.

맥아더는 1904년 졸업과 동시에 중위로 임관하여 아버지의 부대에 배속되어 일본으로 부임하였다. 그가 일본으로 간 것은 러일전쟁의 전황에 대한 정보를 얻고자 함이었다. 그는 이때 러일전쟁의 영웅들인 노기 마레스케(乃木希典) 대장, 도고 헤이하치로(東鄕平八郞) 제독, 오야마 이와오(大山巖) 만주군 사령관, 구로키 다메모토(黑木爲楨) 1군 사령관을 만났다. 그는 무척 우쭐했을 것이다. 그는 이때 일본인의 검소한 생활

인천상륙전 당시의 맥아더.
그가 가장 나르시시즘을 느낀 사진이다.

과 예의 바람에 깊은 인상을 받았고, 한국은 곧 일본의 땅이 되리라고 예감했다. (*Reminiscences*, pp. 30~31)

맥아더는 1909년까지 아버지의 부관이었는데 이런 어이없는 일이 있을 수 있었던 것은 그 가문의 위세 때문이었다. 그보다 두 살 위인 둘째 형 맬컴(Malcolm)은 해군사관학교 출신으로서 대령에 올라 함장이 되었으나, 45세에 갑자기 세상을 떠났다. 그의 회고록에는 형의 죽음에 대한 애통함과 그로부터 배운 군인으로서의 여러 가지 교훈이 애절하게 기록되어 있다. 맥아더가 육군 출신이었음에도 해군 작전에 관심이 많은 것은 형에게서 듣고 배운 바가 있었기 때문이었다.

그는 "전쟁은 위대한 연극"(great drama, *Reminiscences*, p. v)이라는 말을 자주 했다. 그래서 그런지 그는 자신을 하나의 탁월한 배우로 생각하여 연기력도 뛰어났다. 의도적으로 약간 삐딱하게 쓴 모자, 궂은 날에도 쓴 선글라스, 담배를 즐기지도 않으면서 물고 다닌 옥수수 파이프, 가죽 점퍼, 칼같이 주름진 바지, 파리가 낙상할 듯이 반질거리는 구두, 약간

비스듬히 앉는 자세로 한껏 멋을 낸 이 사나이는 아마도 자신을 미국의 시저(Julius Caesar)인 양 생각했을 것이다. 그는 평소에 루스벨트(FDR) 대통령을 존경했다. 그는 1918년 준장으로 승진하였고, 1919년 육사 교장을 거쳐 1922년에 필리핀 주둔 사령관으로 부임했는데, 이때의 부관이 아이젠하워(D. D. Eisenhower) 중령이었다.

2. 라이샤워와의 운명적인 만남

지금으로부터 1,200년 전, 서기 838년 6월, 일본 하카다(博多) 항에서는 배 아홉 척이 먼 길을 떠나고 있었다. 견당선(遣唐船)인 이 배에는 교토(京都)의 고찰(古刹) 엔랴쿠지(延曆寺)의 학승(學僧) 엔닌(圓仁) 스님 일행이 타고 당나라 천태산(天台山)으로 가는 길이었다. 이 배의 사공은 신라인으로서 장보고(張保皐)가 주선해 준 사람들이었다. 엔닌은 10년 동안 중국에 머물면서 불법을 공부하며 산동반도에 있는 장보고의 원찰(願刹) 적산원(赤山院)과 신라방(新羅坊)에서 많은 시간을 보냈다.

엔닌은 온갖 고생 끝에 불경과 만다라 등을 수집하여 이미 죽은 장보고의 부하들이 마련해 준 배를 타고 일본으로 돌아갔다. 돌아가는 길에 그는 신라의 해변에 들렀다. 그는 그 고난의 시간에 겪은 일을 일기로 남겼는데 그것이 바로 『입당구법순례행기』(入唐求法巡禮行記)로서, 현장법사(玄奘法師)의 『대당서역기』(大唐西域記), 혜초(慧超)의 『왕오천축국전』(往五天竺國傳)과 함께 고대 동양의 3대 불교순례기로 평가를 받는다.

교토의 서북쪽 히에이산(比叡山)은 비와호(琵琶湖)를 끼고 있는 일본 제일의 절경인데 세계문화유산인 엔랴쿠지가 여기에 자리 잡고 있다. 엔랴쿠지 역사(驛舍) 대합실에는 이런 시가 걸려 있다.

히에이산에 눈이 나리면 눈에 취하고

비와호에 바람이 불면 바람에 취하리라.

엔랴쿠지의 설경이 그리 아름다울 수가 없다. 지금도 그 절에 들어서면 헤이안(平安)시대의 고승 지엔(慈圓) 스님이 지은 다음과 같은 시구가 한국인 관광객을 위해 한글로 쓰여 있다.

세상에는 산이라 불리는 산은 많지만
산이라면 히에이산만을 산이라 한다.

엔닌 스님이 입적한 뒤로 1,100년이 흐른 1930년대, 한 미국인 청년이 이 절을 찾았다. 그의 이름은 라이샤워(Edwin Oldfather Reischauer)였다. 어머니의 성(姓)을 딴 그의 중간 이름이 독특하다. 그는 이 절의 아름다움을 무척 사랑했다. 그는 이 절의 주지인 엔닌이 남긴 일기를 보자 이를 공부하기로 마음먹었다. 1910년, 선교사의 아들로 도쿄에서 태어

엔닌 스님 진영(왼쪽), 엔랴쿠지 경내에 있는 장보고 기념비(오른쪽)

난 그는 16세에 미국으로 돌아가 고등학교를 마친 뒤에 하버드대학 동아시아학과에서 엔닌의 일기를 주제로 박사학위를 받았다. 그는 그 일기를 영어로 번역하여 *Ennin's Diary*(Roland Press, 1955)라는 이름으로 출판했다.

라이샤워는 이 책에서 장보고의 활약을 소개하면서 신라방은 원시적 형태의 식민지(colony)라고 주장하고 있다. 이 책은 신라를 육안으로 보고 남긴 유일한 기록이다. 각주가 1,700개가 달린 이 책이 출판되었을 때 미국의 일본학계는 그의 노고에 찬사를 보냈다. 이 책의 명성으로 그는 하버드대학의 교수가 되었다.

나는 미국에서 공부할 때 이 책을 보고 "이런 책이 어찌하여 한국에는 이름도 전해지지 않는가?" 너무도 놀라 귀국하여 이를 번역 출판했다. 내가 번역판을 들고 엔랴쿠지를 찾아가니 그곳 부주지 고바야시 소조(小林祖承) 스님이 장보고의 기념비로 안내한 다음, 깊이 보관하고 있는 엔닌 스님의 진영(眞影)을 보여주었다. 나는 그 앞에 엎드려 많이 울었다. 천주교 신자인 내가 이 허약한 몸을 추스르고 이나마 살아가는 것은 엔닌 스님의 음우(陰佑) 때문이 아닌가 생각할 때가 많다.

제2차 세계대전이 일어나자 라이샤워는 국방성 정보국 요원으로 차출되어 일본 문서의 해독과 분석 업무를 맡았다. 그는 다시 맥아더 사령부로 전출되어 사령관의 정치 고문으로 활약하였다. 본처가 죽자 그는 일본 여인 마쓰카타 하루(松方ハル)와 재혼한 뒤 더욱 일본에 심취하여 그들을 옹호했다. 마쓰카타 하루는 저 유명한 메이지(明治) 공신으로 총리대신을 두 번(1891, 1896) 지낸 마쓰카타

E. 라이샤워

마사요시(松方正義)의 손녀로서, 미국 일리노이주의 프린시피아대학(Principia College)에서 공부했다. 그는 라이샤워의 아내이자 동지이자 고문(顧問)이며 동학(同學)이었다.

라이샤워는 미군의 교토 폭격을 적극적으로 막고, 일본 열도의 분할을 주장하는 소련의 요구에 맞서 일본을 보호하는 데 앞장을 선 핵심적인 인물이었다. 그가 아니라면 1944년 11월 24일에 미국이 도쿄 근교에 B-29 111대로 대공습을 감행한 일이 있음에도 교토를 고스란히 보호한 이유를 설명할 길이 없다. 라이샤워는 스팀슨(Henry Stimson) 국방장관에게도 교토의 폭격을 막아 유적을 보존토록 해달라고 간곡하게 부탁했다. 교토를 전화(戰禍)로부터 지킨 최후의 결정자는 스팀슨이었다. 그는 이곳에서 신혼여행을 즐겼던 젊은 날의 추억을 소중히 간직하고 있었다.

1939년에 라이샤워는 매퀸(George M. McCune)과 함께 한글의 영문 표기 기준을 마련한 인연이 있다. 그는 늘 "한글이야말로 세계에서 가장 과학적인 문자"라는 칭송을 잊지 않았다. 라이샤워는 1961년부터 1966년까지 케네디(J. F. K.) 대통령과 존슨(L. Johnson) 대통령 정부에서 주일대사로 일하다가, 정신병을 앓는 자객의 칼을 맞고 수혈한 것이 간염(肝炎)을 일으켜 오랫동안 고생 끝에 1990년에 세상을 떠났다.

맥아더를 쓰면서 1,200년 전의 장보고까지 들먹이며 라이샤워의 이야기를 장황하게 할 수밖에 없었던 것은, 바로 그 사람에게 "왜 일본이 분단되지 않고 한국이 분단되었는가?" 하는 질문에 대한 "중요한" 대답이 담겨 있기 때문이었다. 물론 한국 분단이라고 하는 미국의 계획은 극동에서의 거대 전략(grand design)에 따라 작성된 것이라고는 하지만, 그 핵심에는 맥아더의 뜻이 있었고, 그를 그렇게 유도한 데에는 라이샤워가 결정적인 영향을 미쳤기 때문이다. 당초 소련은 일본을 분할하고자 했었지만, 맥아더의 완강한 저항에 막혀 말도 붙여 보지 못했다.

3. 트루먼과 맥아더의 만남, 누가 상관인지?

맥아더는 1937년에 대장으로 퇴역했음에도 태평양전쟁이 일어나자 중장으로 현역에 복귀했다. 조지 워싱턴(G. Washington) 대통령은 퇴임한 뒤에 미국-프랑스 전쟁이 일어나자 자기가 부통령으로 데리고 있다가 대통령이 된 애덤스(John Adams)의 밑어 들어가 육군 중장으로 참모총장을 맡아 전쟁을 승리로 이끈 사례가 있었으니, 미국의 전통으로 볼 때 맥아더의 경우도 이상할 것이 없었다. 전쟁 중인 1944년에 맥아더는 원수(元帥)로 승진했다.

일본의 전후 복구에 몰두하고 있는 가운데 1950년 6월 25일에 한국전쟁이 일어났다. 개전의 보고가 태평양사령부에 전달되었을 때 맥아더의 부관들은 잠자는 그를 깨우지도 않았다. 전투는 늘 있는 일이었기 때문이었다. (M. Higgins, 1951, p. 15) 6월 29일 아침, 그는 수원(오산) 비행장에 도착하여 곧 한강 남쪽 연안에서 전선을 살펴보았다. 그러면서 이렇게 중얼거렸다.

"한국이 공산화되면 일본은 어찌 되나?"("And what of Japan?" *Reminiscences*, p. 333)

전선을 돌아본 그는 2개 사단이면 적군을 물리칠 수 있다고 안일하게 생각했다. 이번 전쟁은 미국의 내수 산업, 특히 군수 산업을 일으킬 기회라고 쉽게 생각했던 맥아더는 제2차 세계대전이라는 격전을 치른 뒤 아마도 "몸을 푸는 정도의 가벼운 게임" 정도로 여겼을 것이다. 그는 하루도 한국에서 자지 않고 바로 도쿄로 돌아갔다. 그 당시 미국의 군대는 한국에서 나오는 물도 마시지 말아야 했다.

맥아더는 자신이 도쿄에 앉아 있는데 북한이 전쟁을 일으키리라고는 생각지도 않았고, 설령 전쟁이 일어난다고 하더라도 미국의 국제정치학자 모튼(Louis Morton)의 말처럼, "망나니를 때려주고 아이를 집으로 데려온다"(Beat the bully and bring the boys home)는 미국의 오랜 서부 총잡이의 전통을 수행하는 심정으로 전쟁을 치렀다. 그래서 그는 한국전쟁에 출병하는 24사단장 처치(John Church) 장군에게 "고향의 가족과 함께 성탄절을 보낼 수 있도록 해주겠다"(Robert Smith, 1982, p. 97)고 말했다.

맥아더에게 "전쟁은 정치의 마지막 과정이었다."(*MacArthur Hearings*, 1951, p. 45) 그는 승리가 최종 목표였다. 전쟁의 잔혹성이나 피해는 그리 중요하지 않았다. 그러한 판단에서 내린 결론이 곧 인천상륙작전이었다. 해군 작전본부장 셔먼(Forrest Sherman) 제독의 말에 따르면, "인천은 상륙작전을 전개하기에 불리한 점을 모두 갖추고 있었다."(*Reminiscences*, p. 348) 넓은 개펄과 조수 간만의 높은 차이가 바로 그것이었다.

인천상륙작전은 맑은 정신을 가진 사람으로서는 생각할 수도 없는 작전이었다. 육군 원수가 함정에 올라 직접 진두지휘를 한다는 것이 쉬운 일은 아니었을 것이다. 그때 서울의 고궁을 폭격하지 말도록 맥아더에게 간청한 인물이 주일 공사 김용주(金龍周)인데, 그가 정치인 김무성(金武星)의 아버지이다. 아마 직접 대면하고 부탁하지는 않았을 것이다. 요즘같이 어수선한 시대에는 이런 이야기가 구설이 될지 칭찬이 될지 조심스럽다.

그 무렵에 맥아더의 곁에는 히긴스(Marguerite Higgins)라는 종군 기자가 따라다니고 있었다. 홍콩에서 근무하던 해운회사 직원의 딸로 태어난 그는 본디 발레리나가 꿈이었으나 미국으로 들어가 버클리대학과 컬럼비아대학에서 언론학을 전공한 뒤『뉴욕 헤럴드 트리뷴』의 도쿄 특파원이 되었다. 그는 한국전쟁을 맞아 28세의 처녀로 외국인 최초로 전선에 종군했다. 그가 맥아더보다 먼저 특별기를 타고 한국으로 향하자 동료 남성 기자들이 놀려 댔다.

"한국에는 여성 전용 변소가 없는데 어쩌려구?"

"한국에는 덤불이 많아 괜찮아."

히긴스와 그의 저서 표지

　동료들은 그의 혈관에는 빙수가 흐른다고 평가했다. 그는 1950년 7월 17일 자 신문에 마산 전투를 주제로 "귀신 잡는 해병"(Ghost-catching Marines)이라는 말을 최초로 썼다. 그때 해병 대대장이 김성은(金聖恩)이었다. 히긴스는 『한국전쟁』(War in Korea, 1951)을 써 최초의 여성 퓰리처상 수상자가 되어 미국 신문기자단으로부터 "올해의 미국인"으로 뽑힌 맹렬 여성이었다. 히긴스는 1965년에 베트남전에 종군하다가 풍토병에 걸려 이듬해 워싱턴에서 죽어 알링턴 국립묘지 국군묘역에 묻혔다. 그의 앞뒤에 그런 예우가 없었다.

　히긴스의 기록에 따르면, 맥아더의 보좌관들은 인천상륙작전을 할 수 없다고 보고했고, 북한도 그렇게 판단하고 있다고 맥아더는 생각했다. 맥아더는 바로 그 허점을 찔러 인천을 해상으로 공격한 것이다. 상륙작전에는 260척의 배가 참가했다. 순양함 6척, 항공모함을 비롯한 전함 60척이 포함되었다. (*War in Korea*, pp. 136~140) 이 작전의 승리는 태평양전쟁의 승리보다 더 큰 영광을 그에게 안겨 주었다.

인천상륙작전에 성공한 뒤 그 위세가 하늘을 찌를 듯한 1950년 10월 12일, 트루먼(H. Trueman)으로부터 하와이에서 만나자는 연락이 왔다. 하와이는 워싱턴에서 7,400km이고 도쿄에서 6,200km이니 서로 엇비슷한 거리였다. 그러나 맥아더는 자신이 바쁘니 15일에 대통령이 웨이크섬(Wake Island)으로 오라고 대답했다. 워싱턴에서 웨이크섬까지는 1만 600km이고 도쿄에서 웨이크섬까지는 3,200km였다.

트루먼은 자존심을 죽이고 태평양 함대 사령관 래드포드(Arthur Radford), 육군장관 페이스(Frank Pace), 공보실장 로스(Charles Ross), UN 대사 제섭(Philip Jessup), 합참의장 브래들리(Omar Bradley), 국무성 극동국장 러스크(Dean Rusk), 특별보좌관 해리만(Averell Harriman), 법률고문 머피(Charles Murphy)를 대동하고 웨이크섬으로 갔다. 한 사람이 하와이로 왔으면 될 일을 그 바쁜 각료들이 쭐레쭐레 따라가기에는 자존심이 많이 상했을 것이다.

맥아더는 전용기의 남은 좌석에 기자들을 가득 태우고 갔다. 그는 자신의 위상을 세상에 보여 주고 싶었다. 웨이크섬 가까이에 이르러 트루먼이 도착했는지를 알아보라 했더니 아직 오지 않았다는 보고를 받았다. 그는 투덜거리듯이 말했다.

"내가 먼저 가서 기다리고 있을 수는 없지…."

그러면서 조종사에게 섬 밖으로 멀리 돌아 시간을 보내라고 명령했다. 그는 아직도 트루먼을 자기가 사단장 시절에 데리고 있던 대위로 생각하고 있었다. 트루먼이 비행장에 도착했다는 보고를 받은 그는 그제야 비행기를 착륙시켰다. 트루먼이 기다리고 있거나 말거나 비행기 트랩을 내려오면서 우선 멋진 포즈로 기념사진을 하나 찍었다. 옷은 제복이 아니라 평상복이었다. 대통령에게 경례도 부치지 않고 악수부터 했

다. 트루먼이 첫인사로,

"만나기 어렵군요"(Long time meeting you)

라고 말을 하자 맥아더는,

"다음에는 이런 일이 없을 것이오"

라고 서로 뼈있는 말을 했다. 사실 그들은 그 뒤에 다시 만날 일이 없었다. 1시간 36분 동안의 회의에서 맥아더는 윗단추를 푼 채 옥수수 파이프를 물고 이야기를 했다. 이때 맥아더의 나이는 일흔 살이었고, 트루먼은 예순여섯 살이었다. 누가 상관이고 누가 부하인지 구분이 되지 않았다.

회담에서 대통령이 중공은 개입하지 않을 것이며 성탄절 전에 전쟁이 끝나기를 바란다는 뜻을 전달하자, 맥아더는 한술 더 떠 "추수감사절 이전에 끝내겠다"(Stanley Weintraub, 2000, p. xiii)고 대답했다. 맥아더는 이 사람들이 "뭘 모르고 있고 왜 왔는지도 모르겠다"(knew little, presenting vague hope)고 기록했다. 맥아더가 남긴 회고록의 그 장면은 고졸 출신의 예비역 대위인 대통령에 대한 무시가 행간에 짙게 깔려 있다. (*Reminiscences*, pp. 360~363)

그 자리에서 맥아더와 트루먼은 모두 중공이 한국전쟁에 개입하지 않을 것으로 판단했지만, 중공군은 1950년 11월 27일 압록강을 건넜다. 그때까지만 해도 맥아더는 만주 폭격이나 만주 진공을 고려하지 않았다. 맥아더는 중공군이 전멸을 각오하며 감히 압록강을 건너지 못하리라고 생각했다. 당시 맥아더는 설령 중공이 개입한다고 하더라도 대수이랴 싶었다. (*Reminiscences*, p. 362) 그러나 "예로부터 교만하며 이긴 장수가 없다."(自古驕兵多致敗, 『삼국지』 69회)

맥아더는 중공 영토에 지상군을 투입하자는 사람은 머리를 검사해 보아야 한다고 생각했다. (*Reminiscences*, p. 389) 1950년 9월 하순에 시달된 합참(JCS)의 훈문에서도 "만주와 소련의 영역에 대한 해군 또는 공군의 공격을 해서는 안 된다"(p. 358)고 명시되어 있었다. 웨이크섬을 떠나며 각료들은 군인들이 경제나 세계 여론, 그리고 정신적 힘이 지니는 가능성을 고려하려고 하지 않고, 외교와 조정의 수단을 강구하는 것은 그들의 업무가 아니라고 생각했을 것이다. (John F. Dulles, 1957, p. 234)

결과론적인 이야기이지만, 맥아더의 명령에 따라 UN군이 브레이크 없는 트럭처럼 압록강까지 북진한 것이 통쾌하기야 했겠지만, 꼭 바람직한 전략이었는지에 대해서는 다른 의견이 있을 수 있다. "휴전선은 짧을수록 좋다"는 원칙대로 만약 한국군 20사단이 평양을 점령하고 안주~함흥 선의 북쪽 허리를 장악한 1950년 10월 20~24일의 상황에서 북진을 멈추고 중국과 북한을 위협하며 휴전을 교섭했어야 한다.

4. 장진호 전투의 비극과 희극

왜 이 문제를 거론해야 하는가? 아마도 맥아더는 인천상륙작전에 성공하면서 많이 마음이 들떠 있었고 교만했을 것이다. 그런 상황에서 38°선을 넘는 것은 좋은 전략이 아니라는 인도의 충고가 그의 귀에 들어오지 않았다. UN군은 1950년 10월 1일, 기어코 38°선을 넘었다. (그리고 뒷날 이날이 한국의 "국군의 날"로 지정되었다.)

야전지휘권을 행사한 인물은 미국 육군 10군단 사령관 아몬드(Edward M. Almond) 중장이었다. 그는 버지니아군사학교(Virginia Military Institute)를 졸업(1915)하고 보병 장교가 되어, 제1차 세계대전 기간에 미국 육군 제4보병사단 소속으로 프랑스에서 복무하였다. 그는 한국전쟁에서 10군단장으로 인천상륙작전과 원산상륙작전을 지휘했는데, 그의 예하 병력은 미 육군 7사단과 3사단 그리고 해병 1사단장 스미스(Oliver P. Smith) 소장이 이끄는 1만 2,000명의 병력이었다.

여기에 만주군관학교 출신인 한국군 1군단장 김백일(金白一) 중장 휘하에 최석(崔錫) 소장이 이끄는 3사단과 송요찬(宋堯讚) 소장이 이끄는 수도사단이 북진 부대에 참전했다. 송요찬은 일제 시대에 금강산에서 수도하다가 해방과 더불어 입대한 인물로서 군인으로『사서삼경』(四書三經)과 영어를 아는 특이한 인물이었다. 그가 제주 4·3사건의 마지막 단계를 처리했다.

이에 맞서는 중공군은 압록강 대안의 30간 병력으로서 그 가운데 12만 명이 참전했다. 총지휘관은 팽덕회(彭德懷)였지만, 제9집단군 사령관 송시륜(宋時輪, 1907~1991)이 전투를 지휘했다. 송시륜은 호남성 출신으로 황포(黃埔)군관학교를 졸업하고 장정(長征)에 참여하였다가 한국전에 참전하게 되었는데, 모택동(毛澤東)이 아들 안영(岸英)을 그에게 보낸 것을 보면 그 신임도를 짐작할 수 있다.

송시륜은 UN군이 38°선을 넘자 절강성(浙江省)에서 열차로 북상하여 11월 13일에 북한군 복장으로 갈아입고 장진호(長津湖) 일대까지 야음을 틈타 접근했다. 그는 성격이 불같았으며, 술에 취해야 정상적으로 활동하여 부하들에게 공포의 대상이 되었다. 장비(張飛)가 술에 취할 때

미 10군단장 E. 아몬드 중장(왼쪽), 중공군 사령관 송시륜(오른쪽)

용맹한 것을 보고 제갈량(諸葛亮)이 술을 보냈듯이 모택동은 그에게 틈틈이 술을 보내주었다.

장진호 전투는 실제로 해발 1,000~2,000m의 고지에서 전개되었다. 밤 기온은 영하 30°까지 내렸다. 소총 노리쇠의 기름이 얼어 전투가 없을 때도 수시로 총을 쏘아 얼지 않도록 해야 했으며 차량의 엔진이 얼지 않도록 시동을 걸어 공회전을 했다. C-레이션은 돌덩이같이 얼어붙어 먹을 수가 없었다. 무기와 관계없이 UN군은 10 : 1의 인해전술을 감당할 수 없었다.

역사에는 비참함과 장렬함이 있지만 때로는 어이없는 일도 많다. 양쪽이 모두 마찬가지였지만 미군도 병참이 뜻과 같지 않았고, 특히 탄약과 포탄이 부족하여 C-119 수송기가 군수품을 낙하했다. 이 수송기는 동체가 두 갈래로 나뉘어 있어서 그 당시 우리는 그것이 한국의 재래식 변소의 받침대와 비슷하여 "똥다리 비행기"라 불렀다.

전투가 막바지에 이르렀을 때 미군에 탄약과 탄알이 부족하여 후방에 공중 지원을 요청했다. 암호는 "Tootsie"였다. Tootsie란 1897년 시카고에서 창업한 제과회사 투시 롤 컴퍼니(Tootsie Roll Co.)의 밀크 캔디로서 그 회사의 주력 상품이었다. 그런데 "Toosie를 보내라"는 암호를 받은 암호병은 그것이 탄환을 보내달라는 것임을 모르고, 야전에서 뜨거

투시 롤 밀크 캔디

운 음식을 먹을 수 없어 캐러멜을 보내달라는 뜻으로 보고하여 병참부에서 Tootsie를 대량 공중 투하했다. 그런데 그것이 전화위복이 되었다.

동토의 야전이나 보급이 안 되는 게릴라전에서는 육류 단백질을 섭취해서는 안 된다. 왜냐하면 육류는 물을 다시 쓰지 않는 한 소화가 되지 않고 오히려 탈수와 소화불량을 일으키기 때문이다. 그래서 조난의 위험이 있는 산악인이나, 특수전 전사들은 육포보다 사탕이나 초콜릿을 지참해야 한다. 보급이 어려웠던 미군은 그 밀크 캔디로 열량을 지탱했다.

그런데 소득은 엉뚱한 데 있었다. 차량 바퀴가 펑크가 났을 때 땜질을 할 형편이 아니었다. 그런 난처한 상황에서 어느 사병이 입안에서 씹던 Tootsie를 꺼내어 펑크 난 곳에 때웠더니 영하 30°의 기온에서 곧 얼어붙어 최상의 땜질 역할을 했다. (이 글을 쓸 무렵에 외무부의 이병화(李炳和) 대사가 이런 사연을 알고 미국 출장길에 "투시" 한 봉지를 사들고 와 나에게 선물했다.)

장진호 전투(당시 미군들은 일본어 지도를 가지고 있었기 때문에, 장진을 Chosin으로 발음했다)는 무적을 자랑하던 미극 해병대에 엄청난 수치심을 일으키며, 자존심을 상하게 했다. 퇴각 명령이 내려오자 해병들은 그 치욕을 견디지 못하고 하늘을 향해 주먹질을 하며 소리쳤다.

"퇴각이라고? 엿먹어라."(Retreat! Hell!)

그들은 끝까지 버티기를 고집했다. 미 해병이 전투에서 퇴각한 전례가 없다고 그들은 자부하고 있었다. 그러나 사태는 미군에 불리했다. 후퇴를 하면서 발에 동상이 걸려 부종이 심하여 군화를 벗고 양말 바람에 행군하는 병사도 많았고, 내를 건넌 다음에는 군화와 발이 엉겨 붙었다.

12월 11일에 퇴각을 위해 흥남 부두에서 승선이 시작되었다. 퇴각에 동원된 함선과 상선은 모두 193척, 거기에 10만 명을 "적재"(積載)했다. 현봉학(玄鳳學)은 당시 리치먼드주립대학 의학과 수련의로서 통역관으

흥남 철수

로 참전하여 민간인 피난에 큰 공을 세웠다. 김백일 군단장은 "군인들은 걸어서 싸우며 갈 터이니 그 자리에 민간인을 태우고 떠나라"고 명령했다.

미군 화물선 메레디스 빅토리호(SS Meredith Victory)는 승무원 47명의 수송선이었지만 적재물을 바다에 버리고 1만 4,000명의 민간인을 후송했다. 그 수송선의 선장 라루(Leonardo Lalue)는 전쟁이 끝나자 그 직업을 버리고 베네딕토수도회의 수사(修士)가 되어 수도원에서 생애를 마쳤다. 그 동기가 수송선의 비극을 목격한 뒤에 오는 삶의 비참함에 대한 번뇌 때문이었는지는 알려지지 않았다.

이 전투에서 중공군 12만 명 가운데 4만 5,000명이 전사하고 1만 2,500명이 부상했다. UN군 측의 피해는 전사 796명(행방불명 포함), 전상자 3,500명이 발생했다. 중공군은 이기고도 피해가 컸으며, UN군은 패배하고서도 전상이 작았다. 중공군의 전사자 피해가 컸던 것은 전투 부대의 뒤에 독전대(督戰隊)가 따라오며 탈주병이나 후퇴하는 병사를 사살했기 때문이었다.

장진호 전투는 "미국 10대 패전사"(Ten Defeated Wars of the U.S. Army)

에 포함하여 미국 육군사관학교의 필수 과목에 들어 있다. 그러나 한국에서는 좌파 정권의 수립과 함께 2022년 현재 한국 육군사관학교에서 한국전쟁사가 선택 과목으로 강등되었다. 미국의 전사가(戰史家) 햄버스텝(David Hamberstam)은 『역사상 가장 추웠던 겨울』(*The Coldest Winter : America and the Korean War*, New York : Hyperion Co., 2007)이라는 책에서 당시의 참상을 리얼하게 진술하고 있다.

5. 노을[落照]

이런 상황에서 맥아더로서는 패전으로 말미암은 자존심을 회복하고자 만주에 원폭 투하를 건의했다. 그러자 1951년 4월 11일에 트루먼은 기자단을 소집하여 맥아더 교체(relief)를 발표했다. 원수(元帥)는 종신직이어서 퇴역(retire)하지 않는다. 따라서 그는 다만 UN군 사령관에서 보직이 해임되었을 뿐이지 퇴역한 것은 아니었다. 트루먼은 맥아더가 공화당과 손을 잡고 다음 대통령 선거에 무슨 일을 꾸미고 있다고 생각한 것 같았다.(*Reminiscences*, p. 389) 그는 항명하거나 불쾌감을 보이지 않고 담담하게 해임을 받아들이면서 의회에서 3,500단어에 이르는 긴 고별 연설을 남기고 보직에서 물러났다.

맥아더의 인기는 하늘을 찌를 듯했다. 그는 축전 2만 통과 편지 15만 통을 받았으며, 전국 22개 도시의 환영 행사에 참여했다. 시카고에서는 행렬이 37km에 이르렀고 참석 인원은 300만 명이었다. 그날 기온은 섭씨 7°의 쌀쌀한 날씨였다. 모든 경비는 국고에서 원수에 대한 예우로 치렀으며 특별 열차를 운행했다.(W. Manchester, 1978, pp. 1190~1192) 그런데도 애치슨(Dean Acheson) 국무장관은 1951년 9월 8일의 샌프란시스코 평화회의 귀빈 파티에 맥아더를 초청하지 않았다. 아마도 트루먼의 지시였을 것이다.

분노한 맥아더는 태프트(Robert Taft)와 러닝메이트로 부통령 출마를 선언하여 아이젠하워에 대항하려 했으나, 태프트가 예비 선거에서 낙마하자 무대에 올라가 보지도 못하고 정치의 꿈도 사라졌다. 그가 부관인 아이젠하워와의 대통령 예비 선거 대결에서 패배한 것이 일생의 오점으로 남았다. 좀 어리바리했던 부관 아이젠하워는 승전 장군의 이미지로 대통령까지 올랐지만, 맥아더는 그런 유혹을 뿌리치지 못했다는 점에서 끝이 아름답지 않았다. 맥아더는 대통령이 뭐 별거냐고 냉소했을지 모르지만, 인생살이에는 반드시 머리 좋은 사람이 이기는 것만은 아니었다.

귀국 환영 퍼레이드, 뉴욕

맥아더에 대한 역사적 평가는 다양하다. 맨체스터(W. Manchester)는 『아메리칸 시저』(MacArthur : American Caesar, 1978)라는 이름으로 평전을 썼고, 스미스(R. Smith)는 안데르센 동화에 나오는 『벌거벗은 임금님』에 견주어 맥아더를 『벌거벗은 황제』라는 이름으로 희화화(戲畵)해서 평전(MacArthur in Korea : The Naked Emperor, 1982)을 썼다. 웨인트로브(S. Weintraub)는 한국전쟁을 『맥아더의 전쟁』(MacArthur's War, 2000)이라고 불렀다. 맥아더가 고집스러웠던 것은 세상이 다 아는 일이다. 그의 정치 보좌관이었던 본드(Niles Bond)는 뒷날, "그에게 정치적 조언을 하는 것은 교황에게 세례 교리를 가르치기보다 어려웠다"고 회고했다. (Foreign Affairs Oral History Project, 1998)

1964년 4월 3일, 월터리드 육군병원에서 맥아더가 죽었을 때 미국 전역에서 조기를 게양했다. 그는 현역 시절에 입던 군복을 입고 사병의 관에 담겨 성조기에 덮여 영구차가 아닌 탄약 운반차를 타고 장지에 이르렀다. 그보다 4개월 앞서 죽은 케네디는 생전에 맥아더가 죽으면 육군사관학교 생도들이 운구하도록 지시해 두었다. (W. Manchester, p. 1233)

맥아더가 한국인에 가해자인지 아니면 이승만(李承晩)의 표현처럼 구세주(savior; Reminiscences, p. 356)인지에 대한 논란이 있다. 한국인이라 할 경우에 북한 주민과 인민군들까지 포함한다면 그의 작전에 죽은 사람이 적지 않은 것은 사실이지만, 대한민국의 입장에서 생각하면 그가 공산화를 막아준 사람임이 틀림없다.

내가 1970년대에 계룡산 신도안을 답사할 때 만난 무당은 맥아더를 주신으로 모시고 있었다. 그에게는 맥아더야말로 구세주였다. 트루먼을 주신으로 모신 무당도 있었다. 그는 트루먼(Truman)이 곧 『정감록』(鄭鑑錄)에서 말한 진인(眞人, True-man)이라고 설명했다. 정 도령을 주신으로 섬기는 목사는 정(鄭)이라는 글자를 풀어쓰면 곧 유대 읍(酋大 阝)에서 태어난 예수라 했다.

맥아더가 천재적 전략가였는지 아니면 광기에 찬 무골이었는지에 대한 평가는 보는 이에 따라 다를 수 있다. 맥아더는 태평양전쟁의 승자로서 일종의 오만과 우월감을 느꼈을 수도 있다. 동국대학교의 강(姜)아무개 교수와 같은 좌파들은 미국이 참전함으로써 베트남처럼 통일을 이루지 못한 한스러움이 있다고 말하고, 우익들은 그로 말미암아 자유를 수호했다고 말한다. 그의 역사적 평가는 통일 이후에나 적실하게 나오게 될 것이다.

그러나 맥아더는 온통 전쟁으로 얼룩진 역사의 유산을 어려서부터 배웠고, 또 실제로 국공내전과 대일 항전에서 수많은 역경을 이겨낸 팽덕회(彭德懷)의 속마음[胸裡]을 읽는 데 실패했다. 서방 세계는 맥아더를 천재적 영웅으로 추앙하면서 인천상륙작전의 혁혁한 승리를 칭송하고 있지만, 결과적으로 그는 팽덕회를 물리치지 못했다. 가혹하게 말하면 그는 모택동(毛澤東)의 전략을 넘어서지 못했다.

한국전쟁은 미국의 역사에서 최초로 "이기지 못했고, 그렇다고 해서 지지도 않았지만 끝내지도 못한 전쟁"(Weintraub, p. xiii)이었으며, 그 책임은 맥아더에게로 돌아갔다. 그러나 그를 옹호하는 사람들은 트루먼 대통령이 그에게서 전쟁을 끝낼 기회를 빼앗아간 점을 들어 그의 책임을 부인한다. 그렇게 되면 원폭의 선악까지 거론해야 하므로 이야기가 더욱 복잡해지며, 이 글의 주제를 벗어나는 일이다.

1986년 7월, 나는 미국 유학을 마치고 귀국하기에 앞서 마지막 여행지로 맥아더 기념 박물관을 찾아갔다. 버지니아주 체서피크만에 자리 잡은 해군 기지 노폭(Norfolk)의 중심가에 있는 박물관은 본디 그곳 시청 청사였으나, 1964년에 그가 죽자 그곳에서 장례를 치르고 기념 박물관으로 쓰도록 주 정부에서 기증한 2층짜리 건물이었다. 로비에 들어서면 가운데 홀에서 내려다보이는 아래층 지하에 맥아더 부부의 석관이 안치되어 있다. 2층에는 문서고가 있다. 일세의 영웅이 알링턴 국립묘지에 묻히기보다는 고향에 묻히고 싶어 했던 인간적인 풍모가 인상적이었다.

맥아더 동상이 서 있는 인천 자유공원에서는 지금도 좌파들이 시위를 벌이며 그의 동상을 철거하라고 외친다. 나는 이 글의 영감도 얻을 겸 얼마 전에 그곳을 찾아갔다. 시위대는 없고 조용하며 산보객들만이 평화를 즐기고 있었다. 공원 입구의 정자 연오정(然吾亭) 앞에 맥아더와 미군을 기념하여 심은 목백합이 무성하게 자라고 있었다. 연오정, 현판은 검여(劍如) 유희강(柳熙綱)의 글씨인데 "그렇지만 나는…" 또는 "나처럼"[然吾]에서 나는 누구일까? 아니면, '내가 옳았어'라고 풀이할 수도 있다.

＊추기 : 이 글이 나간 뒤에 군사편찬연구소의 이상호(李相昊) 박사는 웨이크섬에서 맥아더가 늦게 내렸다는 것을 맥아더 기념관에서는 강력히 부인하고 있으며, 그를 뒷받침하는 자료도 있다고 나에게 알려줬다. 이상호 박사는 맥아더로 박사학위를 받은 그 분야의 권위자이니 그의 말이 맞을 수 있다. 아마 읽은 자료가 다른 탓일 수도 있다.

제25장 참고 문헌

『삼국지』

『아! 흥남 철수』(흥남철수작전기념사업회, 2016)

엔닌(圓仁)(지음) / 신복룡(역주), 『入唐求法巡禮行記』(선인출판사, 1991)

Bond, Niles, *Foreign Affairs Oral History Project,* Interviewed by Charles S. Kennedy, Initial Interview : April 14, 1998

Hamberstam, David, *The Coldest Winter : America and the Korean War*(New York : Hyperion Co., 2007)

Higgins, M., *War in Korea*(Garden City : Doubleday Co., 1951)

MacArthur Hearings : Military Situation in the Far East(Washington, D. C. : USGPO, 1951)

MacArthur, D., *Reminiscences*(New York : McGraw-Hill Book Co. Inc., 1964)

Manchester, W., *MacArthur : American Caesar*(New York : Little, Brown and Company, 1978); 박광호(옮김), 『맥아더 : 아메리칸 시저』(미래사, 2007)

Reischauer, Edwin Oldfather, *Ennin's Diary*(New Yoirk : Roland Press, 1995)

Smith, Robert, *MacArthur in Korea : The Naked Emperor*(New York : Simon and Schuster, 1982)

Weintraub, S., *MacArthur's War*(Free Press : The Free Press, 2000)

26

자식을 가슴에 묻은
모택동(毛澤東)

> "전사(戰士)는
> 죽은 자리에 묻어주어야 한다."
>
> — 모택동

우리나라 현대사의 대통령들에게는 설화(舌禍)가 많았다. 설화라면 김영삼(金泳三) 대통령이 단연 압권이었고, 노무현 대통령도 만만치 않은 인물이었다. 그는 중국을 방문했을 때 "나는 모택동을 가장 존경한다"고 말해 구설에 오른 적이 있다. 그곳이 중국이었고 분위기로 보아 그럴 만했으며, 그의 성품으로 볼 때 소탈한 진심이었을 것이다.

그러나 한국인의 정서는 그것을 용서하지 않았다. 우익들이 들고 일어나 빨갱이 침략자를 존경한다니 말이 되느냐고 그를 성토했다. 어느 역사적 인물에 대한 우리의 인식에서 위대함이나 업적은 은원(恩怨)을 뛰어넘지 못한다. 그래서 나도 이 글을 쓰기가 조심스럽다. 그의 자서전[신복룡(옮김), 『모택동자전』(2001)]에 따라 그의 젊은 날을 복원해보면 이렇다.

1. 매 맞는 아이

청조(淸朝)가 기울어가는 1900년대 초엽 중국 호남성의 한 한촌에는 늘 아버지로부터 매를 맞는 아이가 있었다. 아이는 집에 들어가기가 두려웠다. 집에 가면 매를 맞을 것 같은 두려움 때문에 이곳저곳을 쏘다니기 시작했다. 아버지는 여러 사람 앞에서 아들을 게으르고 쓸모없는 녀석이라고 윽박질렀다. 이러한 사실은 그 아이를 몹시 화나게 했다. 그는 아버지에게 욕설을 퍼붓고 집을 나와 버렸다.

어머니가 쫓아와서 돌아가자고 설득했고 아버지도 돌아가자고 욕을 하면서 강요했다. 그는 우물가로 달려가서 아버지가 더 이상 가까이 오면 우물에 뛰어들어 죽겠다고 위협했다. 아버지는 복종의 표시로 아들에게 무릎을 꿇고 머리를 숙여 사과하라고 요구했다. 아들은 아버지가 때리지 않겠다고 약속한다면 한쪽 무릎만 꿇고 사과하겠노라고 제의했고, 아버지도 이에 동의하여 부자가 겨우 화해했다. 그 아이의 이름은 모택동이었다.

모택동은 1893년에 호남성 상담현 소산충(湖南省 湘潭縣 韶山冲)이라는 마을에서 태어났다. 아버지의 이름은 모이창(毛貽昌)이며 자(字)가 순생(順生)이었고, 어머니의 이름은 문칠매(文七妹)였다. 그의 아버지는 가난한 농부로서 무거운 빚 때문에 어린 나이에 군대에 들어갔다. 그는 여러 해 동안 군대에 복무한 뒤에 고향으로 돌아와 모은 봉급으로 조촐한 미곡상과 또 다른 사업을 벌여 열심히 돈을 모아 저축함으로써 땅을 살 수 있었다.

아버지가 중농이 되었을 때 모택동의 집안은 15무(畝)의 땅을 가지고 있었으며, 7구의 땅을 더 사들였는데 그때서부터 부농(富農)이라는 말을 듣게 되었다. 지금 한국의 단위로 따지면 2만 7,000평(135마지기) 정도였으니 땅이 넓은 중국에서도 부중농에 들어가는 편이었다고 에드거

스노우(Edgar Snow)는 계산했다. (신복룡(옮김), 『모택동자전』, pp. 23~26)

모택동은 여섯 살 때부터 엄혹한 아버지 밑에서 농사일을 배웠다. 아버지는 노동력을 늘리고자 모택동이 열네 살 때 결혼을 시켰지만, 뒷날 모택동은 그 여자와 살을 섞은 적도 없고 이름도 생각나지 않는다고 회고했다. 어머니는 독실한 불교 신자였다. 그는 글을 읽을 줄도 몰랐다.

어머니는 관대했고 동정심이 많아 자기가 가지고 있는 것을 남에게 기꺼이 나누어 줄 만큼 인정스러운 여인이었다. 그는 가난한 사람들을 불쌍하게 여겼으며, 기근이 들어 쌀을 얻으러 오는 사람을 그냥 보내지 않았다. 냉혹한 아버지와 자비로운 어머니 사이에서 자란 모택동의 심리가 어떻게 투영되었을까를 상상해 보는 것은 그리 어렵지 않다.

어머니와 모택동 3형제

모택동은 여덟 살이 되었을 때 마을의 서당에서 뒤늦게 공부를 시작하여 열세 살이 될 때까지 다녔다. 일손이 아까워 아버지가 학교를 보내주지 않았기 때문이었다. 이른 아침과 밤에도 농장에서 일을 했으며, 틈틈이 『사서』(四書)를 읽었다. 서당 훈장은 학생들을 몹시 무섭게 다루었다. 그는 거칠고 엄격해서 학생들을 때리는 일도 흔히 있었다. 이것이 싫어서 그는 열 살 때 그곳을 뛰쳐나왔다.

학교에 다니지 않으면서도 모택동은 아버지가 불빛을 보지 못하도록 밤늦게까지 창문을 가리고 공부했다. 모택동은 『성세위언』(盛世危言)에 몹시 심취했다. 이 책은 중국 개명기의 학자인 정관응(鄭觀應, 1842~1922)의 저술이다. 그는 광동 출신으로 젊어서 과거에 낙방한 뒤 관직의 뜻을 버리고, 영국 상관(商館)에 진출하여 매판(買辦)으로 일하며 해외 문물을 받아들인 뒤 이 분야에서 성공하여 광동철로공사 사장에까지 이르렀다. 그는 청일전쟁의 포성을 들으며 『성세위언』을 썼다.

이 책에서 정관응은 앞으로 상전(商戰)의 시대가 올 것이며 부국강병을 서두르지 않으면 국가의 위기가 도래하리라고 예언했다. 이 책은 당시 중국의 개명 의식에 커다란 영향을 끼쳤다. 정관응은 의회제도, 현대식 교육, 통신과 같은 수많은 민주적 개혁을 주창한 인물이었다. 무술정변(戊戌政變)이 일어났던 1898년에 이 책이 출판되자 이를 읽은 광서제(光緖帝)는 2,000부를 구입하여 신하들에게 주어 읽도록 했다.

모택동은 새로이 설립된 어느 유별난 학교에 관한 소문을 듣고, 아버지의 반대에도 불구하고 그 학교에 들어가기로 다짐했다. 그 학교는 상향현(湘鄕縣)에 있는 동산학교(東山學校)였는데, 그곳은 어머니의 고향이었다. 이 당시 그의 나이는 열여섯 살이었다. 이번에도 아버지가 진학을 반대하자 모택동은 머슴을 고용할 셈으로 어머니로부터 얻은 돈 12원을 아버지에게 지불하고 고향을 떠났다. 떠나는 짐 속에는 『삼국지』(三國志)와 『수호지』(水滸誌)가 들어 있었다.

모택동은 이 책 말고도 『악비전』(岳飛傳), 『수당연의』(隋唐演義) 및 『서유기』(西遊記)를 읽었다. 그는 이런 책들을 싫어하여 나쁜 책이라고 말하는 늙은 선생님의 눈을 피해 가면서 열심히 읽었다. 그 밖에도 그는 『워싱턴전』, 『나폴레옹전』, 『링컨전』, 러시아의 『캐더린 황후전』, 『피터 대제』, 『웰링턴전』, 『글래드스톤전』과 루소(J. J. Rousseau)와 몽테스키외(Baron de Montesquieu)의 저술도 읽었다.

그는 결국 열세 살 때 『삼국지』를 비난하는 서당 선생이 싫어 학교를 자퇴하고 장사(長沙)로 떠났다. 그 시절의 모택동은 너무 늦은 나이로 학교에 들어갔기 때문에 "교실 뒤편에 앉은 키 큰 아이 증후군"(syndrome of taller boy sitting at back seat in the class)을 앓으면서 성장기를 지내고 있었다.

그러는 사이에 1911년 신해혁명(辛亥革命)이 일어났다. 그 무렵 18세이던 그는 손문(孫文)을 총통으로, 양계초(梁啓超)를 외교부장으로 임명해야 한다고 주장하는 글을 쓰기도 했다. 그와 어린 시절을 보낸 친구 소유(蕭瑜)는 뒷날 도둑질을 하고 미국으로 망명하여, 모택동의 신화가 한창 세상을 떠들썩할 무렵 『모택동과의 무전 여행기』(*Mao and I were Beggars*, 1975)라는 회상기를 써서 돈도 벌고 유명해졌다. 그의 기록에 따르면 모택동은 비가 쏟아지면 옷을 벗고 밖으로 나가 비를 맞으며 이렇게 말했다고 한다.

"이 순간에 우리 민족의 80%가 비를 맞고 있다."

젊은 날에 할 일 없이 방황하던 모택동은 1911년에 군대에 입대했다. 혁명의 열기가 그를 유혹했을 것이다. 그는 월급 7원을 받아 식대로 2원을 쓰고 나머지 5원으로 책을 사 읽었는데, 이때 그가 읽은 것은 주로 사회주의 서적이었다. 역사에 기록된 사람들은 한결같이 젊은 날에 피나는 독서 시대가 있었다. 그러나 그의 군대 생활은 그의 이상과 멀었다. 그는 장기 복무를 권고하는 중대장의 만류를 뿌리치고 6개월 만에 제대했다.

2. 양창제와 운명적인 만남

　모택동은 1913년, 20세의 나이에 장사의 호남 제일사범학교에 입학하여 1918년에 졸업했다. 이 학교의 학생은 모두가 장학생이었으며, 졸업 뒤에는 초등학교의 교사가 되는, 호남성 제일의 명문 학교였다. 그 시절에 그에게 가장 강렬한 인상을 준 선생은 양창제(楊昌濟, 1871~1920)였다. 그는 일본에서 6년을 공부한 다음 영국의 에든버러(Edinburgh)대학에서 공부하고 다시 독일 유학을 마친 뒤 돌아와, 윤리학을 가르치는 이상주의자로서 높은 도덕적 품성을 지닌 사람이었다.

　양창제는 공명(公明)하고 도덕적인 인물로 덕망이 높았다. 그는 젊은 이들에게 사회적으로 유익한 사람이 되려는 열망을 불어넣으려고 노력했다. 모택동은 그의 영향을 받아 채원배(蔡元培)가 번역한 윤리학 서적을 읽었다. 그는 이 책에서 영감을 얻어「정신의 힘」(心之力)이라는 글을 썼다. 양창제는 이 글을 격찬하여 100점을 주었다. 양창제는 늘 학생들에게 원대한 이상과 개혁의 포부를 가지고 실사구시하며 각고실천(刻苦實踐)하라고 가르쳤다. 젊은 날에 훌륭한 스승을 만나는 행운은 이런 경우를 두고 하는 말일 것이다.

 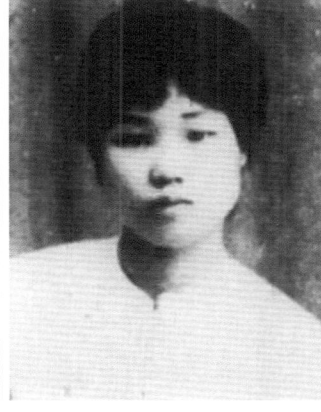

양창제(왼쪽)
양개혜(오른쪽)

장사사범학교를 마친 모택동은 졸업하던 그해 1918년에 북경으로 갔다. 그 무렵 중국의 젊은이들은 프랑스 유학을 선망하며 장사의 중법대학(中法大學) 교장인 이석증(李石曾, 1881~1973)에게 프랑스어를 배우고 있었다. 그들 가운데 가장 우수한 학생이 주은래(周恩來)였다. 그러나 모택동은 다른 계획이 있었기 때문에 프랑스어를 공부하지 않았다. 여기에서 "다른 계획"이라 함은 아마도 양창제의 딸 양개혜(楊開慧, 1901~1930)와의 사랑 때문이었던 것으로 보인다.

이석증은 본명이 이욱영(李煜瀛)으로서 군부대신 이홍조(李鴻藻)의 아들이었으니 대단한 가문의 출신이었다. 증조(曾祖)할아버지가 고명한 학자였는데 그 이름에 석(石) 자가 들어 있어 자기 이름을 석증으로 바꿨다. 1902년에 프랑스로 유학한 이석증은 콩[豆]을 전공하면서 러시아의 무정부주의자 크로포트킨(Peter Kropotkin)에 심취했다. 그 당시에는 무정부주의가 유행했다. 그 유명한 파금(巴金)은 본명이 이대감(李帶甘)이었는데 바쿠닌(M. Bakunin)의 "바"(巴)와 크로포트킨의 "킨"(金)을 따 파금으로 이름을 바꿀 정도였다. 이석증은 1906년에 귀국하여 천진에 머물며 『민의보』(民意報)를 창간하여, 사회개량주의를 보급하면서 1915년에 북경대학 교수가 되었다.

북경에서 모택동의 생활은 매우 어려웠다. 그가 애당초 북경에 갔을 때도 친구에게서 돈을 꿀 정도였기 때문에 일자리부터 찾아야 했다. 그 무렵 양창제는 북경대학의 교수가 되어 있었다. 모택동은 그에게 직장을 구할 수 있게 도와 달라고 사정했다. 양창제가 북경대학 도서관장인 이대쇠(李大釗)에게 모택동을 소개해 주자 이대쇠는 그에게 도서관 사서(司書) 조수의 일자리를 마련해 주었다. 보수는 매월 8원으로 넉넉한 삶을 살았다. 이때 모택동은 그토록 읽고 싶던 만 권 서적을 원 없이 읽으면서 사상의 지평을 넓혀 나갔고, 잡지실에서 누구보다도 먼저 신사조를 만날 수 있었다.

공산주의에 눈뜨기 시작한 모택동은 이 무렵에 북경대학에서 중국공산주의의 대부 진독수(陳獨秀)를 다시 만나 깊은 영향을 받았다. 모택동은 또한 호적(胡適)의 강의실도 기웃거리며 강의를 들었고, 총장 채원배를 찾아가서 만난 적도 있다.

채원배는 1907년에 독일로 유학을 갔다. 그는 1911년에 무창(武昌) 봉기 이후에 귀국하여 남경 정부 교육총장을 지냈다. 그는 1913~1916년에 다시 독일에 유학한 뒤, 1917년에 북경대학 총장에 부임하여 신문화 운동을 전개하고 있었다. 모택동이 그에게 직접 가르침을 받은 바는 없으나, 꿈 많은 젊은이가 당대의 석학을 면발치에서나마 볼 수 있었던 것은 행운이자 성장의 디딤돌이 되었다.

그러나 북경대학 시절에 일어난 모택동 생애 최고의 사건은 양창제의 딸 양개혜를 다시 만난 것이었다. 장사사범학교 시절 어린 나이에 만났을 때의 정이란 가슴 설레는 풋사랑이었지만, 이제 성인이 된 그들은

교수대에 선 이대쇠.
죽음 앞에서 어찌 이토록 의연할 수 있을까?

서로 사랑하는 사이가 되었다. 양개혜는 어느 모로 보나 명석한 북경대학의 학생이었으며, 뒷날 대혁명 기간에는 청년 지도자로 활약한, 가장 활동적인 공산주의자 여성이었다.

양창제는 그들의 사랑에 마뜩잖아 했던 것 같다. 모택동이 한 남자로서 국가를 위해 큰일을 할 만한 인물이라는 호감과 그가 내 사윗감이냐의 문제는 전혀 별개였을 것이다. 마르크스(K. Marx)가 어렸을 적부터 자신을 사랑했던 이웃집 귀족 베스트팔렌(Westphalen)의 딸 예니(Jenny)를 사랑했을 때 베스트팔렌이 그를 사윗감으로는 여기지 않았고, 그래서 두 사람이 벨기에로 야반도주하여 결혼한 일과 모택동의 운명이 어쩌면 그리도 닮았는지 모르겠다.

모택동과 양개혜는 1920년에 결혼했다. 그들의 결혼은 호남의 젊은이들 사이에 가장 이상적인 연애로 축복을 받았다. 1922년에 아들 안영(岸英)을 낳았다. 양개혜는 그 무렵 중국사회주의청년단과 중국공산당에 가입하여 호남지구의 연락 공작을 맡고 있었다. 1923년 이후에는 상해·광주(廣州)·소산(韶山)·무한(武漢) 등지에서 혁명 운동을 전개하다가 실패한 뒤 장사로 돌아와 지하공작에 종사하고 있었다.

이 무렵에 중국공농(工農)혁명위원회가 조직되어 모택동은 그 주석의 직책을 맡고 있었다. 호남에서는 홍군의 영향력이 널리 퍼져 있었으며 모택동의 이름도 호남의 농민들에게 알려져 있었다. 왜냐하면 주덕(朱德)과 모택동의 목에는 막대한 현상금이 걸렸기 때문이었다. 상담에 있는 그의 토지는 국민당에 몰수당했다. 그뿐만 아니라 아내와 누이 택건(澤建), 동생 택민(澤民)과 택담(澤覃)의 아내들, 그리고 아들 안영과 안청(岸靑)도 1930년 모두 하건(何鍵)에게 체포당했다. 하건은 4로군 지휘자로서 장정 당시 정강산 토벌사령관이었다.

이때 아내 양개혜와 누이동생(澤洪)은 처형되었고 나머지는 뒷날 석방되었다. 들려오는 얘기에 따르면 양개혜는 당을 버리든가 죽음을 택하라는 제안을 받았지만, 자신의 신념을 철회할 것을 거부했다고 한다. 이때 모안영의 나이는 여덟 살이었다. 사실 따지고 보면 장개석(蔣介石)과 모택동의 사이가 그리 멀지는 않았다. 장개석의 아내이자 장경국(蔣經國)의 어머니인 모복매(毛福梅)는 모택동의 육촌 누나[姐媽]였기 때문이다. 그리해서 장개석과 모택동의 관계에는 이념의 갈등에 서로 아내를 죽인 원한이 덧칠되었다.

3. 장정(長征)

혁명 초기에 쫓기는 몸이 된 모택동은 병력 30만 명을 서금(瑞金)에 집결시켰다. 1932년 6월 장개석은 50만 대군으로 그들을 정강산(井崗山)에 몰아넣고 질식사를 유도했다. 그리하여 중국 역사에서 가장 혹독한 패주의 길이 시작되었다. 역사는 이를 장정(長征)이라고도 하고 서천(西遷)이라고도 한다. 1934년 10월에 모택동은 탈출을 시작했다. 인원은 30만 명이었다. 모택동은 이렇게 지시했다.

"30만 병력을 한곳에 집중한다. 모든 화력을 한곳에 집중하여 탈출로를 뚫는다. 뚫는 자는 살 것이요, 처지는 자는 죽을 것이다. 이것은 유격전이 아니라 단병접전(單兵接戰)이다. 돌격이 최상의 접전이다."

그들이 연안(延安)에 이르기까지에는 2년 4개월이 걸렸다. 그 거리는 6천 마일(1만 km)이었는데, 상징적으로 말하자면 모스크바에서 블라디보스토크에 이르는 거리요, 샌프란시스코에서 워싱턴을 왕복한 거리와 같다. 그들은 말과 수레를 탄 적도 있지만, 거의 걷다시피 그 길을 갔다. 1937년 1월 연안에 도착했을 때 모택동은 이곳을 『수호지』의 무대인 양산박(梁山泊)에 비유했다. 떠날 때 30만 명이었던 공산군 가운데 살아남은 자는 2만 명이었다. 그들은 그곳에서 소비에트 정부를 수립했다.

모택동은 무엇을 믿고 그 무모한 행군을 했을까? 그는 후한(後漢)의 회음후(淮陰侯) 한신(韓信)이 서촉으로 들어가 재기하려다 실패했고, 그가 이루지 못한 꿈을 이루려고 다시 제갈량(諸葛亮)과 유비(劉備)가 서촉으로 들어가 재기하여 중원으로 나오려 했으나 실패한 고사를 생각했을 것이다. 모택동은 한신이나 제갈량이 이루지 못한 꿈을 자신은 이룰 수 있다고 확신했다. 장정 기간에 군기(軍紀)는 매우 엄정하여 민폐를 끼치는 일을 엄단했는데, 이것이 뒷날 중국의 민중이 부패한 국부군을 버리고 중공을 선택하는 계기가 되었다.

모택동이 연안에 도착했을 때 한 미국인 기자가 찾아왔다. 『시카고 트리뷴』(Chicago Tribune)의 중국 특파원인 에드거 스노우(Edgar Snow)였다. 그는 열흘 동안 모택동의 구술을 토대로 자기의 답사를 더하여 『중국의 붉은 별』(Red Star over China, 1938)을 썼다. 이 책의 제4장이 곧 내가 번역한 『모택동자전』이다. 이 책을 통하여 중국과 모택동은 세계의

정강산(井崗山)과 자전을 구술하는 모택동(1937년 Nym Wales 촬영)

주목을 받기 시작했다. 그 두 사람의 우정은 스노우가 죽은 1972년까지 지속되었다. 스노우가 제네바에서 죽자, 유족들은 그의 유언에 따라 유해를 화장하여 절반을 북경대학 구내 호수인 미명호(未名湖)에 뿌렸다. 호수가 너무 아름다워 적절한 이름을 지을 수 없어 미명호라 불렀다.

그 뒤의 내전과 건국 과정은 여기에서 논의할 일이 아니다. 세월을 뛰어넘어 1949년 10월 1일 중화인민공화국이 수립되고 모택동은 주석에 올랐다. 그는 주석에 취임한 지 석 달 만인 1949년 12월 16일 모스크바로 갔다. 그리고 석 달을 머물다가 이듬해 3월 4일에 귀국했다.

건국 초야의 그 중요한 시기에 국가 원수가 80일 동안이나 국내의 자리를 비우고 외국에 머문다는 것이 상식적으로 가능한 일이겠는가? 무슨 얘기가 그리 길었고 얼마나 간절한 것이었을까? 그는 신생 국가 건설에 필요한 경제적 지원이 너무도 절실했기 때문에 그토록 오래 자리를 비울 수밖에 없었다.

그런데 공교롭게도 그 무렵인 1월 12일에 미국의 애치슨(Dean Acheson) 국무장관이 전국기자클럽(NPC)에서 극동 방위선에 관한 연설을 했다. 나중에 알려진 바에 따르면, 1950년 2월 14일, 스탈린과 모택동은 모스크바에서 중소조약(中蘇條約)을 체결했다. 모택동이 모스크바를 떠난 지 25일이 지난 3월 30일에 김일성이 모스크바를 찾아와 4월 25일까지 머물다가 갔다. 스탈린을 만난 김일성은 그가 남침을 선뜻 응낙하지 않고 중공에 의지하려는 기색을 보이자, 다시 1950년 5월 13일에 북경으로 모택동을 찾아가 "재가"를 받았다.

4. 한국전쟁, 그리고 아들

그렇다면 모택동은 왜 한국전쟁 참전을 결정했을까? 1950년 초까지만 해도 그는 한국전쟁을 바라지 않았다. 왜냐하면 내전으로 말미암아 너무 황폐한 내정을 회복할 필요가 있었을 뿐만 아니라 대만(臺灣)의 회복이 더 급선무였으며, 북한군이 남한을 성공적으로 장악할 능력이 있다고 스탈린이 들었다는 김일성의 말을 믿지 않았기 때문이었다. 그들은 전후 복구를 위해 3년에서 5년 정도의 시간적 여유가 필요했다.

그러나 신생 공산국가의 지도자로서 모택동은 "큰형님"(big brother, J. Stalin)의 참전 요청을 거절할 수 있는 처지가 아니었다. 당시 소련은 차도살인(借刀殺人)을 생각하고 있었다. 이는 중국의 병법 "36계" 가운데 세 번째 전략으로, 남에게 칼을 빌려주어 적을 죽이게 하는 방법이었다. 소련은 중국의 참전을 설득하면서 미국이 참전하지 않을 것이라고 중공을 안심시켰다.

그뿐만 아니라 소련은 한국인 출신으로 중공군에 배속된 실전 부대의 효용도 깊이 고려했다. 인민해방군에는 1만 6,000명 이상의 한국인이 있으며 4개 대대 27개 중대 및 9개 소대로 편성된 한국인 부대까지 있었고, 인민해방군에서 복무하고 있는 한국인 가운데에는 사단장급 2명, 연대장급 5명, 대대장급 87명, 중대장급 598명, 소대장급 1,400명, 하사관급 1,900명 등의 지휘관이 있었다.

이런 상황에서 모택동은 "미국은 그토록 작은 나라[남한]를 구출하려고 개입하지는 않을것"(Sergei N. Goncharov, *Uncertain* Partners, 1993, p. 137)이라고 오판했다. 중공이 이 전쟁에 참전할 당시만 해도 이번의 항미원조(抗美援朝 : 미국에 대항하여 조선을 도움) 전쟁은 그들로서 명분도 있고 승산도 있는 전쟁이라고 생각했다. 그러나 전쟁은 김일성의 호언처럼 그렇게 공산 측에 유리하지 않았다. 우선 UN군의 북상으로 만주가 위험하게 되었다.

여기에서는 중공의 참전에 관한 역학 관계를 자세히 논의할 자리는 아니며, 다만 "인물사"라는 측면에서 짚고 넘어가야 할 부분이 있는데 그것이 바로 모택동의 아들 모안영의 참전과 말로이다. 내란을 겪으면서 부모의 보살핌을 받지 못하여 고아 아닌 고아가 된 모안영은 온갖 고초를 겪으며 소년기를 지낸 뒤 청년이 되자 모스크바로 가 레닌군사학교를 졸업하고 들어온다.

오랜만에 아들을 만난 모택동은 "중국의 지도자는 농사짓는 법을 알아야 한다"면서 시골에 가서 농사를 지으라고 말한다. 안영은 시골에 내려가 열심히 고구마 농사를 지어 수확물을 들고 아버지를 찾아간다. 시골에서 돌아온 아들을 본 모택동은 고구마는 쳐다보지도 않고 손을 보자고 한다. 아들이 손을 보여주자 모택동은 그제야 "그 정도면 되었다"고 말했다.

이 무렵에 한국전쟁이 일어나자 모택동은 아들을 지원병으로 한국에 보내어 팽덕회(彭德懷)를 돕게 한다. 지도자의 아들이 포로가 되면 상황이 어렵게 된다는 참모들의 조언에도 불구하고 지도자의 자식들이 먼저 전선에 나가야 한다고 생각했기 때문이다. 그는 팽덕회의 비서 겸 통역으로 배속되었다.

모안영은 당시 신혼 초였다. 그의 아내는 그 시대 최고의 미모와 인기를 자랑하는 배우 유송림(劉松林)이었다. 모안영은 미군의 반격이 시작되자 퇴각하다가, 1950년 11월 25일 평북 삭주군 중공군지원사령부에서 폭격으로 28세의 젊은 나이에 전사한다.

모안영이 죽자 팽덕회는 주은래(周恩來)에게 연락을 했으나, 주은래는 모택동에게 사실을 말하지 못하다가 석 달이 지나서야 겨우 입을 뗐다. 그리고 그의 시신을 중국으로 옮길까를 모택동에게 문의한다. 그때 모택동이 물었다.

"안영의 시체가 확실하던가요?"

그도 자식을 잃은 아픔을 그렇게 표현했다. 주은래는 그렇다고 대답하면서 물었다.

"고향에 묻어줄까요?"

그러자 모택동이 이렇게 말했다.

"죽은 자리에 묻어 주시오. 전사는 역사의 현장에 묻히는 것이 영예롭다오."

그리하여 그는 지금 평북 회창군 중국군 열사 묘지에 매장되어 있다. 묘지 입구는 240계단으로 이어지는데, 이는 중공군 참전 240만 명을 기념한다는 뜻을 담고 있다. (이 숫자에는 논란의 여지가 있다. 30만 명 정도로 보는 것이 옳을 것이다.)

모안영과 아내 유송림(劉松林), 강청(江靑)의 몸에서 난 딸 이눌(李訥). 그 시절에는 세월이 어수선하여 성을 바꾸는 일이 허다하였다.

5. 모택동은 우리에게 누구인가?

건국 초야의 국부인 모택동으로서는 어쩔 수 없이 한국전쟁에 참여했다고는 하지만, 우리로서는 회한(悔恨)이 많다. 그의 참전이 없었더라면 통일되었을 것이라는 가정 때문이다. 세상을 살다 보면, 차마 못 할 말이지만, 남의 불행이 나의 행복일 때가 있다.

만주에 원폭을 투하해서라도 중공을 막고 한반도를 통일했어야 하는가에 대해서는 인류애의 거시적 고민이 필요하지만, 그 뒤에 벌어진 한반도에서의 비극과 소모와 낭비를 고려한다면 어느 정도의 아픔이나 대가를 치르더라도 통일을 이룩했어야 한다는 것이 나의 생각이다. 그런 점에서 모택동은 우리에게 못 할 짓을 했다.

시대가 바뀌어 이제 다시 중국과 한국이 밀월의 시대로 들어가는 것처럼 환영이 어른거리지만, 중국이 우리에게 늘 착한 사마리아인이기를 기대하는 데에는 한계가 있다. 우리가 언제까지 노론(老論)의 중화주의 그늘에서 살 수는 없다. 그들은 한국의 분단과 현대사의 비극에 대하여 일정한 책임이 있고 그 아픔을 치유하는 데 노력을 기울여야 할 부채가 있다.

그러나 중국은 한국의 큰 아픔을 치유하고자 자신들의 작은 아픔을 감내할 의지가 없는 것은 자명하다. 그렇다고 미국만 바라보고 있을 수만도 없다. 그래서 한국의 운신이 더욱 어렵다. 한국에는 비스마르크(Otto von Bismarck)나 메테르니히(Klemens von Metternich)가 나올 가능성은 없는 것일까?

제26장 참고 문헌

김명호, 『중국인 이야기』(1)(한길사, 2013)
소유(蕭瑜), *Mao and I were Beggars*, 1975; 『모택동과의 무전여행기』(월간중앙, 1976)
Goncharov, Sergei N. (*et al*), *Uncertain Partners : Stalin, Mao, and the Korean War*(Stanford : Stanford University Press, 1993)
Snow, Edgar, *Red Star over China*(New York : Grove Press, 1961); 에드가 스노우(지음) / 신복룡(옮김), 『모택동자전』(평민사, 2001)

27

휴전 회담(1)
후회하지 않는 전쟁은 없다

> "평화로울 때는 자식이 부모를 매장하지만,
> 전쟁이 나면 부모가 자식을 매장한다."
>
> — 헤로도토스(Herodotus)

       그 숱한 전쟁을 겪은 사람들은 왜 이 미친 짓을 하느냐고 원망하고 저주하지만, 막상 전쟁의 당사자들은 모두 그럴듯한 명분으로 무장되어 있다. 그들은 조국, 통일, 정의, 불의의 응징 등 온갖 수사(修辭)로 변명한다. 결국 전쟁은 인간의 마성과 탐욕 그리고 오판이라고 하는 결정적인 실수의 복합 산물이었다.

  전쟁이 중근대 사회에서 인구 조절의 구실을 했다느니 하는 말이 듣기에는 그럴싸할지 몰라도, 겪는 사람들의 처지에서 보면 얼마나 잔인한 말인가? 전쟁은 슬프고 아프다. "전쟁이 부흥을 가져온다"는 말은 사실 여부를 떠나서 너무 잔인하다. 역사에 후회하지 않는 전쟁은 흔하지 않았다. 그러나 그 전쟁의 뒤에서 누구인가는 빙긋이 웃고 있다. 그것이 역사를 더 어렵게 만든다.

  전쟁을 일으키는 지도자들이 가장 먼저 고민하는 것이 개전 날짜이지만, 그에 못지않게 고민하는 것이 종전 날짜이다. 그러나 개전 날짜에는 착오가 없지만 종전 날짜는 누구도 장담할 수 없다. 여섯 번 오장원(五丈原)으로 나아갔던 제갈량(諸葛亮)도 종전 날짜를 맞힌 예가 드물었다.

전쟁을 일으키는 사람들은 언제 공격을 시작할 것인가에 대한 고민 못지않게 언제 전쟁을 끝낼 것인가를 함께 상정할 수밖에 없다.

따라서 휴전에 임하는 당사국의 태도나 의지를 읽는 것은 그 전쟁의 성격을 가늠하는 가장 중요한 척도 가운데 하나가 된다. 휴전 회담에 제시된 교전국의 의제(議題)는 전쟁 목적의 결정체라고 할 수 있기 때문에, 개전 이유를 알려면 무엇보다도 휴전 회담에서 제시된 요구 조건을 음미해보아야 한다. 이런 점에서 한국전쟁도 그 예외가 아니다.

1. 북한의 입장 : 허망한 오판이 빚은 300만 명의 원혼(冤魂)들

1967년의 3차 중동전쟁 때의 이집트처럼 자신이 패전하리라는 것을 번연히 알면서도 전쟁을 일으킨 특이한 경우도 있지만, 대부분의 경우에 전쟁은 자신이 승리할 수 있으리라는 유혹에서 비롯된다. 김일성은 승리를 확신했고, 여름에 시작하면 해방절[광복절] 전에, 아무리 늦어도 "낙엽이 지기 전에" 승리할 수 있으리라고 확신했다. 그러나 미군의 참전과 더불어 자신의 승리가 무산될 것이 자명해지자, 김일성은 전쟁을 후회하기 시작했고 휴전을 고려하지 않을 수 없었다. 김일성이 1951년의 상황에서 휴전을 고려할 수밖에 없었던 데에는 몇 가지 이유가 있었.

먼저, 김일성은 당초부터 확전을 원치 않았다. 보수주의자들의 해석과는 달리, 그가 남한 전역을 무력으로 공산화할 뜻을 가졌다고 믿을 만한 증거는 없다. 그는 서울, 아니면 아무리 넓게 잡아도 수원(水原) 이북만을 점령하여 남한의 정치 요인들을 억류한 상태에서 정치 협상을 통하여 남한을 공산화할 수 있으리라고 오판했다. 그는 이승만 정부가 항복하리라는 미망(迷妄)에 사로잡혀 있었다. 그러나 그의 오판과는 달리 미국의 참전으로 말미암아 북한으로서는 전쟁을 돌이킬 수 없을 정도로 확전되어 있었다.

호송되는 북한군 포로

　김일성은 남한 유격대의 지원 봉기에 힘입어 남한을 공산화할 수 있으리라고 판단했으나, 그 꿈은 당초부터 성공할 수 없었다. 그럼에도 재만(在滿) 유격대 출신으로서 실전 경험과 대구 사건, 제주 사태, 여순 사건의 초기 승리에 대한 자신감 등으로 말미암아 그는 유격전에 의한 승리가 가능하리라고 오판하고 있었다. 그러나 그러한 오판이 현실로 나타나고 병력을 후퇴시켜 서울 방위에 주력하라는 스탈린(J. Stalin)의 지시(1950. 10. 1.)를 받았을 때 김일성은 절망했다.

　김일성으로서 더욱 난감한 것은 스탈린이 당초의 지원 약속을 지키지 않았다는 점이다. 그것이 스탈린의 당초부터의 생각이었는지 여부는 확인할 길이 없으나, 1951년 5~6월이 되어 전황이 김일성의 예언과 같이 흘러가지 않자 이때부터 소련은 한국전쟁의 개전을 후회하기 시작했다. 특히 통신 장비는 완전히 손괴(損壞)되었다. 중공에 대한 군수 지원의 약속도 지켜지지 않았다.

　모택동(毛澤東)이 절박하게 전쟁 물자의 지원을 요청했을 때 스탈린은 이런 답서를 보냈다.

"우리가 전쟁을 위해 긴급히 필요하다고 귀하가 요구한 장비를 검토한 결과 그 범위는 우리가 감당할 수 있는 능력을 넘어서는 것으로서 귀하의 요구대로 보내 줄 수 없으며, 귀하가 요구한 것의 1/4만을 보내 줄 것인즉 이는 20개 사단의 유지에 필요한 무기와 탄약뿐이오."(December 17, 1951, Evgeniy P. Bajanov(eds.), p. 191)

소련의 보급이 이어지지 않은 데에서 오는 가장 치명적인 타격은 미군의 공습에 대한 무방비였다. 1950년 7월 11일부터 12일 밤까지 이틀 동안 평양에 대한 무차별 폭격으로 6,000명 이상의 주민이 사망하거나 부상하였으며(Evgeniy P. Bajanov, p. 159), 인구가 40만 명인 평양에 투하된 포탄의 숫자가 42만 발이었다. 원산의 경우에는 1953년 7월 27일의 "휴전 1분 전까지" 861일 동안 계속된 폭격으로 성한 건물이 하나도 없었다.

폭격 명령을 받은 미공군 전폭사령관 오도넬(Emmett O'Donnell)의 표현에 따르면, 북한에는 더 이상 폭격할 목표물이 없었다.(Robert F. Futrell, 1961, pp. 193~195; *MacArthur Hearings*, 1951, pp. 82, 3075)

이런 상황에서 김일성은 미국의 휴전 전략을 정확히 간파하고 있었다. 승리에 대한 자신의 판단이 오판이었음을 인지했을 때 그는 와이오밍선(Wyoming Line, 현재의 휴전과 비슷한 전선)에서 휴전이라도 받아들일 수밖에 없는 절박한 심정에 이르게 되었다. 그는 휴전을 앞두고 허장성세했지만, 실제로 그의 심중은 다급했다.

2. 미국의 전상 피해

미국의 처지라고 해서 승리의 기분에 도취해 있을 형편이 아니었다. 그들이 1·4후퇴(Korea's Winter War in 1950)의 패전을 만회하고 북진하는 상황에서 휴전을 고민한 결정적인 이유는 미국이 전쟁을 제한전으로 끝낼 수밖에 없었다는 점 때문이었다. 공산군은 지상군의 증가가 용이한 반면, 미군은 그렇지 못했다. 미국은 기본적으로 중공과의 전쟁을 원치 않고 있었다.

그러한 상황에서 미국의 예상과 달리 중공이 전쟁에 참가했다. 이제 미국이 한국전쟁을 전면전으로 지속하려면 20만 명의 정규군이 필요하며, 무기를 제외하고서도 미군 1명을 한국에 주둔시키는 데에는 연간 4,500달러, 도합 10억 달러가 필요한데, 이는 의회의 반대를 면할 길이 없었다. 리지웨이(Matthew B. Ridgway) 장군은 맥아더(Douglas MacArthur) 식의 북진만이 득책이라고는 생각하지 않았다.

와이오밍선을 돌파하면 서부전선이 갑자기 확장되기 때문에 그만큼 전력의 소모가 필요했고, 또 공산군 측에서 보더라도 옹진·연안·개성 일대가 함락되면 평양의 함락을 걱정해야 하므로 이곳에서의 저항도 그만큼 크리라는 것이 당시의 전황이었다. 따라서 새로이 대통령에 당선된 아이젠하워(D. D. Eisenhower)는 중공군에게 결정적인 승리를 얻을 수 있거나 한국의 허리 부분(신안-원산선)까지 휴전선을 확보할 수 있다면 원폭을 사용하는 문제가 가치 있다고 생각할 정도였다. (*FRUS : 1952~1954*, Vol. XV, *Korea,* Part 1, 1984, p. 826)

그뿐만 아니라 인명 피해가 의외로 높아지고 있었다는 사실도 미국으로서는 큰 부담이 되었다. 전상 피해는 1951년의 이른바 춘계 공세(May Assault)에서 더욱 심각하였으며, 미 2사단, 24사단, 25사단과 영국군이 가장 큰 타격을 입었다. 리지웨이 사령관에게도 인명 손실은 가장 큰 골칫거리였으며, 미국 국민도 제2차 세계대전 이후 새삼 인간의 생사 문제에 대하여 번뇌하기 시작했다.

워싱턴 D.C.의 한국전쟁 기념공원의 비명(碑銘)에 쓰여 있듯이, "알지도 못하고 만난 적도 없는 한 나라를 지키고자 조국의 부름에 응답한 우리의 아들과 딸들"(Our Nation Honors Her Sons and Daughters Who Answered the Call to Defend a Country They Never Knew and a People They Never Met) 3만 7,423명이 목숨을 잃었다. 이 전상 피해율은 제2차 세계대전의 그것을 웃도는 것이었다.

1951년 11월 5일 중공은 1차 교전 중지를 선언하면서 미국 제1사단 병력 1만 5,000명을 살상했다고 발표했다.(김태우, p. 283) 중공의 참전으로 UN군 측의 퇴각과 함께 많은 전상자가 발생하자, 당초 중공과 휴전 협상을 탐색했던 것은 미국이 아니라 영국, 인도, 스웨덴, 그리고 UN 사무총장 리(Trygve Lie)였다.

그런 불리한 여론 가운데에서도 미국은 무기업자의 이해관계와 전쟁 영웅들의 공명심이 복합된 초강대국으로서의 위신과 사명감을 무시할 수도 없었다. 그러려면 적을 치명적이고도 완전히 패배시키고 가능한 한 조속히 전쟁을 종식할 필요가 있었다. 1951년 연초의 상황은 비록 "승리하지 못한 전쟁"이라고는 하지만, 침략자를 응징하는 데는 성공했다고 자부하고 있는 미국으로서는 이쯤에서 휴전하는 것이 득책이라고 생각했다.

지리적으로 보더라도 1951년 6월의 시점에서 리지웨이는 대동강(大同江)-원산(元山)선까지 진군한 연후에 휴전하는 것을 계획해 보도록 미 8군 사령관 반 플리트(Van Fleet)에게 지시한 바 있었지만, 그러지 못할 바에는 차라리 와이오밍선에서 휴전하는 것이 최선이라 판단했다. 왜냐하면 "휴전선은 짧아야 한다"는 원칙에 따르면, 1951년 6월의 전선은 서울과 인천을 포함할 수 있는 최단 거리의 전선(narrow waist of Korea)이었다.

3. 소련의 의중을 알면서도 끌려간 중공

당초 중공은 이 전쟁에 참여할 계제가 아니었다. 그들은 내전에 지쳐 있었고 전후 복구를 위해 3년에서 5년 정도의 시간적 여유가 필요했다. 그러나 신생 공산국가의 지도자로서 모택동은 스탈린의 참전 요청을 거절할 수 있는 처지가 아니었다. 당시 소련은 한반도에서 미국과 맞서는 데 대한 두려움이 있었기 때문에 중공을 앞장세울 수밖에 없었다.

중공은 소련의 그와 같은 계책을 잘 알고 있었지만, 여러 가지로 계산한 끝에 "미국에 대항하여 조선을 지원한다"[抗美援朝]는 명분으로 1950년 10월 18일에 압록강을 건넜다. 이 당시만 해도 중공은 참전과 더불어 일패도지(一敗塗地) 직전의 북한을 구원하고 미군을 추격하여 남진하고 있던 터여서 호기로움을 숨길 수가 없었다.

중공군의 초기 승리는 모택동의 국제적 위신을 높여주었고 자신을 군사 대국으로 만드는 계기가 되었다는 점을 간과할 수 없을지라도, 역사상 외세와의 전투에서 가장 심각한 타격을 입음으로써 전후의 경제복구가 무위로 돌아간다는 사실이 두려운 현실로 나타났다. 아울러 미국에서는 군부 출신의 아이젠하워가 대통령으로 선출되었다는 것도 부담으로 작용했다.

이와 같은 어려움을 겪고 있는 1951년 6월의 상황에서 중공은 전쟁을 대화로 바꾸는 문제를 심각히 고려하지 않을 수 없었다. 그래서 앞으로 논의될 휴전 문제에 관하여 소련에게 자문을 요청했더니, 스탈린으로부터 "너무 일찍 카드를 보이지 말라"(7 December 1950, *CWIHP Bulletin*, Issue 6-7, pp. 52~53)는 답신이 왔다. 모택동 자신도 "서두를 필요도 없지만 늦출 필요도 없다"는 것이 기본 지침(August 27, 1951)이었다.

중공은 전쟁 이전과 비슷한 영토를 차지하고 있는 지금의 상황에서 휴전하기를 진심으로 바랐다. 그러나 당시 미국과 중국은 외교 관계가 없었기 때문에 주은래(周恩來) 총리는 주중 인도대사 파니카(K. M. Panikar)를 불러 미군이 38°선을 넘는다면 중국은 출병하여 조선을 원조할 것이라는 경고를 미국 정부에 전달해 줄 것을 인도 정부에 부탁했다.(『聶榮臻回憶錄』, 2002, p. 197) 중공이 휴전을 희망한 데에는 그들이 미국과 대적하여 겪는 고통 때문이었다.

중공이 미국을 두려워한 것은 무기와 병참의 문제였고, 가장 고통스러운 것은 군량(軍糧)의 보급이었다. 그들의 주식(主食)은 70%의 보리에 콩, 수수 또는 옥수수를 섞어 볶아 갈아 0.5% 식염을 넣어 만든 미숫가루였는데, 이는 물도 없이 배고플 때마다 먹는 것이기 때문에 위하수(胃下垂)와 구강염(口腔炎)을 유발했고, 영양가가 떨어져 야간 행군을 주로 하는 병사들에게 야맹증(夜盲症)이 발병했다.(洪學智, 1990, pp. 94~95, 212) 어느 전쟁이나 마찬가지이지만, 전사들의 식사는 늘 최후의 만찬과 같다.

중공의 입장에서 사태를 더욱 어렵게 만든 것은 그들의 통신과 수송이 재래식이었고 그나마도 미국 공군의 공습으로 거의 마비 상태가 되었다는 사실이었다. 1950년 11월 현재 참전한 30개 사단(9개 군단) 가운데 보병의 주요 수송은 노새가 고작이었고, 그나마 미군의 공습을 피해 야간 이동만이 가능한 상태였다. 보급선은 전선까지 500~700km에 이

흥남 철수에서 기도하는 미군

르고 있었으나, 케이블은 턱없이 모자랐다. (洪學智, 1990, p. 10)

아무리 인해전술을 각오한 것이라 하더라도 막대한 인명 손실은 그들에게 큰 부담으로 작용했다. 공산 측에서 발생한 사상자는 중공으로서도 너무 막심한 것이었다. ("Brief History of the Korean War," April 7, 1953, RG 338, Box P615, NARA) 특히 춘계 공세가 성공적이었다고는 하지만 이를 계기로 그들은 60군의 75%를 잃었고, 5월 17일부터 5월 23일 동안에만도 중공·북한은 9만 명을 잃었다. 모택동은 "전쟁이 내년까지 연장될 경우에 우리는 병력 30만 명을 더 잃을 것"(Evgeniy P. Bajanov, p. 126)이라고 호소했다.

여기에서 한 가지 의문이 일어난다. 중공은 대규모 병력을 파견하면서 왜 병참과 군비가 그토록 허술했는가 하는 점이다. 이에 대한 해답은 그들의 한반도 점령 정책의 한계와 관련이 있다. 결론부터 말하면 중공은 참전 초기부터 수원 이하로 내려갈 뜻이 없었다. 그 대표적인 증거로서 중공 지원군 사령관 팽덕회(彭德懷)의 다음과 같은 회고록을 지적할 수 있다.

팽덕회(彭德懷)

"우리에게는 도강 장비가 없기 때문에 한강이 결빙(結氷)되어 있는 동안에 북한으로 회군해야 하며, 그렇지 못하고 미군에 항전을 계속하려다가는 얼음이 녹아 강을 건너지 못하고 한강을 배수진으로 하여 싸워야 하는 위험을 부담해야 한다는 점이 걱정스럽다." (「彭德懷自述」, 2002, p. 192)

휴전 회담 당시 중공의 실무 책임자였던 해방(解方)도 서울을 회복하고 37°선인 수원까지 남진한 사실의 상징성에 매우 중요한 의미를 두었다.(「回憶朝鮮開城停戰談判」, 2002, p. 215) 이와 같은 작전이 이미 서 있었기 때문에 팽덕회는 37°선(수원)까지 전진한 뒤 즉각 공격을 중지했다. 그는 미군이 자신들을 낙동강까지 유인하여 공산군의 병참이 어려운 약점을 이용해서 궤멸하려 한다고 판단했다.

팽덕회는 1951년 2월 3~10일에 걸쳐 국경으로 돌아가 모택동에게 전황을 보고하고 전략과 방침에 대하여 동의를 요구하면서 조선전쟁에서 속전속결이 불가능함을 설명하고, 2월 25일 이전에 한강 이남에서 배수의 진을 치고 있는 50군을 한강 북쪽으로 철수하도록 했다. 이때 모택동은 이렇게 지시했다.

"속전속결할 수 있으면 속전속결하고 그렇게 할 수 없으면 장기적으로 싸워 승리해야 한다."(「彭德懷自述」, 2002, p. 192)

이런 상황에서 중공이 선택할 수 있는 길은 휴전밖에 없었는데 거기에도 어려움은 있었다. 곧 현실적으로 아무리 휴전이 절박하다고 할지라도 중공이 불리한 조건에서 휴전한다면 중공을 주시하고 있는 우방들로부터 다음 전쟁에서 지원을 받지 못할 뿐 아니라 자신을 지원하고 있는 우방에게 "체면을 살리기" 어렵게 된다는 점이었다. 더욱이 전세가 불리한 상황에서 휴전에 응대하는 것은 상대편이 자신의 약점을 이용할 수 있도록 기회를 제공해주는 것이기 때문에, 목전의 현실이 불리하다는 사실만으로 휴전을 서두를 수는 없었다.

이와 같은 어려운 상황에서 고육책(苦肉策)으로 얻은 결론은 38°선, 곧 1950년 6월 25일 이전의 상황을 회복할 수만 있다면 휴전하는 것이 득책이라는 점이었다. 결국 중공으로서는 1951년 6월의 시점에서 볼 때 전선이 늘어 갈수록 후퇴할 뿐, 진격의 가능성이 없어 38°선이 회복되는 대로 휴전은 빠를수록 유리하다는 결론에 이르게 되었다. 그리하여 모택동은 주은래에게 휴전 문제와 관련하여 미국의 UN 대표와 접촉하도록 지시하였다.

4. 소련의 입장 : 이호경식계(二虎競食計)

이상과 같은 중공의 상황에 견주어서 소련의 입장이 더 유리한 것도 아니었다. 단적으로 말해서, 한국전쟁에 관한 한 소련의 초기 이해관계는 반득반실(半得半失)이었다. 한반도의 적화가 눈앞에 보이던 초전(初戰) 단계에서 소련은 한국전쟁의 발발을 후회하지 않았고, 아시아에서 미국의 힘을 고갈시킴으로써 유럽에 주둔하고 있는 연합군의 재동원을 일시적이나마 지연시킬 수 있었다는 점에서 소련의 판단은 정확한 것이었다.

스탈린은 미국이 당초부터 이 전쟁을 세계대전으로 확전할 의지가 없으리라는 것을 감지했지만, 만약 소련이 군대를 파병하여 조선을 지원한다면 경우가 달라질 수도 있으며, 그 결과 미군과 맞붙는다면 전쟁이 세계로 번져 세계대전을 일으킴으로써 두 차례의 세계대전 이후 형성된 세계의 역학 구조를 파괴할지 모른다고 생각했다. 그래서 소련은 중국이 대신 출병하기를 바랐다.

모택동이 사려 깊은 사람이고 지모가 뛰어났다 하더라도 이 문제에서 북극 곰의 뚝심을 이기지 못하고 결국 파병을 하게 되었을 때만 해도 스탈린으로서는 흡족한 일이었다. 전쟁을 유도하면서 그는 한국전쟁이 쉽게 끝나지 않게 되기를 바란다고 모택동에게 말했다.

"이 전쟁이 길어질 경우 중국군이 현대전에 더욱 익숙해질 것이며 미국의 트루먼 정부를 흔들어 영·미군의 위신을 실추시킬 것이다. 이

전쟁을 통하여 우리는 제국주의 세력을 극동에 묶어두어 타격을 입게 함으로써 세계 평화의 기틀을 다질 수 있다. 이는 결국 세계 인민의 혁명 역량을 강화함으로써 끝내는 세계대전을 막는 효과를 가져올 것이다."(June 5, 1951, Evgeniy P. Bajanov, pp. 175~176)

이것은 곧 이호경식계(二虎競食計)였다. 그는 두 호랑이가 싸우다가 지치기를 기다리는 계책을 생각했다. 문제는 그들의 예상과 달리 맥아더가 38°선의 돌파를 허락했을 때 소련의 정책은 새로운 시대를 맞게 되며, 이때로부터 그들은 한국전쟁을 하나의 실수로 후회하기 시작했다.

곧 중공군의 남진이 저지되고 중부전선에서 교전이 가열되면서 전선이 다시 밀리게 되자, 소련은 확전을 고민하게 되었다. 개전 1년 만에 미국은 다시 지상에서 가장 강력한 군사력을 소유한 나라가 되었다. 이와

거제도 포로수용소의 폭동

같은 형태의 군비 경쟁이 몇 년 동안 지속할 경우에 전면 전쟁 말고는 다른 결과가 없다는 결론이 눈앞의 현실로 나타났다.

소련으로서는 그러한 대비가 없었다. 소련은 이 전쟁이 확전되지 않는 한, 그리고 그것이 미국과의 정면 대결로 발전되지 않는 한, 이 전쟁은 즐거운 놀이였고 빨리 종전해야 할 이유가 없었기 때문에 "인내를 가지고 전쟁을 지속하도록" 중공과 북한을 고무했다. 그러나 전쟁을 지속하는 문제에 대한 모택동의 저항도 만만치 않았다. 그는 이렇게 불평했다.

"한국에서 전쟁을 지속하는 것은 우리에게도 엄청난 대가를 요구할 것이다. 우리가 한반도에서 제국주의를 몰아내고자 긴 싸움을 하는 것은 이룰 수 없는 과업을 이루려는 작업이었다."(Evgeniy P. Bajanov, pp. 178~179)

소련이 중공과 북한에 대한 지원 약속을 지키지 않은 것은 위와 같은 전략과 무관하지 않았다. 소련으로서는 전쟁 물자가 부족한 것도 아니었다. 중공이 한국전쟁에 참전함으로써 국제적으로 영향력을 증대시킨다는 것이 소련에 즐거운 일은 아니었다. 중공이 전쟁을 통하여 성숙하도록 할 바에는 차라리 한국에 종전과 평화가 정착되는 것이 중공의 영향력이 확대하는 일을 막고, 향후 얼마 동안 지금의 종속 관계를 지속할 수 있을 것으로 생각했다.

이와 같은 추론을 거쳐 소련은 미·소가 한국의 휴전을 통해서 이득을 보게 된다는 결론에 이르게 되었다.(Blais Bolles, 1951, p. 1) 전세는 불리하며, 신속한 승리의 가능성은 모두 사라졌다. 따라서 1951년 6월이 되면 이미 소련으로서는 휴전이 자신에게 유리하다는 판단과 함께 미국도 휴전을 제안할 준비가 되어 있다고 판단하기에 이른다.

1952년 후반이 되면 전쟁은 교착 상태에 빠지고, 전쟁이 2년이나 지속된 것으로 미루어 보아 미국이 세계대전으로 확전할 의사가 없다는 것도 읽을 수 있었다. 이제 소련은 와이오밍선을 수락한다고 할지라도 전쟁 전에 견주어 1만 3,000km²를 상실하게 되는 상황이지만, 전세가 더욱 악화할 경우 북한을 모두 잃을지도 모른다는 점을 고민하기에 이르렀다.

5. 이승만의 북진통일론과 제거 작전

당시 한국전쟁에 관한 남한의 입장은 전략이라든가 국익이라기보다는 차라리 이승만(李承晩)의 개인적 정향인 친미·반공 노선과 관련하여 이해될 수 있다. 그의 반공 노선은 대한제국 시대의 러시아에 대한 인식에서부터 출발하고 있다. 기본적으로 이승만은 러시아가 화근(禍根)이라고 인식했다. 따라서 공산주의에 대한 그의 초기 인식은 이데올로기적 이해에 기초하였다기보다는 러시아에 대한 기피 심리(Russo-phobia)였다.

그러한 러시아가 공산화했을 때 러시아와 공산주의에 대한 그의 인식은 상승 작용을 불러일으켰다. 그뿐만 아니라 미국에서 오랫동안 생활하면서 미국식 민주주의를 몸에 익혔고, 민주주의 체제를 옹호하였던 그로서는 "공산주의란 민주주의에 반대되는 사상으로서 동양에서 표본적 민주주의 문명국가를 구현시키려는 우리 이념에 합치될 수 없는 이론"(손세일, 1977, p. 72)이라고 생각했다. 대한제국기로부터 해방정국에 이르기까지 이승만의 극동 인식은 반일보다는 러시아에 대한 공포였다.

한국전쟁이 발발하자 이승만의 이와 같은 반공 노선은, 무초(J. Muccio) 대사의 표현처럼 "광망증적(狂妄症的) 북진통일론"(mania for reunification)

으로 나타났다. 그것이 허세였든 아니면 진심이었든 간에 전쟁 이전에는 말할 나위도 없고 초전의 비참한 패배 상태에서도 그는 북진통일론을 포기하지 않았다. 따라서 막상 말리크(Jacob Malik)의 휴전 제안이 발표되었을 때도 그는 이렇게 단언했다.

"휴전은 도저히 수락할 수 없는 것이며, 유화(宥和)야말로 우리를 대전(大戰)으로 이끌고 가는 것이지 결코 평화로 이끌고 가는 것이 아니다."(『韓國戰爭2年誌』, 1953, p. C1~3)

통일이 뭔지, 반공이 뭔지도 모르는 초등학생들까지 수업을 작파하고 "북진 통일"을 외치며 시도 때도 없이 궐기 대회에 동원되었다. 그러나 종전을 서두를 수밖에 없는 미국으로서는 이승만의 이와 같은 휴전 반대 운동을 묵과할 수 없었다. 회유와 설득으로도 문제가 해결될 기미가 보이지 않자 미국은 극약 처방을 구상했다. 그것이 바로 에버레디 플랜(Ever-ready Plan)이다.

공식적으로는 미8군 사령관 테일러(Maxwell D. Taylor)의 명의로 작성된 이 문건(4 May 1953)에 따르면, 이승만이 끝까지 휴전을 반대할 경우에 그를 현직에서 물러나게 하고, 군수품의 지원을 중지하며, 지급된 모든 군수 장비를 회수하고, UN의 이름으로 군정을 실시한다는 내용이었다. 물론 이승만에게도 직접적으로 조치(action him : 연금)를 취하고 계엄령을 선포키로 했다. (Taylor, 1984, pp. 378, 965~968)

이러한 일련의 조치를 볼 때 미국이

맥스웰 테일러

이승만을 신뢰하여 한국을 지지했다는 논리에는 좀 더 숙고가 필요하다. 이미 군정 시대에도 맥아더는 합참(JCS)으로부터 "이승만 정권을 부활시키려면 상부의 승인을 받고 착수하라'는 지시를 받은 바 있었다.(MacArthur, 1964, p. 355) 여러 가지 정황으로 볼 때 이승만 제거 계획이 극비리에 진행된 것 같지는 않다. 오히려 미군 정보 당국에서 이를 흘린(leak) 정황이 더 짙게 풍긴다. 물론 이승만도 그러한 정보를 들었다.

결국 이승만은 미국의 강수에 견딜 수가 없었고, "서명하지 않지만 방해하지 않는다"는 선에서 물러섰다. 여기에서 그가 서명을 거부한 것이 지혜로운 처사였는가에 대해서는 역사적 평가가 필요하다. 왜냐하면 이 문제는 한국이 정전 회담의 체약국에서 누락함으로써 뒷날 "회담 당사국"이나 "평화 조약 체약 당사자"에서 배제되는 결과를 낳았기 때문이다.

이상의 정황을 고려해보면, 1951년 6월은 교전 당사국은 물론 이해 관계 국가들이 휴전을 추구하기에 최적의 시기였다. 그들의 목표는 각기 달랐을지라도 휴전의 필요성이라는 면에서 공통된 이해관계를 가지게 되었다. 이제 남은 것은 그들이 각기 어떻게 국가의 체면을 지키면서 휴전 문제에 접근하고 이를 제기할 수 있느냐 하는 문제였다.

제27장 참고 문헌

손세일, 『이승만과 김구』(일조각, 1977)

『중국과 한국전쟁』(2)(서울 : 정부기록보존소, 2002)

「聶榮臻回憶錄」, 「彭德懷自述」, 『중국과 한국전쟁』(2)(서울 : 정부기록보존소, 2002)

解方, 「回憶朝鮮開城停戰談判」, 『중국과 한국전쟁』(2)(서울 : 정부기록보존소, 2002)

洪學智, 『抗美援朝戰爭回憶』(北京 : 解放軍文藝出版社, 1990)

Bajanov, Evgueny P. & Natalia Bajanova(eds), and Tong-chin Rhee (Rewritten and Tr), *The Korean Conflict, 1950-1953 : The Most Mysterious War of 20th Century, Based on Secret Soviet Archives*, mimeo.

Bolles, Blais, "U.S. and USSR World Both Gain by Korean Truce," *Foreign Police Bulletin*, Vol. XXX, No. 37(July 6, 1951)

"Brief History of the Korean War"(April 7, 1953), RG 338, Box P615(NARA); 신복룡(편), 『한국분단사자료집』(V)(원주문화사, 1991)

Cumings, Bruce, *Origins of the Korean War*, II(Princeton : Princeton University Press, 1990)

CWIHP *Bulletin*, Issue 6-7, Winter/1995-1996.

FRUS : 1952-1954, Vol. XV, *Korea*, Part 1(Washington, D. C. : USGPO, 1984)

Futrell, Robert F., *The United States Air Forces in Korea : 1950-1953*(New York : Duell, Sloan and Pearce, 1961)

Halliday, John & Cumings, Bruce, *Korea : The Unknown War*(New York : Pantheon Books, 1988)

Herodotus, *History*.

MacArthur Hearings : Military Situation in the Far East(Washington, D. C. : USGPO, 1951)

MacArthur, D., *Reminiscences*(New York : McGraw-Hill Book Co., 1964)

Taylor, M., "Outline Plan Ever-ready," *FRUS : 1952-1954*, Vol. XV, *Korea*, Part 1(Washington, D. C. : USGPO, 1984)

28

휴전 회담(2)

밀사들의 막전 막후

> "외교는 투명해야 하지만,
> 협상은 비밀에 부쳐야 한다."
>
> — 니컬슨(Harold Nicolson)

어차피 전쟁은 끝나게 되어 있다. 백년전쟁이 없었던 것은 아니지만, 참혹한 죽음 앞에 남아 있는 일말의 도덕성, 피로, 피해에 대한 후회로 결국 전쟁은 멈춘다. 어느 한쪽이 완전히 궤멸한 경우의 항복, 피차의 피폐로 말미암은 지속 불가능, 일진일퇴를 거듭하면서 더 이상의 싸움이 무의미하다는 판단에 따른 휴전 제의 등이 그러한 경우이다.

한국전쟁은 세 번째 경우이다. 맥아더는 휴전이라는 말도 꺼내지 못하게 하고 히로히토(裕仁)가 그랬던 것처럼 김일성이 자기 앞에 쪼그려 앉아 항복 문서를 써야 한다고 주장했지만, 그 꿈은 이뤄지지 않았다. 이제 미국으로서는 우아하게(gracefully) 물러서는 문제를 고민하기 시작했다.

1. 중국의 속내와 미국의 어리석음

1985년도에 정부 장학금을 받아 조지타운대학 역사학과에 유학했을 적에 내가 공부하고 싶은 주제는 한국전쟁 휴전 협상 가운데 밀사들의 활동이었다. 밀사는 생전의 일을 "가슴에 묻고 가는 것"이며, 기밀 해제도 늦기 때문에 그 자료를 찾는다는 것이 쉽지 않았다.

나는 전직 군정청 관리였다가 이제는 그 대학의 교수인 맥도널드(Donald MacDonald) 박사를 찾아가 고충을 이야기했더니 그때 그 사건을 취재한 기자를 자기가 잘 안다며 굴든(Joseph C. Goulden)을 소개해 주었다. 논픽션 작가인 그는 『한국전쟁 : 못 다한 이야기』(*Korea : The Untold Story of the War*, 1982)의 저자로 한국전쟁사 연구자들 사이에서는 잘 알려진 인물이었다. 그는 정부의 첩보요원으로도 일한 바 있는 인물로서 『필라델피아 인콰이어러』(*The Philadelphia Inquirer*)의 탐사 보도 전문가였다.

굴든과 다행히 연락이 닿아 관심사를 이야기했더니, 그는 당시 휴전 교섭 밀사로 중국에 파견되었던 인물이 살아 있다면서 연락처를 알려 주었다. 그는 국무성 정책기획참모국(Policy Planning Staff : PPS) 요원인 마셜(Charles B. Marshall)이었다. 나는 1985년 1월 22일, 알링턴의 그의 사무실에서 그를 면담했다. 전직 고위 관리였던 1908년생의 노신사는

찰스 B. 마셜

건강하고 기억이 초롱초롱했으며, 한국에서 온 무명의 젊은 서생에게 정중하고도 자세하게 자신의 이야기를 들려주었다. 나는 미국의 지식인들을 만날 때마다 그들이 손님에게 베푸는 정중함을 보며 "이것이 미국의 저력이 아닌가?"라고 느낄 때가 많았다. 다음의 비화는 그의 증언을 재구성한 것이다.

중공을 국가로 승인하지 않는다는 것이 미국 국무성의 공식 입장이었음에도 불구하고, 1950년 말부터 국무성은 중공을 휴전 협상의 첫 번째 상대국으로 지목했다. 중공이 이미 10월 29일에 참전했을 뿐만 아니라 중공의 대만(臺灣) 침공 가능성을 우려하여 중공과 접촉을 갖는 것이 필요하다고 미국은 판단했다.

그러던 터에 모택동(毛澤東)이 1951년 2월 2일, 주은래(周恩來) 외상, 주덕(朱德) 사령관, 고강(高崗) 군사위원회 부주석, 외무성 동유럽국장 오수권(吳修權), 외무성 동유럽부국장 서일신(徐一新)과 모임을 갖고 "UN군이 38°선에 이르면 휴전에 응한다"는 대담을 나누었다는 첩보를 입수하고(Agent Report by 308th CIC Det., 8 February 1951) 휴전 회담에 대한 준비를 구체화하였다.

이런 연유를 거쳐 대중공 협상 업무가 정책기획참모국에 배당되었다. 트루먼은 PPS에 많은 것을 자문했다. 이 자리에 밀사로 갈 사람은 마셜로 결정되었다. 그는 제2차 세계대전 때 하버드대학에서 국제정치학을 전공하고 강의하다가 PPS에 차출된 인물인데, 당시 PPS의 의장은 니츠(Paul Nitze)였다. 마셜이 밀사로 선발된 것은 UN 대표부에 근무할 적에 중공 대표들과 비교적 친숙했으며, 1949년 한국원조법안(Korea Aid Bill)의 작성에 관여한 지한파(知韓派)였기 때문이었다.

마셜이 출발한 것은 1951년 5월 4일이었다. 그는 마닐라로 가서 현지 CIA 요원인 슐타이즈(F. Schulteis)와 정보조사국 극동과장 체이스

(Sabin Chase)를 만나 자신의 임무를 알리고, "중공에게는 우리가 먼저 협상 의지를 비칠 필요는 없고 우리가 이곳에 와 있다는 사실과 우리의 신분만 전해주고 그들이 우리에게 접근해 오도록 유도할 것"을 지시했다.

아울러 자신들이 미국을 대표하는 것은 아니라는 점을 분명히 하도록 했다. 보안상 배편으로 홍콩에 도착하여 반도호텔(Peninsula Hotel)에 투숙한 마셜과 체이스, 그리고 슐타이즈는 매카너기(Walter P. McConaughy) 총영사와 클러프(Ralph N. Clough) 홍콩 영사 등과 모여 대중공 교섭의 방안을 숙의했다. (매카너기는 뒷날 한국 주재 대사를 지냈고, 클러프는 존스 홉킨스대학의 교수가 되었다.)

미국의 요원이 중공 정부에 접근하면서 제시할 수 있는 카드는 미국이 중공의 UN 가입을 지지해준다는 것이었다. 이는 중공에 대한 미국의 국가 승인 의미까지 안고 있는 것으로서 중공이 간절히 희망해왔던 사안이었다. '인도와 같은 인구를 가지고 있으면서도 국제 사회에서 인구가 채 200만도 되지 않는 도미니카만큼의 비중도 갖지 못한 중국은 자신의 위치'를 생각한다면 UN 가입은 분명히 탐나는 일이리라고 미국은 생각했다.

마셜이 최초로 만난 인물은 장국도(張國燾)였다. 국공 내전 당시 한때는 모택동의 우군이었다가 전향하여 이제는 국부군을 대표하는 군벌 가운데 하나로서 한때는 중공 정권에서 정치국원까지 지낸 바 있었으나, 당시에는 홍콩에 낙백(落魄)하여 있던 장국도는 미국의 요구를 만족시켜 줄 실세(實勢)가 아니었다.

마셜은 다시 『대공보』(大公報) 사장 초우(Eric Chou)를 만났으나 그들은 마셜의 직위에 실망하여 더 이상 회담이 진척되지 않았다. 마지막으로 모택동의 친구이며 북경대학 교수라는 사람이 이름을 밝히지 않고 사정을 알아보고자 찾아왔으나, 마셜의 정치적 비중에 실망하고 돌아갔다.

마셜의 고백처럼 홍콩 밀행은 실패했다. 위의 협상 과정에서 미국 대표의 협상술에는 일종의 치기(稚氣)가 들어 있다. 그들은 기본적으로 중국인이 날짜를 정해놓고 서두르는 일이 없다는 특성을 몰랐고, 당면 문제를 협의하면서 그들의 만남이 미국 정부의 고위 관리로부터 승인받았다는 점을 중공 대표에게 분명히 다짐해 주었어야만 했다고 마셜은 후회했다. 중공은 이 문제를 대외적으로 부각하고 싶어 한 것과는 달리 미국은 이 사실을 비밀리에 처리하고자 한 이면에는 매카시즘에 겁을 먹고 있던 애치슨(Dean Acheson)의 소심함이 있었다.

2. 그렇다면 소련인가?

1948년부터 시작된 38°선에서의 빈번한 전투를 보면서 미국은 한반도에서 내란 정도를 상정했지 이곳이 국제전의 화약고라고 판단하지는 않았다. 그들은 남침의 정보를 알고 있었으나 중공이나 소련이 직접 침공하리라고 생각하지 않았다. 소련이 관심을 두는 곳은 독일과 오스트리아라고 미국은 분석했다. 그 예증으로 김일성이 곤경에 빠진 것을 본 흐루쇼프(N. Khrushchev)가 스탈린(J. Stalin)에게 지원을 제안하자, "우리는 한국전쟁에 우리가 개입했다고 비난받을 수 있는 증거를 남기고 싶지 않으며, 그것은 김일성의 문제"라는 냉담한 반응을 보이면서 그 대안으로 중공군의 개입을 승인했던 사실(Khrushchev, 1971, pp. 370~372)을 들 수 있다.

이제 제2차 세계대전이 끝나 5대 제국[오스만 터키·헝가리·독일·이탈리아·일본]이 몰락했고 2대 제국[영국·프랑스]이 사양길에 접어들어 미·소 양 대국의 무대가 된 상태에서, 소련이야말로 미국의 주적(principal enemy)이라는 통념이 미국을 지배하기 시작했다. 그러나 불행하게도 소련에 대하여 미국이 알고 있는 것보다는 미국에 대하여 소련이 더 소상하게 알고 있는 상황에서, 미국은 소련과 끊임없이 협상을 주선하여 주도권을 잡아야 했다. ("NSC-68," April 14, 1950, *FRUS : 1950*, Vol. I, pp. 237~238; 신복룡(역), 『한국분단보고서』(3) 2023, pp. 337ff) 이러한 정황을 정확하게 알고 있던 미국은 체면상 휴전을 공개리에 먼저 제안하지 못한 채 소련의 제안을 기다리고 있었다. 미국은 38°선 부근에서 지금(June 20, 1951) 휴전하더라도 우리에게 매우 다행한 일(much greater blessing)이라고 판단했다.

미국이 소련과의 협상을 구상하기 시작한 것은 1950년 12월 초순이었다. 소련이 휴전을 제안하지 못하고 있는 이유는 휴전 제의가 수치라고 생각하고 있기 때문이라고 판단한 미국은 그들에게 명분을 주고자 이를 비밀리에 교섭하는 것이 득책이라고 생각했다. 문제는 누구를 밀사로 보내야 하느냐는 것이었다. 애치슨은 "미국에서 제일가는 소련 문제 전문가"(J. Malik)이며, "우리 시대에 가장 박식하고 경험이 많은 관리"(W. Lippman)이고, "오늘날 미국에서 그보다 더 지식 있는 사람이 있는지 의심스러울 정도의 인물"(Acheson)인 케넌(George F. Kennan)을 협상자로 등장시켰다.

아일랜드 이민 출신인 케넌의 선조들은 가난한 농부였으나 근면한 삶을 살았다. 케넌의 아버지 코수드(Kossuth K. Kennan)는 세법 전문 변호사였는데, 이름을 Kossuth로 지은 것은 헝가리 건국의 아버지인 러요시 코수드(Lajos Kossuth, 1802~1894)를 추모하고자 함이었다. 그의 이름에는 애국심과 함께 러시아에 대한 증오가 실려 있었다. 케넌의 출산 무렵에 어머니가 복막염으로 죽자, 그는 자기를 출산하다가

G. F. 케넌

죽었다고 생각하며 평생 어머니를 그리워했다. 그는 가족과 화목하지 않았고, 뒷날 위대한 외교관[策士]이 되리라는 가능성과는 달리 몹시 수줍은 사람이었다.(Kennan, 1967, p 5)

위스콘신 소년육군사관학교 출신인 케넌은 프린스턴대학을 마치고 워싱턴 D.C.의 외교학교(Foreign Service School)에서 수학한 다음 제네바의 부영사로 초임 발령을 받았다. 이때 그는 베를린대학에서 러시아를 전공하고 돌아와 1947년부터 정책기획국장으로 봉직하다가 소련 대사를 거쳐 1952년 프린스턴대학 연구소로 돌아갔다. 그는 1961년에 『러시아와 멀어진 전쟁』(Russia Leaves the War)으로 퓰리처상을 받았다.

케넌의 할아버지의 사촌이 저 유명한 동명이인 조지 케넌(George Kennan, 1845~1924, Elder)인데, 그는 러시아 암흑 정치 연구의 대가로서 AP와 Outlook의 기자로 러일전쟁에 종군한 언론인이었다. 그는 시어도어 루스벨트(Theodore Roosevelt)의 측근으로 러일전쟁의 수습 과정에서 루스벨트가 일본의 편에 서서 한국을 병합하는 데 결정적인 조언을 한 인물이었다.

케넌은 루스벨트의 영향을 많이 받아 반러시아 정서가 강했다. 종조부라고는 하지만 막내였던 탓에 자기 아버지보다 어렸고, 노(老) 케넌에게는 자식이 없어 어린 케넌을 매우 사랑하여 이를 본 주변 사람들은 그들을 숙질로 여기는 사람도 많았다. 케넌은 자신이 그를 만난 것은 운명적이었다고 회상했다. 그들은 생일도 같았다.

케넌은 모스크바 대사로 재직할 당시 본국에 보낸 저 유명한 "장문의 전보"(Long Telegram)를 통해 소련은 태생적으로 팽창주의적이므로 미국에 치명적인 국익이 되는 곳으로의 접근을 봉쇄(contain)해야 한다는 논리를 제공함으로써 냉전의 핵심 이론을 완성한 인물이었다. 여기에 제시된 케넌의 봉쇄 전략은 "Mr. X"라는 익명으로 *Foreign Affairs*에 발표함으로써 더욱 구체화되었다. 이를 읽은 해군성장관 포리스털(James

Forrestal)이 케넌의 정치적 대부가 되어 그를 키워주었다.

케넌이 이 밀사의 역할을 자임한 것은 나름대로 성공 가능성을 확신했기 때문이었다. 한국전쟁에서 북한은 미군을 격퇴하고자 과도한 소모전을 전개했고, 소련은 모스크바로부터 5,000마일이나 떨어진 한반도에서 소모전을 전개하기에는 불리한 조건에 빠져 있음을 케넌은 알고 있었다. 또한 소련은 국경에서 너무 근거리에서 전쟁이 전개되고 있다는 사실과 확전으로 말미암아 그들의 군사적 이해관계가 직접적으로 위협받고 있다는 사실을 심각하게 걱정하고 있으며, 그렇다고 해서 소련이 해군력을 투입할 수 있는 상황이 아니라고 케넌은 판단했다.

1951년 5월 18일, 애치슨 국무장관은 케넌을 만나 대소 휴전 교섭을 부탁하면서 Mr. X[주:UN 소련 대사 J. Malik]와 만나 줄 것을 요청했다. 소련 측으로부터 "5월 31일 롱아일랜드에 있는 말리크의 빌라에서 만나자"는 답전이 왔다. 케넌을 만난 말리크는 한국전쟁에 관한 의제 토의를 회피하면서 통상적인 정치 선전을 늘어놓았다.

그 이유는 두 사람의 대화가 본국의 비밀 요원들에 의해 도청되거나 녹음되는 것이 두려웠고, 또 구체적인 것은 본국의 훈령을 받은 뒤에 개진하려고 그러는 것 같았다. 이런 종류의 선전적 담화란 무슨 결론을 지을 수 있는 성격의 것이 아니었다. 두 사람은 러시아어로 대화를 나누었다.

그들의 두 번째 회담은 1951년 6월 5일 오후 7시 같은 장소에서 이루어졌다. 이 회담을 마친 케넌은 다음과 같은 보고서를 작성했다.

소련은 한국전쟁이 미·소의 대전으로 발

J. 말리크

전하는 것을 원치 않고 있으며, 소련은 미국의 지상군이 만주나 한·소 국경에 출현하고 미국의 공군이 만주에 있는 소련의 전략 지점이나 기지에 나타나는 것을 매우 우려하고 있다. 만약 중공과 미국이 몇 년 동안 계속해서 전쟁을 수행한다면 미국의 힘을 빼는 데에는 도움이 되겠지만, 자신에게 엄청난 짐이 되는 것을 소련은 바라지 않고 있다. (August 8, 1950, *FRUS : 1950*, Vol. I, p. 362)

이상의 경위로 볼 때 말리크는 노회(老獪)한 케넌의 적수가 되지 못했다. 이미 확전은 금기로 된 상태에서 미국은 자신에게 필요한 사항을 말리크의 입을 통해 제기함으로써 국제 사회에서 체면을 유지할 수가 있었다. [케넌은 2005년에 101세로 사망했다. 2004년에 프린스턴대학은 그의 탄생 100주년 기념 강연회를 열었는데, 콜린 파월(C. Powell) 국무장관이 특별 연설을 했다.]

3. 회담의 교착과 밀사들의 월북

회담 직후인 6월 23일, 말리크는 UN-Radio가 마련한 특집 방송 "평화의 댓가"(The Price of Peace)라는 프로그램에 출현하여 이렇게 제안했다.

"오늘날 직면하고 있는 가장 첨예한 문제인 한국전쟁을 해결하고자 평화의 길목으로 들어서려면 당사국 사이의 준비가 필요하다. 소련 인민은 그 첫 단계로서 교전 상태의 중지와 정전을 위해 38°선에서 상호 철군함으로써 교전국 사이에 대화가 시작되어야 한다."

소련이 말리크를 통하여 UN에서 휴전을 제안하도록 한 것은 한국전쟁에서 미국이 자행한 참혹한 무력행사를 국제무대에서 공론화하고 싶은 의도가 깔려 있었다.

6월 25일, 트루먼 대통령은 이를 수락하는 방송을 했다. 이에 따라 트루먼은 국가안전보장회의(NSC) 결의를 거쳐 합동참모본부를 통하여 리지웨이(M. Ridgway)가 공산 측과 직접 휴전을 교섭하라는 훈령을 내렸다. 리지웨이는 6월 30일에 서울과 도쿄(東京)의 방송을 통해 휴전을 위한 군사 회담을 원산항(元山港)에 정박하고 있는 덴마크의 병원선 유틀란디아(Jutlandia)호에서 개최하자고 제안했다.

그러나 원산은 요새화된 항구이기 때문에 공산 측으로서는 이를 받아들일 수 없었다. 리지웨이가 병원선을 회담 장소로 선택한 것은 아마도 회담이 길어야 한두 주 안에 끝날 것이라고 안일하게 생각했거나 맥아더가 미주리 함상에서 항복 문서를 받는 정도로 가볍게 생각했음을 뜻하는데, 여기서부터 미국의 판단이 빗나가기 시작했다.

7월 1일, 중공에서는 중공의 어느 곳에서 회담을 하자더니, 곧 이어 북한에서는 장소를 개성(開城)으로 바꿔 7월 10~14일 안에 "오라"는 답전을 보내왔다. 리지웨이는 공산 측의 제안을 수락하면서 7월 5일 키니(Col. A. J. Kinney), 머레이(Col. J. C. Murray), 그리고 이수영(李壽榮) 중령을 개성으로 파견해 예비 접촉을 하게 했고, 7월 8일 2차 예비 접촉을 거친 다음 그달 10일 개성에서 미국 극동함대 사령관 조이(Adm. C. T. Joy)와 북한의 남일(南日), 중공의 등화(鄧華)와 해방(解方)이 대좌함으로써 역사적인 휴전 회담이 개막되었다.

그러나 회담 장소의 문제는 미국의 생각과는 달리 매우 복잡한 계산을 깔고 있었다. 미국은 별 뜻 없이 개성을 선택했지만, 회담 장소가 공산 측의 경내였기 때문에 시설 등을 빌미로 공산 측에서 일정의 주도권을 잡을 수 있었고, 다른 한편으로는 UN 측 대표가 일종의 포로와 패자의 성격을 띠고 있었을 뿐만 아니라 보도진의 접근에도 문제가 있었다.

이런 문제점을 깨달은 미국의 요구로 회의를 하다가 판문점으로 장소를 변경하게 되었다.

회담의 방법도 문제였다. 공산 측은 회담의 공개를 요구하면서 전 세계의 주목을 받고 싶어 했지만, 미국으로서는 비밀 교섭이 더 유익할 것으로 판단했다. 신생국으로서 야만의 땅으로 다뤄지고 있던 오리엔탈리즘의 시대에 중공으로서는 그만한 정치 선전장이 없었기 때문이었다.

이상과 같은 이유로 회담은 교착 상태에 빠지고, "천막 속에서는 회담이 진행되고 전선에서는 총성이 들리는"(Truce Tent and Fighting Front) 상태가 지속되었다. 이제 현지 사령관 리지웨이로서 제일 먼저 해야 할 임무는 공산 측 특히 김일성 또는 그 밖의 어떤 고위 책임자의 의중을 읽는 것이었다. 이러한 상황에서 한국의 민간인들이 종전을 위해 북한의 고위층과 접촉하고 있다는 첩보가 접수되었다. 그 주역(主役)은 박진목(朴進穆)이라는 인물이었다.

박진목은 민족주의 좌파 계열의 독립운동가로서 일제 시대에 장기수로 젊음을 보냈다. 전쟁 이전에 남로당(南勞黨) 경북도당의 재정부장이었던 박진목은 개전 직후 인민군 의용군에 입대하여 전선에 투입되었으나, 공산군이 퇴각할 무렵 서울에 머물면서 해방정국에서는 비상국

왼쪽부터 최익환, 박진목, 이승엽

민회의 최고정두위원과 민주의원을 지낸 최익환(崔益煥)을 찾아가 민간 차원에서 종전 운동을 의논하다가, 서울시 인민위원회 부위원장이며 현역 장성인 한지성(韓志成)을 만났다.(박진목,『내 祖國 내 山下』, 1976, pp. 214~225)

한지성은 김원봉(金元鳳)이 이끄는 조선혁명당의 조직부장으로 활약한 인물이었다. 그 뒤 2월 중순 무렵 박진목은 한지성의 소개로 서울시 인민위원회 위원장이자 사법상인 이승엽(李承燁)의 사무실[중동중학교]을 방문하여 종전의 의사를 피력하였더니, 이승만이나 미군 측의 신임장을 받아올 것을 요구했다.(박진목,『내 祖國 내 山下』, 1976, pp. 214~225; 박진목,『民草』, 1983, pp. 109~113)

언질을 받은 최익환과 박진목이 이승단을 만나려고 남하하다가 두 번째로 서울이 수복되자, 퇴각하던 북한 요원은 남쪽에서 의견이 통일되면 월북하여 이승엽을 찾으라는 말을 듣기고 떠났다. 두 사람은 이승만을 만나려고 남하하다가 이승만을 만나는 것이 불가능할 뿐만 아니라 신변에 위협을 느꼈으므로, 차라리 미군사령부를 통해서 종전을 호소해보는 것이 더 효과적이라고 생각했다.

그리하여 최익환은 군정 시절 하지(John R. Hodge)의 통역관을 지낸 이용겸(李容謙)의 소개로 미국대사관을 방문하여 당시 그곳에서 정치공작을 담당했던 CIA 책임자 노블(Harold J. Noble)을 만나 협상 지시를 받았다.(『미제국주의…박헌영·이승엽… 공판 문헌』, 1956, p. 417) 최익환과 박진목은 북한 치하에서 이승엽과 종전에 관한 대담을 가졌었다는 사실과 신임장을 요구한다는 사실을 노블에게 말하자, 그는 이 문제를 미 국방성 연락단(Department of Army Liaison Detachment : DALD)으로 이첩했다. 그런데 이 문제가 한국군 506 CIC에게 누설되어 김창룡(金昌龍)이 "미군 첩보기관 안에 공산 첩자가 있다"고 공격하게 되자, DALD는 이 문제를 미8군 705CIC로 다시 이첩했다.

며칠이 지난 뒤 미군 측은 박진목이 월북하여 종전에 관한 미국 측 입장을 북한에 전달해 줄 것을 요청했다. 박진목은 7월 28일에 미군 측이 마련해준 전선(戰線)통과증을 가지고 임진강을 건너 입북하여 개성에서 북한 측 부대표인 이상조(李相朝)를 만났고, 다시 평양으로 갔으나 오랜 시간이 흐른 다음에야 이승엽은 박진목이 미군의 신임장이 없음을 이유로 구체적인 토의를 거절했다.

박진목은 9월 8일에 남하했다. 박진목은 신문 과정에서 중공군의 개입에도 불구하고 북한은 더 이상 전쟁을 지속할 수 없으며, 휴전을 바라고 있다는 내용과 함께 북한이 책임질 만한 인사의 파견을 요구했다고 보고했다.(Agent Report by 801st CIC Det., 7 December 1951) 박진목의 진술을 토대로 하여 회담 가능성을 검토한 705CIC에서는 1951년 11월 7일에 최익환을 평양에 파견했다.

최익환은 CIC의 협조를 받아 강화도-교동도를 거쳐 월북했다. 최익환은 평양에 도착한 뒤 북한의 지도자들을 만나지 못하고 평양 근교에 유폐된 채 소임을 다하지 못했다.(최익환, 1958, pp. 13~17) 미군 측 기록에서 "그가 현재 평양에서 업무를 수행하고 있음"이라는 801CIC 문서와 706CIC 문서로 끝난다. 최익환은 "김일성이나 이승엽을 만나지 못한 채 평양 교외 어느 농사 시험장에 억류되어 있었다"고 술회했다. 최익환이 귀환한 것은 1953년 1월이었다.

이승엽이 최익환의 월북 회담을 제의했음에도 불구하고 이를 이행하지 않은 것은 북한 내부의 권력 투쟁과 관계가 있다. 미 군정청의 체포 위협을 피하여 1946년 10월에 월북한 박헌영은 해주에 머물면서 남로당을 지휘하고 있었으나, 한국전쟁이 비극적으로 끝나는 1952~1953년 무렵이 되면 김일성으로서는 희생양(犧牲羊)이 필요했다.

김일성은 그 대상으로 박헌영을 지목했다. 그러한 상황에서 이승엽은 소신껏 최익환과 종전 협상을 진행할 수 없었다. 박헌영은 이 사건을 빌미로 "미근 간첩 최익환과 박진목에게 전시 비밀을 누설했고"(『…박헌영·이승엽… 공판 문헌』, p. 417) 미국 간첩 현앨리스에게 국가 기밀을 누설한 죄(p. 26)로 처형되었다.

박진목·최익환의 월북 사건이 북한에서 남로당 숙청의 빌미가 되고 있을 무렵, 귀국한 뒤의 박진목은 705CIC로 연행되어 간첩 혐의로 신문을 받았다. 그가 미국의 밀명을 받고 북행했음에도 간첩으로 취급받은 것은 그가 귀경했을 무렵에는 그를 북파한 실무자가 아무런 기록도 남기지 않은 채 전보되었기 때문이었다. 이 사실을 확인한 남한의 김창룡은 이를 조봉암(曺奉岩) 숙청의 빌미로 삼고자 유도했다.

최익환은 그의 독립 투쟁 경력이 고려되어 큰 고통을 겪지는 않았지만, 이승만의 적의(敵意) 속에 불우한 일생을 마쳤으며, 박진목은 간첩죄로 1년 징역형을 받고 복역했다. 미국은 모른 척했다. 본디 "실패한 밀사"에 대해서 당국자들은 "우리는 모르는 일"이라고 발뺌을 하는 것이 상례이다. 이들이 결실도 없이 고통만 당했다는 점에서 본다면 그들은 어쩌면 역사의 제물이었을지 모른다.

언젠가 ㄴ의 장모는 나에게 이렇게 말씀하셨다.

"그 양반[최익환]은 본디 들고 날 때 말씀이 없는 분이어서 또 감옥에 갔는가 보다 생각했지만, 1년이 넘게 보이지 않자 세상 떠난 줄 알았다네. 북한에 다녀왔다는 말은 몇 년이 지난 뒤에 남들에게 들었네. 그분은 가족에게 참 무심한 분이었어. 그래도 혈육의 정은 있었던지 떠나던 날 열다섯 살짜리 어린 아들을 불러내어 장충동 어느 여관에서 껴안고 잤다는군. 아들이 눈을 떠 보니 아버지는 보이지 않았다네."

제28장 참고 문헌

김영범(편), 『한지성의 독립운동 자료집』(선인, 2022)
박진목, 『지금은 먼 옛 이야기』(경희출판사, 1973)
박진목, 『내 祖國 내 山下』(창운사, 1976)
박진목, 『民草』(원음출판사, 1983)
조규하(외), 『남북의 대화』(고려원, 1987)
최익환, 「이중간첩 赤都 주유기」, 『反共』 1958년 1월호.
조선민주주의인민공화국 최고재판소(편), 『미제국주의 고용 간첩 박헌영·이승엽 도당의 조선민주주의인민공화국 정권 전복 음모와 간첩 사건 공판 문헌』(평양 : 국립출판사, 1956.
松本淸張, 『北の詩人』(東京 : 中央公論社, 1984)
"Agent Report by 308th CIC Det.", 8 February 1951, RG 319 & 331(OCMH, U.S. Army Department); 신복룡(편), 『한국분단사자료집』(V)(원주문화사, 1991)
FRUS : 1950, Vol. II Korea(Washington, D. C. : USGPO, 1977)
Kennan, G., *Memoirs,* Vol. I(New York : Pantheon Books, 1972)
Khrushchev, N., *Remembers*(London : Andre Deutsch Co., 1971)
Nicolson, Harold, *Diplomacy*(Oxford : Oxford University Press, 1969)
"NSC-68," April 14, 1950, *FRUS : 1950,* Vol. I(Washington, D. C. : USGPO, 1977); 신복룡(역), 『한국분단보고서』(3)(선인출판사, 2023)

대담 :
Charles B. Marshall(한국전쟁 당시 중공에 파견된 밀사)
Joseph Goulden(한국전쟁 때 탐사보도 전문가)
Donald MacDonald(전 군정청 관리, 조지타운대학 역사학과 교수)
김상근(705 CIC 통역관); 박진목; 최기창(최익환의 아들)

29

휴전 회담(3)
북방한계선(NLL)의 실체

> "북한이 다시 남침해오면
> 여기가 나의 무덤이 될 것입니다."
>
> — 백령도에서 만난 해병 여단장의 작별 인사(1992. 7.)

서세동점기에 서양인들이 최초로 한반도에 접근한 곳은 어디일까? 부산? 인천? 원산? 아니다. 옹진반도와 부근 섬들이었다. 미군정 시대 역사학자였던 윔스(C. Weems)의 "지리는 역사를 그려 넣는 화판(畵板)"(Clarence N. Weems(ed.), Vol. I, 1962, p. v)이라는 말이 있듯이, 요즘 서해안에서 벌어지고 있는 남북한의 긴장 국면은 역사적으로 이해하는 것이 필요하다. 서구라파가 한반도를 기웃거리기 시작한 것은 1810년대였으며, 이 당시에 그들이 조선의 후두부라고 생각한 곳은 옹진반도와 아산만이었다. 그래서 휴전 회담 내내 옹진반도와 서해 5도는 중요한 쟁점이 되었다.

1. 휴전 회담의 시작과 분위기

1951년 7월 8일, 첫 휴전 회담은 개성 내봉장(來鳳莊)이라는 한옥에서 열렸다. 여관이라고도 하고 어느 대갓집이었다고도 하는데 그 당시는 요정이었다는 말도 있다. UN 측 수석대표는 극동함대 사령관 조이

(C. Turner Joy, 1896~1956) 제독이었고 8군 참모장 호드스(Henry I. Hodes)가 차석대표였다.

중공 측에서는 항미원조전쟁 지원군 부사령관 등화(鄧華, 1910~1980)가 수석대표였고, 참모장 해방(解方, 1908~1984)이 차석이었다. 북한군 총참모장 남일(南日, 1913~1976)이 공산 측 수석대표였는데 그때까지 그는 소련 국적의 인물이었다. 차석은 정찰국장 이상조(李相朝)였다. 한국군에서는 백선엽(白善燁)이 참여했는데, 이승만 대통령이 휴전을 반대하는 터여서 입장이 불편했다. 통역은 훗날 공보부 장관에 오른 이수영(李壽榮) 중령이 맡았다.

처음 만나는 자리에서 양측 대표는 인사도 나누지 않았고 악수도 없었다. 서로 기죽지 않으려고 악에 받친 사람들 같았다. 자리에 앉고 보니 UN군 측의 자리가 공산군 측의 자리에 견주어 낮았다. 회담 장소가 북한 땅이니 비품이야 물론 북한이 마련했을 터이지만, 왜 그런 옹졸한(?) 짓을 했는지에 관해서는 아직 답이 없이 우스갯소리로만 전해지고 있다. 비품이 부족해서였는지….

의전에 따라 양쪽은 국기를 탁상에 올려놓기로 되어 있었는데 UN 깃발이 조금 더 높았다. 이튿날 회의를 시작하고 보니 이번에는 공산 측 깃발이 조금 더 높아졌다. 그다음 날은 다시 UN 깃발이 더 높아졌다.

개성의 내봉장(來鳳莊)

이러다가는 깃발이 천장을 찌를 것 같고 모양새도 좋지 않자 서로 겸연쩍게 여겨 같은 높이로 합의를 보았다.

부부 싸움은 첫 라운드에서 지는 사람이 늘 진다는 말이 있다. 닭싸움도 마찬가지이다. 이기던 닭이 늙어 힘이 빠져도 젊은 닭이 못 이긴다. 그때 두 닭을 염색하여 진검 승부를 겨루면 그때는 젊은 닭이 이긴다. 그런데 기묘하게도 탈색하여 원래의 색깔로 돌아가면 그때는 늙은 닭이 다시 이긴다. 이것이 자연의 이치이고 사람의 경우도 마찬가지이다.

평소에 중국을 가볍게 여겼던 미국은 기선을 제압해야겠다는 생각에서 첫 만남에서부터 자기들의 공군과 해군력의 위력을 거듭 강조했다. 그러자 중공 대표도 지지 않고 "회담을 멈추고 다시 전쟁을 시작하려는가?"라고 대들었다. 북측 대표단에는 독기가 서려 있었다. 역사적 대결에서는 "합리적 독종"이 이긴 사례가 허다하다.

회담에서 처음 부딪힌 문제는 회담 장소였다. UN군 측은 안일하게 한두 달이면 회담이 끝날 줄 알고 원산 앞바다에 정박하고 있던 병원선에서 회담을 하자더니, 공산군이 북한 영토인 개성에서 하자고 제안하자 별 뜻 없이 덜컥 받아들였다. 공산 측이 이곳을 회담장으로 삼은 것은 자기들 영역 안에서의 이점이 있고 개성 일대의 폭격을 피할 수 있다는 계산 때문이었다.

그뿐만 아니라 회담 장소인 내봉장이 북한의 영토 안에 있었기 때문에 회의장은 마치 포로수용소에 앉아 있는 듯한 위압감과 불안을 안겨주었다. UN군은 뒤늦게야 자신이 텃세에 밀리고 있다는 것을 느끼자 군사분계선에 막사를 짓고 회의했는데 그곳 지명이 판문읍이었다. 텃세는 사람이나 짐승이나 마찬가지이다.

싸움은 비본질적인 것으로부터 시작하여 점점 불길이 옮겨 붙게 되었다. 휴전 회담은 본디 발포 중지(cease-fire) → 전선 고착(truce) → 정전(armistice)을 거쳐 종전(end of war) → 조약 체결(conclusion)의 단계를 밟는다. 그런데 첫 대면은 살바싸움과 같아서 본질은 보이지 않고 절차가 어쨌다거니, "그런 일"은 실례라거니 하는 비본질적인 논쟁으로 시간을 보낸다. 그러다 화가 나면 회의장을 박차고 나가는 경우도 있는데, 회의의 가장 짧은 기록은 1951년 4월 11일의 25초였다. (柴成文, 1991, p. 240)

이 글의 의도는 처음부터 현대사를 개관하자는 것이 아니라 "사람 사는 이야기"를 다루기로 한 것이기 때문에 대표단의 능력과 인품으로부터 시작하지 않을 수 없다.

먼저 주목할 인물은 UN군 수석대표인 조이 제독이었다. 절묘한 것은 그가 극동군사령부 함대 사령관이었는데 그는 철저한 머핸주의자(Mahanist)였다. 해상권이 세계를 지배한다고 믿던 해군전략가 앨프리드 머핸(1840~1914)을 추종한 그는 어떠한 희생을 치르더라도 서해 5도는 포기하지 않는다는 단호한 각오를 가지고 있었다. UN이 그를 대표로 선정하면서 별 뜻 없이 결정하지야 않았겠지만, 이것도 운명적이었다.

조이 제독은 미주리주 세인트루이스(St. Louis)의 부유한 부모 밑에서 성장했다. 여러 사립학교를 다니다가 1912년 아나폴리스 해군사관학교 입학하여 1916년 소위로 임관했다. 복무하면서 위탁 교육으로 1923년 미시간대학교에서 이학석사를 취득했다. 군에 복귀한 조이는 제1차 세계대전 직후, 양자강을 탐사한 경험이 있는데 이것이 중공군과 맞서는 데 좋은 경험이 되었다. 제2차 세계대전 당시 그는 이오지마(硫黃島)와 오키나와(沖繩) 전투에서 무공을 세우고, 중국 내전에서 장개석(蔣介石)을 도왔으며, 1949년에 장군으로 진급하여 한국전쟁 때는 서해와 대한해협에서 작전하면서 인천상륙작전에 참가했다.

터너 조이 제독

조이는 한국 복무를 마친 뒤 귀국하여 미군 해군사관학교 교장 (Superintendent)을 끝으로 1954년에 퇴역했다. 이때 그는 암에 걸렸는데, 사람들은 그가 휴전 회담에서 중공 대표로부터 너무 스트레스를 받아 생긴 병이라는 뒷말이 있었다. 해군은 조이의 공적을 추모하여 1959년에 전함 951함을 터너 조이함으로 명명하였다. 이 배는 1991년에 퇴역한 다음 서부 워싱턴 앞바다에 조이박물관으로 쓰이고 있다. 아나폴리스 해군사관학교 동남쪽 해안도로는 그를 추모하여 Turner Joy Road 라는 이름을 붙였다.

조이 제독은 평소에 그리스 고전을 즐겨 읽었는데, 특히 키케로(Cicero)의 글 가운데에서 "*Esse Quam Videri*"(*De Amnicitia*, § 26)를 좋아했다. 1893년에 노스캐롤라이나주가 이 문장을 휘장의 글로 쓴 뒤로 유명해졌다. 이 문장은 그 뜻이 깊어 영문학자들 사이에도 번역 버전이 많은데, 흔히 "To be rather than to be seen"이라고 번역한다.

그러나 이 영문도 뜻이 까다로워 풀어 쓴 것이 많은데 미국의 해군 제독 셔크버그(John Shuckburgh, 1788~1815)의 버전 "The fact is that fewer people are endowed with virtue than wish to be thought to be so"가 유명하다. 내 짧은 영어 실력으로 이를 다시 우리말로 번역해 보면 이렇다.

"자신이 남들로부터 인정받고 싶어 할 정도의 덕망을 실제로 갖춘 사람은 드물다."

2. 보이지 않는 적수

터너 조이 제독은 매우 침착하고 노련한 협상가였다. 그는 도대체 지금 자기가 상대하고 있는 인물들이 어떤 사람들인지를 몰라 당황했다. 급수로 보면 남일이 수석대표였지만, 아무리 봐도 얼굴 마담이었다. (解

方,「回憶朝鮮開城停戰談判」, 2002, p. 218) 공산 측이 발언할 때는 수석대표인 인민군 참모총장 남일이 발언했으며, 원고는 중공 대표단이 준비한 것이었다.

대표 등화(鄧華)는 1928년에 홍군에 가담한 인물로서 장정에 참가한 뒤 해남도(海南島) 탈환 전투에 무공을 세우고 팽덕회를 따라 인민지원군 부사령관으로 한국전쟁에 참여했다. 그는 공산화 과정에서 이룬 무공과 무골로서의 외풍으로 남을 압도했고, 과묵한 사람이었다.

문제는 차석대표인 해방(解方)이었다. 그의 본명은 패연(沛然)이었으나, 국공전쟁 때 해남도를 해방(解放)시킨 자부심을 간직하고자 이름을 해방(解方)으로 고쳤다. 야전군 출신으로 일본 육군사관학교를 졸업한 그는 장학량(張學良)의 동북군 참모장으로 공산당에 가입하여 1941년에 연안(延安)에 합류했다. 그는 한때 모스크바대학에 유학한 다음 1946년부터 1948년까지 국부군의 정보를 빼내는 역할을 했다.

공산 측 대표단 : 해방·등화·남일·이상조·장평산

한국전쟁 때 해방은 군사위원회 정보국장, 동부민주연합군 부참모장, 병단참모장을 거쳐 지원군 참모장을 맡았는데, 군사 이론에 밝고 실전 경험도 많은 인물이었다. 남일은 미국에 대한 반대의 장광설을 늘어놓을 때면 해방을 바라보다가 그가 고개를 끄덕이는지 여부를 확인하느라고 몹시 조심했다.(Joy, 1955, pp. 11~12) 조이가 해방을 처음 만났을 때의 인상기를 보면, 해방은 몸이 왜소하고 야위었다. 그는 볼품없는 몸에 잘 맞지도 않는 옷을 걸치고 있었다. 그는 줄리어스 시저(Julius Caesar)가 원로원에 들어갈 때 칼을 빼 들고 달려든 카시우스(Casius)처럼, "수척하고 굶주리고 위험한 놈"이라는 셰익스피어의 글을 연상시켜 주었다.

해방은 날카롭고 단호한 성격의 소유자였으며, 그런 성격을 효과적으로 구사했다. 그는 서류를 볼 때면 쉬지 않고 눈을 깜박거렸으며 연설은 즉흥적이었고 유창했다.(Joy, p. 12) 눈을 깜박이는 것은 상대에 대한 열등감의 표현일 수 있다. 그는 영시(英詩)를 짓고 일기를 영어로 쓸 정도로 영어에 능통하였으며, 회담장에서는 UN군 대표의 귓속말을 이해할 정도였으나 UN군 대표는 이를 눈치채지 못했다.

중공 대표단으로는 허름한 두 청년이 어리바리하게 잔심부름이나 하고 있었다. 하나는 시성문(柴成文)이라는 인물이었다. 휴전 회담에는 본디 군인만이 대표가 될 수가 있었는데, 중공은 북한 실정도 잘 모르고 회의의 진행 요령도 서툴러 평양 주재 외교관으로서 두뇌 회전이 빠른 시군무(柴軍武)의 이름을 바꾸어, 맞지도 않는 군복을 갈아 입혀 시성문이라는 이름으로 합류시켰다. 또 다른 한 청년은 물심부름이나 하는 하급 장교 같았는데, 나중에 알고 보니 이름은 포산(浦山)으로서 하버드대학에서 경제학박사 학위를 받은 미국 전문가였다. 그는 회담 요원으로 참석하여 미군들끼리 하는 말을 들어 위에 보고했다.(柴成文, pp. 144~145)

3. 휴전선 : 뭍이냐, 바다냐?

육지의 휴전선을 논의할 때 공산 측은 38°선의 회복을 요구했다가 무안스럽게 거부되었다. 38°선에 따르자는 주장은 옹진반도를 포기한다는 의미를 담고 있었기 때문에 주목해야 할 대목이다. 회의에서 해방은 "섬에 관해서 말한다면, 그것은 그리 중요한 가치를 가지고 있지 않다"고 말했다. (15th Session, 2 Nov. 1951, 『남북한관계사료집』(3), pp. 175~176) "섬의 가치가 그리 중요하지 않다"는 해방의 설명이 놀랍고 크게 들린다. UN군 대표 호드스는 바로 그 뜻을 알아들었다.

곧 38°선에서 휴전할 경우에 남한에 돌려주어야 할 땅인 38°선 이남의 옹진반도가 남한으로서는 "방어하기에 어려운" 지역이라는 점을 그들이 고려했기 때문이었다. 공산 측은 38°선 이남의 황해도 지역을 양보하더라도 전략적으로 불리할 것이 없었고, 동부전선에서 상실한 1만 3,000㎢를 되찾는다는 명분도 있었다. 38°선 이남의 황해도 지역이 남한에 돌아온다면 전략적으로 볼 때 그 땅은 "인질"이 될 수 있는 곳이었다.

그런데 신의주 앞바다에서 원산 앞바다에 이르기까지 한반도 전역의 도서를 점령하고 있던 UN군으로서는 공산 측이 생각하고 있는 것처럼 옹진반도를 중요하게 여기지 않고, 섬의 그리(chain of island)의 가치에 주목하고 있었다. 옹진반도를 차지해 보아도 휴전선의 길이만 길어질 뿐이라는 것이 UN군 측의 판단이었다. 그런 속도 모르고 공산 측은 섬에 대한 미국의 인식을 눈치채지 못한 채 옹진반도 연안 도서의 가치를 중요하게 여기지 않았다. 이는 전시 회담 무렵 전쟁성 작전국에서 작성한 한반도 분할안(1945. 10. 27.)이 채택되지 않았다는 점에서도 잘 나타나 있다.

지루한 논의를 거쳐 첫 의제로 채택한 것은 지상군의 휴전선을 어떻

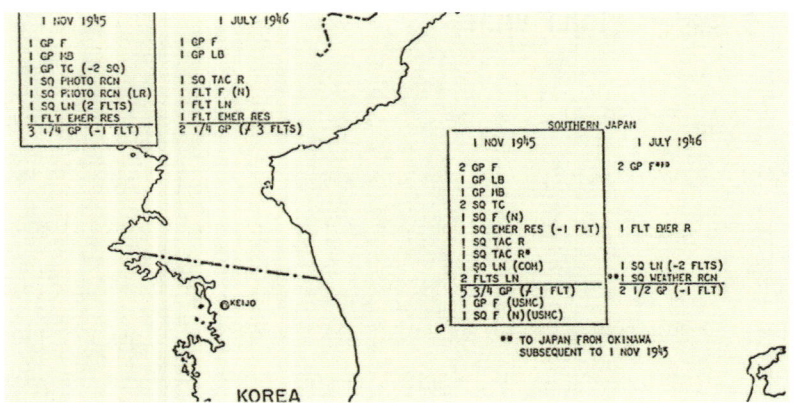

전쟁성 작전국(OPD)의 수정분할안(1945. 10. 27.)

게 획정할 것인가로 결정되었다. 이 문제에 대한 UN군의 기본 입장은 "거리가 길고 방어할 수도 없는 휴전선을 반도에 긋는 일은 어리석은 짓"(Matthew B. Ridgway, 1967, p. vi)이라는 것이었다. 그리하여 리지웨이는 밴 플리트(James Van Fleet)에게 평양-원산선을 장악하도록 지시했다.

그러나 그를 위해 지불해야 할 희생을 고려할 때 그것은 이루어질 수 없는 소망이었다. 미국으로서는 북쪽의 허리인 안주-원산까지 북진하지 못할 바에야 옹진을 포기하더라도 강화-고성을 잇는 최단거리의 휴전선을 작심하고 있었다. 땅을 이야기할 때 서양은 선(line)을 중요시하고 동양은 넓이(acre)를 중요하게 여긴다. 서양의 지번(地番)은 도로를 따른 선의 개념이고, 동양의 지번은 공간 개념인 것은 우연이 아니다.

회담은 지루했다. 그러나 중국 대표들에게 회담장은 매우 즐거운 자리였다. 신생 독립국이자 서방으로부터 후진국으로 다뤄지던 중국으로서는 세계의 주목을 받으며 초강대국과 대좌하는 일이 즐겁기만 했다. 그들은 신생국으로서의 위상을 높이는 창구로서 회담을 이용하고자 했다. 공산 측은 79분 동안 연설하는 경우도 있었다. (14 August 1951, 『남북한관계사료집』(3), p. 319)

회담은 진척되지 않았고, 8월 10일에는 오후 2시 45분부터 4시 55분까지 2시간 10분 동안 말없이 노려보기만 하다가 폐회했다. (Record of Events, 20th Session, 『남북한관계사료집』(3), p 319) 얼굴에 파리가 기어가도 쫓지 않았다. 우리가 어렸을 적에 눈싸움이라는 것이 있었다. 둘이 서로 노려보다가 먼저 깜빡이거나 눈을 내리깔면 지는 것이다. 눈빛은 기세이다. 그래서 옛날의 지사들은 담력을 키우고자 소와 눈싸움을 했다. 양쪽 모두 대단한 사람들이었다.

4. 얼굴 없는 책사 이극농(李克農)

북경에 앉아 불편한 통신 시설로 휴전 회담을 원격 조종하던 모택동과 주은래는 누군가 탁월한 책사를 보내어 회담을 진행해야 한다고 판단했다. 1951년 7월 초, 주은래가 외교부 부부장 겸 정보부장 이극농(李克農, 1898~1962)과 교관화(喬冠華)를 불러 내일 당장 조선으로 떠나라고 지시했다. (喬冠華, 「朝鮮戰爭與停戰談判」, 2002, p. 229) 이극농은 안휘성 출신으로 공산당이 입당하여 장정에 참여한 뒤 당중앙 연락국장과 팔로군 참모비서장을 지냈다.

건국 후에 이극농은 당군사위원회 정보부장을 지냈다. 이극농은 본디 주은래가 키운 사람으로 첩보와 협상의 귀재였다. 그는 1936년에 당중앙 연락국장에 임명되어 주은래의 조수로서 장학량 부대와 교섭하여 서안(西安) 사변을 해결함으로써 항일민족통일전선의 형성에 기여했다. 그리고 국제 문제에 탁월한 감각을 가지고 있는 교관화를 그의 조수로

이극농

임명했다. 교관화는 도쿄(東京)제대를 마치고 독일 튀빙겐대학에서 철학박사를 받은 지식인이었다. 이극농이 북경을 떠날 때 모택동은 그에게 서태후(西太后)가 타던 전용 열차를 내주었다. (柴成文, pp. 144~145)

휴전 회담 당시에 이극농은 회담장에 나타나지 않았다. 회담이 교착 상태에 빠지면 회담 대표는 도중에 자리를 뜨기 어려워 시성문이 잔심부름하는 체하며 이극농의 방에 수시로 왔다 갔다 하며 진행 상황을 알려 지시를 받고, 자신이 없을 때에는 휴회하여 상의하도록 했다. 그는 회담의 큰 틀에서부터 좌석 배치와 발언자와 발언 시간까지 총괄했다. 지략가로서 장정의 경험을 가진 그가 표면에 나타나지 않은 것은 중국의 전략이었으며, 이 점이 UN군 측의 판단에 혼란을 일으켰다.

중국은 전통적으로 비밀 결사를 중요한 유산으로 안고 있는 민족이기 때문에 정보 수집이나 밀정의 운영에서는 세계적인 우수성을 보여 주고 있다. 이스라엘의 모사드(Mosad)나 영국의 MI6, 그리고 미국의 CIA와는 전혀 다른 양상으로 운영되는 특수 조직이다. 이극농은 본국과의 연락을 원활하게 하고자 주은래와 직통 전화를 개설했고(解方, 「回憶朝鮮開城停戰談判」, p. 232) 다급한 사안은 모택동에게 직접 보고했다. 모택동은 이극농의 전문을 받으면 곧 그 사본을 스탈린에게 타전했다.

그런데 이극농에게는 치명적인 약점이 있었다. 심한 천식 환자였던 것이다. 이극농의 천식이 악화하자, 중공은 막후 책임자로 외무성 동유럽국장 오수권(吳修權)을 보냈다. 오수권이 도착했음에도, 이극농은 지금과 같이 적과 대치하고 있는 상황에서 지휘관을 바꾸는 것은 옳지 않으니 자신이 계속 일할 수 있게 해 달라고 요청했다. 그는 한국전쟁에 뼈를 묻을 각오로 전념했다. 1951년 초겨울이 되자 이극농의 천식은 더욱 악화했다. 부하들이 연신 뜨거운 차를 대접하여 기침이 멈추기를 바랐다. 이때 그는 과로로 왼쪽 눈을 잃었다. (김명호, I, 2013, p. 457)

이극농은 그 몸으로 1954년의 제네바 회의 대표로 참석했다. 그는 외국어를 모르고 국제적 감각이 없다고 스스로 말했지만, 그렇게 생각한 사람은 이극농 자신밖에 없었다. 그는 1962년에 추운 날씨에 천식으로 죽었다. 이극농이 죽자 미국 CIA 책임자는 이렇게 말했다.

"중국에서 가장 위험한 인물이 세상을 떠났다. 우리는 이제 3일 동안 할 일이 없다."

이극농의 장례식에서 부총리 동필무(董必武)는 "(당나라 최고 재상) 방현령(房玄齡)도 그에게 미치지 못했다"는 조사(弔詞)를 남겼다. (김명호, I, pp. 450, 458) 이극농의 능력은 적의 의중을 정확하게 꿰뚫는 것이었다. 미국은 회담의 지연에 대하여 조바심(biting a finger)을 내고 있음을 그는 정확히 읽고 그 결과로 내린 전략이 지연전술이었다. 그는 평소에 이런 말을 남겼다

"원칙은 고수하되 책략은 신축성이 있어야 한다. 타협이 되면 좋겠지만 오래 끌어서 나쁠 것이 없다. … 회담은 무력을 사용하지 않는 전쟁이다."

5. 북방한계선(NLL)

섬을 중요시하는 미국의 전략을 간파하지 못한 공산 측은 앞으로 벌어질 서해 5도의 중요성을 간과하고, UN군 측의 제안에 별 뜻 없이 동의했다. 그 결과 최종 협정서에는 휴전선 조항에 명시되어 있지도 않은 별도 조항(제2조 13항의 B)에서 "황해도와 경기도의 도계선의 북방 및 서방에 위치하고 있는 모든 도서는 조선인민군 최고사령관 및 중국인민군 최고사령관의 군사 지휘 하에 둔다"고 규정해놓았다.

그리고 거기에서 더 나아가 단서에 "단 백령도, 대청도, 소청도, 연평도, 우도는 이 규정에 따르지 않는다"고 합의했다. 이로써 지루한 휴전 협상도 끝났고, 클라크(Mark Clark)는 "미국 역사상 승리하지 못한 전쟁의 정전협정에 서명한 최초의 장군"(解方, 「回憶朝鮮開城停戰談判」, p. 227)이 되었다.

여기에서 하나의 원초적인 의문이 생긴다. 중공은 왜 해양 또는 섬의 중요성을 소홀히 했을까? 여기에는 아마도 문화인류학적인 고려가 필요할 것이다. 중국인들에게는 기본적으로 물을 기피하는 심리(hydrophobia)가 있다. 좀 실례되는 표현으로 목욕을 싫어한다거나 해양 진출을 위한 첨저선(尖底船)의 개발을 금지하는 것이 거기에 해당한다. 중국이 바다와 해상권을 유념한 것은 아편전쟁--태평천국의 난--북경 함락 이후 이홍장(李鴻章)이 북양함대를 구상한 것이 처음일 것이다.

이런 논리에 대하여 중국의 학자들은 펄쩍 뛰면서 이미 700년 전에 정화(鄭和, 1371~1433)가 40년에 걸쳐 일곱 차례에 걸쳐 아프리카까지 진출한 사례를 제시하며 중국은 결코 해양을 기피한 민족이 아니라고 강변한다. 그러나 그때와 20세기 중국의 상황은 다르다. 정화의 원정은 조공이 목적이었지 해양 정신의 발로는 아니었다.

북경의 이화원(頤和園)을 보더라도 중국인의 해양 인식을 잘 알 수 있다. 이화원은 금나라 때 조성되어, 청나라 건륭제(乾隆帝) 때 확장되었다. 가장 눈길을 끄는 것은 총면적의 3/4을 차지하는 거대한 인공 호수 곤명호(昆明湖)이다. 곤명호 북쪽에 있는 만수산(萬壽山)은 곤명호를 만들 때 파낸 흙을 쌓아 만든 인공 산이다. 이홍장은 이 호수에서 해양 훈련(?)을 하겠다고 장담하면서 북양함대의 비용을 빼돌려 호수를 만들어 서태후(西太后)를 즐겁게 했다.

이화원 재건 비용 때문에 청나라가 청일전쟁에서 패배했다는 말도 있다. 그 너른 바다를 두고 내륙에 호수를 파 해양 훈련을 하겠다는 정

이화원의 돌배[石船]

신에서 바다에 대한 그들의 의식을 잘 읽을 수 있다. 왜 그런 미련한 짓을 했을까? 서태후는 그곳에서 뱃놀이를 하면서 배가 침몰할까 두려워 대리석으로 배를 만들어 탔다. 지금도 그때 만든 돌배[石船]가 무심하게 떠 있다.

북방한계선은 회담 벽두부터 주제가 아니었다. 휴전조약에서 군사분계선은 정확히 지상군에만 적용하는 것으로 되어 있었다. 해상분계선에 관한 명시적 조항이 없었던 것은 공산 측의 12해리 영해 주장과 UN군의 3해리 주장이 합의에 이르지 못한 데 일차적 원인이 있지만, 그 이면에는 해상 전투에서 일방적으로 패퇴하고 있던 공산군 측이 UN군의 서해 도서 점령을 격퇴할 여력도 없었고, 향후의 해상권이 남북 관계에 미칠 영향을 간과했기 때문이었다.

북방한계선에 대한 논의를 전개하면서 겪게 되는 난감함은 이를 입증하는 어떠한 일차 문건도 보이지 않는다는 점이다. 현재로서는 "1953년 8월 30일에 클라크 사령관이 UN의 해군과 공군의 초계 활동을 한정하고자 서해에서 북방한계선과 그 이남의 완충 구역을 설정하였는데, 이는 대체로 서해 5도와 북한 육지의 중간선에 연(沿)하는 11개의 좌표

북방한계선에 대한 남북한의 주장

를 잇는 선"(국방부 정책홍보본부 정책기획관실, 2007, p. 7)으로 정의되고 있다. 만약 북한군의 남진을 억제하고자 했다면 그 이름을 "남방한계선"이라고 했어야 옳았다.

이와 관련해서는 1989년 6월 3일 자로 UN군 사령관 메네트레이((Louis Menetrey) 장군이 한국의 국방부 장관 이상훈(李相薰)에게 보낸 문건이 있는데 그 내용은 다음과 같다.

> "정전 협정에는 북측의 선박들이 단순히 북방한계선을 넘어오는 데 대하여 UN군 사령부는 항의할 권한이 없음. 그러나 북측 선박들이 서북 도서 해상 3해리 이내에 들어오거나 대한민국 선박에 발포하고 이를 격침하거나 나포하려는 등 명백한 도발 행위를 자행할 때, UN군 사령부는 북측에 항의 전문을 발송하거나 군사정전위원회 본회의를 소집하여 북측의 행위를 항의·비난할 수 있음."(『군사정전위원회편람』(2), 국방정보본부, 1993, p. 425)

NLL에 관한 한 가장 가까운 위치에 있었던 전 UN군 사령관 고문 이

문항(James M. Lee)은 나와 대담에서 주한 해군사령부에서 그 문서를 복사하여 국방부 정보국 연락장교단(단장 李蠹鎬 대령)에게 전달했다고 증언했다. (2011. 5. 16.) 그의 말에 따라 나는 한미연합사령부의 담당관(익명을 요구)과 접촉하여 NNL의 존재 여부에 관하여 문의한 결과(2011. 5. 17.) "NLL은 정전조약이 체결된 뒤 정전 교전 규칙(AROE, Armistice Rules of Engagement, UNC Rule 525-4)으로 작성된 것을 의미하는 것으로서 그 좌표(coordinates)는 아직 비밀 해제가 되지 않았다"는 답신을 받았다.

북방한계선을 논의하면서 가장 쟁점이 되는 부분은 그것이 영해(領海)냐 공해(公海)냐의 문제이다. 이를 영해로 볼 경우에 연평도와 소청도의 사이가 47해리인데, 두 섬의 주변 12해리를 영해로 친다고 하더라도 나머지 중간 거리 23해리는 공해가 형성된다는 점이다. 그런 점에서 본다면, 한국전쟁이 끝났다고 할 경우에 남한은 23해리의 공해를 봉쇄할 권한이 없다. 그 23해리는 영해선의 개념이 아니기 때문이다. (서주석, 1999, pp. 55ff)

그러므로 남한 정부가 연평도와 소청도 사이의 영해 23해리를 무장봉쇄하고 있는 한 한국전쟁은 끝나지 않은 것이다. 그것은 "끝나지 않은 전쟁의 전선"의 의미를 갖는 것이었으나, 남북의 분단 체제가 대결 구도로 경직되면서 남한의 우익들이 이를 영해의 개념으로 확대·해석했다. 백령도의 정상에 올라 지호지간(指呼之間)의 장산곶을 바라보노라면 마치 목에 비수를 겨누고 있는 듯한 이 지역에 대하여 북한의 심중이 어떠하리라는 것을 구히 짐작할 수가 있다. 1992년에 나는 백령도 정상에서서 골란고원(Golan Heights)을 생각했다. 1992년 7월에 내가 관계했던 한국정치외교사학회가 백령도를 답사했을 때 나는 그곳 해병 여단장에게 골란고원을 언급했더니 그가 이렇게 대답했다.

"북한이 다시 남침해오면 여기가 나의 무덤이 될 것입니다."

제29장 참고 문헌

喬冠華, 「朝鮮戰爭與停戰談判」, 『한국전쟁과 중국』(2) (정부기록보존소, 2002)
국방부 정책홍보본부, 『북방한계선(NLL)에 관한 우리의 입장』(2007)
국방정보본부, 『군사정전위원회편람』(2) (1993)
김명호, 『중국인 이야기』(I) (한길사, 2013)
『남북한관계사료집』(3) (과천 : 국사편찬위원회, 1994)
서주석(외), 「북방한계선의 역사적 고찰과 현실적 과제」, 「현대이념연구」(14) (건국대학교 현대이념연구소, 1999)
柴成文(外)(지음) / 윤영무(옮김), 『중국인이 본 한국전쟁』(한백사, 1991)
解方, 「回憶朝鮮開城停戰談判」, 『한국전쟁과 중국』(정부기록보존소, 2002)
Joy, C. T., *How Communists Negotiate?*(New York : The Macmillan Co., 1955)
Ridgway, Matthew, *The Korean War*(Garden City : Doubleday, 1967)
Weems, Clarence N.(ed), *Hulbert's History of Korea,* Vol. I (New York: Hillary House, 1962)

인터뷰 :
이문항(James M. Lee), 전(前) UN군 사령관 고문(2011. 5. 16.)

30

죽산(竹山) 조봉암(曺奉岩)의 해원(解冤)

> "한 사람이 원통(冤痛)함을 품어도
> 천지의 기운이 막힌다."
>
> — 강증산(姜甑山), 『大巡典經』「敎法」

---

1. 만나고 헤어지고 다시 만나고…

　　　　　죽음이 슬픈 것은 영원히 만날 수 없다는 절망 때문이 아니라 죽어야 할 정당한 이유도 없이, 죽음이 너무 빨리 찾아왔기 때문이다. 누구인들 죽지 않으랴? 우리는 천수를 누린 죽음을 그리 서러워하지 않는다. 그래서 그런 상례를 호상(好喪)이라 한다. 그러나 수명이 갑년(甲年, 60세)을 넘기지 못하고 죽기에는 너무 억울하다. 필부의 죽음도 그렇거늘, 그 앞에 조국을 위해 해야 할 일이 산적해 있을 때는 더욱 그러하다.

　1980년대 어느 날, 내가 병아리 교수 시절, 한 중년의 여인이 학교 연구실로 찾아왔다. "아름다우나 사치하지 않았고, 검소하나 누추하지 않았으며"(『三國史記』溫祚王 15년 春正月 : "華而不奢 儉而不陋") 첫눈에 범속(凡俗)하지 않았다. 그는 자신을 죽산 조봉암(1898~1959) 선생의 딸이라고 소개했다. 이제 생각하니 조호정(曺滬晶) 여사였다. 나는 마음속으로 작게 탄식했다. 어찌 오셨느냐고 묻지도 않았다. 한참 침묵의 시간

조호정 여사

이 흐른 뒤 조 여사께서 말씀하셨다.

"신 교수께서 제 아버님의 옛 진보 진영의 선배이신 최익환(崔益煥) 선생의 사위라는 말도 들었고, 또 한국 현대사를 연구하신다는 말씀도 들었습니다. 제 아버님의 복권 문제를 도와주실 수 있을지 해서 찾아왔습니다."

나는 아무것도 약속하지 못했다. 그 엄혹하던 전두환(全斗煥) 대통령의 통치 시절에 사면은커녕 더 숨죽여야 했던 처지에 나 같은 초년병 교수가 할 수 있는 일이라고는 아무것도 없었다.

"좋은 시절이 올 때까지 좀 더 기다리셔야 할 것 같습니다."

내가 할 수 있는 말이라고는 그것밖에 없었다. 처진 어깨로, 눈물을 글썽이며 연구실을 나가던 조 여사의 모습은 40여 년이 지난 지금도 돌덩이처럼 내 가슴에 새겨 있다.

집에 돌아와서도 마음이 무거웠다. 아내가 눈치를 채고 밖에서 무슨 일이 있었느냐고 물었다. 조봉암 선생의 따님이 다녀가셨다고 말했더니 이러니저러니 묻지도 않고 한숨을 지었다. 그리고 오래전(아마도 1956년 무렵이었을 것이다) 죽산이 성북동의 집으로 찾아와 친정아버지[崔 益煥]에게 큰절을 올리더니, 이런저런 말씀을 나누는데, 죽산은 "아무래도 이번 대통령 선거에 출마하겠다"는 뜻을 이야기했고, 아버지는 "위험하다"는 말씀을 하시는데, 지나고 보니, 대통령에 출마할 경우에 음모의 희생이 될 수 있는 위험을 얘기한 것 같다고 내 아내는 기억하고 있었다.

조봉암은 본디 어려서부터 기독교 신앙생활을 했다. 강화도와 백령도를 비롯한 서해 5도는 육지로부터 떨어져 문명의 소외 지역인 듯하지만 사실은 그렇지 않다. 조선의 개항기에 처음으로 상륙한 첨병 지역은 인천만 일대의 도서 지역이었다.

이러한 분위기에서 자라면서 조봉암은 일찍부터 개신교(감리교) 신자로서 권사(장로)의 직분을 맡고 있었다. 그러던 그가 3·1운동 참여자로 체포되어 서대문형무소에 수감되었을 때 원산 남감리교회(담임목사 정춘수) 전도사 이가순(李可順)을 만난 것이 그의 일생에 가장 감동을 주었고, 평생의 사표로 삼았다. 조봉암의 고백에 따르면, "이가순 선생은 나에게 가장 감화를 준 분이다. 그의 인격·풍채·용모·언변·식견·기백에 나는 깊은 존경심을 느꼈다."

양곡(陽谷) 이가순(1867~1943)은 본디 황해도 해주 출신으로 본관이 완산(完山)인데 서대문형무소에서 출옥한 뒤 1934년 고양군 지도면 토당리 삼성당 마을에 정착하여 청년 시절부터 만주와 연해주 등을 오가

죽산 조봉암(왼쪽)
이가순(李可順) 전도사(오른쪽)

며 독립운동을 전개했다. 1919년 원산 남촌리교회에서 전도사로 일하면서 3·1만세운동을 주도했다. (신복룡, 『독립운동사(2) : 3·1운동사(上)』, 1971, pp. 669~672)

원산에 있을 즈에 이가순은 대성학교(大成學校)와 신간회(新幹會) 원산지회를 세웠다. 고양군에 정착한 이가순은 사재로 인근의 토지를 매입하고 수리 시설과 관개(灌漑) 사업을 펼치다가 생애를 마감했다. 한국이 낳은 세계적인 음악가 정명훈·정경화·정명화, 이른바 정 트리오의 어머니 이원숙(李元淑, 1918~2011) 여사가 그의 딸이다.

이와 같이 어려서 기독교적 오리엔테이션을 받은 조봉암은 선교의 기술을 체득했다. 조봉암은 진정성이 담긴 표정과 목소리로 상대를 설득하고 대여섯 명이 모인 좌담에서 항상 중심이 되고, 그리하여 소그룹을 만들고 다른 소그룹과 통합하며 그 대표로 올라섰다. 그는 탁월한 대중 연설 능력이 있었으며, 화술과 조직의 귀재라 불렸다. (이원규, 2013, p. 393)

조선공산당 사건으로 신의주 감옥에서 7년 형을 살고 1939년에 출옥한 조봉암은 일제의 감시를 받으며 인천에서 미강(米糠, 쌀겨)조합 조합장으로 일했다. 그는 이 무렵에 가혹한 투쟁을 하지 못한 데 대한 가책 같은 것이 있었다. 1941년 12월 23일 자 『매일신보』에 "인천 서경정에 사는 조봉암 씨가 해군 부대의 혁혁한 전과에 감격해 휼병금(恤兵金, 장병 위로금)으로 150원을 냈다"는 보도가 실렸다. 유족들은 "그 무렵에 죽산은 그럴 돈도 없었고, 관헌 자료에 따르면 서경정에 산 적도 없다"고 말한다. (유수현. 죽산의 손녀사위의 증언)

최익환과 조봉암의 만남은 좀 운명적이었던 것 같다. 종전이 임박하자 위기의식을 느낀 일본은 요시찰 인물의 예비 검속을 시작하여 일본 헌병대에 정치범 40여 명을 수감했는데, 이때 최익환·조봉암·김시현(金時顯)·박영덕(朴永德)이 만났다. 최익환은 그 이전에 1920년의 대동단(大同團) 사건 때 지도부에 있었고, 조봉암은 인천에서 대동단의 지하 당원으로 의심을 받아 체포된 적이 있었으니 조봉암은 일찍부터 최익환을 알고 있었을 것이다.

해방 공간에서 최익환과 조봉암은 진보 진영의 논객으로 자주 만났다. 그러다가 한국전쟁 당시, 서울이 수복되자 1951년 9월 1일, 광릉(光陵)에서 진보 정당의 창립을 논의하고자 조봉암·서상일(徐相日)·장건상(張建相)·최익환·서세충(徐世忠)·박용희(朴容羲)·정이형(鄭伊衡)·남상철(南相喆)·양우조(楊宇朝) 등 아홉 명과 청년 당원을 합쳐 40명이 만났으니, 이들이 진보당의 창당 멤버이다. 이를 세칭 진보당의 역사에서 "광릉 회합"이라 부른다.

그리하여 창당 멤버들은 1955년 12월 22일에 가서야 가칭 진보당추진위원회를 결성하고 취지문과 강령 초안을 작성였으며, 이어서 1956년 3월 진보당창당준비위원회 총무부를 결성하고 최익환·조봉암·서상일·김성숙(金成璹)·박기출(朴己出) 외 5인을 총무부에 위촉하였다. 창당 멤버들은 곧 이어 진보당 지방선거대책위원회를 구성하고 서상일·신흥우(申興雨)·조봉암·박기출·최익환·김달호(金達鎬)로 조직을 정비했다. 당가는 죽산의 사위이자 당시 저명한 영화 감독인 이봉래(李鳳來)가 작사했다.

2. 당시의 지식인들은 왜 좌경화했나?

조봉암이 "나는 3·1운동의 수감 생활을 통해서 민족에 눈을 떴다"(『전집』(1), p. 332f)고 고백한 부분이 큰 울림으로 들려온다. 그는 그 무렵에 "조국이 나를 필요로 한다는 확신을 가지고 있었다."(오유석, 2013, p. 393) 그런데 신생 국가의 사조가 대개 그러하듯이, 그 당시의 이러한 사상적 전이(轉移) 과정에서 다음과 같이 예기치 않은 몇 가지 현상이 나타나기 시작했다.

(1) 자본주의 이념에 대한 의구심이었다. 곧 자본주의가 제국주의를 낳고, 제국주의가 일본 식민지주의의 모태라면 자본주의는 더 이상 우리가 추구해야 할 가치가 아니라는 판단이 한국인의 의식 속에 이입되기 시작했다. 그러다가 사회주의의 환영(幻影)이 그들 앞에 어른거리기 시작했다.

(2) 서구 민주주의 국가에 대한 배신감이었다. 당시 독립운동 지도자들은 미국을 비롯한 서구 열강들이 자신의 후원자가 될 수 있으리라는 점을 의심 없이 받아들이고 있었다. 미국이 한국을 버린 이상 미국은 더 이상 희망처가 될 수 없다는 체념이 머리를 들었다.

(3) 그 무렵에 북방 국경을 통해 들려온 러시아혁명의 소식이 사상에 허기진 지식인들에게는 하나의 "복음"이 되어 그 시대의 사조에 영향을 끼쳤다. 한국의 독립운동가들은 러시아 혁명의 모델이 민족 해방의 대안이 될 수도 있다고 생각했다.

(4) 3·1운동이 지향했던 비폭력 무저항주의의 허망함과 마르크스-레닌주의가 암시하는 폭력 혁명에 대한 피암시성이 높아졌다. 비폭력 투쟁의 실패에 대한 대안으로 당대의 지식인들이 볼셰비즘의 투쟁 방식에로 눈길을 돌리기 시작했다.

이상과 같은 네 가지의 사상적 전이는, 결국 당시의 한국인들이 사회주의에 눈을 돌리는 계기를 마련해 주었다. 이러한 현상은 3·1운동과 사회주의가 공유하고 있는 민중주의적 요소로 말미암아 가속화했다. 사실상 3·1운동은 동학(東學)농민혁명 이후 민중주의의 재발견이었다. 여기에서 3·1운동과 사회주의가 만나는 접합점이 마련되었다.

3. 조봉암이 생각했던 조국의 이상향

그렇다면 조봉암이 구상한 이상 사회는 무엇이었을까? 해방정국에서 한국인의 좌우 이데올로기는 속지주의(屬地主義)의 성격이 짙으며, 따라서 태생적이라기보다는 성장기의 체험이나 교육 과정에 따라서 결정되는 성격을 띤다. 조봉암이 3·1운동의 실패와 비폭력 시위나 호소에 의한 독립 노선에 대하여 회의를 품을 무렵 그는 일본으로 건너갔다.

조봉암이 일본에 도착한 것은 1921년이었다. 일본 주오(中央)대학에서 유학한 조봉암은 메이지(明治) 시대의 정치가인 사이고 다카모리(西鄕隆盛)가 등장하는 일본 노래를 자주 흥얼거렸다. 막부(幕府)를 타도하고 나중에는 천황(天皇)에 맞서 반란을 일으킨 사이고 다카모리가 자신의 정치 역정과 비슷하다고 생각한 것 같았다. (오동룡, 현대사 증언 : 조봉안 장녀 조호정 여사의 인터뷰)

1922년 11월에 조봉암은 잠시 귀국했다가 이동휘(李東輝)·김만겸(金萬謙)·정재달(鄭在達)과 함께 러시아 베르후네우딘스크(Ulan-Ude)에서 개최된 극동노동자대회에 참석했다. 이때 그는 1922년 1월 21일부터 2월 2일까지 레닌(V. Lenin)이 주최한 극동피압박민족회의에 참석하지 못했던 것을 아쉬워했다. 조봉암은 모스크바에 머물면서 봉건적 농노사회를 무너트린 러시아 혁명에 황홀했던지, 귀국하지 않고 모스크바에 남아 동방노동자공산대학에 입학하여 2년 과정을 마쳤다. 조봉암은 그의 학창 생활을 그리 보람차게 회상하지 않고 있다. 그러던 차에 그는 폐결핵으로 귀국했다.

그렇다면 이 무렵의 조봉암은 완벽한 공산주의자였는가? 그가 소련에 유학하고, 제1차 조선공산당의 창당에 관여하고, 고려공산청년동맹(共靑)에 가입할 무렵 죽산이 공산주의에 심취했던 것은 사실이다. 그러나 이 무렵의 죽산이 공산주의자였던 것은 맞지만 그는 "덜한 공산주의자"(lesser communist)였다. 1920년대 중엽의 공산주의가 싹트던 시절에는 좌우파 인사들의 이념이 풋설었다. 그들에게는 다소의 낭만과 시류와 젊은 영혼과 지적(知的) 허위의식과 선구자인 자부심이 얽혀 있었다. 그들이 갈 수 있는 곳은 신문사와 문단과 교사와 고등룸펜의 길이었다.

그런 시대상에서 조봉암과 박헌영(朴憲永)은 1924년 조선일보 기자로 처음 만났다. 조봉암이 2년 연상이었다. 당초에 박헌영에 대한 조봉암의 기대는 여운형(呂運亨)에 대한 기대보다 컸던 것으로 보인다. 그러나 두 사람은 친밀했거나 화목하지 않았다. 왜냐하면 당시 조선공산당에서는 조봉암과 같은 이론적 공산주의에 대하여 박헌영은 현장체험적 공산주의자로서의 열패감 같은 것을 느끼고 있었기 때문이었다.

그런 점에서 본다면 조봉암이 조선공산당과 헤어진 것은 박헌영의 투쟁 노선에 대한 혐오감과 무관하지 않았다. 조봉암이 보기에 박헌영의 한(恨)에 절은 복수심과 그에 기초한 모험주의적 투쟁에 동의할 수 없었다. 20년 전, 조선공산당의 창당 멤버로 "코민테른 원동부(遠東部)"의 조선 대표로서, 박헌영을 지도하는 입장에 있던 조봉암은 공산당이 이념과는 달리 부패해지고 있다고 생각했다.

조봉암으로부터의 적의(敵意)를 체감한 조선공산당에서는 홍남표(洪南杓) 등이 중심을 이루어 반조(反曺) 동맹을 형성했다. 1946년 7월에 박헌영이 먼저 민전에서 조봉암을 제명 처분했다. 이에 조봉암은 김찬(金燦)·이극로·김성숙·이우세(李禹世)와 함께 민주주의독립전선을 조직하여 극우·극좌 배척 운동을 시작했다.

이런 상황에서 한국전쟁은 조봉암의 사상에 전환점을 마련해 주었다. 한국전쟁이라는 참상을 겪은 뒤의 조봉암은 이미 공산주의자가 아니었다. "민주주의를 배반하고 인간의 자유와 존엄성을 무시·유린하는 소비에트 공산주의는 진정한 의미의 사회적 민주주의와는 상용(相容)할 수 없는 성질의 것임이 틀림없다"(『전집』(4), p. 63)고 조봉암은 생각했다.

조봉암이 정부 수립 과정에서 보여준 이념 노선을 보면 그가 공산주의에서는 벗어났다고 할지라도 사회주의에서 완전히 탈염(脫染)했다고 보기는 어렵다. 죽산이 우익 노선으로 완전히 전환한 것은 아니지만 그가 진보적 사회주의 노선을 끝까지 포기하지 않은 것은 분명하다. 그러면서도 조봉암은 "지금 한국에 정당이라고 할 만한 당은 한민당 하나밖에 없다. … 공산당은 반역 단체이다"(『전집』(1), p. 81f), "북한 공산집단은 스탈린의 지시에 따라 좌익적인 동족상잔의 전쟁을 야기함으로써 그들의 괴뢰성과 민족반역성을 완전히 폭로하였다"(『전집』(4), p. 76.)는 것이다.

조봉암의 이와 같은 노선 변경에 대하여 그의 후진들은 "죽산의 행동은 전향이 아니다. 전향은 회수·매수에 의한 것을 말할 뿐이다"라고 변호하면서, "그에게 전향이란 수정주의(convergence) 노선이었다"고 말한다. 조봉암은 죽는 날까지 자신이 사회주의자라는 생각에 변함이 없었다. 따라서 그는 자신이 "전향"한 것이 아니라 다만 볼셰비즘을 지양(止揚)했을 뿐이라고 주장했다.

이 무렵 죽산에게는 정치적 시련이 다가왔다. 서상일·최익환·이동화·김성숙 등이 당의 혁신을 요구했다. 그들의 명분은 범(汎) 사회주의 세력을 통합하는 빅 텐트(big-tent)를 쳐야 하고 그러려면 정당의 이름도 바꾸고, 죽산 스스로가 "나를 중심으로"라는 생각을 버려야 한다고 주장했다. 서상일 계열의 이탈은 진보당의 쇠락 원인과 무관하지 않다. 죽산은 섭섭했을 것이며, 일종의 배신감마저 느꼈을 것이다. 이탈파는 서상일·최익환 그룹을 중심으로 민주혁신당으로 개편을 추진했으나 그들도 성공하지 못해 서로 상처가 되었다.

더욱이 보수와 좌익이 함께 그를 의심의 눈으로 보며, 그에게 십자포화를 쏠 수밖에 없었던 것은, 보는 이에 따라 그가 중립을 추구한다고 여겼기 때문이었다. 소련 인민회의 부의장인 폴랸스키(Polyanski)가 김일성에게 조봉암의 처신을 언급하면서 말한 바와 같이, "어떤 공산주의자가 자신을 공산주의자라고 자칭하는 것은 필수적인 것이 아니다. 상황의 요구에 따라 어떤 중립적인 지지자의 깃발 아래 공산주의자들이 보여주는 득표에 나갈 수도 있다."(이동훈, 2020)

4. 이승만(李承晩)과의 애증 : 역사와 운명

인간의 애증은 지식이나 양식, 심지어는 종교를 초월하는 경우가 흔하다. 그렇기에 그에 반대되는 설득도 어렵다. 더욱이 인간의 만남과 헤어짐, 그리고 그를 통한 정치적 생산에는 운명적인 요소가 많다. 이승만과 조봉암이 만나고 헤어짐을 보면 그런 생각이 더욱 굳어진다. 두 사람은 공간적으로 인연이 닿지 않았다. 아리그 쓰릴 것도 없고 미워해야 할 이유도 없다. 다만 가는 길이 왼쪽과 오른쪽의 차이가 있어 거리감을 느끼고 있었다. 멀리 미국 동부에서 오연(傲然)하게 투쟁하고 있던 이승만에게는 명분과는 달리 사람[동지]이 많지 않았다.

그런 이승만이 정부 수립 초대 내각을 구성할 때 의외로 사람이 없었다. 그가 한민당과 손을 잡았다는 것은 허언(虛言)이다. 초대 내각 17명의 국무위원은 미 군정청의 입김이 작용한 미국 대학 출신 인물이거나 이범석(李範奭)을 중심으로 하는 재중(在中) 독립운동가와 일본 대학 출신이었다. 이런 가운데 이를 희석할 상징적 존재(tokən)가 필요했고, 이승만은 조봉암에 눈길을 주었다. 조봉암은 당초에 자신의 입각을 전혀 예상하지 않았다. 미국이 조봉암의 입각에 동의한 것은 이승만의 첫 조각이 우익 일색이라는 여론을 입막음하기 위한 것이었다.

조봉암을 파격적으로 농림부 장관에 임명한 데 대한 우려는 그의 농지 개혁 추진으로 더욱 우익의 의구심을 불러일으켰다. 그는 결국 초대 각료에서 시작하여 이듬해인 1949년 2월에 장관에서 해임되었다. 그는 관사 수리비를 착복했다는 이유로 기소되었으나 무죄 판결을 받았다. 이념의 동질성이나 호오(好惡)를 떠나, 조봉암과 이승만의 인연은 여기까지였다. 이승만은 "카드를 버려야 할 때"가 언제인가를 잘 아는 인물이었다.

이승만 대통령의 보호망을 벗어난 조봉암은 곧 정적의 공격에 노출되었다. 군정청 경무국장으로 정보망을 장악한 경험이 있고, 아직 한민당으로 이승만의 그늘에 있던 조병옥(趙炳玉)이 선공에 나섰다. 조병옥이 조봉암을 반대하는 논리는 조봉암이 극동의 티토(Josip Broz Tito)가 되려 하기 때문이라고 주장했다. 이어서 조병옥은 조봉암을 견제하고자 이승만을 지지하겠다고 선언했다.(『조선일보』 1952. 8. 4.)

그런 과정에서 조봉암은 열세를 느끼기는커녕 더 강인하게 저항했다. 그는 1952년 전시 체제에서 대통령 선거에 출마하여 차점으로 낙선함으로써 정적들을 긴장하게 했다. 초조해진 이승만과 그의 지지자들은 1954년 11월에 이승만의 종신 집권의 길을 트는 사사오입(四捨五入) 파동을 강행하여 국민의 지지를 잃었다. 아마도 사사오입 파동 직후 운명의 여신은 이승만을 버리기로 결심했을 것이다.

곧이어 호헌동지회가 형성되고 이승만은 많은 지지자를 잃었다. 조병옥과 조봉암도 그 대열에 합류했다. 조봉암은 "반공산·반독재 기치를 들고 … 지팡이를 짚고서라도 따라가겠다"(『동아일보』 1955. 5. 24.)고 다짐했다. 1956년에 조봉암은 끝내 3대 대통령 선거에 출마했으나 차점으로 낙선했다. "만약 공명선거를 치렀다면 이승만 후보의 표는 200만 표 내외였을 것"(박기출, 1976, pp. 166~167)이라고 그의 동지들은 산출했지만, 선거를 앞둔 시기에 신익희(申翼熙)의 급작스러운 사망과 군중 심리 등의 복잡한 상황을 고려한다면 그리 쉽게 계산할 수 있는 일은 아닙니다.

조봉암의 정치 역정을 설명하면서 우리가 풀어야 할 마지막 퍼즐은 그가 과연 간첩이었는가, 그의 사형 집행은 정당한 양형(量刑)이었는가의 문제이다. 이 문제는 복잡하고도 어려운 미궁이다. 대법원 판결대로 "무죄이다"라고 결론을 내리면 그만일 수도 있지만, 거기에 얽힌 음모와 인간의 사악함, 현민 등이 혼재하여 "무죄"라는 말 한마디로 역사가 청산되는 것은 아니다.

조봉암을 비롯한 정치인들에게 국가보안법 위반 혐의로 1958년 1월 13일에 구속영장이 발부되었다. 담당 검사 오제도(吳制道)의 증언에 따르면, 1956년 5월 12~13일과 9월 중에 조봉암은 박헌영 등에게 공작금 2억 환을 요구하며, 2만 7,000달러와 한화 4,000만 환과 기타 물품을 평화 통일 공작 기금으로 받았다는 것이다.(『전집』(5), pp. 218~229) 자금을 전달한 인물은 방첩대(HID)의 첩보원 양명산(梁明山)이었다고 한다.(『전집』(1), p. 70) 조호정 여사의 증언에 따르면 그는 지난날 상해 시절 경제적으로 어려웠던 조봉암을 도와준 일이 있다.

육군 특무대가 자신을 불법 감금하자, 양명산은 음독자살을 기도했다. 그는 심문 과정에서 협박, 매수, 약물 주사로 고문을 받았다고 말했다. 2심에서 양명산은 간첩 행위를 모두 부인하고, 금전 출처도 북한의 자금이 아니라고 번복 진술했다. 조봉암은 수사기관 및 1심 공판, 2심 공판에서 양명산으로부터 몇 차례에 걸쳐 진보당 운영 및 선거 자금으로 1,400만 환 및 620달러를 받았으나, 양명산이 북한을 왕래하는 것조차 몰랐으며, 북한과 연계된 자금이라고 인식했다면 받지도 않았을 것이라고 말했다.(전현수, 2021, p. 12.)

조봉암이 박헌영에게 공작금을 요구했고 이에 박헌영이 거액의 공작금을 조봉암에게 주었다는 증언은 사실과 다르다. 오제도는 박헌영이 1956년 5월 12~13일과 9월에 조봉암에게 공작금을 전달했다고 논고했지만, 박헌영은 이미 1953년 3월에 체포되어 1955년 12월에 사형 언도를 받고 곧 처형되었다. 오제도의 말대로라면 죽은 박헌영의 유령이 조봉암에게 공작금을 준 것이다. 당시 휴전 교섭을 하고자 미군의 요청으로 북한에 밀파된 최익환의 증언에 따르면, 자신이 평양에 머무르면서 휴전을 호소할 당시인 1951년 11월 7일부터 1953년 1월 6일 사이에 협상의 대상인 박헌영은 이미 권좌에서 밀려나 협상의 대상이 아니었다. (최익환, 2007, pp. 77ff)

따라서 조봉암이 양명산으로부터 돈을 받았으되 그것이 북한의 공작금인지도 확인되지 않고, 그것이 북한의 공작금이라는 것을 조봉암이 인지하고 받았다는 사실을 입증할 수 없다. 더구나 양명산이 남한 방첩대의 요원이라면 그 돈은 북한의 공작금이 아니라 남한의 공작금이었다는 논리가 맞다.

정작 문제가 된 것은 1958년 4월 12일을 전후하여 조봉암이 서대문 형무소 간수인 이동현(李東賢)을 통하여 같은 감옥에 수감되어 있던 양명산에게 화장지 위에 쓴 비밀[通房] 쪽지를 보냈는데 임신환이 전달의 기회를 보며 3주 정도를 기다리다 발각되었다는 수사 보고서(1958. 4. 15., 국가기록원 관리 번호 BA0802911, 형제58-4152)였다. 항소심과 상고심에서 이 메모지는 조봉암의 간첩죄를 증명하는 가장 유력한 보강 증거로 채택되었다.

조봉암은 1958년 4월 15일 [진술조서(2회)]에서 이동현에게 사건 관계를 부탁한 사실이 없지만 임신환에게는 위의 쪽지를 전해달라는 부탁을 한 적이 있다고 진술하였다. 이 사건의 핵심인 문제의 쪽지는 『사건 기록으로 보는 한국현대사』(대전 : 국가기록원 공개서비스과, 2008, p. 150)에 수록되어 있는데, 그 내용은 다음과 같다.

金 社長 변소에서 보시오 나와 관계는 단순히 개인적으로 능력 잇는 대로 도아주었을 뿐이요 金이 이북 왕래한 사실을 몰른다 무슨 물건 거래 쪽지 云々 하는 것은 모두 거짓이다 (字加?) 萬年筆은 한 개다 특

무대에서 고문에 못 익여서 한 말은 公判廷에서 깨끗이 否認하시오 당신의 말 한마디 말이 나와 우리의 진보당 萬餘名 同志들의 政治的 생명에 관계가 되오 결사적으로 부인하시오 그것이 당신의 義務이기도 합니다 변소에 처치하시오

원문을 면밀히 검토해보면, 조봉암이 양명산에게 "허위 진술"을 당부한 것이 아니고, "당신의 말 한마디에 1만 명의 목숨이 걸려 있으니 진실을 말하라"는 쪽으로 해석하는 것이 옳다. 이 문서는 기밀로 분류되었다가 「진실·화해를 위한 과거사정리위원회의 권고」(2008. 9. 27.) 이후 『사건 기록으로 보는 한국현대사』가 출판될 2008년에 이르러서야 그 편지의 내용이 세상에 알려지게 되었다.

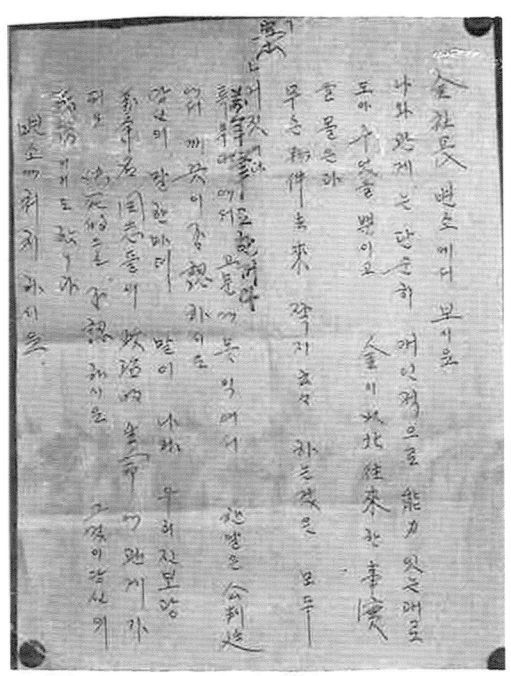

조봉암의 통방 쪽지 원본

조봉암의 죽음과 관련하여 마지막 남은 퍼즐은 과연 미국이 그의 죽음에 어떤 형태로든 영향력을 행사했는가 하는 점이다. 과연 미국이 이 사건에 조봉암을 죽이도록 영향력을 행사했을까? 그럴 가능성은 없다. 이동훈은 "사형 당일까지 미국은 조봉암 구명 운동 벌였다"(이동훈, 2020, p. 18)는 기록을 남겼으나 출전(出典)이 명확하지 않다. 정태영(鄭泰榮)은 "미국이 죽였다"고 단정했지만 그 근거도 명료하지 않다.

나는 미국이 조봉암을 죽였다는 논리를 납득할 수 없다. 미국이 정적을 제거하는 방법은 그토록 길고 분쟁의 요소가 있는 방법을 쓰지 않는다. 미국이 진정 그를 죽이고자 했다면 좀 더 쉽고 간단하게 매수한 자객에 의한 암살의 방법을 선택했을 것이다. 김일성은 "[1956년의] 대선이 한두 달이 지나서야, 어쩌면 그 이전에 미국은 우리가 조봉암에게 선거 운동을 위해 돈을 준 사실을 알게 되었다"(이동훈, 2020, p. 2)고 폴랸스키에게 말했다지만, 1956년의 상황에서 김일성은 그런 정도의 내밀한 정보를 수집할 조직을 갖고 있지 않았다.

조봉암은 이승만의 1960년도 대통령 재선을 노린 자유당의 음모로 죽었다. 암살이나 음모 살해는 역사적으로 미궁에 빠진다. 그 난마와 같은 신생 국가의 창설 과정에서 죽은 조봉암의 죽음을 어찌 가릴 수 있을까? 이승만이 그런 음모를 감지했는지는 영원히 미제가 되겠지만, 이승만은 사람을 죽일 만큼 사악한 인물은 못 된다. 이승만은 노회(老獪)했지만 잔혹한 인물은 아니다. 조봉암은 차기를 노리던 이기붕(李起鵬)과 박(朴)마리아 및 그 추종 세력의 음모에 죽었다. 이러한 추정은 조호정과 그의 이화여대 은사인 박마리아 사이에 오고 간 대화(오동룡, 2007년 11월호)의 행간에 담긴 내용에 의거한 것이다.

그런데 최근에 조봉암의 평전을 쓴 이택선(李宅善)은 경무대 비서 박찬일(朴贊一)을 죽산 암살의 주모자로 지목했다. 그가 차기 대통령 선거에서 이기붕의 강력한 대항마가 될 조봉암을 모살했으며, 그 배후에 박

5. 역사에서의 해원은 가능한가?

조봉암은 태어날 때 어머니가 봉황을 타 몽으로 꾸었다는데, 봉황은 죽실(竹實)을 먹고 산다는 옛말에 따라 호를 죽산(竹山)이라 지었다. 항렬은 환(煥) 자 돌림이지만 수명이 길기를 바라는 마음에서 그 부모가 암(岩) 자로 바꿨다. 그러나 그는 천수를 누리지 못했으니 그것도 무의미한 짓이었다. 집안은 가난했지만 화목했다. 어머니는 엄격했고 아버지는 인자했다. 형이 무서웠다.

"죽산은 술도 많이 마셨고, 여자도 많이 사랑했다. … 사람을 의심할 줄 모르고, 따라서 대외 관계에 세밀한 관찰과 주의가 결여된 인물이었다. 그는 호탕했지만 치밀한 성격의 소유자는 아니었다."(『전집』(4), p. 470) 그는 자신의 밥을 아껴, 옥창에 날아온 새에게 줄 만큼 마음이 여린 사람이었다. (오동룡, 2007)

조봉암의 죽음이 의연했다고는 하지만, 그인들 죽음 앞에서 어찌 비감함이 없었겠는가? 그는 목사에게 「루카복음」 23 : 21~23의 봉독을 부탁했다.

[20 필라토스는 예수를 풀어 주고 싶어 그들에게 다시 이야기했지만, 그들이 외쳤다.]
21 "그 사람을 십자가에 못 박으시오! 십자가에 못 박으시오!"
22 필라토스가 세 번째로 그들에게 말했다.
"도대체 이 사람이 무슨 나쁜 짓을 했단 말이오? 나는 이 사람이 사형을 받아 마땅한 죄목을 하나도 찾지 못했소. 그래서 이 사람에게 매질하고 풀어 주겠소."

23 그들이 큰소리로 예수를 십자가에 못 박으라고 다그치며 요구하는데, 그 소리가 점점 거세졌다.

[24 마침내 필라토스는 그들의 요구를 들어주기로 했다.]

1959년 7월 31일 오전 11시, 사형집행수가 조봉암에게 유언을 묻자 담배 한 대를 요청했으나 규정에 따라 받아들여지지 않았다. 경찰은 시신을 인계하면서 2일장으로 지시했고, 유해는 약수동 자택에서 하룻밤을 지낸 다음 조객도 없고, 봉분도 없이 망우리 공동묘지에 암매장하듯 치렀다.

1961년이 되어 겨우 모양을 갖춘 묘소를 정비하고 서예가 일중(一中) 김충현(金忠顯)이 "죽산조봉암선생지묘"(竹山曺奉岩先生之墓)라고 묘비명을 썼다가 많은 곤욕을 치렀다. 뒷면의 비문을 쓰려니 할 말이 없었다. 간첩죄로 죽었다고 쓸 수도 없고, 그 엄혹한 군부 시절에 무고(誣告)로 사법(司法) 살인을 겪었다고 쓸 수도 없었다. 가족과 동지들은 그의 죽음의 진실이 밝혀질 때까지 비문 없는 무문비(無文碑)로 남겨 두기로 했다.

2011년 1월 20일, 조봉암이 세상을 떠난 지 52년 만에 대법원 판결(2008재도11)로 "간첩, 간첩 방조, 국보법, 법령 제5호 위반 피고 조봉암에게 무죄"가 선고됐다. 원혼을 위로할 수 있게 된 유족과 동지들은 기뻐하며 웃을 수 없었다. 죄가 없다는 것이 중요한 것이 아니라 죄 없이 죽은 원통함에 기쁘기는커녕 더 절통(切痛)했을 것이다.

"저 무문비를 언제 채워 써넣으시렵니까?"

내가 유수현(劉洙鉉 : 죽산의 손녀사위)에게 물었다. 그가 무심히 이렇게 대답했다.

"역사의 유물로 그대로 두럽니다. 그 곁에 새로 비문을 다시 하나 써

세울까도 생각 중입니다."

나의 조봉암 츠모기는 여기까지이다.

추기

2022년 연초에 죽산 조봉암 선생 기념사업회 주대환(周大煥) 부회장으로부터 원고 청탁이 왔다. 그해가 죽산 별세 63주기여서 학술회의를 열까 하는데 기조 발표를 해달라는 것이었다. 나는 가족사로 얽힌 일도 있고, 죽산에 대한 연민도 있던 터라 쾌히 응낙했다. 그런데 학회가 열리기에 앞서 7월 31일에 망우리 묘지에서 츠모식이 있으니 참석해달라는 초청과 함께 그 왕에 기조 연설을 쓰기로 했으니, 간단히 조사를 해달라는 것이었다. 그래서 그것도 응낙했다.

추도식 날 묘소에 갔더니 조객들이 많았다. 식순에 따라 회장인지 어느 분이 기념사를 먼저 낭독하는데, 격앙된 목소리로 "우리 선생님은 이승만이 죽였다"고 일갈했다. 나는 다소 당황했고 난감했다. 나는 내가 조사를 읽을 차례가 되어 이미 쓴 대로 읽어가면서, "난마와 같은 격동

조봉암의 무문비

기에 누가 누구를 죽였다고 단언하는 데에는 신중한 고민이 필요하다. 내가 생각하기에 죽산은 이승만 대통령의 명시적 지시에 따라서 죽은 것이 아니라 차기 대통령 선거를 유념한 박마리아와 경무대 측근들이 꾸민 일이라고 생각한다"고 말했다. 추모식 분위기가 이상한 채로 끝났다.

며칠이 지나 죽산의 손녀사위이며 기념사업회 부회장인 유수현(劉洙鉉) 씨와 통화할 일이 있어 연결된 참에 나의 주제 발표는 언제쯤으로 예상하느냐고 물었더니, 내가 주제 발표하는 계획이 취소되었다고 말했다. 그러면서 내가 40년 전에 죽산의 따님인 조호정 여사와 면담했다는 나의 글이 "거짓말"이었다는 것이다. 나는 그 말에 많이 섭섭했다. 그때 조호정 여사가 94세로 두 달 뒤에 별세할 정도로 건강이 나빴는데 그분에게 40년 전의 일을 물었다면 그분이 맑은 정신으로 대답했을까 하는 의심이 든다.

그보다는 차라리 내 글에 "죽산은 이승만이 죽인 것이 아니다"라는 주장이 기념사업회 측의 입장과 다르다거나, 그 시대에 살았던 원로들이 죽산과 헤어진 나의 장인 최익환 선생에 대한 앙금이 남아 있었기에 내 글을 거절했다면 나는 이해할 수 있지만, 내가 거짓말로 글을 썼기에 거절했다면 이것은 매우 모욕적이다. 죽음을 앞둔 94세의 따님이 기억을 한 말과 아직은 기억이 초롱초롱한 내 말 가운데 누가 맞을까?

이 글은 죽산기념사업회로부터 거절당한 뒤 건국대학교 인문학연구원의 논문집인 「통일인문학」 93집(2003, 등재지)에 실렸던 것을 이 책의 포맷에 맞추어 개작한 것이다.

제30장 참고 문헌

『논어』

『大巡典經』

『독립운동사(2) : 3·1운동사 (上)』(국편 : 1971)

박기출,『한국정치사』(東京 : 民族統一問題硏究院, 1976)

『三國史記』

신복룡,「북부 지방의 3·1운동」,『한민족독립운동사』(3)(국사편찬위원회, 1988)

신복룡,『대동단실기』(선인, 2014)

안재성,「봉암사」,『시대』, Vol. 74(2019/12)

오동룡, [현대사 증언] 조봉암 장녀 조호정 여사의 인터뷰,『월간조선』2007년 11월호

오유석,「서평 : 우리에게 남겨진 조봉암의 꿈」,『황해문화』(2013. 6),

이원규(지음),『조봉암 평전』(한길사, 2013)

오제도,「진보당 사건에 대한 나의 견해」(1969. 4.『인물계』),『전집』(5)

이동훈,「김일성, 조봉암에 1956년 대선자금 보냈다」,『주간조선』2020년 5월 17일

이택선,『죽산 조봉암 평전 : 자유인의 길』(죽산조봉암선생기념사업회, 2022)

이휘성, 경북대 아시아연구소·한국구술사학회 주최,『진보당 사건의 역사적 재조명 : 형사 사건 기록과 구술 자료를 중심으로』(2021. 5. 28.)

전현수,「조봉암 : 진보당과 북한의 관계 : 러시아 자료의 비판적 독해」, 경북대 아시아연구소·한국구술사학회 공동 주최 춘계학술대회,『진보당 사건의 역사적 재조명 : 형사 사건 기록과 구술 자료를 중심으로』(2021. 5. 28.) 온라인 진행(zum)

정태영(지음),『조봉암과 진보당』(한길사, 1991)

정태영·오유석·권대복(편),『죽산 조봉암 전집』(세명서관, 1999)

『조선일보』

『진보당 사건 문서철』, 국가기록원 관리 번호 BA0802911, 형제58-4152

최익환,「북파 수기」(958), 신복룡·최기창,『애국지사 최익환』(2)(선인출판사, 2007)

대담 :

유수현(죽산의 손녀사위, 2022. 2. 9.)

조호정 여사(죽산의 딸, 1987)

31

통일 논의를 둘러싼 허구들

> "조국의 통일이 자신의 재산권을 침해한다면
> 국민은 통일을 바라지 않을 수 있다."
>
> — Allen H. Gilbert(ed.), Machiavelli's *The Prince*, p. 14;

세상이 너무 어수선하다 보니 내일을 기약할 수가 없다. 언젠가는 평화 공존의 시대로 간다며 곧 통일이 손에 잡힐 듯하더니, 이제는 핵의 공포에 움츠러들고 있다. 너무 오래 만성적으로 시달려오던 터라 그러거나 말거나 사람들은 무심히 땅을 바라보며 눈앞의 생계를 걱정한다. 정치학에서는 이럴 때가 통치하기에 가장 어렵다고 한다.

기능주의는 내가 공부한 분야가 아니니 이러니저러니 할 계제가 아니지만, 역사학도로서 이 시대를 바라보면 지금이 한반도의 운명을 결정하는 한 변곡점에는 틀림이 없다. 동양사의 전개 과정을 보면 대체로 사이클이 있는데, 500년의 "지루한 제국"(Empire of boring, 이현휘, 2015, p. 178)이 지나면 어지러운 세상이 온다. 그 난세는 대체로 100년 동안 지속된다. 그런 다음 다시 한 영걸의 출현과 함께 피어린 투쟁을 거쳐 통합의 시대로 들어선다. 이 법칙에는 대체로 어김이 없었다. 지금이 바로 춘추전국의 말감 시대에 임박하고 있다. 『삼국지』는 이 시대를 가리켜 "헤어진 지 오래 지나면 반드시 다시 만나게 된다"(分久必合)는 이야기로 시작하고 있다.

1. 이상한 나라 북한

우리가 어렸을 적에 『이상한 나라의 앨리스』라는 동화가 있었는데 북한은 참으로 예측이 불가능한 나라이다. 북한 학자들을 그토록 만나 보고 싶던 차에 1996년 9월, 추석을 며칠 앞두고 나는 북경의 쉐라톤호텔(Sheraton Hotel)에서 열린 "통일을 위한 남·북·해외 동포 학자 학술회의"에 참석하여 김일성대학 교수를 비롯한 북한의 지식인들과 만나 네댓새 함께 보낸 적이 있다. 그때 과분하게도 폐회식의 종합토론 사회(司會)를 맡았던 나는 서두에 다음과 같은 감회를 피력한 적이 있다.

"한민족의 밑바닥에 깔린 정서를 가장 정확하게 표현하는 것은 아마도 민속(民俗)이 아닐까 생각됩니다. 그러나 이제는 헤어진 지 너무 오랜 세월이 흘러 북한의 민속을 알 길이 없고, 남한 사회는 격동의 산업 사회를 겪으면서 수많은 전통 문화가 황폐화되어 지금은 보기 어려운 전설이 되기는 했습니다마는, 우리가 어렸을 적에만 해도 정월 대보름이 되면 떠오르는 동산의 달을 향해 그해의 소원을 빌던 민속놀이가 있었습니다.

철없이 순진하던 그 시대에도 우리의 소원은 통일이었고 그래서 달을 향하여 날아갈 듯이 절을 하며 "통일이 되게 해줍시사"고 빌던 날들이 어제 같고, "통일의 노래"를 목 놓아 부르던 그날의 목청이 아직도 귀에 쟁쟁한데 벌써 50년의 세월이 지나갔습니다. 그때 그 소년·소녀들은 이제 반백이 되어 살아갈 날들이 살아온 날보다 짧은 장년(壯年)의 비감(悲感)한 심정으로 통일을 얘기하고자 이 자리에 모였습니다."

우리의 청소년 시절은 정말로 통일을 외치며 한 세월을 보냈다. 걸핏

하면 궐기 대회에 나가야 하고 규탄 대회에서 무슨 소리인지도 모르며 소리쳤다. 그렇게 70여 년을 살아오는 동안 밖으로부터 오는 익숙하지 않은 민주주의의 외압과 안으로부터 가증되는 자본주의의 회유(懷柔)를 받으며 좌우익의 틈새에서 우리는 그 명맥을 유지한 채 숨죽이고 살아야만 했다.

이들의 인내는 동구 사회주의가 몰락하는 1980년대 말까지 계속되었다. 동구의 붕괴를 목격한 대니얼 벨(D. Bell) 유파의 극우들은 사회주의가 몰락하리라던 예언(1960)이 적중했다고 교만을 떨었고, 이제부터는 마치 이데올르기의 시대가 사라진 것처럼 장담했다. 그 감격이 지나쳐 후쿠야마(Francis Fukuyama)는 『역사의 종말』(1992)이라는 용어를 서슴없이 쓰기도 했다. 그러나 동구 사회주의의 몰락과 더불어 이데올로기가 종말을 보리라던 생각은 성급한 것이었다. 왜냐하면 사회주의가 사라진 그 폐허 위에 그동안 숨죽이며 살아온 민족주의가 부활했기 때문이다.

한국도 그 격랑을 비켜 가지 못했다. 김영삼(金泳三) 대통령은 "취임사"에서 이런 말을 했다.

"어느 동맹국도 민족보다 더 나을 수 없으며 어떤 이념이나 사상도 민족보다 더 큰 행복을 가져다주지 못하며 20세기 안에 통일이 이루어져야 한다."(1993. 2. 25.)

역대의 모든 지도자가 통일의 당위성을 강조한 것은 사실이지만, 그것은 정권의 정통성이 확립되지 못한 상황에서 일종의 정치적 볼모였다는 점을 고려한다면 김영삼 정부의 논리는 종전과는 다른 의미를 지니고 있었다. 북한의 김일성(金日成)은 이 점에 공감을 표명하면서 이렇게 응답했다.

"민족의 운명을 걱정하는 사람이라면 북에 있건 남에 있건 해외에 있건, 공산주의자이건 민족주의자이건, 무산자이건 유산자이건, 무신론자이건 유신론자이건, 모든 차이를 초월하여 우선 하나의 민족으로 단결해야 하며 조국 통일의 길을 함께 걸어가야 합니다."(1993. 4.)

그러나 인연이 아니었던지, 아니면 그것도 국운이었던지 김일성의 갑작스러운 죽음으로 남북은 다시 동토의 시대로 들어갔다. 통일 문제만 놓고 본다면 김일성과 같은 카리스마의 지배자가 집권하고 있을 때가 통일하기에 더 가능성이 높았을 것이다. 막상 그가 죽은 뒤 지금에 와서 북한에 어떤 통치권에 급변 사태가 온다면 그것이 오히려 더 위험하고 통일을 어렵게 만들 수 있다.

그렇다면 우리는 여기에서 통일을 논의하면서 먼저 가장 진부한 질문, 곧 "왜 우리는 통일해야 하는가?"라는 원초적인 물음으로부터 논의를 시작할 수밖에 없다. 통일은 우리에게 어떠한 의미가 있는가?

첫째, 역사의 진정한 의미가 진보에 있는 것이라고 한다면 역사의 단절이자 중단인 분단을 극복하는 일은 단순한 공간적 통합의 의미를 넘어 역사를 복원(復元)한다는 의미를 가지고 있다.

둘째, 통일은 대결에서 오는 쌍방의 불필요한 국력의 소모를 줄이고 더 나아가서는 남북의 협조를 통한 국력의 상승(相乘) 효과를 가져올 수 있다.

셋째, 남북한이 통일함으로써 쌍방에서 자행되고 있는 정치적·경제적·사회적·문화적 악(惡), 이를테면, 비민주적인 폭압 정치, 경제적 불균형과 빈곤, 전쟁의 비극성과 군비를 감소할 수 있다.

넷째, 언어, 생활 습속, 문화유산의 이질화(異質化)에서 오는 민족 동질성의 파괴를 중지시킬 수 있다.

다섯째, 이산(離散)의 아픔과 같은 인도주의적인 문제를 해결할 수 있다.

그러던 터에 2000년대 남북 관계의 급격한 개선은 한국 사회가 통일에 대한 성급한 낙관 무드에 빠지게 했다. 그러나 이러한 인식에는 몇 가지 허구가 있다. 그것은 마치 하나의 신화처럼 우리 사회를 엄습하고 있다. 이러한 허구와 미망에서 벗어나지 않는다면 우리의 통일 논의는 하나의 낭만으로 끝날 수밖에 없다. 그 허구는 다음과 같이 정리할 수가 있다.

2. "우리의 소원은 통일"이라는 허구

이 시대를 살아가는 우리가 "애국가" 다음으로 많이 불렀던 시국 노래는 아마도 "통일의 노래"였을 것이다. 그리고 이 노래를 부르는 동안 "우리의 소원은 통일"이라는 자기 최면에 걸려 있다. 그러나 이 문제에 관해서 우리는 좀 더 솔직하고, 냉정하고, 정직해야 한다. 우리는 진실로 통일을 원하고 있을까? 그렇지 않을 것이다.

일련의 여론조사에 따르면 지난날에는 "통일되어야 한다"는 의견이 99.2%까지 올라간 적이 있었고(1988), 독일이 통일된 이후에는 "통일 비용을 부담하면서까지 통일을 할 필요가 있는가?"라는 질문에 대해서 67.9%가 긍정적으로 대답했다.(『통일 정책 추진에 관한 국민 여론조사 보고서』, 통일원·한국갤럽조사연구소, 1990, p. 22)

그러나 시간이 흐르면서 통일 의식이 퇴색되어 가고 있다는 데 문제가 있다. 예컨대 2000년 직전까지만 해도 기성세대의 통일 의지는 높은 편이어서 80.7%가 통일을 원했다.(『통일 관련 여론조사 종합 : 1995』, 통일원, 1996, mimeo.) 그러나 지금(2022) 중·고등 학생의 경우에는 57.6%만이 통일을 당위로 생각하고 있다. 최근의 통계(2022)에 따르면 통일의 당위성을 믿고 있는 국민은 46%로 나타나고 있다.(통일부 국립통일연구원, 『2022년 학교 통일 교육 실태 조사 결과 보고서』, 2023) 그런 점에서 볼 때 우리의 통일 의지는 내면을 들여다보면 많이 과장되어 있다.

3. 북한은 곧 멸망한다는 허구

언제인가 이북5도청 지도자 연수회에 갔다가 "이 땅에 통일은 오는가?"라는 주제의 강의를 하는 가운데 "북한의 지탱력은 우리가 예상하는 것보다 강인하며 북한은 쉽게 무너지지 않는다"는 말을 했다가 봉변에 가까운 항의를 들었다. 청중 가운데 열렬한 어느 반공주의자가 "북한은 기아와 빈곤으로 곧 멸망할 것인데 무슨 소리냐? 그 발언을 취소하라"고 일갈했다. 나는 그 자리에 갔던 것을 후회하며 길게 변명하지 않았다. 김일성이 생존해 있을 때 우익들은 그의 죽음이 북한의 붕괴와 직결될 것이라고 예언했다. 그러나 1994년의 그의 죽음 이후에도 북한은 여전히 존립하고 있다.

그런데 우리가 흔히 북한의 붕괴를 논의할 때는 그 개념의 정확성이 필요하다. 남한에서 말하는 북한 붕괴론은 아래의 세 가지를 상정할 수 있다.

(1) 루마니아의 차우셰스쿠(N. Chausescu)의 경우와 같은 지도자의 개인적 몰락을 의미하는 경우.
(2) 동구 몇 나라의 경우처럼 사회주의 체제의 붕괴를 의미하는 경우.
(3) 구동독의 경우와 같이 북한이라고 하는 국가의 붕괴를 의미하는 경우.

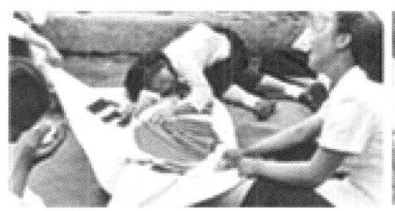

휴전 반대 / 북진 통일 궐기 대회(1953). 이들은 성인이 된 지금도 통일을 바라고 있을까?

남한 사회에서는 북한의 붕괴를 논의할 때 위의 세 개념을 혼동하는 경우가 많다. 그러나 우리가 통일을 상정하면서 북한의 붕괴를 논의할 때는 (3)의 경우를 의미한다. 남한의 우익들은 김일성 주석이 사망하고 더욱이 1990년대 후반에 있었던 심각한 수해와 폐농으로 어려워졌을 때 북한이 곧 무너질 것으로 전망했다. 이제는 다 지난 얘기이지만, 한때 북한의 사회주의 체제는 2001년에서 2008년 사이에 붕괴하리라고 미래학자처럼 전망한 학자도 있었다.(『조선일보』 1997. 11. 4.) 그러나 북한은 쉽게 무너지지 않는다.(*The Washington Post*, March 9, 1997) 그 논거는 다음과 같다.

먼저, 그들의 경제 문제이다. 경제난이 극한 멸망의 동기가 되리라고 많은 사람이 주장하고 있지만, 지배 계급의 악의, 곧 관료의 부패나 수탈이 극대화되지 않는 한 자연적 빈곤 때문에 국가가 무너지는 사례는 역사에 드물었다. 민중 봉기는 인재(人災)이지 천재(天災)로 말미암아 야기되는 것이 아니다. 그뿐만 아니라 북한에는 밑으로부터 혁명이 이루어질 수 있는 체계가 구축되어 있지 않다. 북한에는 기존 체제를 무너뜨릴 만한 반체제 세력이 존재하는 것도 아니고, 지금의 상황이 시장 경제를 위한 개혁·개방으로 말미암아 급진적으로 바뀔 가능성도 존재하지 않는다.

따라서 이 체제는 장기간 지속될 것(Perry Report, February 7, 2000)이라는 예상은 이미 오래전부터 제기되어 온 견해이다. 처음부터 줄곧 가난했던 사람은 가난을 탓하며 정부에 저항하지 않는다. 농업 사회에서는 설혹 불만에 찬 농민이 봉기하더라도 그것이 성공하여 체제를 붕괴시킬 수는 없었다.(R. Mousnier, 1971, p. 341) 따라서 가난 때문에 민중이 봉기하고 그것 때문에 북한이 무너질 가능성은 없다.

둘째, 민란에 의한 붕괴가 일어나지 않으리라는 또 하나의 판단은 지금 북한이 너무 빈곤하여 수탈할 여지가 없다는 사실에 근거하고 있다. 수탈은 조세(租稅)를 통하여 일어나는데 북한은 조세에 따른 수탈의 메커니즘이 형성되어 있지 않다. "조세는 인민의 피땀을 짜내는 약탈의 도구"라는 김일성의 노선에 따라서 "북한에는 세금이 없다"는 것이 북한의 주장이다.(김영희, 평양, 1988, p. 12)

조세 수탈은 토지를 매체로 하는 농업 경제에서 관료의 비정(秕政)에 의해서 현물 수탈의 방법으로 발생하며, 산업 사회에서는 화폐를 매개로 하여 자행된다. 그런데 북한은 전통적으로 농·공 사회이며, 토지가 척박하여 남한 사회에 견주어 농업 수탈이 심각하지 않았으며 화폐 경제도 발달해 있지 않았다. 지금 북한에서 벌어지고 있는 난전(亂廛) 형태의 작은 시장자본주의의 변용은 적어도 지금으로서는 그리 큰 파괴력을 갖지 못한다.

셋째, 현재의 남북 분단은 역설적으로 북한이 생존하기에 적절한 긴장을 제공하고 있다. 역사적으로 볼 때, 지금의 북한과 같은 정도의 빈곤, 폐쇄성, 지배 계급의 경직성으로 무장된 국가의 존립은 위험할 수 있다. 그러나 지금의 북한은 생존을 위한 적절한 적개심과 충격이 있기 때문에 그것이 오히려 북한을 지탱시키는 힘이 되고 있다. 트럭이든 말이든, 적정 무게의 짐[긴장]을 실었을 적에 더 안전한 주행이 가능하다.

국가의 멸망은 적국에 의해서 야기되는 것이 아니라 오히려 "적이 없는 나라는 늘 멸망했다."(『孟子』告子章句(下) : "無敵國外患者恒亡")

북한의 멸망을 논의하면서 우리가 저지르고 있는 또 하나의 어리석음은 북한이 멸망한다고 해서 그것이 곧 남한으로 흡수 통일되는 것을 의미하는 것은 아니라는 사실이다. 우리는 북한의 붕괴=통일이라는 이상한 등식에 매몰되어 있다. 설령 북한이 붕괴한다고 할지라도 그곳에 러시아·중국·한국·미국 가운데 어느 나라가 먼저 진주할는지를 예측하기란 그리 쉬운 일이 아니다. 중국의 특수부대는 2시간 안에 평양에 도착할 수 있다.

2004년 당시 북한이 급작스럽게 붕괴할 때를 대비하여 「충무 9000」이라는 황당한 정책보고서를 통일부가 발표한 적이 있다.(『중앙일보』 2004. 10. 5.) 그 정책 보고서에 따르면 "북한이 붕괴할 경우에 남한의 통일부 장관이 북한의 총독(總督)으로 부임한다"고 되어 있다. 이 보고서

「충무 9000」의 통일 방안

가 발표되었을 적에 이 분야를 공부하는 학자들은 허리를 뒤로 젖히며 웃었다.

그리고 우리는 곧 슬퍼했다. 이 나라 통일 정책의 수장이라는 사람의 생각이 초등학교 5학년 만화 수준도 못 되는 나라에 희망을 걸고 사는 우리의 신세가 서글펐기 때문이었다. 북한에 급변 사태가 일어나 붕괴할 경우 북한이 다시 분단될 가능성이 있다는 최근의 연구(이삼성, 2018, p. 127)가 오히려 나의 귓전을 울린다.

4. 민중주의의 허구

역사의 주역이 누구였느냐의 논쟁은 사관을 결정하는 중요한 가늠자가 된다. 이는 결국 통일 운동의 주역이 누구이냐 하는 문제와 직결되는데, 이와 관련하여 우리에게는 하나의 허구가 있다. 그것은 역사 발전[통일 운동]에서 민중주의 노선이 주역이 되어야 한다는 논리이다.

그러나 역사 발전을 선박의 항진에 비교한다면 민중은 그 선체의 기관(汽罐)일 뿐이지 키[舵]를 잡을 수는 없다. 따라서 통일 운동에서 민중주의는 하나의 신화이며 미망(迷妄)이다. 민중은 소를 물가로까지 끌고 갈 수는 있어도 그 소에게 물을 마시게 할 수는 없다. 물을 마시고 안 마시는 것은 소가 결심할 일이다.

이러한 주역의 논쟁이 역사학계에 파급된 것이 곧 민중주의 사관이다. 이들의 주요 학문 영역은 일제 시대의 패배주의적 민족개량주의와 1970년대의 산업화 과정을 다루면서 주체성을 잃고 실패한 한국사에 집착했다. 이들은 역사 전개에서 지배 계급의 잠재적 능력이나 불가항력적인 국내외 부작용을 외면한 채, 계급 사관에 입각하여 당시의 지배층을 비난하는 데 몰두했다.

한국의 사학사에서 이와 같은 민중주의가 나타나게 된 원인은 50년에 걸친 암울한 우익의 시대에 대한 반사적 저항, 기득권에 안주하려는 보수주의에 대한 불쾌감, 왕조 중심주의나 독재의 정당화를 위해 동원되었던 영웅 중심주의에 대한 저항, 기득권층의 통일 의지에 대한 회의(懷疑), 1960~1980년대의 30년 동안에 지속된 개발 독재 아래에서 인고(忍苦)해야 했던 경제적 피압박 계급에 대한 연민 등을 들 수 있다.

그러나 이와 같은 존재 이유를 감안하더라도, 마치 민중이 역사의 주인인 것처럼 말할 수는 없다. 역사는 그런 식으로 하나의 잣대로 잴 수 없으며 통일의 경우에는 더욱 그렇다. 서글픈 이야기이지만 민족의 통일은 그 시대 영명한 지도자의 의지와 경륜과 역사 인식의 종합적 결정체이다. 베트남 통일의 영웅 응우옌 짜이(Nguyễn Trãi, 1380~1442)의 글에 따르면, "우리는 위대한 시대도 겪었고 몰락의 시대도 겪었지만, 영웅이 부족한 시대는 결코 없었다." 우리라고 왜 그런 지도자가 나타나지 말라는 법이 있겠는가?

이런 점에서 볼 때 한국의 민중주의 사학자들은 마이네케(F. Meinecke)의 표현처럼 "세상을 하나의 잣대로 보려는 무서운 사람들"(*terribles simplicateurs*; F. Meinecke, 1954, p. 148)이다. 한국의 민중주의자들은 겸손하지 않았다. 그들은 민주화가 자신들이 투쟁한 결실이었다고 자부했고, 따라서 향후의 역사도 자신들이 주역이 되어야 한다는 미망에 집착했다.

물론 이 시대의 청년 좌파 역사학자들이 사학 발전에 기여한 공로를 과소평가해서는 안 된다. 그들은 자료 발굴을 위해 끈질기게 천착(穿鑿)했고, 우익 일변도의 사학사(史學史)에서 기성의 고정 관념을 깨고 사실(史實)을 재해석하는 과정에서 좌파가 설 땅을 찾음으로써 연구사의 균형을 이루었다. 이와 같은 공적에도 불구하고 그들이 우리 학계에서 아직도 경원시(敬遠視)되는 이유는 마치 "어른 없는 집안"의 막된 아이들처럼 보수를 질타함으로써 학문의 연속성을 부인했기 때문이다.

한국의 학문, 특히 역사학이 지배 계급의 체제 수호 논리에 자발적으로 참여한 것은 사실이지만, 좌파는 학문적으로 감정적이며 인간적으로 무례했다. 더구나 이제는 그들이 "빨대(hunter)"로 변모함으로써 사태를 악화시켰다. 이것은 학문 이전에 한 인간으로서도 잘못된 것이다. 그들이 학통에 대한 감사함이 없이 가슴으로만 글을 쓰고자 한다면, 그것은 "관념의 야적(野積)"(신영복, 1988, p. 215)에 지나지 않는 것이다.

5. 미국이 끝까지 지켜 주리라는 순진함

우리가 어렸을 때 늘 부르던 동요에 "새 나라의 어린이"라는 것이 있었다. 이 노래를 통하여 우리는 "우리나라 좋은 나라"라는 꿈속에 살았다. 그러던 것이 어느 때부터인가 "좋은 나라 미국론"이 이 땅을 지배하고 있다. 아마도 한국전쟁을 거치면서 남한이 진 빚을 이렇게 연상하도록 만들었을 것이다.

현대사에서 볼 때 남한은 분명히 미국에 빚이 있다. 그리고 그것이 은연중에 미국을 종주국(parent state)으로 인식하게 만들었다. 그러나 이것이 미국의 허물을 덮는 논리로 이용되어서는 안 된다. 대한제국의 멸망기에 미국은 착한 사마리아인(good Samaritan)이 아니었고, 현대사의 비극에 대한 책임에서 미국은 자유로울 수 없기 때문이다.

이를테면 미국은 해방정국에서 소련의 1국 지배를 두려워한 나머지 4대국 신탁 통치를 구상했다가 원폭(原爆) 실험의 성공에 고무되어 분할 지배를 구상하는 실수를 저질렀다. 이미 소련이 북한의 소비에트화에 강렬한 의지를 가졌던 상태에서 분할이 전적으로 미국만의 책임으로 돌릴 수는 없는 문제였다는 설명이 가능하다. 그러나 미국은 위와 같은 소련의 팽창 정책에 대한 반사작용으로 남한의 정권이 반공을 표방하기만 하면 그들의 도덕성과 관계없이 이를 지원함으로써 우익과 독재를 강화했고, 그 결과 남한은 40여 년 동안 정치적 아픔을 맛보게 되었다.

정치적 민주화가 통일의 기초라는 점에서 볼 때 미국의 독재 지원은 우리에게 아픔을 주었다. 미국이 한반도의 민주화에 관심이 없었던 것은 일본의 방위에 관한 판단 때문이었다. 1882년의 한미수호조약 이래 앞으로 먼 뒷날까지도 미국에 대한 한국의 의미는 일본 국익의 종속변수이다. 한국과 일본의 이해가 충돌할 경우 미국이 한국의 편에 서는 일은 결코 없을 것이라고 인지하는 데 왜 그리 오랜 시간이 걸려야 하나?

"좋은 나라 미국론"과 대쌍(對雙) 관계를 이루고 이어지는 것이 "나쁜 나라 북한론"이다. 북한은 지옥이었고 한국의 어린이들은 어릴 적부터 반공 만화 영화 "똘이 장군"에 익숙해 있고, 남한의 반공 교육은 김일성의 악마화(惡魔化) 작업이었다. 그 과정에서 김일성은 통일의 대상이 아니라 증오해야 할 주적이었다.

전쟁기념관의 형제 동상

김일성이 한국전쟁의 개전 책임을 모면할 수 없고, 우리는 서로가 너무 오랫동안 문화적으로 심각한 이질화 과정을 거쳤으며, 각자의 문화틀 속에서 길들여진 것은 사실이다. 그러나 해방 이후의 현대사에서 남북한은 정도의 차이는 있었지만 모두 악의 소굴이었다. 다만 그것이 북한의 경우에는 정치적인 것이었고 남한의 경우에는 경제적인 것이었다는 차이가 있었을 뿐이다. "남한은 도적의 사회였고, 북한은 미친(狂人) 사회였다."(安燦― 북한군 귀순 용사의 면담)

통일의 의지가 없는 상황에서 이런 식의 비난과 배척은 국내 수요(需要)를 위한 선전이었을 뿐이다. 이러한 점에서 볼 때 남북한의 갈등은 지배 계급의 체제 유지를 위한 필요악이었다. 미국은 그와 같은 억압 구조를 묵인한 데 대한 책임이 있다. 평화 또는 화목[남북 통일]을 통하여 권력자로서 잃는 것이 있다면 통일을 바라는 권력자는 없다. 정통성의 도전을 받았던 남한 군부 정권이나 세습 권력의 상실이 두려운 북한의 유일 체제가 그러한 예이다.

6. 냉전의 논리

한국의 분단은 전후 미·소의 냉전 체제 아래에서 이루어진 비극이며 그것이 그 뒤 국제 질서에 의해 고착화했다는 논리는 반공 논리와 맞물려 한국의 분단을 설명하는 과정에서 하나의 금과옥조(金科玉條)처럼 입에 오르내렸다. 한국의 분단에서 외재적 원인을 강조하는 논리는 부분적으로 옳을 뿐, 한국의 분단이 이것만으로 설명될 수 있는 것은 아니다.

이 글의 기본적인 입장은, 한국 분단은 내쟁(內爭)의 사생아였으며, 그것은 오랜 역사성을 갖는다는 것이다. 한국 분단의 역사적 맥락을 살펴보면 7세기 중후반 나당(羅唐) 시대에 거론하기 시작하여 1945년에 이뤄진 내쟁의 요소에 외세가 개입하여 분단이 구체화했다. 따라서 우리는 분단이나 한국전쟁과 같은 비극의 원인과 해법을 역사에서 배워야 한다.

이상과 같이 한국의 분단사는 긴 역사성을 갖는 것임에도 불구하고, 오늘날 해방전후사나 분단에 관한 논의는 제2차 세계대전 종전 전후의 냉전적 시각에 초점을 맞추어 그 답을 얻으려는 데에서부터 핵심을 벗어나고 있다. 바꿔 말해서 한국의 분단에 관한 논의는 역사주의를 소홀히 했다. 한국의 분단이 전적으로 냉전의 소산이었다면 냉전 체제의 붕괴와 함께 한국의 분단도 극복되었어야 한다. 그러나 현실은 그렇지 못했다.

따라서 현대사의 연구자들은 한국 분단사를 논의하면서 역사주의의 결핍(lack of historicism, Karl Popper)에서 벗어나는 일이 중요하다. 그렇지 못할 경우에 분단을 둘러싼 문제의 해답을 얻는 데 더 많은 어려움만을 초래할 것이다. 한국의 분단이 진정으로 냉전의 소산이었다면 냉전이 걷힌 이 시대에도 분단이 지속되어야 하는 이유를 설명할 수 없다. 한국의 분단과 한국전쟁, 그리고 분단의 고착화에는 외세의 개입보다 우리의 책임이 더 크다. 이 나라 정치인들의 탐욕과 어리석음이 망국과 분단과 전쟁을 부른 것이다.

제31장 참고 문헌

김명호, 『중국인 이야기』(1)(한길사, 2013)
김영희, 『세금 문제 해결 경험』(평양 : 사회과학출판사, 1988)
『맹자』
신영복, 『감옥으로부터의 사색』(햇빛출판사, 1988)
이삼성, 『한반도의 전쟁과 평화』(한길사, 2018)
이현휘, 「소명으로서의 역사학과 정치로서의 역사학」, 「한국/동양정치사상사 연구」(14/2) (2015)
『조선일보』 1997. 11. 4.
『중앙일보』 2004. 10. 5.
『통일 관련 여론조사 종합 : 1995』(통일원, 1996)
통일부 국립통일연구원, 『2022년 학교 통일 교육 실태 조사 결과 보고서』(2023)
『통일 정책 추진에 관한 국민 여론조사 보고서』, 통일원·한국갤럽조사연구소(1990. 11.)
Bell, Daniel, *The End of Ideology*(New York : The Free Press, 1960)
Fukuyama, Francis, *The End of History and the Man*(New York : The Free Press, 1992)
Gilbert, Allen H.(ed.), Machiavelli's *The Prince*(New York : Hendricks House, 1946); 신복룡(역), 『군주론』(을유문화사, 2019)
Meinecke, F., "Ranke and Burckhardt," Hans Kohn(ed.), *German History : Some New German Views*(Boston : Beacon Press, 1954)
Mousnier, Roland, *Peasant Uprisings in the 17th Century : France, Russia and China*(New York : Harper & Row Pub. Inc., 1971)
Perry Report, ftp://ftp.nautilus.org/napsnet/special-reports/Perry-Report.txt(February 7, 2000)
The Washington Post, March 9, 1997

대담 :
안찬일(安燦一) 북한군 귀순 용사(세계북한연구센터 소장 : 정치학박사)

32

무엇이 통일을 가로막는가?

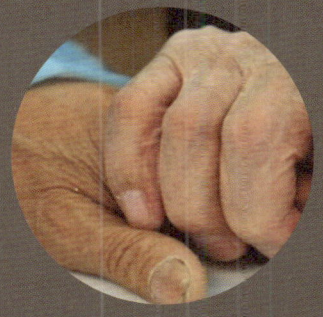

> **이별이 너무 길다.**
> **슬픔이 너무 길다.**
> **우리는 다시 만나야 한다.**
> **칼날 위라도 딛고 건너가 만나야 할 우리**
> **이별은 이별은 끝나야 한다.**
> **슬픔은 슬픔은 끝나야 한다,**
> **연인아.**
>
> — 문병란의 시 「직녀에게」

기독교 신앙을 갖지 않은 독자들에게는 미안한 일이지만, 글머리에 성경을 인용하는 것을 양해해 주기 바란다. 태초에 창조주께서 엿새에 걸쳐 세상을 만드시고 일곱째 날에 하루를 쉬실 때까지 "참으로 보기에 좋았다"는 말씀을 여섯 번 하셨다. 그러다가 성경 전편에 걸쳐서 창조주께서 "좋지 않다"는 말씀을 최초로 하신 것은 『구약성서』 「창세기」 2장 18절로서, "사람이 혼자 사는 것이 좋지 않다"고 되어 있다.

사람이 혼자 살거나 떨어지거나 헤어지는 것은 이와 같이 창조주께서도 가장 싫어하신 일이다. 결국 인간이란 "함께 사는 존재"(*homo communio*)

왼쪽부터
마치니,
가리발디,
카부르

이다. 그러므로 이별은 서럽다. 당시(唐詩) 5만 수 가운데 가장 많이 등장하는 단어가 이별이고 그다음이 망향이라는 것은 우연이 아니다.

그렇게도 만나고 싶어 하는 이 나라 분단의 벽은 왜 허물어지지 않는 것일까? 분단은 역사 발전에서 주기적으로 나타나는 재앙이었다. 따라서 분단 그 자체가 비극이 아니라 그것을 극복하지 못하고 그 해악을 지속시킨 것이 비극이었다. 분단을 초래한 그 시대의 지도 세력의 죄과에 못지않게 분단의 유산을 청산하지 못하고 업보처럼 안고 살아가는 후속 세대도 역사의 비난을 면할 수가 없다. 우리는 여기에서 그러한 걸림돌[장애 요인]의 문제를 고민해 볼 필요가 있다. 우리에게 통일은 이상주의적 소망일 뿐이며 통일을 추진함에는 다음과 같은 장애 요인들이 있다.

1. 통일 운동의 경험 부족

세계의 역사를 돌아보면, 분열이 많았던 것은 사실이지만 그에 못지않게 통일을 위한 노력도 많았다. 예컨대 중구라파 소수민족이 제1차 세계대전 뒤에 보여준 분리주의(分離主義, separatism)나 영토회복주의(irredentism)와 이에 맞섰던 통합 이론, 19세기 중엽 이탈리아에서 마치니(G. Mazzini), 가리발디(G. Garibaldi), 카부르(C. Cavour)가 전개했던 이탈리아 통일 운동이 있었다.

왼쪽부터 비스마르크, 아데나워, 브란트

그뿐만 아니라 비스마르크(Otto von Bismarck)의 독일제국의 꿈, 그리고 중국 정치사에 연면히 흐르고 있는 중화사상(中華思想)과 패왕(覇王)의 논리는 그들이 온갖 신산(辛酸)을 겪으면서도 끝내는 한 통합 국가로 역사에 생존할 수 있는 저력으로 존재해왔다. 그러나 불행하게도 한국 정치사에서는 통일 운동이 성공한 민족주의적 유산은 존재하지 않는다.

한국사에서는 고대의 강대국으로부터 중세를 거쳐 현대에 이르기까지 분열과 소국화(小國化, Balkanization) 과정을 걸어왔을 뿐 통일 운동의 체험이 없기 때문에, 해방정국 이후 분단의 고착화 과정에서 이 모순을 극복할 수 있는 교훈이나 방략(方略)을 우리의 역사적 교훈 속에서 찾을 수가 없었다. 적어도 7세기 이후의 역사는 그러했다. 이럴 경우에 우리는 분단 극복의 교훈을 찾고자 외국의 사례를 기웃거린다. 그리고 그러한 사례로 우리에게 가장 친숙하게 다가오는 것이 독일 통일이다.

그러나 한국의 통일에 독일식 모델의 적용은 빗나간 것이었다. 독일과 한국은 역사적 유산이 많이 다르기 때문이다. 예컨대, 독일에는 한국인들이 경험한 바와 같은 동족상잔의 경험이 없었고, 그들에게는 아데나워(K. Adenauer)에 이어 브란트(B. Brandt)를 거쳐 콜(H. Kohl)에 이르기까지 통일의 역사적 의미를 실감한 정치지도자가 있었고, 통일 부담금을 지불할 수 있는 경제력이 형성되어 있었으며, 비록 한쪽 현상이긴 했지만 민주적 정치 발전과 위정자의 도덕성이 확립되어 있었다.

이러한 몇 가지 점에 비추어 한국의 통일 분위기는 아직 성숙하지 않았다. 한국인들은 독일의 통일을 보면서 통일에 대한 염원의 그늘진 부분을 각성시켰지만 통일에 대한 두려움을 불러일으키기도 했다.

따라서 굳이 외국의 예를 교훈으로 삼고자 한다면 오히려 남북 예멘(Yemen)의 경우가 우리에게 많은 시사(示唆)를 준다. 두 나라는 여러 가지 점에서 유사한 점이 많기 때문이다. 예컨대 혈통의 동질성, 함께 누려온 유구한 민족 문화의 유산과 역사, 피식민지 지배의 경험, 국제적

환경과 남북 분단의 냉전적 요소, 남북의 이질적 경제 구조, 지정학적 요인 등에서 매우 유사하다. (유지호, 1994) 이러한 동질성 말고도 그들이 통일 이후에 겪었던 내전의 비극성은 우리에게 많은 교훈을 줄 것이다.

2. 통일 비용에 대한 공포

민족주의와 경제력의 상관관계는 민족주의 학자들 사이에서 오랜 논쟁 대상이 되어 왔다. 그 대표적인 사례로서 헤이스(C. J. Hayes)는 민족주의란 산업혁명의 결과로 나타났다고 본다. 그의 논지에 따르면 산업혁명은 기계화를 가능케 했고, 선전 기관을 실용화하였으며, 보통 교육을 가능케 했고, 청년을 생산 업무에서 빼어내 2~3년 동안 의식주를 해결하면서 군대의 복무를 가능하게 했다는 것이다. (Carlton J. H. Hayes, 1960, pp. 83f) 이러한 경제력의 중요성은 한국의 근대화 과정에도 잘 나타나고 있다.

서구의 경우와는 달리 한국의 경우에는 경제적 지배 계급이 전근대 사회의 지주(地主)로부터 자본가 계급으로 옮겨가면서 경제적으로 가진 무리가 민족주의를 외면하는 점에서 허물이 크다. 봉건적 지주 계급이든 자본주의적 독점 경제 체제이든 그들은 민족 노선에서 외세의 그것과 본질적인 차이가 있음에도 불구하고 자신의 경제적 기득권을 수호하고자 차라리 외세와 타협할지언정 민족주의 노선에 동참하는 것을 거부했다. 이 점은 통일 논의에서도 시사를 준다.

남한의 경제 구조가 통일에서 문제 되는 이유는 통일 비용 때문이다. 현재 남한에서 통일 비용에 대한 학술적 합의가 이루어져 있는 것은 아니다. 통일 비용의 산출이 어려운 이유는 먼저 통일 비용의 개념이 일치되어 있지 않다는 점이다. 통일 비용이라 함은 통일에 필요한 총 소요경비(total cost)를 의미한다. 그러나 실질적 통일 비용이란 총비용에서 통일로 말미암아 얻어질 수 있는 편익 비용(benefit)을 뺀 것이어야 한다. 그러나 막연히 통일 비용이라 할 때는 이 편익을 고려하지 않음으로써 그 액면을 과대 추정하는 결과를 초래했고(조동호, 1997, pp. 108~109) 결과적으로 국민을 겁먹게 했다.

그뿐만 아니라 통일의 시점에 대한 견해가 다르며, 그럴수록 비용의 차이는 벌어진다. 통일되었을 때 상정되는 북한 경제 수준의 설정 목표에 대한 기대치에도 많은 차이가 있다. 북한의 경제가 남한 경제 수준의 몇 %에 이르렀을 때 통일이 되었다고 말할 수 있을까? 동서독 통일의 경우, 동독의 경제 수준이 서독의 경제 수준의 75%에 이르는 데 25년이 걸렸다. 따라서 통일 이후 몇 년 동안에 걸쳐 비용을 투자할 것인가에 대해서도 견해가 다르다.

향후 경제성장률에 대한 전망도 불투명하다. 더욱 난감한 것은 통일로 말미암아 얻을 수 있는 편익 비용의 산출이 구름 잡는 이야기와 같다는 점이다. 따라서 통일 비용에 대한 산출은 연구자마다 달라 다섯 배의 차이가 난다. 그렇다고 해서 어느 계산이 옳고 누구의 계산이 틀리다는 논리는 성립되지 않는다. 서로 계산 방법이 다르고 기대치가 다르기 때문이다.

통일 비용은 위와 같은 액수의 막대함뿐 아니라 부담자라는 면에서도 많은 문제점을 안고 있다. 우선 한국의 자본시장이 이를 부담할 만큼 건강하지 못하다. 독일의 경우에는 통일이 이뤄지던 1990년을 기점으로 3조 2,000억 달러의 통일 비용 대부분이 자본시장에서 조달되었다. 그런데 자본시장이 열악한 한국의 통일 비용은 중산층 또는 중소기업이나 전적으로 국고(國庫)에만 의존할 수 없고, 재벌 기업의 호의적 협조에도 한계가 있다.

또한 독일의 전체 인구에서 차지하는 동독 인구의 비율(1/5)보다 한국의 전체 인구에서 차지하는 북한 인구의 비율(1/3)이 더 높다는 것도 부담이 되고 있다. 사재 2,000억 원을 내놓은 대림그룹의 이준용(李埈鎔) 회장 같은 분이 뜻이 존경스럽고 감사하지만, 그 액수는 통일 비용의 1/6,000에 지나지 않으니 개인의 애국심만으로 통일을 이루는 데에는 한계가 있다.

그렇기 때문에 지난날 남한의 통일에 대한 회의론자들의 입장은 적화 통일에 대한 두려움 때문이었으나, 오늘날의 통일에 대한 회의론은 통일 비용에 대한 부담감 때문이다. 진실로 조국의 미래를 걱정한다면 통일 비용이 분단 비용보다 싸다는 것을 모를 리 없지만, 과연 통일을 위해 남한의 국민들이 자기의 재화를 포기할 의지가 있는지는 의심스럽다. 이런 점에서 볼 때 통일을 염원한다는 막연한 국민 정서를 떠나 냉정하게 그 심층 심리를 분석해 보면, 한국 사회에서의 통일 의지는 피상적이고 과장되어 있다.

3. 통일 비용의 조달은 가능한가?

그렇다고 해서 통일 비용 때문에 통일을 포기하고 이대로 살아갈 수는 없다. 그 비용을 마련할 길이 전혀 없는 것도 아니다. 비록 자료가 시기적으로 지난 것이기는 하지만 이제까지 내가 읽은 비용 논의 가운데 가장 인상에 남는 기록은 골드만 삭스(Goldman Sachs Group Inc)의 산출인데, 통일 비용 추정치는 대체로 통일 무렵 남한 GDP의 1년 치와 맞먹을 것이라고 한다.(*Washington Post*, June 17, 2000) 그 추산에 대한 논리에 변화가 없다면, 한국의 통일 비용은 2023년 기준 GDP 1,430조 원(1조 2,000억 달러)과 비슷할 것이며, 통일의 기틀이 잡히는 기간을 20년으로 볼 때 연간 70조 원이 넘게 소요될 것이다.

초기의 집중 투자를 제외한다면 비용은 점차 줄어들 것이다. 이 액수가 어느 정도인가를 실감하고자 견주어 말한다면 현재 한국인의 가계 부채가 1,744조 원(Google, 「한국 가계 부채 규모」, 검색 : 2023. 9. 14.)으로 GDP 157%이며, 국가 예산은 638.7조 원이다. 그렇다면 어떻게 이 비용을 마련할 수 있을까? 실천은 어렵지만 대답은 간단하다. 부패 청산과 건강한 경제의 실현으로 국가 재정을 확보하는 것이다. 어떻게?

첫째는 조세 정의의 구현을 통한 지하 경제(untaxed income)의 양성화로 건전 재정을 이룩하는 것이다. 현재 한국의 지하 경제는 GDP의 35%를 넘는다. 그런 현실을 너무도 잘 알고 있는 지난 정부(2017)는 출범하자마자 호기롭게 "지하 경제를 양성화하겠다"고 일갈했다가 재계의 압력에 납작 엎드려 두 번 다시 입도 열지 못했다. 그 규모가 GDP의 35%라면 498조 원 정도가 된다. 한국인의 담세율을 GDP의 18%로 볼 때 지하 경제에서 얻을 수 있는 세수는 89조 원 정도가 될 것이다. 그러나 그것을 거두어들이기는 통일보다 어려울 것이다. 그만큼 관료와 재계가 부패했기 때문이다.

지하 경제의 양성화가 어렵다면 다른 길을 찾아보자. 사회적 갈등 비용을 줄이는 것이다. 현재 한국이 겪는 사회적 갈등에 따른 손실이 GDP의 27%라는 기록(박준, 2009, p. 11)이 있다. 삼성(22%)과 LG(7.7%)의 총자산을 더한 액수가 GDP에서 차지하는 비율과 비슷하다. (『이데일리』 2023. 9. 15.) 액면으로 계산하면 매년 645조 원 정도이다. 불법 파업으로 말미암은 생산/납품의 차질과 신인도 추락, 종목에 관계 없이 시위를 생업으로 삼아 출진(?)하는 "꾼"들에 의한 국가사업의 중단으로 빚어지는 손실, 집단 시위로 말미암아 발생하는 민간인의 생업 손실만 줄여도 통일 비용의 충당은 상당 부분 가능하다.

다음으로 국방비가 중요 고려 대상이 된다. 남북한의 군사 대결 비용을 절감한다면 실제 통일 비용은 상당히 감소할 것이다. 2023년 현재 남북한의 군사비를 보면, 남한이 연간 221억 달러이며 북한이 연간 45억 달러이다. 이를 합한 10년 사이의 비용은 합계 2,700억 달러이다. 물론 이러한 군사비가 통일과 함께 없어지는 것은 아니지만 상당한 양이 감소하리라는 것은 쉽게 상정할 수 있다. 누구도 정확한 액수를 알 수는 없지만 남북한의 군사비는 연간 36조 원(280억 달러)에 이른다.[GFP, USA, *Defense Budget by Country*, 2023]

군비의 감소는 병력 수의 감소와 상관관계를 갖는다. 예컨대 통일 한국의 적정 병력은 24만~28만 명으로 추산되고 있는데(이철기, 1999, pp. 24~25) 이는 2022년 말 현재의 병력인 남한의 50만과 북한의 128만을 합한 178만 명[국방부, 『국방백서 2022』, 2023, p. 332]에 견주면 약 14.3%에 해당한다. 물론 이러한 군사비가 통일과 함께 없어지는 것은 아니지만, 상당한 양이 감소하리라는 것은 쉽게 상정할 수 있다.

이 밖에도 측정할 수 있는 편익 비용은 여러 가지로 나타날 수 있다. 북한에 대한 투자가 남한 상품의 구매력으로 나타날 수 있다. 동독의 경우 통일 직후 동독인이 한 달에 구입한 서독의 자동차 대수는 지난 5년 동안의 합계와 같다. 남한의 생산 인력은 북한에서 동원될 수 있다. 북한의 지하자원 개발도 큰 수익이 될 것이다.

북한에서 내려올 사람이 많을까 걱정하지만 올라갈 사람도 많다. 이런저런 계산을 해보면 멀리 볼 때 분단 비용보다 통일 비용이 훨씬 낮은 것은 사실이다. 그러나 과장된 통일 비용에 대한 공포로 말미암아 우선 "내 돈 내놓기 싫고 가난한 형제가 짐스러운" 세속적 욕망이 통일을 멈칫거리게 하고 있다. 우리에게 애덤 스미스(Adam Smith)가 암시한 "이웃이 가난할 때 행복한 현상"(begger-thy-neighbour policy)은 없는가?

4. 북한의 정치적 폐쇄성과 권력 승계의 문제

1996년, 북경에서 남북한 정치학자들의 모임이 있었다. 촉각을 세우는 공식 회의가 끝나자, 우리는 술 한잔하러 밖으로 나갔다. 분위기가 조금은 자유스럽고 "따라붙는" 사람도 없자 이야기도 부드러웠다. 자식 키우는 걱정, 생활비, 교수들의 처우 등 인간적인 이야기는 아래윗동네가 똑같았다.

술이 몇 순배 돌자 앞에 앉은 한 북한 대표가 불쑥 나에게 말을 걸었다. 그는 내가 어느 녘에 한 논문에서 "남한의 독점적 경제 구조로 말미암은 통일 비용의 조달과 북한의 권력 세습이 통일의 걸림돌이 될 것"이라고 쓴 대목을 지적하면서, "신 교수는 개전(改悛)의 정이 없는 반동"이라고 말했다. 이어서 그는 "북한의 개혁·개방은 1948년에 완성되었다"고 단언했다.

그는 담대했고, 지략이 넘쳤으며, 공격적이었고, 다소는 무례했으며, 포괄적으로 표현하여 크래프티(crafty)한 인물이었다. 저런 사람이 적군이 된다면 버거운 상대가 될 것 같다는 느낌을 받았다. 그는 나를 알고 나는 그를 모르는 상황에서 토론은 나에게 백번 불리했다. 누구인가를 물었더니 원동연이라 했다. 그는 북한 조국평화통일(조평통) 부위원장의 자격으로 여러 차례 한국에 왔었다. 그는 북한의 세습 정권이나 폭압 정치에 대하여 아무런 가책을 보이지 않고 당당했다.

남북한의 분단과 통일을 논의할 때 이념과 국제적인 역학관계가 작용하지 않았다고 말할 수야 없겠지만, 분단은 이데올로기의 사생아가 아니라 내부의 파열이었다. 따라서 남북의 건전한 정치 발전[민주화]이 통일의 관문이라면 북한의 3대 정권 세습은 북한의 정치 발전이나 민주화의 걸림돌이 될 것이며, 더 나아가서는 통일의 장애 요인이 될 것이다. 왜냐하면 남북한의 지배층이 마주 앉았을 때 허물없는 떳떳함[正統性]이 있어야 하며, 그렇지 못할 경우, 분단이니 통일이니 하는 것은 정치적 지배층의 횡포와 이익을 호도하려는 내수용(內需用)으로 사용되는 정치적 볼모일 수밖에 없기 때문이다.

남북한의 대결이 낳은 또 다른 사생아가 곧 군사 문화의 유산이다.

군사 문화가 한국 통일의 걸림돌이 되는 이유는 그들이 다른 직업에 견주어 남달리 강렬한 대결 의식으로 무장되어 있다는 사실 때문이다. 문민정부 출범 이후 남한에서는 많이 청산되었다고는 하지만 북한은 아직 병영 국가(garrison state)임이 틀림없다. 전쟁은 전사(戰士)들의 국가(warrior's state)를 낳았으며, 공격성이 높은 그들은 반전적(反戰的) 또는 중도적 집단을 급박했고, 의외로 길었던 이 기간에 남북은 군사 문화에 익숙해 갔다.

군사 문화는 인간관계를 인식하면서 적과 동지의 이분법적 논리를 적용했다. 이러한 인간관계의 인식은 항상 공적(公敵)의 개념을 필요로 했다. 군대란 직업은 본시 대결 의식이 강하여 설령 평화로운 시기라고 할지라도 공적 또는 가상적(假想敵)에 대한 강렬한 주의론을 가지고 있다. 공적은 그들을 긴장시킴으로써 그들이 응집할 수 있는 에너지가 된 것은 사실이지만, 분단의 극복이란 결국이는 화해이며 타협이라고 볼 때, 군사 문화의 대결 의식은 남북문제의 해결에 도움이 될 수 없다.

5. 지배 계급의 의지박약

한국의 통일 운동을 논의하면서 서글프고 참으로 시인하기가 싫은 일이지만, 통일은 결국 그 시대 지배자의 결심이 가장 중요했다. 통일 운동에서 지도자의 문제가 새삼 거론되는 것은, 적어도 한국의 현실에서는 통일의 역사적 의미를 인지(認知)하고 이에 몰두할 수 있는, 그리고 그러한 역사적 과업을 감당할 수 있는 경륜을 가진 지도자가 한국 현대사에 없었다고 하는 사실 때문이다.

지배 계급의 의지박약은 통일의 역사성을 인식하지 못한 데서 연유되는 것만은 아니며, 통일로 말미암아 벌어질 기득권의 포기에 대한 공포, 정통성을 갖지 못한 정권일수록 변화보다는 현상을 지속해야 한다는 불안감, 국가 경영 능력의 결핍 때문이다. 남북한의 분단이나 긴장이 상호 체제 유지를 위한 필요악이요, 지배 계급의 축복이었기 때문에 그들의 상호 접근 방법도 진정으로 통일을 추구하려는 것은 아니었다는 원죄 말고도, 양측은 협상의 방법과 자세에서 미숙했다.

이 문제는 해방정국이나 지금이나 다를 것이 없다. 2000년까지 남북한은 통일 또는 남북 관계의 개선을 위해 300여 회에 걸친 제안을 발표한 바 있다.(백영철 편, 2000, pp. 831~832) 이 제안 모두가 진실로 민족의 미래를 걱정하며 제기된 것으로 보기는 어렵다. 그것은 각기 자기 쪽의 국민에게 들려주기 위한 선전이거나 회유(懷柔)였으며, 기득권자의 이익을 옹호하거나 변명하기 위한 일회용 대안이었을 뿐이다.

통일을 위한 노력은 일방적 선언이 아니라 비밀 협상을 통하여 진지하게 지속했어야 한다. 남북 대화에서 가작(佳作)으로 평가되는 7·4 남북공동성명(1972)은 비밀 협상이 낳은 산물이었다. 그러나 이러한 업적은 6·23선언(1973)으로 1년 만에 무산되었다. 6·23선언은 할슈타인 원칙(Hallstein Doctrine, 1955)의 포기라는 점에서 종래의 우익적 시각을 벗어난 매우 획기적인 결단이었다.

그러나 그것은 막후의 대화와 양해를 거친 다음에 발표되었어야 한다. 정권의 유지나 국내 정치에서 수세를 만회하고자 남북문제를 내수용(內需用)으로 이용하려는 정치 조작, 그리고 끝없는 수정 제의와 수사학적 호도는 통일 운동에 도움이 되지 않는다. 그런 점에서 본다면, 이제까지의 통일 논의는 가슴으로 말하지 않았다.

예컨대 1987년 11월에 대한항공(KAL) 폭파 사건이 일어났다. 수사 결과 범인은 북한 공작원 김현희였다. 한국 정부는 그를 체포하고서도 곧 그를 한국으로 압송하지 않고 기다리다가 12월 25일에야 송환했다. 그리고 이튿날 13대 대통령 선거가 실시되고 노태우(盧泰愚)가 당선되었다.

1997년 2월 12일의 황장엽(黃長燁) 망명 사건도 남북문제를 생각하는 사람들에게 많은 시사를 준다. 당시 정부는 사태의 심각함에 비추어 중국 정부의 보도 통제 요구(embargo)에도 불구하고, 한보(韓寶) 비리에 연루된 당시 대통령의 아들 문제를 희석하려고 사건 7시간 만에 이를 공표하는 반국가적 행위를 자행했다.

　남한의 보수파들은 "저들이 다급했지 우리는 서두를 것이 없다"고 말하지만, 저들은 긍핍게 길들여진 사람들이고 굶주린 맹수의 독기가 있다. 그들은 이쪽 대표단을 한 수 아래로 보고 있음이 틀림없다. 이는 정권이 바뀔 때마다 남한의 대표가 바뀐 데 견주어 저들은 적어도 30년을 같은 인물들이 일관되게 역할을 맡고 있기 때문이다. 따라서 몰아붙이고, 우리의 어렸을 적 놀이인 "고생 받기" 방식으로는 이 문제가 풀리지 않을 것이다. 결국 담력과 지모의 싸움이 될 것이며, 그런 점에서 우리가 결코 유리하지만은 않다.

　또한 남한에서는 통일 문제의 전문가를 양성하지 못하고 있다. 이미 미국에서는 협상학(協商學, Negotiation Theory)이 하나의 학문으로 자리 잡고 있고 이를 통해 협상 전문가가 배출되고 있는 상황이지만, 우리에게는 이러한 제도가 없기 때문에 국제 교섭에서 실수를 저지르는 일이 비일비재했다.

　논리의 옳고 그름의 문제를 차치(且置)한다면, 남북 대화에서 북한은 일관된 입장을 견지한 것과 달리 남한은 그렇지 못했는데, 이는 정권이 바뀔 때마다 전문가가 교체되었기 때문이었다. 어느 통일부 장관은 퇴임(2015. 3.)하면서 "한국의 통일부 장관은 청와대 과장이 맡아도 해낼 수 있다"는 말을 남겼다. 이는 민주 사회의 특성이라고 볼 수도 있지만, 결과적으로 남한이 북한에 끌려다녔음을 의미한다.

　통일 문제는 현장에서 오랜 경험을 쌓은 실무자들의 일관된 작업이지, 정권이 바뀔 때마다 던져주는 엽관(獵官)이 아니다. 국정원장이 비밀 요원과 사진을 찍어 신문에 뿌리던 요지경 같은 시절(2007)도 있었다. 그러다 보니 공부도 부족했다. 언젠가 중국 문제 전문가라는 고위층이 나를 찾아와 이야기하는 가운데 동필무(董必武)의 전력(前歷)을 이야기했더니 "동필무가 누구냐?"고 물었다. 나는 기가 막혀 더 이야기할 의욕이 없었다.

6. 이 땅에 통일은 오는가?

그렇다면 80년 동안에 걸쳐 7,000만이 함께 화두(話頭)로 삼아왔던 통일은 오고 있는가? 남북한의 통일이 지연되는 것은 냉전의 잔재나 열강의 이해관계나 이념의 이질성 때문이 아니라 남북한 지배 계급의 의지박약과 이해관계의 상충 그리고 부패와 공의롭지 않은 경제 구조 때문이다. 부패한 정권이 통일을 이룩한 역사적 사례가 없다. 그러므로 정치와 경제가 이토록 부패한 상황에서 통일은 쉽게 오지는 않을 것이다.

역사가 가르쳐주는 교훈에 따르면, 국가사는 대체로 500년 동안의 통일 시대를 지속한 다음 100년의 분열의 시기를 겪었다. 바꿔 말해서 한국의 분단은 100년 정도 지속될 것이다. 그러나 한국의 통일은 "문득" 찾아올 가능성도 있다. 이는 체제 경쟁에서 남한의 승리나 북한의 붕괴에 의한 통일을 의미하는 것이 아니라 역사의 우발성을 의미하는 것이다.

역사학자들에게는 아무리 머리를 짜내어도 대답이 나오지 않는 답답함에 부딪힐 때가 있다. 그러다가 엉뚱한 사건이 벌어질 때면 사태를 예견하지 못한 역사학자들은 부끄러운 마음에 금과옥조처럼 내세우는 이론이 있다. 그것이 곧 우발이론(contingency theory)이다. 논리로 사태를 설명할 수 없을 때 마지막 입막음으로 나오는 것이 곧 우발이론이다.

다만 이 글을 쓰면서 나 스스로 미안하고 부족하게 느끼는 것은 분단과 통일에서 국제적 역학 관계를 다루지 않은 점이다. 이는 그 문제가 중요하지 않아서가 아니라 그것은 국제정치학자의 몫이라는 생각에서 말을 아꼈을 뿐이다. 그러나 분단과 통일에서 내인(內因)이 독립 변수이고 국제 관계는 종속 변수라는 소신에는 변함이 없다. 따라서 분단·전쟁·살육·증오·비방·이산·소모전 등을 감수하면서 남북의 지배층이 분단을 축복처럼 향유하도록 방임할 것인가. 아니면 역사의식을 가지고 민족의 과제인 분단 문제를 극복할 것인가는 남북한을 포함한 우리 모두가 스스로 선택할 문제이다.

제32장 참고 문헌

국방부, 『국방백서 2022』(국방부, 2023)

문병란, 「직녀에게」, 『땅의 연가』(창작과 비평사, 1981)

박준, 『한국의 사회갈등과 경제적 비용』(삼성경제연구소, 2009)

백영철 편, 『분단을 넘어 통일을 향해』(건국대학교출판부, 2000)

유지호, 「예멘 통일 이후 문제점」, 『예멘 통일의 문제점』(민족통일연구원, 1994)

『이데일리』 2023. 9. 15.

이철기, 「남북한 적정 군사력과 통일 국가의 군사력 수준」, 『남북한 군사력 평가와 적정 군사력 수준』(제26회 남북 군사력 평가 학술 시민포럼(1999. 4. 23.)

조동호, 「통일의 경제적 비용과 편익」, 『분단 비용과 통일 비용』(민족통일연구원, 1997)

GFP, USA, *Defense Budget by Country*(2023)

Hayes, Carlton J. H., *Nationalism : A Religion*(New York : The Macmillan Co., 1960)

면담 :

원동연 북한 조평통 부위원장, 북경(北京) 쉐라톤 호텔(Sheraton Hotel, 1996. 9. 13~15.)

색인

가드너(M. B. Gardner) 57
가리발디(G. Garibaldi) 520-521
가우디(Antoni Gaudi) 322
강돈욱(康敦煜) 233
강문석(姜文錫) 328
강반석(康盤石) 233
강상호(姜尙昊) 213, 227
강양욱(康良煜) 233, 277
강증산(姜甑山) 204, 482
강청(江青) 426
강택(康澤) 277
건륭제(乾隆帝) 476
경순왕(敬順王)
고가 렌노스케(古賀廉之助) 113
고강(高崗) 450
고경명(高敬命) 27
고마쓰 미도리(小松綠) 113
고바야시 소조(小林祖承) 393
고염무(顧炎武) 170, 202
고이소 구니아키(小磯國昭) 192
고종(高宗) 31, 187, 285
고츠키 요시오(上月良夫) 96
공자(孔子) 46, 115, 252
곽안련(郭安蓮 : Charles A. Clark) 112

광서제(光緖帝) 415
교관화(喬冠華) 473-474
구로키 다메모토(黑木為楨) 389
굴든(Joseph C. Goulden) 383, 449
굴원(屈原) 15, 17
권상로(權相老) 176
권영석(權寧錫) 256
권중희(權重熙) 161-162
권터석(權泰錫) 270
권평근(權平根) 96
그로스(Ernest A. Gross) 380-381
그린(Marshall Green) 350
기광서(奇光緖) 238-239, 248
기대승(奇大升) 303
김겨철 258
김광암(金光岩) 260
김구(金九) 63, 67, 79, 90, 104, 115-117,
    133, 168, 177, 190, 193, 265-281, 285,
    299, 308-309, 312-315, 343, 446
김규식(金奎植) 80, 108-110, 114-116,
    118-121, 126-127, 129-130, 132, 140,
    156, 177, 191-192, 267-270, 275, 279,
    285, 308-310, 361
김단야(金丹冶) 212, 216
김달삼(金達三) 326-329, 335

색인   535

김대중(金大中) 297
김덕령(金德齡) 27
김동원(金東元) 173
김두봉(金枓奉) 124, 177, 266, 275, 306, 308
김만겸(金萬謙) 213, 488
김무성(金武星) 396, 177
김병로(金炳魯) 78, 172, 178, 220
김부식(金富軾) 13, 27
김붕준(金朋濬) 269, 272
김사만(金思萬) 262
김선(金善) 136, 153
김성곤(金成坤) 254-255, 262
김성수(金性洙) 78, 87-88, 172-173, 177, 196
김성애(金聖愛) 241
김승웅(金勝雄) 10, 147, 168
김약수(金若水) 163
김영명(金永明) 160-161, 168
김영삼(金泳三) 246, 412, 505
김영호(金暎浩) 362
김용무(金用茂) 361
김용원(金鏞元) 110, 118, 132
김용주(金龍周) 396
김용호(金容浩) 161
김용희 161
김원균 242
김원봉(金元鳳) 269, 277, 285, 459
김응우(金膺禹) 232-233
김익렬(金益烈) 326-330, 335-336, 341
김일선(金一善) 244
김일성(金日成) 6, 9, 18-19, 57, 121, 177-179, 221-251, 262, 265-281, 293- 297, 309, 317, 353, 356-367, 381-385, 423-424, 431-433, 448, 452, 458-460, 496, 501, 504-506, 510, 514-515
김일청(金一靑) 269, 285
김자점(金自點) 136
김정렬(金貞烈) 352
김정수(金鼎洙) 260
김정숙(金貞淑) 240-241
김정일(金正日) 241, 248, 279, 297
김정호(金正晧) 326, 330, 335
김종서(金宗瑞) 27
김종오(金鍾五) 338
김종원(金鍾元) 338, 346
김종필(金鍾泌) 262, 338
김준연(金俊淵) 174-175, 220
김지성(金智性) 109-110
김지회(金智會) 350
김진섭(金鎭燮) 342
김질(金礩) 27
김창룡(金昌龍) 341, 459
김창숙(金昌淑) 109, 117, 142, 268
김창준(金昌俊) 269
김책(金策) 239
김천일(金千鎰) 29
김철수(金錣洙) 142, 174, 232, 244
김태석(金泰錫) 189
김평일(金平日) 241
김학준(金學俊) 83, 274, 281
김한근(金漢根) 287
김해균(金海均) 191
김현희 530
김형직(金亨稷) 233, 234
김홍섭(金洪燮) 220

김홍일(金弘壹) 15

나용균(羅容均) 178
나윤출(羅允出) 258
나폴레옹(Napoleon) 24-25, 28, 35, 322, 416
남일(南日) 457, 465, 468-470
네크라소프(Nikolai Nekrasov) 204
노기 마레스케(乃木希典) 389
노덕술(盧德述) 189
노무현(盧武鉉) 137
노블(Harold J. Noble) 189, 213, 229, 459
노신(魯迅) 302, 309-310
노태우(盧泰愚) 530
니컬슨(Harold Nicolson) 448
니콜라스 2세 41
니츠(Paul Nitze) 377-379, 450

다구치(田口) 237
다루이 도키치(樽井藤吉) 30
단종(端宗) 28, 32
대립(戴笠) 277, 313
대 카토(Cato the Elder) 355
던(James C. Dunn) 54-56
덜레스(J. F. Dulles) 372
도고 헤이하치로(東郷平八郎) 389
도미나가 후미이치(富永文一) 176
도진순(都珍淳) 151, 272, 231
동필무(董必武) 475, 532
드골(De Gaul) 195

등화(鄧華) 457, 465, 469
딘(William F. Dean) 329

라이샤워(Edwin O. Reischauer) 391-394
라흐마니노프(Sergei Rakhmaninov) 250
래드포드(Arthur Radford) 398
러스크(Dean Rusk) 7, 50-58, 398
레닌(V. Lenin) 37, 69, 116, 142, 188, 213, 218, 221, 227-228
레베데프(N. Levedev) 243, 274, 281
로마넨코(A. Romanenko) 243
로스(Charles Ross) 398
로즈(Cecil J. Rhodes) 49
로즈 스칼라 49-54
루스(J. J. Rousseau) 416
루스벨트(Franklin D. Roosevelt) 35-44, 64-65, 377, 379, 391, 454
룩셈부르크(Rosa Luxemburg) 94
리(Trygve Lie) 380, 435
리프맨(W. Lippman) 453
릭비(Andrew Rigby) 185-186, 197, 202
리지웨이(Matthew B. Ridgway) 434-435, 457-458, 472
링컨(A. Lincoln) 44, 416
링컨(George A. Lincoln) 50-57

마르크스(K. Marx) 116, 138, 214, 228, 250, 305-307, 317, 420, 487
마셜(Alfred Marshall) 290, 300

마셜(Charles B. Marshall) 58, 449, 462
마셜(George C. Marshall) 51, 57
마쓰오카 요스케(松岡洋右) 239
마에다(前田) 237
마이네케(F. Meinecke) 513
마쓰카타 마사요시(松方正義) 393
마쓰카타 하루(松方ハル) 393
마치니(G. Mazzini) 520
마키아벨리(N. Machiavelli) 127, 134-135, 139
만하임(Karl Mannheim) 250
말리크(Jacob Malik) 381, 444, 455-456
매카너기(Walter P. McConaughy) 451
매퀸(George M. McCune) 394
매클로이(John McCloy) 51, 54
매트레이(J. Matray) 384
맥도널드(Donald MacDonald) 98, 449
맥스웰(Murray Maxwell) 23-24
맥아더(Douglas MacArthur) 55-56, 105, 125, 317, 367, 372, 376, 382, 387-400, 405-410, 434-435, 448
맨스필드(Mansfield) 330
맨체스터(W. Manchester) 407
맬서스(Malthus) 365
맬컴(Malcolm) 390
맹자(孟子) 518
머레이(Col. J. C. Murray) 457
머피(Charles Murphy) 398
머핸(Alfred Mahan) 28-29, 376, 467
메논(K. P. S. Menon) 268
메릴(John Merrill) 328, 334, 373, 383
메이(Hope E. May) 12

메클레르(G. Mekler) 69
메테르니히(Klemens von Metternich) 427
명제세(明濟世) 175
모리스(Ian Morris) 354
모복매(毛福梅) 421
모안영(毛岸英) 420-426
모안청(毛岸靑) 420
모이창(毛貽昌) 413
모택건(毛澤建) 420
모택담(毛澤覃) 420
모택동(毛澤東) 138, 317, 356-357, 401-402, 408, 411-428, 432, 436, 438-440, 442, 450-451, 473-474
모택민(毛澤民) 420
모튼(Louis Morton) 395
몰로토프(V. M. Molotov) 239
몽고메리(Bernard L. Montgomery) 27, 29, 32
몽테스키외(Baron de Montesquieu) 29, 140, 416
묘청(妙淸) 13
무어(Barrington Moore) 207, 250
무정(武亭) 177
무초(J. J. Muccio) 371, 374, 443
문병란 520, 534
문봉제(文鳳濟) 277, 281
문상길(文相吉) 331
문칠매(文七妹) 413
문형순(文亨淳) 334
미나미 지로(南次郞) 88, 177
민규식(閔奎植) 191
민영기(閔泳綺) 289

민영만(閔泳晩) 288
민영환(閔泳煥) 112, 288, 307
민원식(閔元植) 289
밀레트(Allen R. Millett) 334
밀리(Millee) 373

바드(Ralph A. Bard) 54
바라다트(Leon P. Beradat) 80
바실레브스키(A. M. Vasilevskii) 242
바이런(G. G. Byron) 288
바쿠닌(M. Bakunin) 418
바흐(J. S. Bach) 89
박갑동 211-213, 217, 224, 227, 230
박광옥 89
박규일(朴奎一) 342
박기서(朴琦緖) 162
박노익(朴魯益) 254, 260
박대희(朴大熙) 209, 215
박동진(朴東鎭) 348
박상희(朴相熙) 260-262
박승빈(朴勝彬) 174
박승훈(朴勝薰) 343
박열(朴烈) 173, 210
박우천(朴友千) 347
박유정(朴有楨) 214
박일원(朴馹遠) 69, 343
박정덕(朴正德) 89
박정희(朴正熙) 137, 152, 200-201, 239, 262, 338, 348-350
박제순(朴齊純) 289
박준규(朴浚圭) 260, 262
박지영(朴芝永) 209

박진목(朴進穆) 229, 458-462
박헌영(朴憲永) 68, 69, 121-126, 178, 191, 203-230, 242, 252-253, 261-269, 270, 275, 285, 296, 314-317, 343, 357-359, 362-363, 459-462, 489, 493-494
박현주(朴鉉柱) 207-210
박희도(朴熙道) 174, 176
방기중(方基中) 250, 264, 304, 310
방선주(方善柱) 354, 372, 385
방성칠(房星七) 323
방응모(方應謨) 88, 176-177
방현령(房玄齡) 475
배경용(裵敬用) 331
배희범 89
백관수(白寬洙) 78, 88, 169-182, 196, 303-305
백남억(白南檍) 254, 260-262
백남운(白南雲) 126, 172, 177, 251, 264, 269, 271, 284-285, 301-310
백락규(白樂奎) 303
백상창(白尙昌) 238
백선엽(白善燁) 340, 344, 349, 352, 358, 465
백완기(白完基) 305
백인걸(白仁傑) 171, 303
백철상(白喆相) 260
밴 플리트(Van Fleet) 435, 472
버치(L. M. Bertsch) 123-124, 127-128, 130, 131
버터워드(W. W. Butterworth) 374
번스(James Byrnes) 56
베버(Max Weber) 49, 250
베스트팔렌(Westphalen) 138, 420

베이컨(Francis Bacon) 13, 22
벨(D. Bell) 505
벨테브레이(Jan J. Weltevree) 28
본드(Niles Bond) 373-374, 407
본스틸(Charles H. Bonesteel III) 50-56
볼코고노프(D.Volkogonov) 370, 385
볼콘스키(G. Volkonsky) 322
브란트(B. Brandt) 521-522
브래들리(O. Bradley) 367, 372, 398
블래미(Thomas A. Blamey) 388
비숍(Isabella B. Bishop) 25
비스마르크(Otto von Bismarck) 427, 521-522

사마란치(Juan Samaranch) 197
사이고 다카모리(西鄕隆盛) 30, 488
사이토 마코토(齋藤實) 175
샤브쉬나(P. I. Shabshina) 242, 248
샤브신(I. Shabsin) 242
서대숙(徐大肅) 232, 244
서동만(徐東晩) 232, 245, 248
서세충(徐世忠) 342, 486
서용규(徐容奎) 69
서일신(徐一新) 450
서재필(徐載弼) 142
서주석(徐柱錫) 248, 363, 368, 371, 480
서준식(徐俊植) 14
서춘(徐椿) 174, 176
서태후(西太后) 476-477
서희(徐熙) 27
성시백(成始伯) 270

세종(世宗) 14, 17
셔먼(Forrest Sherman) 232-233, 396
셔크버그(John Shuckburgh) 468
셰익스피어 185, 370, 470
소유(蕭瑜) 416, 428
소크라테스(Socrates) 163
손더스키(Michael C. Sandusky) 56
손문(孫文) 416
손선호(孫善鎬) 331
손세일(孫世一) 135, 153, 443, 446
손원일(孫元一) 233
손인실(孫仁實) 233
손정도(孫貞道) 140, 233
손진 277, 281
솔론(Solon) 164
송병선(宋秉璿) 303
송상현(宋象賢) 27
송시열(宋時烈) 286, 299
송을수(宋乙秀) 269
송진우(宋鎭禹) 72-85, 172
송호성(宋虎聲) 330, 341- 343
슈티코프(T. Shtykov) 99-103, 242
슐타이즈(F. Schulteis) 450
슘페터(Joseph A. Schumpeter) 11
스노우(Edgar Snow) 414, 422, 423, 428
스미스(R. Smith) 407
스칼라피노(R. A. Scalapino) 234, 237
스타니코프(Stanikov) 358
스탈린(J. Stalin) 34-46, 64, 218, 221-222, 227, 238-242, 274, 357-358, 385, 423-424, 432, 436, 440, 452, 474, 490
스테티니어스(Edward Stettinius) 42

스트래치(Lytton Strachey) 13
스팀슨(Henry Stimson) 44-45, 56,
　64-65, 394
스파츠(Carl Spaatz) 65
시몬스(Robert R. Smmons) 379
시성문(柴成文) 470, 474
시저(Caesar) 184, 199, 391, 470
신경완 180-182
신돈(辛旽) 13
신동호 314
신상우(申尙雨) 331
신석우(申錫雨) 174
신성모(申性模) 374
신용욱(愼鏞頊) 178
신우재(愼右宰) 10
신익희(申翼熙) 276-277, 492
신흥우(申興雨) 176
심지연(沈之淵) 207, 252, 259, 264
심훈(沈熏) 210

ㅇ

아널드(A. Arnold) 93
아데나워(K. Acenauer) 521-522
아리스토텔레스(Aristoteles) 52, 115
아베 노부유키(阿部信行) 96, 120-123
아베 요시미에(阿部充家) 175
아오키(靑木) 117
아이젠하워(D. D. Eisenhower) 36, 53,
　391, 406, 434-436
아키노(Benigno Aquino) 164
아파나센코(I. R. Apanashenko) 239
안경근(安敬根) 270
안두희(安斗熙) 161-162, 168

안재홍(安在鴻) 174, 192, 261, 330, 361
안종옥(安鍾玉) 342
안중근(安重根) 270, 275
안진 151-153
안찬일(安燦一) 518
안창호(安昌浩) 140, 173, 272
안토노프(A. B. Antonov) 57-58
안호상(安浩相) 351
알키비아데스(Alkibiades) 163
아덤스(John Adams) 395
아덤 스미스(Adam Smith) 527
아치슨(Dean Acheson) 371, 375, 405,
　423, 452, 455
애틀리(Clement Attlee) 45-46
야마구치 기이치(山口儀一) 96
야스퍼스(Karl Jaspers) 195
양개혜(楊開慧) 417-418
양계원(梁啓元) 345
양계초(梁啓超) 416
양근환(梁謹煥) 102, 276-277
양녕대군(讓寧大君) 135
양석자(楊晳子) 288
양원일(梁元一) 324
양길천(梁一泉) 238
양정우(楊靖宇) 236
양제해(梁制海) 323
양주동(梁柱東) 294
양주삼(梁柱三) 176, 273
양창제(楊昌濟) 417-419
언더우드(Horace G. Underwood)
　109-110, 120, 229
에번스(Ernestein Evans) 116
엔닌(圓仁) 391-393, 410

엔도 류사쿠(遠藤柳作) 122-123
여운형(呂運亨) 90, 110-115, 118, 122-123,
　126-128, 132, 140, 156, 190, 196, 270,
　281, 296, 313-314, 489
여운홍(呂運弘) 124
염응택(廉應澤) 276-277
오가와(大川) 237
오긍선(吳兢善) 88, 177
오도넬(Emmett O'Donnell) 433
오동기(吳東起) 151, 341-344
오버도퍼(Don Oberdorfer) 98, 349
오세창(吳世昌) 361
오수권(吳修權) 450, 474
오스틴(J. Austin) 380
오야마 이와오(大山巖) 389
오영진(吳泳鎭) 232, 244, 248
오자(吳子) 95
오제도(吳制道) 347
오토(Marcus Otho) 367
올리버(Robert T. Oliver) 145
와다 하루키(和田春樹) 234
왈라스(Henry Wallace) 44
요시다 쇼인(吉田松陰) 30
우근민(禹瑾敏) 331
우치다 료헤이(內田良平) 30
워싱턴(G. Washington) 395
원동연 248, 534
원세훈(元世勳) 178, 272, 361
원용덕(元容德) 346
원효대사(元曉大師) 199
웨드마이어(A. C. Wedemeyer) 148,
　371
웨인트로브(S. Weintraub) 355, 368,
　399, 407-410
웨인하우스(David W. Wainhause) 381
위증민(魏拯民) 236-239
윌슨(W. Wilson) 40, 62, 136
윔스(C. Weems) 120, 464, 480
유근(柳根) 291
유동열(柳東說) 361
유방(劉邦) 106
유비(劉備) 422
유성철(兪成哲) 358-359, 365, 368
유송림(劉松林) 425-426
유영준(劉英俊) 269, 285
유해진(柳海辰) 326, 330
유홍준 352
유희강(柳熙綱) 409
육고(陸賈) 106-107
윤관(尹瓘) 27
윤덕영(尹德榮) 289
윤돈구(尹暾求) 211
윤보선(尹潽善) 262
윤봉길(尹奉吉) 144, 315
윤재근 175, 182
윤치영(尹致瑛) 192, 342
윤치호(尹致昊) 176
응우옌 짜이(Nguyễn Trãi) 513
의친왕(義親王) 110
이각종(李覺鍾) 176
이강국(李康國) 69, 71
이경남(李敬男) 89-91
이경식(李京植) 15
이광수(李光洙) 174, 189, 288
이권무(李權武) 359
이극농(李克農) 473-475

이극로(李克魯) 269, 284-285, 306-310, 489
이기붕(李起鵬) 286, 298-299, 496
이기화(李起華) 339
이눌(李訥) 426
이대감(李帶甘) 418
이대쇠(李大釗) 418-419
이덕구(李德九) 328
이도종 323
이돈화(李敦化) 176
이득균(李得均) 217
이든(A. Eden) 63
이립삼(李立三) 261
이만규(李晚珪) 111-112, 118, 132, 285
이명영(李命英) 232, 244-248
이문항(James M. Lee) 479-480
이백(李白) 354
이범석(李範奭) 210, 290, 491
이병주(李炳注) 338
이봉창(李奉昌) 144, 173, 201, 315
이산하(李山河) 321-322
이상요(李相堯) 256
이상조(李相朝) 460, 465
이상훈(李相薰) 254, 478
이석우(李錫雨) 96
이석증(李石曾) 418
이선장(李善長) 254
이성가(李成佳) 341
이성옥(李成玉) 256
이수영(李壽榮) 457, 465
이순탁 307
이승렬(李升烈) 24
이승만(李承晩) 62, 67, 90, 99, 104, 115, 120, 130, 133-168, 177-178, 180, 191-211, 225-227, 244, 260-262, 267, 270, 277, 313-314, 340-342, 362, 375, 407, 431, 443-446, 459-461, 465, 491-492, 496, 500
이승연 312, 319
이승엽(李承燁) 230, 458-462
이승진(李承晋) 328
이승훈(李昇薰) 173
이양호(李養鎬) 479
이언적(李彦迪) 27
이영순(李永純) 341
이완범(李完範) 15, 279, 281
이완용(李完用) 31, 187-189, 297
이용겸(李容謙) 459
이윤락(李潤洛) 328-329
이인(李仁) 178
이인모(李仁模) 14
이인좌(李麟佐) 286, 299
이인호(李仁浩) 167, 316
이일재(李一宰) 14, 258
이재복(李在福) 254, 349
이재수(李在守) 323
이정식(李庭植) 15, 118-120, 129-130, 132, 295, 310
이종락(李鍾洛) 235
이종린(李鐘麟) 174
이준용(李埈鎔) 525
이중업(李重業) 349
이찬 242
이철승(李哲承) 255, 264, 330
이치업(李致業) 328, 335-336, 349-352
이태산(李泰山) 135

이태호 180-182
이토 히로부미(伊藤博文) 30
이학규(李學圭) 207, 208, 210
이한림(李翰林) 349, 352
이현상(李鉉相) 296, 350
이형기(李炯基) 164, 168
이형옥(李衡玉) 74-78, 83
이홍장(李鴻章) 476
이홍조(李鴻藻) 418
이효영(李孝英) 15
이후락(李厚洛) 239, 246
임성욱(林成郁) 219, 315
임영신(任永信) 375
임형택 288

ㅈ

장개석(蔣介石) 35-41, 277, 421
장건상(張建相) 274, 281, 361, 486
장경국(蔣經國) 421
장국도(張國燾) 451
장달천(張達千) 260
장덕수(張德秀) 77, 85-91, 140, 159, 176, 267
장도영(張都暎) 349, 352
장면(張勉) 374-375
장보고(張保皐) 391-394
장석한(張錫翰) 259
장진영(張震英) 191
장택상(張澤相) 90-91,148, 160, 261, 305
장학량(張學良) 469, 473
전광(全光) 237
전봉준(全琫準) 11, 73-75, 206, 339
전우(田愚) 172

정관응(鄭觀應) 415
정병준(鄭秉峻) 15, 110, 118, 128, 132, 153, 163, 168, 180-182, 213, 223-224, 229-230, 270
정시명(鄭時鳴) 254
정영진(丁英鎭) 254-256, 260, 264
정창현 241, 248
정화(鄭和) 476
제갈량(諸葛亮) 403, 422, 430
제섭(Philip Jessup) 398
젤딘(Theodore Zeldin) 23
조극관(趙克寬) 28
조대복(趙大福) 24
조만식(曺晩植) 174, 233, 243, 275-276
조병갑(趙秉甲) 340
조병옥(趙炳玉) 148, 150, 192, 202, 305, 330, 335, 374-375, 492
조봉암(曺奉岩) 461, 482-501
조성환(趙成煥) 268
조소앙(趙素昻) 140, 268-269, 285, 361
조식(曺植) 27
조완구(趙琬九) 268, 289, 361
조이(Adm. C. T. Joy) 457
조재천(曺在千) 220
조준희 307, 310
조지 3세(George III) 40
조지 6세(George VI) 40
존슨(L. Johnson) 394
주덕(朱德) 420, 450
주보중(周保中) 236
주세죽(朱世竹) 205, 209-216
주은래(周恩來) 418, 425, 436, 440, 450, 473-474

지엔(慈圓) 392
지창수(池昌洙) 344, 350
진독수(陳獨秀) 86, 419
진립부(陳立夫) 166

채병덕(蔡秉德) 88
채원배(蔡元培) 417-419
채충식(蔡忠植) 254
차우셰스쿠(N. Chausescu) 508
처치(John Church) 396
처칠(W. Churchill) 34-46
체이스(Sabin Chase) 450-451
초우(Eric Chou) 451
촘스키(Noam Chomsky) 10, 13, 17, 378
최경록(崔慶祿) 331
최남선(崔南善) 174, 189, 218, 288-290
최능진(崔能鎭) 313-314, 342-343
최덕신(崔德新) 234
최동오(崔東旿) 234
최란수(崔蘭洙) 325
최룡해(崔龍海) 236
최린(崔麟) 176
최만립 152, 314
최문식(崔文植) 254
최용건(崔庸健) 239
최원순(崔元淳) 173
최익환(崔益煥) 229, 458-462, 483, 485-486, 490, 494, 500-501
최창학(崔昌學) 191
최천(崔天) 327, 330
최필립 152, 314
최현(崔鉉) 236-237

치스차코프(Ivan M. Chistiakov) 69, 97, 243

카부르(C. Cavour) 520-521
카시우스(Casius) 470
카인(Cain) 288
칸트(I. Kant) 12
칼로(Frida Kahlo) 322
캘러헌(David Callahan) 379
커밍스(B. Cumings) 6, 97, 127, 371-373, 377
케넌(George F. Kennan) 453
케넌(George Kennan) 454
케네디(JFK) 53, 164, 394, 407
케케(Keke Yekaterina) 37
코리올라누스(Coriolanus) 184-185
코수드(Lajos Kossuth) 453
콜(H. Kohl) 522
쿨리지(C. Coolidge) 64-65
크로체(B. Croce) 11
크로포트킨(Peter Kropotkin) 418
크리스트(William E. Christ) 376
클라우제비츠(Carl von Clausewitz) 27, 360
클라크(M. Clark) 476-477
클래츠(Jan Claesz) 284
클러프(Ralph N. Clough) 451
키니(Col. A. J. Kinney) 457
킨케이드(T. C. Kinkaid) 96

탈레랑(Charles M. de Talleyrand) 27

태프트(Robert Taft) 406
태프트(W. H. Taft) 64
테일러(Maxwell D. Taylor) 50, 444
토인비(A. J. Toynbee) 22
트로츠키(Leon Trotsky) 306
트루먼(H. Truman) 44, 53

ㅍ

파금(巴金) 418
파니카(K. M. Panikar) 436
파월(C. Powell) 456
팽덕회(彭德懷) 401, 408, 425, 438-439, 469
페리클레스(Pericles) 73
페이스(Frank Pace) 371, 398
포드(Gerald Ford) 53
포리스털(J. V. Forrestal) 56, 454
포산(浦山) 470
프랑코(Franco) 197
프레지아(John C. Prezia) 258
플라톤(Platon) 52
플루타르코스(Plutarch) 12, 104, 155, 163, 166-168, 184, 202, 327, 367
피카소(Pablo Picasso) 322

하건(何鍵) 420
하멜(Hendrick Hamel) 28, 32, 283-284, 300
하벨(Baclav Havel) 191
하야시 시헤이(林子平) 30
하우스만(J. Hausman) 344, 352
하지(John R. Hodge) 67, 107, 120, 149, 193, 229-302, 459
한니발(Hannibal) 28
한민구(韓民求) 290
한봉수(韓鳳洙) 290
한신(韓信) 422
한용운(韓龍雲) 294
한지성(韓志成) 459-462
한홍구(韓洪九) 246, 310
해리만(Averell Harriman) 398
해방(解方) 438, 457, 469
허성택(許成澤) 254-255, 269, 285
허정(許政) 89
허정숙(許貞淑) 214
허헌(許憲) 214, 269, 285
헐(John E. Hull) 57
헤로도토스(Herodotus) 7, 73, 208, 430
헤론(Gordon J. Heron) 258
헤이스(C. J. Hayes) 523
현상윤(玄相允) 176, 180
현순(玄楯) 213
현승걸 298, 300
현앨리스(玄 Alice) 212-213, 223-224, 228-229
현위건(玄偉健) 174
현장법사(玄奘法師) 391
현준혁(玄俊赫) 277
현(玄)피터 213
혜초(慧超) 391
호드스(Henry I. Hodes) 465
호적(胡適) 419
홀(Basil Hall) 23-25
홍기문(洪起文) 288, 293-294, 297
홍기삼(洪起三) 287, 290, 297, 300

홍명희(洪命憙) 268-269, 272, 282-300, 308, 317
홍범식(洪範植) 286-287, 299
홍석중(洪錫中) 294
홍승목(洪承穆) 289
화비니우스(Fabinius) 354
황장엽(黃長燁) 531
황정견(黃庭堅) 291
황태성(黃泰成) 254, 262
황팔용 258
효종(孝宗) 28
후버(H. C. Hoover) 65
후쿠야마(Francis Fukuyama) 505
후크(Sydney Hook) 153
훌드(L. H. Fould) 66
흐루쇼프(N. Khrushchev) 452
히긴스(M. Higgins) 372, 396-397
히딩크(G. Hiddink) 283
히로히토(裕仁) 448
히틀러(Adolf Hitler) 23, 34-35

해방정국의 풍경

초판 1쇄 2024년 8월 15일
　 2쇄 2024년 9월 10일

지은이 | 신복룡

발행인 | 박장희
대표이사 겸 제작총괄 | 정철근
본부장 | 이정아
편집장 | 조한별

기획위원 | 박정호
마케팅 | 김주희 이현지 한륜아

기획 | The JoongAng Plus

디자인 | 김윤남
사진 | 중앙포토, Wikipedia, 저자 소장 사진

발행처 | 중앙일보에스(주)
주소 | (03909) 서울시 마포구 상암산로 48-6
등록 | 2008년 1월 25일 제2014-000178호
문의 | jbooks@joongang.co.kr
홈페이지 | jbooks.joins.com
네이버 포스트 | post.naver.com/joongangbooks
인스타그램 | @j__books

ⓒ 신복룡, 2024

ISBN 978-89-278-8056-1 03910

- 이 책은 저작권법에 따라 보호받는 저작물이므로 무단 전재와 무단 복제를 금하며 책 내용의 전부 또는 일부를 이용하려면 반드시 저작권자와 중앙일보에스(주)의 서면 동의를 받아야 합니다.
- 책값은 뒤표지에 있습니다.
- 잘못된 책은 구입처에서 바꿔 드립니다.

중앙북스는 중앙일보에스(주)의 단행본 출판 브랜드입니다.